Les grandes chroniqu

selon que elles sont con:

Saint-Denis

Editor: Paulin Paris

Alpha Editions

This edition published in 2024

ISBN : 9789362996909

Design and Setting By
Alpha Editions
www.alphaedis.com
Email - info@alphaedis.com

As per information held with us this book is in Public Domain.
This book is a reproduction of an important historical work. Alpha Editions uses the best technology to reproduce historical work in the same manner it was first published to preserve its original nature. Any marks or number seen are left intentionally to preserve its true form.

CI COMENCENT LES GESTES

L'EMPEREUR CHARLES-LE-CHAUF.

I.

ANNEES: 842/851.

Coment ses frères se combatirent à luy, et coment il furent desconfis et fuirent. Et puis coment il pacifièrent ensemble et partirent l'empir; et coment Lothaire fu moine et trespassa en religion, et coment un de ses frères fu déceu, et de maintes autres choses.

[1]Après la mort l'empereur Loys,[2] (qui par son nom fu appelé Loys-le-Débonnaire et fu fils Charlemaine-le-Grant,) deux de ses fils, Lothaire et Loys, assemblèrent grant ost de toutes pars de leur royaumes contre Charles-le-Chauf, leur frère, qui estoit roy de France. (Voir est qu'il n'estoit leur frère que de père, car il fu fils de la dernière femme qui eut nom Judith.) Moult avoient sur luy grant envie pour ce qu'il avoit à sa part le plus noble des royaumes. Tant assemblèrent de gens que il aplouvoient de toutes pars ensi comme langoustes[3].

Note 1: On trouve le texte latin de ce commencement dans un
Epitome
gestorum regum Franciæ
, conservé par deux manuscrits; l'un de
l'abbaye de Saint-Victor, coté aujourd'hui n° 287; f° 188: l'autre de Saint-Germain, coté n° 646; f° 1. (Voy. aussi le tome VII des Historiens de France, p. 255.)

Note 2: Tout ce que j'ai mis entre parenthèses appartient uniquement au traducteur.

Note 3:
Langoustes
, sauterelles.

Et quant Charles sceut ce, il manda ses barons, et leur demanda quel conseil il y voudroient mettre. Et il luy respondirent d'un cuer et d'une volenté qu'en nulle manière il ne souffreroient qu'il entrassent en leur contrées né ès terres du royaume. Moult le roy rit de si belle response et moult les en mercia. Son ost appareilla et alla encontre les ennemis, qui jà estoient en l'archeveschié de Rains[4], et estoient venus en une ville qui a nom Fontenay[5]. Si grant ost avoient et si merveilleux qu'il habondoient de toutes pars, ainsi comme la gravelle de la mer: droitement la veille de l'Ascension.

Note 4: L'
Epitome
dit la même chose,
In parochiâ Remensi
. C'est une erreur dont la source est peut-être dans la bévue d'un scribe qui aura lu:
In pago antistitis Remensis
, au lieu de
In pago
Antissiodorensi
.

Note 5:
Fontenay
est-il le bourg actuel de
Fontenay près Vezelay
,

à trois lieues d'Avallon, ou le village de
Fontenailles
, à cinq

lieues d'Auxerre? L'abbé Lebeuf, dans une dissertation consacrée à la

bataille de Fontenay, est pour ce dernier endroit.

Et quant ce vint à l'endemain, jour meisme de la feste, les osts des deux roys s'appareillèrent pour combattre. Car il cuidèrent l'ost Charles dépourveu et désarmé trouver pour la solennité du jour si très-hault. Et sans faille si estoit. Si leur coururent sus soudainement par l'atisement du diable, et les commencièrent forment[6] à escrier de toutes pars. Et les François toutevoies s'armèrent au plustost qu'il peurent, et les reçurent hardiement à quelque meschief. [7]Longuement et asprement se combatirent

d'une part et d'autre. Et tant en eut d'occis de chacune partie, que mémoire d'homme ne recorde mie qu'il y eut oncques en France si grant occision de chrestiens. A la parfin si comme Diex le voult, eurent François victoire de leurs ennemis. (De cette occision eschappa Lothaire et Loys son frère,) et s'en fu Lothaire jusques à Ais-la-Chapelle. [8]Et le roy Charles rappareilla son ost, et les suivi jusques à Ais et chassa hors de la ville.

Et cil prit sa femme et ses enfans et s'en fui tousjours devant lui jusques à Lyons, et puis jusques à Vienne. Là se rappareilla et receut ses gens et Loys son frère. D'une part et d'autre estoient les osts. Mais avant qu'il assemblassent derechief à bataille, coururent tant messages d'une part et d'autre qu'il firent assembler les trois frères à parlement, en une isle du Rosne[9]. A ce s'accordèrent à la parfin que tout l'empire seroit divisé en trois parties, et se tiendroit chascun appaiés de sa partie. Lothaire s'en retourna à la souveraine France[10], qui est le royaume d'Austrasie, et Loys en la sienne partie, et Charles retourna en France.

Note 6:
Forment
, fortement.

Note 7: Les deux phrases suivantes sont dans le texte des
Annales
Fuldenses
, dont l'auteur, moine de Fulde, étoit attaché au roi de

Germanie Louis, frère du Charles-le-Chauve. Ces annales embrassent

les années 714 à 882. (Voyez
Historiens de France
, tome VII,

page 159.)

Note 8:
Adonis archiepiscopi Viennensis Chronicon
.

Note 9:
Adon
dit de la Seine: «In insulam quamdam Sequanæ

conveniunt.» Mais la phrase précédente semble donner raison à notre

traducteur.

Note 10:
Souveraine.
Supérieure.

(Mais aucunes chroniques en cet endroit dient que Lothaire eut si grand

dueil et tel doleur de ce qu'il fu desconfit, que quant il s'en fuit en son

païs, il fit crier partout la loy des païens par desespérance, et guerpi la

loy chrestienne; et pour ce que la gent du païs désiroient ce qu'il leur

commanda, nommèrent-il le royaume de son nom et laissèrent les noms des

anciens rois; et l'appelèrent Loheraine, qui vaut autant à dire comme le

royaume de Lohier. Mais cette sentence est moult contraire à celle qui

après vient. Car il dit:[11])

Note 11: On n'a pas conservé ces anciennes chroniques; je pense que

c'étoit plutôt quelque
chanson de geste
fondée sur les démêlés du

fils de Lothaire avec le pape.

Quant il fu retourné en son païs, il envoia son fils Loys, à qui il avoit donné le royaume de Lombardie, à Rome par son oncle Dreue, l'évesque de Mez. Et l'apostole Serges le receut et le couronna empereur, et fu salué du peuple comme empereur Auguste. Lors senti Lothaire que maladie le seurprenoit, pour ce départi son royaume à ses trois fils. A Charles le maindre donna Provence et une partie de Bourgogne: A Lothaire le moien, son siége et la terre toute qui y appartenoit, et à Loys qui jà estoit couronné empereur, toute Italie. Après, quant il eut ainsi toute sa terre donnée et départie à ses fils, il déguerpit le royaume temporel et le siècle, et vesti les draps de religion en l'abbaïe de Prume[12]. Et peu de temps après trespassa de ce siècle en l'an de l'Incarnation huit cent cinquante-cinq, de son empire trente et trois. En l'églyse de Saint-Sauveur l'enterrèrent honorablement les trois frères.

Note 12:
Prume.
«In Prumiæ monasterium.» A douze lieues de Trèves, dans la forêt des Ardennes.

Incidence
. En ce temps mouru Bernard, archevesque[13] de Vienne. Après luy fu un autre qui avoit nom Aglimaire. En ce temps fu aussi archevesque de Lyon un autre qui avoit nom Emulons. En ce temps mouru le pape Grégoire.

Après luy fu Serges; après, Léon; après, Benoist. En ce temps fu occis

Segatz, le duc de Bonivent, par sa gent. Et ceux meismes qui l'occirent firent venir les Sarrasins et les reçurent en la cité de Bonivent. Entour huit ans après la mort l'empereur Lothaire, mouru Charles, le plus jeune des frères[14], et fu ensépulturé en l'églyse Notre-Dame de Lyon. Son royaume prirent les deux frères Lothaire et Loys. Si eut l'empereur Loys Bourgogne en sa partie, et Lothaire Provence[15]. Loys assembla ost contre les Sarrasins qui estoient entrés à Bonivent. A eux se combati et occit Amalmathar, leur seigneur, et reçut la cité. Par mauvais conseil fut déceu le roy Lothaire, son frère, du mariage de deux femmes, dont presque toute saincte Eglyse fu émue contre luy; pour ce cas furent dampnés par la sentence l'apostoile deux archevesques, Teugaudes, archevesque de Trèves, et Gonter, archevesque de Couloigne. Pour ce cas fu assemblé le concile des

prélats par le commandement le roy Charles-le-Chauf, son oncle, qui bon conseil li looit, sé il le voulust avoir creu. Mais pour nul ammonestement ne voult laissier son propos, ains mut et s'en alla par Lombardie droict à Bonivent à l'empereur Loys, son frère. A cette voie s'accorda bien le roy Charles-le-Chauf, pour ce qu'il avoit espérance qu'il se refrainist de sa mauvaise volonté par le chatiement et l'ammonestement l'apostoile; mais à ce ne s'accordoient pas plusieurs des prélats de France, ains le contredirent, tant comme il purent, ceulx qui estoient mus par le Sainct-Esprit et qui se doubtoient que esclandres né périls ne venist à saincte Eglyse de cette chose. Car il avoient doubte de ce qui après en avint, que l'apostoile ne fist sa volonté par prières, et que commune erreur n'en fut espandue en saincte Eglyse. Toutevoies vint, si comme il avoit proposé: à l'apostoile s'en alla et impétra ce qu'il voult. [16]De Rome se départi bault et liez, et vint jusques à la cité de Luques, et là fu malade d'une fièvre, et là meisme prit une maladie à tout sa gent si grant et si crueuse qu'il les véoit mourir devant lui à gratis monciaux, né oncques pour ce ne se avertit né ne voult entendre la vengeance né le jugement de nostre Seigneur. De Luques s'en parti et vint à Plaisance, en la huitiesme ide du mois d'aoust. Là demoura jusques dimanche après. Et entour heure de nonnes, devint ainsi comme hors du sens. L'endemain perdi la parole du tout, et puis mouru entour la seconde heure du jour. Un peu de sa gent qui estoient demourés de cette pestilence, pristrent le corps et l'enterrèrent en ung moustier près de la cité.

Note 13:
Archevesque.
«Episcopus.»

Note 14:
Des frères
, c'est-à-dire des fils de ce Lothaire.

Note 15: Le texte d'Adon est ici mal traduit. «Accepit autem (Ludovicus) partem transjurensis Burgundiæ, simul et Provinciam.

Reliquam partem Lotharius sibi retinuit.»

Note 16: A compter d'ici, notre chronique est traduite des Annales de St-Bertin, année 869.

II.

ANNEE: 869.

Coment Charles-le-Chauf receut message qu'il n'entrast au royaume qui ot esté Lothaire son frère, jusques après ce qu'il fu parti: et coment les prélats le reçurent à seigneur en la cité de Mez. Et des constitutions qui furent là establies.

En ce temps-là estoit le roy Charles-le-Chauf en la cité de Senlis, il et la royne Judith[17]. Là avoient fait grans aumosnes, et avoient donné et départi assez de leurs trésors aux églyses et aux lieux de religion; et les rendirent par telle manière à Notre-Seigneur par cui don il les avoient receus. De Senlis se départi et s'en alla à Atigny. Là vinrent à luy les messages d'aucuns évesques et d'aucuns barons du royaume Lothaire qui mort
estoit, et luy mandoient qu'il n'allast en avant, et qu'il n'entrast au royaume que Lothaire avoit tenu, jusques à tant que le roy Loys son frère fust retourné d'un ost qu'il avoit fait sur les Wandres. Et quant il seroit venu et qu'il séjourneroit en son palais d'Angelenham, si envoyast à luy ses messages et luy mandast et le lieu et le temps qu'il assembleroient pour traictier de la partision du royaume sans faille. Voir est qu'il avoit jà ostoié par deux ans sur les Wandres, et plusieurs fois s'estoit jà à eux combattu, mais pou ou noient y avoit gaigné; et refurent plusieurs qui

luy mandèrent qu'il venist jusques à Mez, et il se hasteroient de venir contre luy en la voie, ou il vendroient à li en la cité. Loys s'appensa et vit bien que c'estoit le meilleur conseil. A la voie se mit et alla jusques à Verdun. Là rencontra plusieurs prélats du royaume Lothaire, Haston l'évesque de Mez,[18] et Franque l'évesque de Tongres, et mains autres. Et quant il furent en la cité, il assemblèrent en l'églyse Sainct-Estienne, et puis furent les paroles qui s'ensuivent récitées en la présence le roy Charles, en l'an de l'Incarnation huit cent soixante-neuf. Alors commença à parler l'évesque de Mez, Avancien avoit à nom, devant tous les prélats et le peuple, et dict ainsi: «Biaux seigneurs, bien savez tous, et si est chose seue en plusieurs règnes, les griefs que nous avons souffers pour nos causes communément et pour nos droits soustenir, au temps de nostre prince soubs qui nous avons été jusques à ore. Et si savez bien la douleur et l'angoisse que nous avons en cuer de la honteuse mort qui lui est advenue. Or n'y a donc autre conseil à nous qui sommes sans prince et sans chief terrien, mais que nous convertissions nos cuers en jeusnes et oroisons, et prions à celui qui tient en son poing les règnes et les roys, et ordonne du tout en sa volonté, qu'il nous doingt roy selon son cuer, qui nous gouverne en droict et en justice, et nous sauve et défende, et nous fasse tels que nous soions tous d'un cuer et d'une volonté à luy aimer et luy obéir en Dieu. Pour ce donques que cil fait la volonté de ceux qui le doubtent, et oi leur prière, a-il esleu droit hoir et successeur de ce royaume, à qui nous sommes soubmis de nostre volenté et pour nostre profit, c'est à savoir le roy Charles qui ici est présent; il nous est advis que nous luy devons rendre grace de ses bénéfices, que nous ne soions vers luy encolpés du vice d'ingratitude pour ce qu'il nous donne prince et gouverneur qui nous garde et défende longuement au profit de la saincte Eglyse, et nous doint vivre soubs luy en paix et en concorde en son service, à l'onneur et à la louange de celuy qui vit et règne sans fin. Et sé il lui plaict et il nous semble que ce soit bien, nous oïrons de sa bouche qu'il en voudra dire et répondre à nous et au peuple qui ci est assemblé.» Adonc parla le roy Charles aux prélats et au peuple, et dict ainsi: «Biaux seigneurs, tout ainsi comme ces honorables évesques ont tous ensemble parlé par la bouche d'un seul, et ont monstré certainement votre volenté et votre commune concordance, à ce que vous m'avez appelé par élection au profit du règne et de vous; sachiez certainement que devant toutes choses je regarderai l'onneur et le cultivement de Dieu et des églyses par l'aide de luy meisme et, après, de chascun de vous, d'après la dignité de son ordre et l'estat de sa personne, et les honoreray et sauveray de mon pouvoir, et tendray amour, et garderay à chascun les drois et les lois, selon la coustume du païs: en telle manière que obédience et honneurs roiaux me soient portés de chascun de vous selon son estat et conseil et aide, pour vous et pour le roiaume deffendre, sé mestier en estoit; ainsi comme nos devanciers l'ont fait par

droict et par raison à ceux qui ont régné pardevant moy.»

Note 17:
Judith
. Il faut lire
Ermentrude
.

Note 18: «Il falloit traduire:
*Haton l'évesque de Verdun, et Arnoul
l'évesque de Toul. De là, venant à Mez, il y trouva Advencien,
l'évesque de la ville, et Francon, l'évesque de Tongres*
.» (Note de

dom Bouquet.)

Après le roy, parla Hincmaris, archevesque de Rains, et dit en telle

manière par le commandement Avancien[19], évesque de la cité, et des

évesques autres de la province de Trèves, comme Haston l'évesque de Verdun,

et Arnoult l'évesque de Toul et mains autres qui présens estoient. «Pour

ce,» dist-il, «qu'il ne semble à aucuns que ce soit desraison et

présomption sé nous et nos honorables frères et évesques de nostre province

de Rains, nous entremettons des causes et de l'ordonnance de cet

archeveschié, sachent tous que nous ne le faisons pas contre les drois des

canons, pour ce que l'églyse de Rains et celle de Trèves sont sereurs et

comprovinciaux en cette région de Belge, si comme l'auctorité de saincte

Églyse le monstre et l'ancienne coustume le preuve. Et pour ce doivent-il garder à communs accors les establissemens des anciens pères et de sains, et doit estre gardé entre l'archeveschié de Trèves et celluy de Rains la condition de ce privilège, que celluy qui le premier est ordonné est tenu pour le premier ordonné, et la divine loy establie de Dieu le dict ainsi.

Quant tu trépasseras par le champ de ton amy, tu cueildras les espis, et pour les mangier les frotteras en ta main, mais tu n'en cueildras nul à faucille.
La moisson c'est le peuple, si comme nostre Seigneur vous monstre en l'Evangile; la moisson doncques de mon amy, c'est le peuple d'autres provinces. Tu frotteras ces espis en trespassant, c'est admonester le peuple en ung corps de saincte Églyse à la volenté de nostre Seigneur; doncques pouvons-nous passer en la province en admonestant le peuple à bien faire, sans tort faire à nullui; né ne mettons la faucille de jugement au peuple d'autre province. Autre raison: car les honorables évesques et nostre frère de cette province nous commandèrent et admonestèrent ce à faire en charité, pour ce qu'il n'avoient pas de provincial et vouldrent que nous ordennissons de leurs causes ainsi comme des nostres propres. Est-il ainsi,» dict-il, «seigneurs évesques?» Et il respondirent que oil. Et il dict après: «Or nous povons doncques avertir qu'il plaict à nostre Seigneur que nostre prince et nostre roy, qui cy est présent, à qui nous sommes soubmis de nostre volenté, pour nous et nos églyses, est ci venu pour nous et nous pour luy en la dernière partie du royaume que il tient.

Pour ce doncques que son père Loys, le puissant empereur et de saincte mémoire, fu couronné à empereur à Rains par la main du pape Estienne, pardevant l'autel Nostre-Dame, et fu puis déposé par la traïson du peuple et des barons et des mauvais évesques, et puis fu restabli devant le corps sainct Denys en France, et couronné de reschief en ceste église devant cest autel de sainct Estienne, par la main des évesques, si comme nous veismes qui y estions présens; et d'autre part, si comme nous trouvons ès histoires, que quant ces anciens roys conquéroient les royaumes, il se faisoient couronner des couronnes de chascun royaume. Il nous semble, sé il vous plaisoit, que avenante chose seroit qu'il fust et couronné et enoingt de la saincte onction, par la main d'évesque, au nom et au titre du royaume où il est appelé; et s'il vous plaict qu'il soit ainsi fait, si vous y accordez communément et le prononciez de vostre bouche.» Après ces paroles s'escrièrent tous que ainsi fust fait. Lors leur dict après: Rendons graces à Dieu et chantons:
Te Deum laudamus
. Après ce fu couronné et sacré devant l'autel sainct Estienne. Si départit atant le concile.

Note 19:
Par le commandement.
«Jubente et postulante.»

(An. S.-Bert.)

III.

ANNEE: 869.

Du mandement Loys à Charles son frère, et de la response. Et d'une incidence. Des griefs et du dommage que les Sarrasins firent au roy Loys au retour de Bonivent. Et puis de Rollant, archevesque d'Arle, et puis des Normans, et de la mort la royne Hermantrude et du mandement l'apostoile à Charles-le-Chauf.

De Mez se départit le roy et s'en ala à Floringues[20]: et quant il eut là ordonné ce que bon luy sembla, il s'en ala chascier[21] en la forest d'Ardennes. Entre ces choses advint que son frère Loys fit paix aux Wandres[22], sous une condition dont l'histoire ne parle mie. Pour celle paix confirmer y envoya ses fils et aucuns marchis de sa terre; car il demoura malade en la cité de Ragenbourg[23]. Au roy Charles manda par ses messages les convenances qui estoient entre eux deux et de sa partie du royaume Lothaire, et le roy Charles luy remanda responses souffisans à ce qu'il lui avoit mandé.

Note 20:
Floringues, aujourd'hui *Floringhem*, dans le département du Pas-de-Calais, arrondissement de Saint-Pol-sur-Ternoise, canton

d'Heuchin. Latinè:
Florinkengas
.

Note 21:
Chascier
. «Autumnali venatione exercitandum.»

Note 22:
Wandres
. «Pacem, sub quadam conditione, apud Winidos procuravit obtinere.» Plus loin, l'annaliste de St-Bertin ajoute à ce nom: «Qui in regionibus Saxonum sunt.»

Note 23:
Ragenbourg
. «Ragenisburg.» C'est Ratisbonne.

Incidence.
En ce temps advint en Grèce que Basile occit par traïson l'empereur Michiel, et cil avoit celluy Michiel accompagnié en l'empire. Couronner se fit et gouverna l'empire tout seul. L'un de ces princes qui Patrice avoit nom[24] envoïa à Barrain à tout trois cens nefs pour aider au roy Loys contre Sarrasins. Si requeroit par iceluy prince meisme qu'il luy onnast sa fille en mariage[25] pour espouse. Mais il ne la luy envoïa pas, pour ne sai quelle discorde qui fu entre luy et le prince, dont il avint qu'il s'en retourna à Corinthe à toute sa navie. En ce que l'empereur Loys s'en retournoit de sa contrée de Bonnivent, les Sarrasins qu'il avoit

assiégiés en la cité de Barre issirent hors et se férirent en la queue de son ost soudainement et tollirent bien jusques à deux mille chevaux: dessus montèrent et firent d'eux-meismes deux batailles, puis s'en allèrent en l'églyse Saint-Michiel de Mont-Gargan. Les clers et les pèlerins, qui là estoient venus pour adourer, robèrent et tollirent tout quanqu'il avoient, et puis s'en retournèrent chargiés de dépouilles. De cette aventure furent l'apostoile et l'empereur moult courroucés.

Note 24:
Patrice avoit nom.
C'est-à-dire étoit revêtu du titre de patrice. «Patricium suum ad Bairam cum CCCC (vel CCC) navibus miserat.»
Bairam
, c'est
Bari
, dans le royaume de Naples.

Note 25:
Qu'il luy donnast sa fille en mariage.
Le latin dit plus clairement que le patrice demandoit de conduire à son maître la princesse qui lui avoit été fiancée auparavant. «Et filiam Hludowici, a se desponsatam, susciperet.»

Incidence.
Loys, l'un des fils le roy Loys de Germanie, se combati en ce temps contre les Wandres, à l'aide des Saisnes: grande occision y eut d'une

partie et d'autre, mais toutevoies il eut victoire à la parfin à grand dommage de sa gent et à tant s'en retourna.

Incidence.
Rolland, archevesque d'Arles, empétra en ce temps vers l'empereur et l'empereris Engeberge, l'abbaïe de Sainct-Césaire, en l'isle de Camarie[26]; mais ce ne fu pas sans grans dons et sans grant service: moult estoit cette abbaïe riche et de grande possession. En icelle isle souloient avoir ung port les Sarrasins; pourquoi y pouvoient légièrement arriver. Un chastel y fit cest archevesque de terre tant seulement, et quant il oï dire que Sarrasins venoient, il se mit follement dedans; car il n'estoit né fort né garni pour luy sauver. Les Sarrasins vindrent là, de sa gent occirent plus de trois cens, et au dernier le prindrent et le menèrent tout loié en leur nefs, puis le mistrent à rançon qui fu tauxée à cent cinquante livres d'argent et à cent et cinquante manteaux, et à cent et cinquante espées, et à cent et cinquante présens sans les dons qu'il leur donna d'autre part. Si avint qu'ainsi mourut en les nefs avant qu'il fussent délivrés et que la rançon fust paiée; et les Sarrasins qui le virent, findrent[27] qu'il ne povoient plus illec demourer, et hastèrent forment ceux qui de la rançon paier s'entremestoient, s'il vouloient recevoir leur seigneur. Et quant elle fu toute paiée sans nul deffaut, il prirent le corps de l'archevesque tout revestu en épiscopaux garnemens si

comme il l'avoient pris, et l'assistrent en une charrette, et puis l'emportèrent hors des nefs entre bras ainsi comme par honneur. Lors vinrent entour luy ceux qui l'amoient, et quant il cuidèrent parler à luy et faire joie si le trouvèrent mort. Lors l'emportèrent en terre à grans pleurs et le mistrent en terre en ung tombel que luy-meisme avoit fait appareiller pour luy. En ce temps fit Salmon, duc de Bretaigne[28], paix aux Normans qui estoient sur le fleuve de Loire, et fit cueillir à ses Bretons tout le vin qui estoit en sa partie d'Anjou[29]. L'abbé Hue et le comte Geoffroy[30] se combatirent aux Normans, qui habitoient sur le fleuve de Loire, et en occidrent entour soixante. En cette bataille prindrent ung moine apostate (c'est-à-dire renoié de la foy), qui la foy crestienne avoit déguerpie et s'estoit mis avec les Normans. Et pour ce qu'il faisoit aux crestiens moult de mal tant comme il povoit, luy firent-il couper la teste. [31]En ceste tempeste vinrent les Normans la seconde fois jusques à Paris, l'abbaïe de Sainct-Germain robèrent et boutèrent le feu dedans le cellier, et puis retournèrent tous chargiés des despoilles de ce qu'il avoient tolli et robé. En ce temps commanda le roy Charles aux Manceaux et aux Tourangiaus et à ceux qui habitoient delà le fleuve de Saine qu'il fermassent les cités et fissent forteresses contre les assaulx des Normans; et quand les Normans oïrent ce dire, il mandèrent à la gent du païs qu'il leur donnassent une grande somme d'argent, de vins, de fourment et de bestes, s'il vouloient avoir paix et trèves avec eux.

Note 26:
Camarie.
La
Camargue
, sur le Rhône.

Note 27:
Findrent.
Feignirent.

Note 28:
Duc de Bretaigne.
L'annaliste de Metz l'appelle
roi des
Bretons
, et il a raison. (
Note de dom Bouquet
.)

Note 29:
En sa partie d'Anjou.
«Et vinum partis suæ de pago

Andegavensi cum Britonibus suis collegit.» C'est-à-dire: Et il put

récolter, cette année, le vin des vignes plantées du côté de la Loire

qui appartenoit au territoire d'Angers, et par conséquent à ses

états. M. Guizot a rendu cette phrase ainsi:
Et il récolta le vin
des territoires qui lui appartenoient au pays d'Angers
. La

traduction du chroniqueur de Saint-Denis est moins mauvaise.

Note 30: Le latin ajoute: «Cum Transsequanis.» C'est-à-dire: avec ceux qui habitoient au-delà de la Seine ou jusqu'à la Loire.

Note 31:
En ceste tempeste, etc.
Cette phrase ne se trouve que dans le manuscrit du roi des *Annales de Saint-Bertin*. On voit que les Normands tenoient beaucoup aux celliers et aux vendanges.

En la ville de Dussy[32] estoit le roy Charles, quant il oï nouvelles par certains messages de la mort Hermentrude, sa femme, en l'abbaïe de Sainct-Denys en France; et léans meisme fu elle mise en sépulture. Lors manda le roy à Theuberge, qui femme eut esté le roy Lothaire, qu'elle luy envoiast sa fille[33] Richeut par Boson, le fils au comte Bivin, qui frère estoit à ceste Richeut. (Une pièce de temps) la tint sans épouser, ainsi comme concubine; (mais il l'espousa puis, si comme l'histoire le dira ci-après). A celui Boson, son frère, donna l'abbaïe Sainct-Morize et toutes les appartenances, et s'en ala à Ais-la-Chapelle, et mena avec luy cette Richeut, et se hasta moult d'aler pour recevoir le remenant des hommages du royaume Lothaire, si comme il l'avoit mandé; et fit assavoir à tous qu'il seroit à Gondouville[34] dedans la feste Sainct-Martin pour recevoir ceux qui à lui devoient venir de Provence et de la parfonde Bourgoigne[35]: et quant il fu à Ais nul ne vint à luy qu'il n'eust d'abord receu[36]. De là se départit et s'en ala à Gondouville en son palais comme il l'avoit ordonné.

Note 32:
Dussy.
C'est
Douzy
, bourg de Champagne, près de Mouzon,

et sur la rivière du Cher.

Note 33:
Sa fille.
Le latin ne dit pas cela; mais la phrase est

obscure. «Exequente Bosone filio Bwni quondam comitis hoc missaticum apud matrem et materteram suam Theutbergam Lotharii regis relictam, sororem ipsius Bosonis nomine Richildem mox sibi adduci fecit, et in concubinam accepit.» Je crois voir ici que pendant l'absence de Boson, chargé de la mission d'annoncer à Theutherge la mort d'Hirmantrude, Charles avoit fait venir près de lui Richilde, sœur de Boson, et l'avoit retenue en concubinage.

Note 34:
Gondouville.
«Gundulfi-villa.» C'est
Gondreville
, dans

le pays Messin, à une lieue de Toul. Ce palais étoit situé sur la rive droite de la Moselle.

Note 35:
De la parfonde Bourgogne.
«Et de superioribus partibus

Burgundiæ.»

Note 36:
Qu'il n'eust d'abord receu.
C'est-à-dire: Dont il n'eut

obtenu précédemment la soumission. «Nullum obtinuit quem ante non

habuit.»

Avant qu'il partist receut les messages l'apostoile Adrien. Ces messages

estoient deux évesques, l'un avoit nom Paul et l'autre Léon, et ne venoient

pas au roy tant seulement, mais aux princes et aux prélas du royaume. La

forme du mandement estoit telle que nul mortel ne fust si hardi qu'il

entrast au royaume qui jadis ot été Lothaire, et qui par droict devoit

venir en la main son fils espirituel, né qui osast né troubler né molester

les hommes du royaume, ne fortraire par promesses et par dons: et sé nul le

fesoit autrement, ce qu'il feroit ne seroit pas tant seulement anéanti par

son auctorité, ains seroit celuy qui ce feroit excommunié et dessevré de la

compagnie de saincte Églyse; et sé aucun des évesques se consentoit à luy

en taisant, si ne seroit plus appelé prestre né pasteur, mais bergier loué;

et pour ce, ne luy appartiendroit-il des brebris garder, par conséquent né de la dignité de pasteur. Avec les messages et pour ceste besoigne meisme vint ung autre message[37] qui avoit nom Boderas. Quand les messages l'apostoile s'en furent partis, le roy Charles s'aperceut bien que ceux luy avoient menti qui luy avoient fait entendant par faus messagiers que le roy Loys, son frère, estoit ainsi comme à la mort. Lors se partit de Gondouville, et s'en ala ès parties d'Elisse[38], pour recevoir en amour et en concorde Hue, le fils Geuffroy, et Bernart, son fils[39]. De là s'en retourna pour yverner à Ais-la-Chapelle, et tant y demoura que la Nativité fu passée, en l'an de l'Incarnation huit cent soixante et dix.[40]

Note 37:
Un autre message.
Le latin ajoute: «Missus Hludowici

imperatoris venit.»

Note 38:
D'Elisse.
«In Elisacias partes.» Vers l'Alsace.

Note 39:
Son fils.
«Bernardi filium.» Bernard, fils de Bernard.

Note 40: La plupart des auteurs du IXème siècle commencent l'année à Noël, comme notre annaliste de Saint-Bertin.

IV.

ANNEE: 870.

Coment Charles-le-Chauf espousa la royne Richeut, et de la pais aux Normans, et du débat entre Charles-le-Chauf et Loys, son frère, pour la partition du royaume Lothaire, et d'autres choses.

[41]D'Ais-la-Chapelle se parti le roy Charles et s'en retourna en France, et vint en la cité de Noion. Là tint parlement à un prince des Normans qui avoit nom Roric. Ci fu la fin telle qu'il le receust en amour et en alliance. Après espousa Richeut, de qui nous avons devant parlé, qu'il avoit tenue sans mariage. De là retourna à Ais-la-Chapelle. Là oï telles nouvelles dont il ne se donnoit de garde; car Loys, son frère, roi de Germanie, luy manda par ses messages s'il ne s'en issoit tantost de la ville d'Ais et de tout le royaume qui avoit esté Lothaire, son frère, et s'il ne le rendoit en paix ès mains des princes du royaume ainsi comme il le tenoient au jour qu'il trespassa, bien sceut-il qu'il viendroit sur luy à armes et qu'il auroit à luy bataille. Tant allèrent les messages d'une part et d'autre, que la besoigne à ce menèrent que sermens furent faicts des deux parties. De tenir les convenances jura par le roy l'un des messages, et dit ainsi: «Je jure pour le roy Charles, mon seigneur, qu'il se consent à ce que son frère le roy Loys ait une telle partie du royaume

Lothaire, leur frère, comme luy-meisme aura; et qu'il soit si loyaument parti et si justement comme ceux le sauroient partir qui par l'accort des deux parties y seront mis; et que ce soit sans barat et sans decevance, sé son frère le roy Loys luy veult garder autelle fermeté et autelle loyaulté comme il luy promet tant comme il vivra.» Quant ces convenances furent ainsi affermées par sermens d'une partie et d'autre, le roy Charles se partit d'Ais et s'en retourna en France, et s'en vint à Compiègne; là célébra la Résurrection.

Note 41:
Annal. S.-Bertini, anno 870.

(Au moys de may qui après vint s'en ala à Atigny[42]). Là viendrent à luy les messagiers Loys son frère, qu'il eut envoiés pour partir le royaume; mais il ne vouldrent pas tenir les convenances qui devant avoient este jurées, si estoient plus fiers et plus hautains pour la prospérité de leur seigneur, pour ce qu'il avoit pris, tant par barat comme par armes, le prince des Wandres qui longuement avoit à luy guerroié et mains dommages
luy avoit fais. En moult de manières fu cette partition devisée et mandée aux deux parties par divers messages; n'accorder ne se pouvoient. A la parfin fut ainsi atiré que le roy Charles leur manda que il et Loys son frère assemblassent paisiblement au royaume qui devoit être parti, et fussent faictes loyales parties selon les convenances et les sermens qui

avoient esté fais, par le regart des preudes hommes qui à ce faire fussent mis par les parties. Entre ces choses fu assemblé ung conseil d'évesques de dix provinces. Là fu accusé de plusieurs cas Haimart l'évesque de Loon et meismement de deux choses de ce qu'il ne vouloit obéir au roy Charles comme

à son prince, né à l'archevesque de Rains comme à son prélat. Mais toutesvoies fu-il contraint à ces deux choses: son libelle escripvit et le rendit en plein conseil. Si contenoit cette sentence: «Je, Haimart, évesque de Loon, regehis et cognois que je dois être et serai désormais obédient et féable au roy Charles, selon mon estat, si comme évesque doit être par droit à son prince terrien et à son roy; et si promets aussi que je ferai obédience à mon pouvoir à l'archevesque de Rains, telle comme je lui dois faire selon les droits et les canons et les décrets des anciens pères, à mon sens et à mon pouvoir.» Et quant il eut ce dict, il mist sa subscription en son libelle.

Note 42: Cette précieuse parenthèse n'est pas traduite des Annales de Saint-Bertin, et ne se trouve que dans le continuateur d'Aimoin. Ce fut effectivement dans le palais d'Attigny qu'Hincmar de Reims obtint la condamnation d'Hincmar de Laon.

Charlemaine le fils le roy Charles, qui estoit nommé abbé de plusieurs abbaïes, faisoit moult de griefs et de dommages à son père; et pour ce perdit-il les abbaïes qu'il tenoit et fu mis en prison à Senlis. (En ce temps tenoient les princes lays aucunes abbaïes.) Entre ces choses envoia le roy Charles ses messages[43] à Loys son frère, Eudes l'évesque de Beauvais, et deux comtes Hardoin et Odon; et luy manda qu'il assemblassent

paisiblement pour partir le royaume Lothaire. Après, s'en ala à une ville qui a nom Pontigon[44], là retournèrent à luy les messages qu'il eust envoiés à Loys, son frère, et luy nuncièrent la responce qu'il luy mandoit, qui telle estoit qu'il venist jusques à Haristalle, et il viendroit d'autre part jusques à Marne[45]; et au milieu de ces deux lieux assembleroient à parlement; et amenast chacun tant seulement quatre évesques et dix conseillers et trente que vassaux que chevaliers[46]. Ainsi fu la chose créantée. Le roy Loys mut et s'en vint à Flamereshem en la contrée de Ribuarie[47]; là luy advint telle adventure qu'il chaï d'un solier qui estoit viel et pourri luy et aucuns de sa gent. Blessé fu en sa jambe, mais assez tost fu gari si comme il luy sembloit. (Il se hasta ung peu trop, car la bleceure ne fu pas bien esteinte, si comme nous le dirons ci-après.) A Ais-la-Chapelle s'en alla. Le roy Charles se rapproucha d'autre part au lieu déterminé, et tant coururent messages d'une partie et d'une autre que les deux roys assemblèrent là où il estoit dévisé en la cinquième kalende d'aoust. Là départirent le royaume paisiblement selon les convenances devant dictes.

Note 43: Le latin ajoute: «Ad Franconofurt.»

Note 44:
Pontigon
, aujourd'hui
Pontion
.

Note 45:
Marne.
Mersen.

Note 46:
Que vassaus que chevaliers.
Je ne crois pas qu'il y eût de

différence bien sensible avant le XIVe siècle entre ces deux mots.

Aussi le latin dit-il
officiers ministériels et chevaliers
. «Inter

ministeriales et vassalos.»

Note: 47:
En la contrée de Ribuarie.
«In pago Ribuario.»

Ci-après sont nommés les cités et les villes de la partie du roy Loys:

Coloigne, Trèves, Utrehect, Strahasbourt, Baille[48], et maintes autres

villes et cités qui pas ne sont à nommer pour eschiver la confusion; et

pour ce que les noms sont en langue tioise on ne les peut pas assigner proprement en françois[49]. En celle partie furent adjoutées les deux parties de Frise qui estoient du royaume Lothaire. Et par dessus cette division luy fu encore donnée la cité de Mez, l'abbaïe Saint-Père et Saint-Martin et toutes les villes et les appartenances de cette contrée; et si luy fu donnée pour le bien de paix et de charité une partie des Ardennes tant comme le fleuve qui a nom Urcha en depart jusque à tant qu'elle cheï en Meuse.

Note 48:
Baille.
Basle.

Note 49: En voici la liste exactement copiée du latin: «Coloniam, Treviris, Utrecht, Strasburg, Basulam, Abbatiam Suestre (
Susteren
,
dans le duché de Jullers), Berch (
Berge
, près Ruremonde), Niu

monasterium (
Nussa
, près Cologne), Castellum (
Kessel
, sur la

Meuse), Indam (
Cornelismunster
, près d'Aix-la-Chapelle),

Sancti-Maximini (près de Trèves), Ephterniacum (
Esternach
), Horream

(*Oeren*, dans Trèves), Sancti-Gangulfi, Faverniacum (*Favernay*, en Franche-Comté), Polemniacum (*Poligny*, en Comté), Luxoium (*Luxem Baume*, dans les Vosges), Luteram (*Lure*, diocèse de Besançon),

Balmau, Offonis-villam (*Vellefaux*, diocèse de Besançon),

Meyeni-monasterium (*Moyen-Moustier*, dans les Vosges), Eboresheim (dans l'Alsace), Homowa (dans Strasbourg), Masonis-monasterium (*Maesmunster*, en Alsace), Hombroch, Sancti-Stephani, Strasburg,

Sancti-Deodati (*Saint-Dyé*), Bodonis monasterium (*Bon-Moustier*, dans les Vosges), Stivagium (*Estival*), Romerici montem (*Remiremont*), Morbach (en Alsace), Sancti-Gregorii (

id.
),

Mauri-monasterium (
id.
), Erenstein (
id.
), Sancti-Ursi in Salodoro

(
Soleure
), Grandivellem (
Grantfel
, diocèse de Basle),

Allam-Petram (près
Moyen-Moustier
), Lustenam (?), Vallem Clusæ

(
Vaucluse
, diocèse de Besançon), Castellum-Carnonis

(
Chatel-Challon
), Heribodesheim (?), Abbatiam de Aquis,

Hoenchirche, Aughtchirche, comitatum Testebrant, Batua (
Batavia
),

Harluarias (dans le duché de Gueldres), Masau subterior de ista

parte, et Masau superior, quod de illa parte est; Liugas (
Liège
),

quod de ista parte est, Districtum Aquense (
Aix
), Districtum

Trectis (
Maestricht

). In Ripuarias, comitatus V, Megenensium, Bedagowa, Nitachowa, Sarachowa subterior, Blesitchowa, Selm, Albechowa, Suentisium, Calmontis, Sarachowa superior, Odornense quod Bernardus habuit, Solocense, Basiniacum, Elischowe, Warasch, Scudingum, Emaus, Busalchowa. In Elisatia, Comitatus duo; de Frisia duos partes de regno quod Lotharius habuit.... Civitatem cum Abbatia S.-Petri et S.-Martini, et comitati Moslensi, cum omnibus villis in eo consistentibus tam dominicatis quam et vassalorum. De Arduenna, sicut flumen Urta surgit inter Bislam et Tumbus, decurrit in Mosam et sicut recta via pergit in Bedensi. Exupto quod de Condrusio est, ad partem Orientis, trans Urtiun, et Abbatias Prumiem et Stabelan, et omnibus villis dominicalis et vassalorum.»

Ci-après sont nommées les cités et les bonnes villes de la partie le roy Charles: Lyon sur le Rhosne, Besançon, Vienne, Tongres, Tol, Verdun, Cambray, et moult d'autres villes et cités qui pas ne sont à nommer[50]. Le lendemain que ces parties ainsi furent devisées, les frères revindrent arrière ensemble, congié prindrent l'un à l'autre, et se départirent en paix et en amour. Le roy Loys retourna à Ais-la-Chapelle, le roy Charles en France, et commanda que la reyne Richeut, sa femme, fust admenée encontre
luy. A Saint-Quentin en Vermandois vint, et puis ensemble à Senlis, et puis à Compiègne. Là se déporta tout le mois de septembre en gibier et en

chasse. De la partie du royaume Lothaire qu'il eut receu fit sa volenté et en donna et départi à sa volenté.

Note 50: Voici les autres noms: «Vivarias, Vatiam, Montem-Falconis, Sancti-Michaelis, Gildini-monasterium, S.-Mariæ in Bisantione, S.-Martini in eodem loco, S.-Augentil, S.-Marcelli; S.-Laurentii Leudensi, Sennonem, Abbatiam Niellam, Molburium, Laubias, S.-Gaugerici, S.-Salvii, Crispinno, Fossas, Marilias, Honulficurt, S.-Servatii, Maalinas, Ledi, Sunniacum, Autonium, Condatum, Mesrebecchi, Tidivinni, Lutosa, Calmontis, S.-Mariac in Desmant, Echa, Andana, Wasloi, Altummontem, Comitatus Texandrum. In Bracbanto, Comitatus quatuor Cameracensim, Hainoum, Lomensem. In Hasbanio, Comitatus quatuor, Masau superiur, Masau subterrior, Liugas quod pertinet ad Veosutum; Scarponense, Viridunense, Dulmense, Arlon, Waurense, Comitatus duo, Mosminse, Castricium, Condrust. De Arduennâ sicut flumen Urta surget inter Bislanc et Tumbas, ac decurrit ex hac parte in Mosam, et sicut recta via ex hac parte Occidentis pergit in Bedensi. Tollense, aliud Odornense quod Tremarus habuit; Barrense, Portense, Salmoringum, Lugdunense, Viennense, Vivarias, Ucericium. De Frisiâ tertiam partem.»

V.

ANNEE: 870.

Des messages l'apostoile Adrien au roy Loys qu'il rendist le royaume Lothaire à son nepveu Loys. Du contens le roy Loys, coment il envoya joyaux à l'Eglyse de Rome et coment il prit Vienne.

Le roy Loys qui à Ais fu retourné, n'estoit pas encore bien guary de la bleceure de sa jambe qu'il prist quant il chaï du solier, si comme l'istoire ci devant conte, pour ce qu'il ne povoit pas bien endurer les cures des physiciens. Et pour ce que la bleceure se tournoit à pueur et à pourreture se fist-il tranchier toute la maladie[51], si en demeura plus longuement en la ville qu'il ne cuida, car il acoucha du tout au lit et fu aussi comme prest de la mort. En ce temps viendrent les messages de l'apostoile à Ais, et de Loys l'empereur. Les messages l'apostoile furent Johan et Pierre, cardinaulx de l'Églyse de Rome; les messages à l'empereur furent l'évesque Vibode et li quens Bernart. Tel mandement apportoient au roy Loys que de rien ne s'entreméist du royaume Lothaire son nepveu, qui par droict devoit escheoir à l'empereur Loys son frère. Assez briesvement leur rendit responce et congié, et puis si les envoia au roy Charles son frère. Quand il fu guari de sa maladie et il put chevauchier, il se partit et s'en alla à Renebourg[52]. Restice[53] le roy des Wandres qu'il tenoit en prison[54] fit traire hors, et luy fit les yeux sachier, et puis commanda qu'il fust tondu en une abbaïe. Après manda à ses fils Charlon et Loys qu'il venissent à luy. Mais il ne y vouldrent pas venir, car il sentoient bien qu'il avoit meilleure volenté à Charlemaine son frère que vers eulx. De Renebourg se partit et s'en alla à Frenquefort vers le commencement du caresme pour tenir le parlement pour le contens apaisier de luy et de ses fils. Allèrent tant messages d'une part et d'autre que trève fut donnée jusques au moys de may, que le père les assura qu'il n'auroient par luy nul mal, et il promistrent d'autre part qu'il ne feroient nul mal au royaume si comme il avoient commencié. Quant ce feust accordé et le parlement feust fini, le roy se départi de Franquefort et s'en alla à Renebourg.

Note 51:
La maladie
. C'est-à-dire:
La chair pourrie
.

Note 52:
Renebourg.
Ratisbonne.

Note 53:
Restice
ou
Ratislas
, prince de Moravie; le même qui

demanda à l'empereur Michel saints Cyrille et Methodius, pour prêcher l'évangile à ses peuples.

Note 54:
En prison.
Le latin ajoute: «A Carlomanno per dolum nepotis ipsius Restitii captum.»

Tout le mois de septembre se déporta le roy Charles en chasse de bois et puis s'en vinst à Saint-Denis en France, pour célébrer la solennité des glorieux martyrs. Le jour mesme, si comme on chante la messe, vindrent à luy les messages à l'apostoile Adrien et ceux meismes qui au roy Loys avoient esté; épistres luy apportaient à luy et aux évesques de son royaume, qui contenoient moult espouventablement qu'il n'entrast au royaume qui eut esté Lothaire son nepveu, car il appartenoit par droict héritage à l'empereur Loys, qui son frère avoit esté. Au roy ne pleurent pas moult ces nouvelles, ains porta moult griefs ce mandement. Tant luy prièrent les messages et autres bonnes gens, qu'il osta Carlemaine, son fils, de prison de Senlis et il luy commanda qu'il demourast avec soy. Les messages fit conduire jusques à Rains et commanda que ses amis et son conseil feussent là assemblés; et quand il lu là venu, il demoura entour huit jours, et aux messages donna congié de repartir. Mais il envoïa avec eulx ses propres messages à l'apostoile Adrien, Ansegesile l'abbé de Saint-Michel, et un autre lay qui Liethart avoit nom. Par eulx envoia dons et offrandes à l'autel de Saint-Pierre de Rome et des vestemens d'or et des couronnes d'or à pierres précieuses. Luy-meisme alla avec les messages jusques à Lyon. Là se départi de luy Charlemaine, son fils, sans son sceu, car il s'enfuit par nuit et s'en alla au royaume de Belge. Grans tourbes de larrons et de robeurs assembla, et fit par le pays si grant destruction et si grand cruaulté qu'il n'est nul qui croire le peust, fors ceux qui ce virent et souffrirent. Moult en fu dolent son père quand il le sceut, et dist: «Las! quelle engendréure je ai faite, quand cil est larron qui peust estre coronné de deux roïaumes! Pourquoi emble-il? Ne fust tout sien, s'il vousist?» Mais pourtant ne voult-il pas retourner né laissier la voie qu'il avoit entreprise, ains s'en alla à Vienne où Berte la femme Girart[55] estoit, et assist la cité le plustost qu'il péust. Cil Girart n'éstoit pas dedans, ains estoit ailleurs en ung fort chastel. Moult fu le pays d'entour gasté et destruit pour ce siège. Tant fist le roy par sens et par engin, qu'il mist discension entre ceux qui la cité gardoient, si que une grande partie se tinst à luy. Mais quand Berte aperçut cette chose, elle manda Girart son seigneur. Puis qu'il fust venu ne voult-il pas tenir la cité contre le roy, ains la rendi maintenant, et le roy rentra liez et joyeux, et célébra en la ville la Nativité Nostre-Seigneur.

Note 55:

La femme Girart.
Berte étoit femme de Girard de Roussillon, si fameux dans nos anciens romans. Ce siége de Vienne a beaucoup exalté l'imagination des poètes françois. Il forme le nœud de la chanson de geste de *Gerard de Vianne* ; il en est fait également mention dans celle de *Gerard de Roussillon*.--«La Chronique de Vezelay place à tort la mort de Girard en 847, et celle de Berte en 844.»
(D. Bouquet.)

[56]Quant le roy eust ainsi la cité receue, il contraint Girart à ce qu'il luy rendroit les chastiaux d'entour et les livreroit à ceux que le roy y vouldroit envoier; et de ce luy donna bons ostages[57]; trois nefs luy bailla, et luy souffrit qu'il s'en allast parmi le fleuve du Rosne, luy et Berte sa femme, et leurs gens et leurs biens meubles. La cité bailla à garder à Boson le frère la royne sa femme. De là se parti pour aller en France, par Auxerre et par Sens retourna et s'en vinst droict à l'églyse Saint-Denys. Quand Charlemaine son fils oy dire qu'il venoit, il s'en alla à Maison luy et toute sa route: les chastiaux, les villes et le pays tout dégasta. Après ce envoïa à son père quatre messages faussement et par coverture, et luy manda que volentiers vendroit à luy à mercy et amendroit

vers Dieu et vers luy quanqu'il avoit meffait; mais tant seulement eust merci de ceux qui avec luy estoient, né pour ce ne se voult oncques tenir de mal faire. Le roy retint deux de ses messages et avec les autres deux envoïa Gaulin, abbé de Saint-Germain, et le conte Baudouin qui serourge estoit Charlemaine meisme. Par ces deux manda que seurement povoit-il venir

sé il vouloit. Lors faingni par tricherie et luy manda qu'il viendroit à luy, et envoïa de rechief autres messages pour requerre ce qui ne pouvoit estre; et, tandis, s'éloingna du pays et s'en ala vers la cité de Toul. A ses barons le roy requit jugement de ceulx qui son fils luy avoient ainsi soustraict et aliéné (qui estoit diacre de sainte Église), et qui si grand tourment et destruction avoient faict en son royaume. Lors furent jugés et condempnés à recevoir mort; et après commanda le roy que leurs terres et leurs fiefs fussent pris et saisis en sa main. Après ce ordonna coment son fils et tous malfaiteurs qui avec luy estoient au royaume, feussent pris et chastiés. Si ne se tint pas tant seulement au jugement des pairs et des barons, ains voult et requist qu'il feussent jugiés des prélats. Jugiés furent et excommuniés selon la sentence de l'apostoile, qui commanda que nul n'eut à eulx participation, n'en boire, n'en mangier, n'en nulle autre chose, si comme il est contenu en l'épistre selon les saints canons qu'il envoièrent à tous les prélas. Et meismement de son fils Charlon requist-il jugement à tous les prélas de cette province[58] comme celui qui feust diacre et eust fait serment à son père par deux fois dont il étoit parjure, et avoit fait tant de tourmens en son royaume et telles desloyautés contre son père. [59]En France retourna le roy vers le caresme; à Saint-Denis s'en vint vers Pasques fleuries, et là célébra la résurrection. Après la feste dut mouvoir à Saint-Morise pour aler encontre l'empereris qui ainsi lui avoit mandé par ses messages; mais pour ce qu'il entendi certainement qu'elle avoit pris jour de parlement à Loys son frère, le roy de Germanie, à Trente, ne voult-il pas aller, ains retourna à Senlis[60]. Là vint à luy Allard le message son frère le roy Loys, qui luy mandoit qu'il venist à luy au parlement en la cité du Traict, et il viendroit d'autre part à Renebourg[61] tantost coment il auroit envoié Charles son fils contre les Wandres. Mais le roy Charles voulut ordonner l'estat de Loys son fils. Si commanda que Boson frère à sa femme Richeut la royne, feust chambellan et

maistre sur tous les huissiers; et luy donna l'onneur et la terre Girart le conte de Bourges. Bernart le marchis envoia en Aquitaine et luy bailla la cure et l'ordonnance de tout le royaume. Avant, luy feist faire seremens, et puis luy octroia Carcassonne, Arles-le-Blanc et Thoulouse.[62]

Note 56:
Annal. S.-Bertin. Anno 871.

Note 57:
Bons ostages.
C'est Girard qui donna ces ôtages au roi.

«A Gerardo sibi obsides dari jussit.»

Note 58:
De cette province.
De la province du diocèse de Sens, dans

lequel étoit situé le diaconat de Carloman.

Note 59: Ici le traducteur de Saint-Denis, guidé par le continuateur

d'Aimoin, a omis le récit des derniers événemens de l'année 871, tel

que le donnoient les Annales de Saint-Bertin. Il nous transporte à

l'année 872. Dans le texte des Annales, Charles, après avoir tenu un

plait, placit, ou parlement à Servais, vient célébrer la fête de Noël

à Compiègne. De Compiègne, il se rend au monastère de Saint-Lambert,

puis revient à Compiègne, et de là, comme dans la Chronique de

Saint-Denis, à Saint-Denis.

Note 60:
Senlis
.
Silvacum
a été pris ici pour Silvanectum.

Quelques-uns pensent que
Silvacum
est
Ville-en-Selve
, dans la

montagne de Reims; mais on s'accorde plutôt à le reconnoître dans

Servais

, proche de *La Fère* et à six lieues de Laon.

Note 61: *A Renebourg.* Le latin ajoute *Aquis* : c'est-à-dire: *Il reviendroit d'Aix à Ratisbonne*.

Note 62: Cette dernière phrase est mal entendue. Le latin dit qu'avec Boson, Charles envoya en Aquitaine Bernard et un autre marquis également nommé Bernard, et qu'il confia à Boson l'administration du royaume; qu'au comte de Toulouse Bernard il céda, après avoir reçu ses sermens, Carcassonne et Rasez: «Eum (Bosonem) cum Bernardo, itemquo cum alio Bernardo markione, in Aquitaniam misit, et dispositionem ipsius regni et commisit. Bernardo autem Tholosæ comiti, poat præstita sacramenta, Carcasonem et Rhedas concedens, ad Tholosam remisit.» Ce premier Bernard étoit fils de Bernard, duc de Septimanie, et étoit lui-même comte d'Auvergne. En 879, il devint marquis de Gothie.

VI.

ANNEES: 872/873.

Coment le roy Loys rendit à l'empereris Angeberge sa partie du royaume Lothaire, et puis des messages l'apostoile Adrien à l'empereur Basile de Constantinoble; et coment Loys fu couronné; et coment Charlemaine le fils Charles-le-Chauf eut les yeux crevés.

En ce temps manda Loys le roy de Germanie ses deux fils Charlon et Loys qu'il venissent à luy; car il vouloit mettre paix et concorde entr'eux et son aultre fils Charlemaine. Et quant il furent venus en sa présence, il feist faire le serment aux deux parties et leurs hommes meismes; mais il n'y eut né foy né loyauté, d'une part né d'aultre. Après les requist qu'il ostoiassent avec Charlemaine leur frère sur les Wandres; mais oncques accorder ne s'i vouldrent. Et quant il vit qu'il n'en feroient rien pour luy, si ne laissa-il pas, pour ce, que il n'envoiast Charlemaine sur ses ennemis à si grant ost comme il put rassembler. Après ce, mut au lieu et au jour qu'il eust pris à l'empereris Angeberge. La fin fu telle qu'il rendit sa partie du royaume Lothaire qu'il eut reçue encontre la partie du roy Charles; si fist cette chose contre le serment qu'il eut fait et contre la volenté et le sceu des barons du royaume Lothaire, qui à luy estoient rendus et soubmis; dont fu lié par divers sermens dont l'un estoit jà menti. Car le serment qu'il eust faict à l'empereris Angeberge fust tout contraire à celuy qu'il avoit faict devant au roy Charles son frère et aux barons du royaume. Après manda l'empereris au roy Charles qu'il venist parler à elle à Saint-Morise de Chablies, si comme elle luy avoit mandé devant.

Là ne voult pas aller, quand il sceut la besoigne et les convenances qui avoient esté entre luy et le roy Loys son frère; mais il y envoia messages qui riens ne firent né nulle certaineté ne luy apportèrent.

En ce temps advint que l'apostoile Adrien envoia messages en Constantinople à l'empereur Basile et à ses deux fils Léon et Constentin pour la besoigne que l'apostoile Nicholas son devancier avoit devant ce proposé et ordonné. Ses messages furent Estienne, évesque de Néphese, Donez, évesque d'Oiste[63], et Martin, diacre de l'églyse de Rome. Et si fu avecques eulx Anastaise qui garde estoit des armoires et des écrins du palais[64]. Si estoit un sage homme en paroles, en grec en latin; là fu grand concile assemblé et fu appelé le huitiesme concile général. Là fu accordé le contens et le schisme apaisié qui devant eust esté de la promotion[65] Ignace et de l'ordonnement Foucin. Cil Foucin feust quassié et excomenié et Ignace ordonné[66]. En ce concile feust aussi ordonné les images adourer tout autrement que les anciens pères n'en avoient senti; dont les Grecs contredirent aucunes choses en leur conseil; et quant à aucunes choses s'accordèrent pour la faveur et pour la grace l'apostoile Adrien de Rome, qui à eulx s'accordoit des images adourer.

Note 63:
D'Oiste.
D'Ostie.

Note 64: C'étoit le célèbre *Anastase le bibliothécaire*, auteur de

l'histoire ecclésiastique et du *Liber pontificalis*.

Note 65:
Promotion.
Il faut lire *déposition*.--
Foucin, Photius.

Note 66:
Ordenné.
C'est-à-dire *restitué*.

A Rome vinst l'empereur Loys la veille de la Penthecouste et le lendemain fu couronné par la main Adrien l'apostoile, en l'églyse Saint-Père. Et quant la messe fu chantée, l'apostoile le mena meisme à grand compagnie de

chevaulcheurs jusques au palais de saint Johan de Latren. En grand hayne avoient l'empereris Angeberge les plus haus hommes d'Ytalie pour son orgueil. Pour eulx tous envoièrent à l'empereur Loys le comte Ginise[67] et firent tant vers luy, qu'il luy manda qu'elle ne se meust d'Ytalie et qu'elle l'attendist tant qu'il feust retourné. Mais elle ne tint guères ce commandement, ains s'en ala après luy assez tost après ce. Si eust envoié avant à Charles, le roy de France, l'évesque Guinbode, pour grace et amour impétrer vers luy ainsi comme s'il ne sceut pas ce qui avoit esté faict entre luy et Loys, son frère le roy de Germanie. A Pontliaire[68] vint au roi cil message: il estoit lors alé en Bourgoigne pour aucunes besoignes. Là oït nouvelles que Bernart Vitel[69] estoit occis par les hommes Bernart le fils Bernart meisme. De Bourgoigne se départi et vint à Atigny, là tint parlement ès kalendes de septembre. Et quant il eust là demouré pour aucunes besoignes, il s'en ala pour chacier en la forest d'Ardennes. Au mois d'octobre se meist en navire au fleuve de Meuse et s'en ala Avau-Terre[70] en la cité du Traict. Là furent à parlement à luy les deux grands princes des Normans, Roric et Rodulphes. A luy s'accorda Roric et se
départi en paix et en amour; mais Rodulphe s'en partit à contens et à discorde. Le roy toutesvoies se garni et s'appareilla contre sa malice. De là s'en retourna en France non pas par eaue si comme il y étoit alé, mais par terre. Par Atigny[71] s'en vint à Soissons, en l'abbaïe Saint-Marc

célébra la Nativité Nostre-Seigneur. En ce temps trespassa de ce siècle l'apostoile Adrien. Après luy fu en siège Johan, diacre de l'églyse de Rome.

Note 67: Le latin est ici mal entendu... «In loco illius inbergæ filiam Winigisi substituentes, obtinuerunt apud cumdem imperatorem ut missum suum ad Ingelbergam mitteret, etc.»

Note 68:
Pontliaire.
«Ad Pontem-liudi.» ou
Lieupont
, en

Bourgogne.

Note 69:
Vitel.
«Nunciatur ab hominibus Bernardi filii Bernardi, Bernardus qui Vitellus cognominabatur, occisus.» Il est bien difficile aujourd'hui de distinguer ces trois
Bernards
.... Mais le

surnom de la victime étoit sans doute
le viaus
.

Note 70:
En Avau-Terre.
Comme nous disons:
Dans les Pays-Bas

Note 71:
Attigny.
Le latin dit:
Gundulfi-villam

[72]Maint fil de discorde et ennemi de paix estoient encore au royaume de France et en autres royaumes, qui s'attendoient que les maulx et tribulations qui avoient esté faictes à saincte Églyse au royaume de France et aux autres régions par Charlemaine le fils du roy Charles, feussent recommanciés par luy-meisme. Pour lesquels cas qui devant estoient advenus

avoit le roy compilées et faictes aucunes loys par le conseil d'aucuns sages hommes, ainsi comme ses devanciers vouloient faire, qui moult estoient profitables à garder la paix de saincte Églyse et du royaume, et avoit moult estroitement commandé que elles feussent moult fermement gardées et tenues. Après ce, fist assembler les évesques en la cité de Senlis, où ce Charlon son fils estoit en prison, et leur commanda qu'il le desordonnassent selon ce que leur saincts canons enseignent à faire de tels cas; car il estoit clerc et diacre. Ainsi le firent et le desposèrent de tous les degrés de saincte Églyse; mais toutes-voies ne demoura-il pas excommenié. Après ce fait se pourpensèrent les desloyaus ennemis de la paix, qui estoient de sa suite et de son conseil, et leur sembloit que pour ce qu'il ne portoit mes né nom né habit de clerc, de tant povoit-il plus légièrement monter à nom et en pouvoir de roy. Alors commencièrent à assembler et à faire coulpes et machinations plus hardiment que devant, et à traire compagnons de leur accord non mie tant seulement de France, mais d'autres régions. Si estoient tels leurs propos qu'il le vouloient traire hors de prison au plus tost qu'il verroient qu'il auroient temps et lieu convenable à ce faire. Et après, se il apercevoient que il se voulust tenir de mal faire, il le couronneroient à roy par dessus son père. Ainsi eust été fait par adventure sé le conseil n'y eut esté mis: car il fu mestier qu'il fust traict hors de prison et mené avant par les évesques qui pas ne l'avoient jugié, et fust atiré que la sentence par quoi il avoit esté jugié à mort fust relaschiée et assouagiée, par quoi il peust avoir temps de se repentir; en telle manière toutes-voies qu'il n'eust povoir né licence de faire les maux qu'il pensoient. Et quant il fut traict hors de prison et amené devant tous, ceux qui là furent commencièrent à crier que il eust les iex crevés. Pour ce que tous ceux qui pensoient à mal faire pour couverture de li feussent du tout hors de leur espérance et que saincte Églyse et le royaume demourast en paix bonne et seure, et que jamais ne feust troublée pour luy.

Note 72:
Annal. S.-Bertini, anno 873.

En ce temps vint à Franquefort Loys le roy de Germanie. Là meisme célébra

la Nativité de Nostre-Seigneur avant qu'il s'en partit. Après y tint

parlement entour les kalendes février, et manda à ses deux fils Charlon et

Loys qu'il y feussent, et à tous les hommes feutables qui avoient esté du

royaume Lothaire. Et tandis comme il demeuroit, advint une merveilleuse

adventure, car le diable prist semblance du bon ange et vinst à Charlon

l'un des fils du roy Loys, et li dist que Diex s'estoit courroucié à son

père et de ce qu'il le vouloit occire pour la raison de Charlemaine son

frère, et que il[73] li devoit tollir le royaume et à luy donner. Charlon

qui moult fust épouvanté de cette advision, se leva tout effraié et s'en

fust en ung moustier qui près estoit de la maison où il gisoit; si ne fut

pas merveille s'il fut éspoenté, car il y a telle différence entre l'ange

Dieu et du deable, quant il faint semblance et clarté du bon ange, que cil

qui a veue la vision de l'ange Dieu demoure en joie et en bonne espérance,

et cil qui a veue la vision du mauvais ange demoure en paour et en

tristèce. Le deable le suivit et entra au moustier après li, et li dist:

«Pourquoi as-tu paour? né pourquoi me fuis-tu? Tu pues bien savoir, sé je

ne venisse de par Dieu pour toy annoncier ce qui adviendra par temps, que

je n'osasse pas entrer après toy en ce moustier qui est la maison de Dieu.»

Tant li dist de telles paroles et de semblables que il prit communion, de

la main du deable, que Dieu li envoioit par luy, si comme il disoit; et

tantost comme il l'eut receue, le deable li entra au corps. Tantost vint à son père qui séoit au milieu de son parlement avec ses aisnés fils et ses barons et ses prélas. Lors le prist le deable à tourmenter et dist devant tous qu'il vouloit guerpir le siècle, et que jamais à sa femme n'abiteroit. Lors traict l'espée et la lessa cheoir à terre, et quant il voult descendre le baudré, le deable le commença trop fort à tourmenter, et lors saillirent avant les évesques et les barons et le tindrent à force. De ce fu le père moult ému et tous ceulx qui là estoient. En l'églyse le menèrent, et tantost se revesti l'archevesque Luiberz pour la messe chanter, et quand ce vint au point de l'évangile, il commença à crier à haute voix:
Ve, ve,
ve,
et toujours cria ainsi continuellement jusques à tant que la messe fust chantée. Le père qui moult étoit dolent le lessa aux évesques et à ses autres amis et commanda qu'il fust mené par les sains lieux des martyrs et des confesseurs, que par leurs mérites et par leurs dessertes sé il plaisoit à Dieu peust estre ramené en son sens. Si se pensa qu'il le envoieroit à l'églyse Saint-Père de Rome; mais il entrelessa cette voie pour aucunes autres besoignes.

Note 73:
Il.
Dieu.

VII.

ANNEES: 873/874.

Coment Charles-le-Chauf assit les Normans en la cité d'Angiers. De la paix que le roy Loys fit aux Wandres pour Charlemaine son fils aidier, et coment Charles-le-Chauf fit venir à merci les Normans, qui avoient assiégé Angiers et de maintes autres choses.

En ce temps repaira l'empereur Loys en la cité de Capue. Si estoit jà mort Lambert-le-Chauve[74]. Et estoit venu à grant ost un patrice de l'empereur des Grecs en la cité d'Ydronte[75], pour aider à ceulx de Bonivent, qui luy promirent qu'il li rendroient une somme d'avoir pour le treuage que il soloient devant ce rendre aux empereurs qui estoient roys de France. Lors manda l'empereur Loys à l'apostoile Jehan qu'il venist à luy en la cité de Capue[76], si que par luy fust à luy réconcilié son compère[77] Adelgise. Si tendoit à ce l'empereur que son serment fust sauvé par la présence l'apostoile (car il avoit juré qu'il prendroit à force cil Adelgise avant qu'il partist du siège, né oncques prendre ne le polt).

Note 74:
Lambert-le-Chauve.
C'étoit le lieutenant d'Adalgise, duc de Bénévent.

Note 75:

Idronte.
Latiné:
Hydrontus
. C'est
Otrante
.

Note 76:
Capue.
Le latin porte:
In Campaniam
.

Note 77:
Son compère.
Le compère du pape.

Charles le roy de France assembla son ost en ce contemple[78] et commanda

qu'il s'en alast tout droict vers Bretaigne. Pour ce le fist que il ne

vouloit pas que les Normans, qui avoient assis la cité d'Angiers,

s'aperceussent qu'il alast sur eulx, car tost s'en fussent fui en tel lieu

où il ne les peust pas contraindre. Puis qu'il fust meu en cette besoingne

vint à luy un message qui luy conta que son frère Loys le roi de Germanie

avoit fait par quoi Charlemaine estoit eschappé de Saint-Père de Corbie où

il estoit en prison, et s'estoit à luy accompagné en son contraire et en sa

nuisance par le consentement de deux faux moines et de sa gent meismes. De

ce fu le roy moult courroucié; mais pour ce ne laissa-il pas la besoigne

que il avoit emprise; ains s'en ala à Angiers et assit les Normans qui jà avoient destruit maintes cités et maint chastel et maintes églyses, et

abbaïes si destruites et arses qu'il avoient tout rasé à terre. D'autre

part estoit Salemon le duc de Bretaigne[79], et li et son ost estoient

logiés sur un fleuve qui est appelé Maene. Et tandis comme le roy Charles

estoit à ce siège, le duc Salemon envoia à lui Bigon son fils, à grant

compagnie des plus nobles hommes de Bretagne, au roy se recommanda et luy

jura feauté devant tous les barons. Et le roy tint le siège devant la cité

si longuement et si asprement, qu'il les dompta et les contraint si que les

plus grans vindrent à lui à merci. Tel serement qu'il leur demanda firent,

tels ostages laissèrent comme il voult et tant comme il en demanda, et à

telle condiction que il istroient tous de la cité en un jour, et que jamais

en son royaume mal ne feroient né ne consentiroient à faire. Au derrenier

luy requistrent qu'il souffrist qu'il habitassent en une isle de Loire,

jusques au moys de février, et que il eussent marchié de viandes. Et après

ce mois ceulx qui crestiens estoient et qui la crestienneté vouldroient

tenir vraiment et loyaument, viendroient à luy, et ceulx qui encore

estoient païens et voudroient estre crestiens fussent baptisés à sa

volenté. Et ceulx qui la crestienneté refuseroient se partissent du

royaume, né jamais pour mal faire n'y retourneroient, si comme il avoient

juré. A ce s'accorda le roy et leur octroia cette requeste. Quant ils orent

la cité vidiée, le roy et les prélats et le peuple entrèrent enz à grant dévotion. Les corps sains St. Aubin et St. Lucin, qui avoient esté repos en terre pour la paour des Normans, remistrent en leurs fiertres honorablement. Des Normans prit le roy tous ostages, puis se partit du pays et s'en ala droict au Mans, du Mans à Evreux et puis à Neufchastel[80]; de là s'en tourna vers la cité d'Amiens, de là s'en ala à une ville qui a nom Audrieu[81]. Si estoit jà la saison entour les kalendes de novembre. En chaces le roy se déporta un peu de temps, puis s'en vint à Soissons. La Nativité Nostre-Seigneur célébra en l'abbaïe Saint-Marc.

Note 78:
En ce contemple.
Dans ces entrefaites; dans ce temps-là

même.

Note 79: Le latin dit: «Ultrâ Meduenam fluvium in *auxilio*

residente.»

Note 80:
A Neufchatel.
«
Castellum novum apud Pistas.
» C'est

aujourd'hui Pitres, au confluent de l'Andelle et de la Seine, à peu

de distance du
Pont-de-l'Arche

.

Note 81:
Audrieu. « *Audriacam-villam*.» C'est *Orreville*, près de Doullens, sur les bords de la rivière d'Autie.

[82]En cette année, qui estoit celle de l'Incarnation huit cent soixante-quatorze, fu l'hiver si lonc et si fort de gelées et de nois, que nul homme qui lors vesquit n'avoit oncques veu si fort. Entour la Purification tint le roy parlement à Saint-Quentin en Vermandois. Les jeunes de la quarantaine fit en l'églyse Saint-Denis et léans meisme célébra la Résurrection. Vers le moys de juing tint général parlement dans la ville de Ducy. Là meisme receut les dons et les présens qu'on luy avoit accoutumez à faire ainsi comme chacun an. De là se parti et s'en ala à Compiègne. En cet esté fu si très-grant la sécheresse qu'il ne fu pas foin et blé. [83]En ce point, advint que Rodulphe ung prince des Normans, qui tant de maux avoit fait au royaume Charles et qui à luy ne voult pacifier si comme l'istoire à la dessus conté, fu occis au royaume de Loys son frère, et plus de cinquante Normans qui avec luy estoient. Cette nouvelle fu apportée au roy Charles qui pas n'en fu courroucié.

Note 82:
Annal. S.-Bertini, anno 874.

Note 83:
En ce point.
Ce qui suit est placé dans les Annales de

Saint-Bertin, à l'année précédente, et immédiatement avant le récit

de la levée du siège d'Angers par les Normands. C'est dans cette

ville que Charles-le-Chauve apprit la mort de Rodolphe ou Raoul.

Incidence.
--En ce temps s'espandit planté de langoustes par Allemagne,

par France, par Espagne, si que cette pestilence put estre comparée à une

des plaies d'Egypte. Au roy Loys de Germanie, qui son parlement devoit

tenir en la cité de Mez, vint un message à grant haste et li dist: «Que

s'il ne se hastoit de secourre Charlemaine son fils, en la cité de Marc[84]

contre les Wandres, jamais ne le verroit.» Tantost après ces nouvelles s'en

vint à Renebourg; mais avant qu'il se partit livra-il Charlemaine

l'Aveugle, fils le roy Charles son frère, à Lambert l'archevesque de

Mayence, et li manda qu'il luy fist donner sa soustenance en l'abbaïe

Saint-Aubin, qui est en la cité meisme; et par ce monstra-il bien qu'il li

desplaisoit les maux que cil Charles, qui son neveu estoit, avoit fait aux

églyses et au peuple, et contre son père meismes tant comme il pot régner

né avoir pouvoir de roy. Quant il fu venu à Renebourg, il envoia ses

messages aux Wandres et fit paix à eulx au plus honorablement que il pot,

pour son fils oster de péril. Les messages d'une gent qui sont appelés

Behemes[85] mist en prison pour ce qu'il estoient à luy venus par tricherie comme messagiers, et ainsi comme pour luy et sa gent espier.

Note 84: Marc. «
Monachia.
» C'est Munich.

Note 85:
Behemes.
Bohémiens.

[86]
Incidence
--Au roy Charles de France vindrent diverses nouvelles de Salemon, duc de Bretaigne. Les uns disoient qu'il estoit mort et les autres qu'il estoit malade; mais les plus vraies estoient de sa mort en la manière que nous tous dirons. La vérité si est que il estoit haï des plus nobles hommes de Bretaigne, Pascuitan et Urfan[87], et d'aucuns François à qui il avoit fait vilainies et griefs. Ceulx et mains autres le pristrent ung jour en chassant, luy et son fils Bigon. Son fils pristrent et le mistrent en prison; mais Salemon eschapa et s'en fuit en une ville qui en leur langue est appelée Pancheron[88], et s'enfouist en un moustier pour soy garantir. Pris fu de ses hommes meisme et livré à Fulcoart et aux autres François. Les iex li crevèrent et lendemain fu trouvé mort. Si semble que ce fust vengeance de Dieu pour punir sa grant desloyauté, car il avoit chacié Héripone, son droit seigneur, jusques dans un moustier et

l'avoit occis dessus l'autel meisme.

Note 86:
Annal. S.-Bertini, anno 874.

Note 87:
Pasquitan et Urfan.
Comtes de Vannes et de Rennes.

Note 88: C'étoit un lieu du comté de
Poher
, dans le duché de Rohan.

En ce temps envoia Loys le roy de Germanie message au roy de France Charles, son frère. Ce message fu Charles son fils meisme et autres messagers avec luy, et li mandoit que volentiers auroit à luy parlement sur le fleuve de Muese[89]. Le roy Charles le receut volentiers, et fu pris jour de parlement en lieu déterminé. Mais puis qu'il fu meu luy convint-il demorer; car une maladie le prit en cette voie, qu'on appelle flux. Et pour ce refu pris un autre jour ès kalendes de décembre, sur ce fleuve de Muese, en une ville qui a nom Haristalle. (Au jour du parlement assemblèrent les deux frères. Des besoignes du parlement se taist l'istoire et pour ce nous en convient taire.) Au retour se mist le roy Charles, et s'en vint à Saint-Quentin en Vermandois et puis par Compiègne. Là célébra la Nativité Nostre-Seigneur, et le roy Loys fit cette feste meisme à Ais-la-Chapelle. De Ais se parti pour tenir parlement à Franquefort qui siet par delà le

Rin. [90]Et le roy Charles s'en vint au commencement du Caresme en l'abbaïe de Saint-Denis en France. Laiens meisme célébra la solempnité de la Résurrection. La royne Richeut, qui laiens estoit avec luy, accoucha droictement le mercredi devant Pasques par nuict; mais l'enfant mouru tantost comme il fu baptisé. Laiens accompli la royne les jours de sa gésine[91], et le roy s'en parti après la feste et s'en ala à Bar[92]. Après retourna à Saint-Denys aux Lethaines des Rovoisons[93]: puis s'en parti et s'en ala à Compiègne la vigile de Pentecoste. Lors tint parlement Loys de Germanie à Tribures[94], droictement en may. Et pour ce qu'il ne put parfaire ce qu'il cuida, il rassigna parlement là meisme au moys d'aoust. Vers le moys d'aoust s'en ala le roy Charles vers Ardennes, à une ville qui a nom Ducy. Là oï certaines nouvelles de la mort Loys son nepveu, l'empereur d'Ytalie. Pour cette raison mut tantost et s'en ala à Ponty[95] et commanda à tous ceulx qui estoient ses feutables et de son conseil qu'il venissent à luy. De là s'en ala à Langres et attendi ceulx qu'il béoit amener avec luy en Ytalie. La royne Richeut envoia à Senlis[96] par la cité de Rains. Son fils Loys envoia en cette partie du royaume qu'il avoit reçue comme Loys son frère, après la mort Lothaire son neveu. Aux kalendes de septembre mut et s'en ala par Saint-Morise de Chablies; après passa les mons de Montjeu et entra ès plaines de Lombardie.

Note 89:
De Muese.
Il falloit *de Moselle*.

Note 90:
Annal. S.-Bertini, anno 875.

Note 91:
Les jours de sa gesine.
Le temps du repos qui suit l'enfantement. Le latin dit: «Illaque, dies purificationis post parturitionem expectante.»

Note 92:
Bar.
Erreur: le latin dit: «Ad Basivum perrexit.» C'est *Baisieux*, à deux lieues de Corbie et de Buissy.

Note 93:
Rovoisons.
Rogations.

Note 94:
Tribures.
Maison royale entre Mayence et Oppeinheim, sur les bords du Rhin.

Note 95:
Ponty.
Pontyon.

Note 96:
A Senlis.
C'est-à-dire à *Servais*.

VIII.

ANNEES: 875/876.

Coment Charles-le-Chauf vint en Lombardie, et coment le roy Loys son frère envoia ses fils contre luy et entra en sa terre. Coment Charles-le-Chauf fu couronné à empereur de Rome, et du concile des prélas en la cité de Mez en la présence l'empereur.

Bien sceut Loys le roy de Germanie les nouvelles de la mort de Loys l'empereur d'Ytalie son neveu, et que le roy de France Charles son frère estoit jà là meu pour cette chose. Tantost envoia Charlon son fils contre luy. Et le roy Charles aussi ala encontre, quant il sceut qu'il venoit; mais cil qui pas ne l'osa attendre s'enfui. De ce fu le père moult courroucié né pour ce ne voult pas la besoigne entrelaissier. Ains envoia Charlemaine son autre fils à grant gent. Le roy Charles, qui plus grant force que li avoit, vint encontre à bataille; mais Charlemaine, qui bien sceut qu'il n'avoit pas pouvoir à son oncle, requist paix. Foy et serment donnèrent l'un à l'autre et puis cil s'en retourna. Quant le roy Loys de Germanie sceut qu'il n'avoient rien fait contre leur oncle, il meisme prit son fils et son ost et s'en vint devant Attigny. Si le fist par le conseil Enguerran qui chambellan avoit esté au roy Charles, mais par la royne Richeut eut été getté de court; (et ce fit-il par mal de luy[97] que il véoit bien que le roy n'estoit pas au pays et qu'elle estoit seule demourée.) Lors manda la royne les plus grans hommes du royaume son seigneur, et leur fist jurer qu'il iroient contre le roy Loys. Le serement firent, mais il ne le gardèrent pas comme faux et mauvais. Car il meisme gastèrent le royaume qu'il avoient juré à garder. Après que le roy Loys ot ainsi adomagié le royaume Charles son frère, tandis comme il n'estoit pas au pays, par l'aide et le conseil des plus grans hommes du royaume meisme, il s'en ala à Attigny et fit la feste de la Nativité; puis s'en ala par la cité de Trèves à Franquefort et amena avec luy aucuns des barons du royaume Charles son frère, qui à luy s'estoient joint et alié. Là demoura tout le Caresme jusques après la résurrection. Avant qu'il s'en partist oï certaines nouvelles de la mort la royne Ermentrus[98] sa femme, qui estoit trespassée à Renebourg. Le roy Charles, qui en Lombardie estoit, manda les barons d'Ytalie qu'il venissent à luy, mains vindrent et aucuns non. A Rome s'en ala par le commandement l'apostoile Jehan qui mandé l'avoit, moult le receut honorablement quant il fu là venu, en la seizième kalende de janvier de l'Incarnation huit cent soixante-seize: [99]moult biaux présens et riches offrit à l'autel Saint-Père, et l'apostoile Jehan li mist sur le chief la couronne impériale, et fu appelé Auguste et empereur des Romains. De Rome se parti et s'en ala à Pavie. Là tint parlement et ordenna de ses besoignes. Boson, le frère Richeut sa femme l'empereris, fist duc et garde de la terre, et li lessa tels gens comme il requist et telle compagnie.

Lors se parti l'empereur, les mons passa et s'en vint à Saint-Morise de Chablies. Si se hasta moult de retourner, pour faire la feste de la Résurrection en l'églyse de Saint-Denys en France, et l'empereris Richeut, qui en la cité de Senlis[100] demouroit, ala encontre luy tantost comme elle en oï nouvelles. Si passa parmi Rains et Chalons, parmi Langres et Besançon, jusques à une ville qui a nom Warnifontène[101]. Avec l'empereris

retourna par les cités devant dites à Compiègne; de là s'en vint à Saint-Denis pour faire les festes de la Résurrection. Lors manda les messages l'apostoile Jehan, c'est à savoir Jehan de Touscane et Jean d'Arete, et Ansegise de Sane[102]. Par leur conseil et par l'autorité l'apostoile ordenna ung concile général de prélas en la marche de Lorraine, en une ville qui a nom Pontigon. Cil Boson dont nous avons parlé que l'empereur avoit laissié en Ytalie pour la garde, et qui frère estoit sa femme, espousa Ermangart la fille l'empereur Loys. Puis que l'empereur Charles s'en feut retourné en France, par le conseil Evrat le fils Bérangier, en laquelle garde la demoiselle demouroit, sans le sceu l'empereur[103].

Note 97:
Par mal de luy.
Par la haine qu'il portoit à la reine.

Note 98:

Ermentrus.
Le latin la nomme
Emma
.--
Renebourg
,

Ratisbonne.

Note 99:
Annal. S. Bertini, anno 876.

Note 100:
Senlis.
Lisez
Servais
.

Note 101:
Warnifontem.
«Warnaril-fontana.»

Note 102:
Sane.
Le latin porte
Senonensem
; Sens.

Note 103: Le latin porte: «Par le conseil de Béranger, fils

d'Evrard,» et ajoute: «
Iniquo conludio
in matrimonium sumpsit.»

Quant le terme du concile approcha, l'empereur Charles et les messages

l'apostoile murent et s'en alèrent par Rains et par Chaalons, et quant tous furent rassemblés, prélas et autres personnes, et il furent revestis des aornemens de saincte Églyse, et tapis et carpites[4] furent estendus et le tiexte des Évangiles fust mis sus ung leutrin, droict devant le siège où l'empereur devoit seoir, en plein senne[5], il entra au concile vestu de draps à or, à la guise de France, luy et les messagiers l'apostoile Jehan.

Lors commencièrent une anthienne
Exaudi nos Domine
. Après fu chanté le

Te Deum
et le
Gloria
, et dit à la fin l'oraison l'évesque Jehan de

Toscane. Atant s'assit l'empereur et tous les prélats. Lors se dreça cil Jehan message l'apostoile en plein concile, et commença à lire les épistres l'apostoile que il envoioit au concile. Après en lut une autre de la primacie Ansegise l'archevesque de Sens, qui contenoit telle sentence: «Qu'il eut pouvoir d'assembler concile et de faire autres semblables choses par toute la France et Allemagne toutes les fois que mestier en seroit, par l'auctorité l'apostoile, et que les décrès du siège de l'apostole fussent manifestés par luy, et ce que l'en feroit fu par luy mandé à la cour de Rome; et plus, que s'il avenoit que l'on eust mestier de conseil sur aucun grief cas, si que il convenist que l'apostoile en ordennast ou donnast sentence, que par luy fust la besoigne requise et rapportée. Lors requistrent les prélas que l'en leur laissast lire la lettre ainsi que elle estoit envoiée. A ce ne s'accorda pas l'empereur, ains leur demanda qu'il respondroient au mandement l'apostoile? Et il respondirent que volentiers obéiroient au mandement, mais que les droicts et les privilèges de leurs éveschiés, qui estoient donnés selon les canons, leur feussent gardés. Moult s'efforça de rechief l'empereur et les messages à ce qu'il respondissent simplement et absolument à ce que l'apostoile mandoit de la primacie en l'églyse; mais oncques autre response que la première n'en porent avoir; fors que tant que Frotaire l'archevesque de Bordiaus respondit par flaterie ce qu'il cuidoit qui deust plaire à l'empereur, pour ce qu'il estoit venu de Bordiaus à Poitiers et de Poitiers à Borges, contre les droits des canons, par le déport et par l'assentement du prince. Lors s'esmu l'empereur et dict que l'apostoile avoit donné son pouvoir à Ansegise au concile et que il tendroit son commandement. Lors prit l'épistre tout enroulée luy et le message et la baillèrent à Ansegise, et luy fit apporter une chaire, et la fit mestre par dessus tous les évesques du royaume de çà les mons, de lès Jehan de Toscane message l'apostole qui séoit de lès luy; et commanda à Ansegise qu'il passast tout oultre par dessus tous les autres qui avant devoient séoir par ordre, et séist en la chaire. Lors commencia à crier devant tous l'archevesque de Rains, que c'estoit contre les rieules[106] et contre les droicts des saints canons; mais toutes-voies demoura l'empereur en son propos. Après ce, requistrent les prélas de rechief qu'il eussent l'exemplaire de l'épistre qui à eulx estoit envoiée; né oncques avoir ne la porent, et en telle manière se départi le concile sans rien plus faire en cette journée.

Note 104:
Tapis et carpites.
Les *carpites* ou *carpetes* étoient

des tapis de pieds. (Voyez Ducange au mot *Carpetta*.) Le latin

porte: « *Domo ac sedilibus palliis protensis.* »

Note 105:
Senne.
Synode, assemblée solennelle. (Suite du chapitre

VIII.)

Note 106:
Rieules.
Règles.

En la dixième kalende de ce moys meisme assemblèrent les prélas. En ce concile furent leues les épistres que l'apostoile envoioit aux lais, et si fu leue la manière coment l'empereur fu esleu et la confirmation des prélas du royaume d'Ytalie, et les chapistres qu'il establi et qu'il fist confermer à tous et qu'il commanda à confermer aux évesques de cà les mons:

et atant départi le concile à cette journée.

En la cinquième nonne de juillet[107], s'assemblèrent de rechief les prélas sans l'empereur. Là ot contens et plainctes des prestres des diverses paroisses qui se plaignoient aux messages l'apostoile d'aucuns griefs: et atant départi le concile sans plus faire à cette journée.

Note 107:
Juillet.
Le latin dit:
Juin
.

En la quatrième nonne du meisme moys, assemblèrent les prélas, si fu lors l'empereur présent. Là meisme oï les messages Loys son frère, le roy de Germanie, Gilebert l'archevesque de Couloigne, et deux contes Adalart et Maingaut. De par leur seigneur requéroient partie du règne l'empereur Loys le fils Lothaire, qui par droict héritage luy aferoit, ensi comme luy-meisme l'avoit créanté par son serement. Lors commença Jehan le Toscan
à lire l'épistre l'apostoile Jehan qu'il envoioit aux évesques du royaume Loys, si en bailla l'exemplaire à Gilebert l'archevesque de Couloigne, et li commanda que il l'aportast aux évesques à qui elle estoit envoiée: et atant départi le concile à cette journée.

En la sixième yde de juing[108], assemblèrent les évesques derechief; et entour l'eure de nonne vint le message l'apostoile Léon, évesque et nepveu l'apostoile, et ung autre qui Pierre avoit nom. Si apportoient épistres à l'empereur et à l'empereris et salut aux évesques. Atant se départi le concile en cette journée.

Note 108:
Juin.
Le latin dit:
Juillet
.

En la cinquième yde de juing assemblèrent les prélas. Là fut lue l'épistre de la dampnation de Georges, l'évesque de Formose[109], et tous ceulx qui à luy se consentoient. Là furent présentées à l'empereur de par l'apostoile et entre les autres ung sceptre et ung baston d'or, et à l'empereris draps de soie et ung fermail à pierres précieuses. Atant départi le concile à cette journée.

Note 109:
De Georges, l'évesque de Formose.
Il falloit:
De
l'évêque Formose
. Le latin porte: «Lecta est Apostoli epistola de damnatione Formosi episcopi, Gregorii Nomenclatoris et consentientium eis.»

IX.

ANNEE: 876.

Coment le concile assembla de rechief, et coment les causes des églyses furent débatues. Coment aucuns des Normans furent baptisiés qui puis retournèrent à la mescréandise. De la mort le roy Loys de Germanie. Des ormans qui se mistrent en Saine atout cent barges.

Le jour devant la première yde de juing rassembla le concile; mais avant qu'il fust commencié i envoia l'empereur les messages l'apostoile pour parler aux archevesques et aux évesques, pour eulx reprendre de ce qu'il n'estoient pas venus le jour, si comme il leur avoit mandé; mais il respondirent si raisonnablement que l'en s'en dust tenir apaié. De rechief fut leue l'épistre l'apostoile de l'archevesque Ansegise, par le commandement l'empereur: et la lut Jehan le Toscan, l'un des messages l'apostoile. Si fu demandé de rechief aux prélas nouvelle responce, et il respondirent que volentiers obéiroient, selon la rieule des canons, ainsi comme leurs ancesseurs avoient obéis aux siens. Lors fu leur responce plus légièrement receue que elle n'avoit esté devant, en la présence de l'empereur. Après ce, fu parlé et disputé par devant les messages l'apostoile de la clameur des prestres des diverses paroisses. Après ce, refu oïe la cause et la complaincte Frotaire l'archevesque de Bordeaux, de ce qu'il ne pouvoit demourer en sa cité, pour le grief que les Sarrasins li faisoient. Pour ce requieroit qu'il peust venir à l'archeveschié de Borges; mais sa requeste fut contredite de tous les évesques. Lors commandèrent les messages l'apostoile qu'il assemblassent tous de rechief en la dix-septième kalende d'aoust, bon matin; et quant il furent assemblés à cette journée si vint l'empereur au concile, entour l'eure de nonne, couronné et appareillé à la guise de Griex; et si l'amenoient les messages l'apostoile qui estoient vestus à la guise de Rome, et le conduisirent jusques au milieu des évesques qui estoient aussi revestus en aornemens de saincte Églyse. Si avoient leurs mitres en leurs chiefs et leurs croces en leurs mains. Lors

fu chantée cette anthienne
Exaudi nos Domine
, à tout vers, et le

Gloria
. Après le
Kyriel
dist l'oraison l'évesque Léon, et quant tous

furent assis, Jehan l'évesque d'Arete, message l'apostoile, lut devant tous un libelle dont la sentence estoit sans raison et sans auctorité. Après, se leva Hues l'évesque de Beauvais, et lut une cédule que les messagiers l'apostoile, et Ansegise, archevesque de Sens, et il meisme avoient faicte et dictée sans l'assentement du concile; dans laquelle aucuns chapistres estoient contenus qui entre eulx-meismes estoient contraires et discordables. Et pour ce ne feurent pas là mis qu'il n'avoient né raison né auctorité. De rechief fu mené question de la primacie en l'églyse l'archevesque de Sens, et quant l'empereur et les messages l'apostoile en eurent assez parlé et discuté entre les prélas, si n'en fut-il plus que il en ot esté à la première journée du concile. Adonc se levèrent Pierre l'archevesque de Forosimpre[110], et Jehan le Toscan; en la chambre le roy s'en alèrent et amenèrent l'empereris toute couronnée, en estant se tint de lès l'empereur. Lors se levèrent tous les prélas en estant en leur ordre, Léon l'archevesque et le Touscan Jehan commencèrent leurs loenges et graces à Dieu que l'évesque Léon accomplit par une oraison. Si se départit le concile atant. Aux messages l'apostole l'empereur donna dons et présens, congié pristrent atant et retournèrent à Rome. Avec eulx envoia l'empereur en message Ansegise l'archevesque de Sens, et Algaires l'archevesque d'Ostun.

Note 110:
Forosimpre.
Le latin porte:
Forum Sempronii
. C'est aujourd'hui
Fossombrone
, dans le duché d'Urbin.

Incidence.
--Entre ces choses fit l'abbé Hues baptiser aucuns Normans qui puis furent amenés à l'empereur qui leur fist donner dons. Atant

retournèrent à leur gent et puis repristrent leur mescréandise et vesquirent païens comme devant. En la quinte kalende d'aoust se parti l'empereur de Pontigon et retourna en France par Chalons. Là demoura jusques aux ydes d'aoust pour une maladie qui le prist. En la dix-septième kalende de septembre, vint à Rains et de Rains droict à Senlis; deux messages l'apostoile qui estoient demourés, Jehan l'évesque d'Arete et Jehan le Touscan, et l'évesque Hues de Beauvais envoia en message à Loys son frère le roy de Germanie. Ces trois n'envoia par tant seulement, ains y envoia ses fils et autres princes du royaume. Mais après qu'il furent mus, vindrent nouvelles à l'empereur que son frère Loys, à qui il envoioit ses messages, estoit trespassé en son palais de Franquefort, en la cinquième kalende de septembre, et estoit ensépulturé en l'églyse Saint-Nazaire. Tantost se parti l'empereur de Carisy et s'en ala à Satenai[111]. Ses messages envoia aux barons du royaume, et s'appensa qu'il iroit tandis en la cité de Mez pour eulx attendre là et récevoir. De propos changea et s'en ala à Ais-la-Chapelle et mena avec soi les deux messages l'apostoile. De Ais s'en ala à Couloigne. Assez fit-on de mal en cette voie; car ceulx qui avec li estoient tolloient quoi qu'ils trouvoient, sans nul regard de pitié.

Note 111:
Satanacum.
Stenay.

Incidence.
--En ce temps vindrent Normans en France par mer et entrèrent en Saine à tout cent barges. Ces nouvelles furent contées à l'empereur en la cité de Couloigne; mais oncques pour ce ne laissa à faire ce qu'il avoit en propos.

X.

ANNEE: 876.

De Loys le neveu Charles-le-Chauf et des juises[112] qu'il fist de trente hommes pour savoir sé son oncle avoit droict. Et coment Charles le cuida seurprendre. Et coment il et sa gent feurent desconfits. Et coment la reyne Richeut s'enfuit et enfanta en la voie, et coment les Normans entrèrent de rechief en Saine à navires.

Note 112:
Juises.
Jugemens. Et mieux ici: Epreuves judiciaires. Le

latin dit: «Hludowicus, Hludowici regis filius, decem homines aqua

calida, et decem ferro calido, et decem aqua frigida ad judicium

misit coram eis qui cum illo erant.»

Loys, le neyeu Charles l'empereur, qui fils ot été le roy Loys de Germanie

son frère, estoit de là le Rhin à grant ost de Saisnes et de Thoringiens. A

Charles l'empereur son oncle envoia messages; s'amour et sa volenté bonne

requeroit, mais il ne la pouvoit avoir. Lors se doubta moult et cil qui

avec luy estoient: jeusnes et oroisons firent et chantèrent lethanies dont

la gent l'empereur ne se faisoient sé gaber non. Un juise de trente hommes

fit faire pour savoir quel droict son oncle avoit au royaume son père. Le

juise de dix fut par eaue boulante, et le juise des autres dix par fers

chaus, et le tiers juise des autres dix par eaue froide. Lors prièrent tous à Dieu que il voulust faire démonstrance sé son oncle devoit rien plus avoir au royaume, par droict, que son père luy avoit laissié, pour raison de la partie qui de Lothaire leur frère leur estoit eschue. Après cette prière furent trouvés les trente hommes tous sains et haitiés. Par ce fu certain qu'il avoit droict et son oncle tort. Lors passa entre le Rin luy et sa gent à un chastel qui a nom Andrenac: Et quant l'empereur sceut ce, si manda à l'abbé Hildouin et à l'évesque Francone qu'il emmenassent Richeut l'empereris à Haristalle. Son ost assembla et chevaucha sur le rivage du Rin contre Loys son nepveu; mais toutes voies se pourpensa-il et li manda qu'il envoiast de ceulx de son conseil et il enverroit aussi de ceulx des siens pour traitier de paix. De ce fu Loys moult lié et moult asseuré quand il sceut que son oncle ne viendroit pas sur luy à armes. (Ce qu'ils firent de la besoigne à cette assemblée ne parle pas l'istoire.)

Mais quant ce vint après, ès nonnes d'octobre, l'empereur devisa ses batailles et vint par nuit à bannières levées, par une haulte voie et estroite qui moult estoit et fors et griève à trespasser; sur son nepveu et sur sa gent se cuida embattre soudainement; car il les cuida trouver despourvus. Ainsi chevaucha toute nuit jusques à tant qu'il vint à une ville qui a nom Andrenac. Moult furent las et travaillés les hommes et les chevaux pour la griété de la voie et pour la pluie qui toute la nuit estoit cheue sur eulx. Mais autrement ala la besoigne qu'il ne cuida. Car son nepveu en fu tout pourveu[113] et luy fu dit que il venoit sus luy à grand ost et bien appareillié: et cil tantost ordenna et mist en conroi tant de gens comme il pot avoir et se traict d'autre part là où il les cuida plus attendre seurement. Sus li courut l'empereur et sa gent, et ceulx se deffendirent si bien et si fortement que les premières batailles des gens l'empereur fuirent et resortirent arrières jusques soubs luy et soubs sa bataille. Lors tournèrent tous communément en fuite si que l'empereur eschappa et s'en fuit à peu de gens. Si feurent là plusieurs empeschiés qui bien fussent eschappés sé il fussent vuis; mais il portoient les choses à l'empereur et les harnois de l'ost et cuidèrent suivre les autres; mais quand ce vint à l'entrée des voies qui estoient hautes et estroites, si fut la presse si grant que le passage fut du tout estoupé[114]. (Là se retornèrent et se contrestèrent tant comme il peurent.) Si furent occis en cette foute le conte Renier et le conte Geromme, et mains autres. Si furent pris en cette place, et dans un bois près d'ilec, l'evesque Othulphe et l'abbé Gaulin, le conte Aledrans, le conte Bernart et le conte Ebroin et mains autres grans hommes. Là ravirent et prindrent les gens Loys[115] viandes, harnais et quanque les marchans de l'ost portoient. Si fu là accomplie la prophétie qui dit: «honte et male avanture sera à ceulx qui proie feront, car il meismes seront proié.» Et ainsi en advint-il. Car tout quanque les proieurs de l'ost l'empereur avoient proié, et il-meismes feurent proie de leurs ennemis. Les autres qui pas ne furent pris furent robés par les vilains du pays, si que il demeurèrent tres-tous nus, et qu'il convenoit qu'il fussent torchés de fain pour couvrir leur natures; mais toutevoies ne les tuèrent-il pas. Quand ma dame Richeut l'empereris oï nouvelles de cette desconfiture et de la fuite l'empereur, sé elle eut grant paour ce ne fu pas de merveille. Par nuit, endroit les coqs chantans, se mit à la fuite si grosse comme elle estoit, et tant se travailla qu'elle enfanta un enfant en cette voie. Et quant il fu né elle le fit porter devant elle en fuyant jusques à tant qu'elle vint à Atigny[116]. Après cette desconfiture vint l'empereur à Saint-Lembert de Liège. A luy vindrent abbé Hildouin et l'évesque Francone, qui l'empereris avoient conduite à Haristalle, et furent avecques luy jusques à tant qu'il vint à Atigny après l'empereris. De là s'en ala à Duzy puis retorna à Atigny, et là tint le parlement entour la feste Saint-Martin[117]. Et Loys qui eut eue victoire de son oncle[118] se partit d'Andrenac et s'en ala à Ais-la-Chapelle. Là démoura trois jours, et puis s'en ala à Conflans[119] encontre Charles son frère qui revenoit parler à luy. Et quand il eurent ensemble parlé, Charles s'en retourna en Allemagne par la cité de Mez. Et Loys passa oultre le Rin. Mais Charlemaine leur frère ne vint pas à eulx né à l'empereur leur oncle qui mandé l'avoit; si fut pour ce qu'il estoit encore empeschié pour la guerre qu'il menoit contre les Wandres. L'empereur envoia en ce contemple le conte Conrart et autres princes aux Normans, qui par navires estoient entrés en Saine, et leur dict que il fissent à eulx telle paix ou trèves comme il pourroient, et puis retournassent à luy au parlement pour nuncier ce qu'il auroient faict. Lors s'en ala à Saumouci pour tenir son parlement. Là vindrent à luy ses hommes de la partie du royaume Lothaire son frère, qui estoient eschappés de la desconfiture d'Andrenac. Volentiers les receut et leur donna dons et bénéfices. Aux uns donna petites abbaïes, si comme elles estoient tout entières, et aus autres petits bénéfices de l'abbaïe Marcienne[120] qu'il avoit devisée et démembrée. Et après ordonna et commenda que le fleuve de Saine feust bien gardé à plenté de bonnes gens de

çà et de là, pour les Normans qui y devoient entrer à galies. Après ces choses s'en vint à Verzeny[121]. La fu si durement malade qu'il cuida mourir, et tant y demeura que la Nativité fust passée en l'an de l'Incarnation huit cent soixante dix-sept[122]. Et quant il fu trespassé de sa maladie et guari, si s'en ala à Compiègne. Avant qu'il s'en partist, le fils que l'empereris eut enfanté en la fuite avant qu'elle peust venir à Atigny[123], fu mort. Charles estoit nommé; si l'avoit levé de fons Boson son oncle, qui frère estoit l'empereris sa mère. A Saint-Denys fu le corps porté et enterré en l'églyse.

Note 113:
Tout pourveu.
Plusieurs manuscrits portent *accointié*
.

J'ai préféré la leçon du n°6, Suppl. franç.

Note 114: La phrase précédente a été mal rendue. Voici le latin:

«Multi autem qui effugere poterant impediti sunt, quoniam omnes Sagmæ imperatoris et aliorum qui cum eo erant, sed et mercatores ac scuta vendentes, imperatorem et hostem sequebantur, et in angusto itinere fugientibus viam clauserunt.»

Note 115:
Les gens Loys.
Le latin porte:
Hostis Hludowici
. On

voit qu'ici le mot
hostis
à le sens du mot françois
ost
.

Note 116:
A Atigny.
Ce n'est certainement pas Attigny. Les textes

latins portent:
Antennacum
. Valois écrit que c'est encore

Andernach;
l'abbé Lebœuf reconnoît plutôt ici
Antenais
, petit

village situé dans le diocèse de Reims, entre Hautvillers et

Chatillon. Cette dernière opinion paroît plus vraisemblable, si l'on songe qu'
Andernacum
, nommé plus bas, ne peut être l'endroit où s'étoit réfugiée l'impératrice.

Note 117 Toute cette phrase est inexactement traduite. «Inde Duciacum adiit, usque ad Antennacum rediit, et placitum suum in Salmontiaco, quindecimo die post missam S. Martini condixit.» Il s'agit ici de
Samoucy
, près de Laon.

Note 118:
De son oncle.
Il falloit:
De son frère
. Le latin dit:

«Hludowicus Hludowici quondam regis filius.»

Note 119:
Conflans.
«Ad Confluentes.» Sans doute
Coblentz
.

Note 120
Marcienne.
«De abbatiâ Marcianus.» C'est
Marchiennes
.

Note 121:

Verzeny
«Virzinniacum villam.» C'est évidemment

Verzenay
, dans la montagne de Reims, à une lieue de *Saint-Basle*

ou
Verzy
, et à trois lieues d' *Antenay*
.

Note 122:
Annal. S.-Bertini, anno 877.

Note 123:
Atigny.
Il faudroit encore:
Antenay
.

XI.

ANNEE: 877.

Coment l'apostole Jehan manda à l'empereur Charles-le-Chauf qu'il secourust et défendist l'églyse de Rome, si comme il y estoit tenu. Et puis coment Charles passa les mons et mena la royne Richeut, et coment il retourna et oï dire que Charles son nepveu venoit sur luy: et de sa mort.

Tout le caresme demoura l'empereur à Compiègne et y célébra la Résurrection. Avant qu'il s'en partist vindrent à cour les messages l'apostoile Jehan. Si estoient deux évesques et avoient ambedeux nom Pierres. Par eulx lui mandoit l'apostoile et par bouche et par lettres qu'il visitast l'églyse de Rome, et qu'il la délivrast et deffendist des païens si comme il l'avoit promis par son serement. Es kalendes de may fist assembler concile à Compiègne des évesques de la province de Rains et des autres provinces. Si fist dédier l'églyse (de Saint-Cornille) qu'il avoit fondée en son propre palais, en présence des prélats et des messages l'apostoile. Là meisme fist-il parlement des barons et fu ordonné coment Loys son fils gouverneroit le royaume par le conseil des barons, jusques à tant qu'il fust retourné de Rome, et coment il recevroit le treu de l'une des parties du royaume de France, qui estoit accoustumé à rendre, avant la mort le roy Lothaire, et du royaume de Bourgogne. Ce treu si estoit cueilly sur toutes manières de gens, sur gens lais et sur prestres, et sur des églyses. Des uns plus, des autres moins, selon que il estoient. La somme de ce treu se montoit à cinq mille livres d'argent à poids[124], et ce treu payoient en Neustrie et évesques et autres gens, par convenant fait aus Normans qui par Saine estoient entrés.

Note 124: Ce passage précieux des Annales Bertiniennes n'est pas ici complètement traduit. Le voici: «Quomodo tributum de parte regni Franciæ quam ante mortem Lotharii habuit, sed et de Burgundiâ exigeretur, disposuit. Scilicet ut de mansis indominicatis solidus unus: de uno quoque manso ingenuli quatuor denarii de censu dominico, et quatuor de facultate mansuarii. Et unusquisque episcopus de presbyteris suæ parochiæ, secundùm quod unicuique possibile erat, à quo plurimùm quinque solidos, à quo minimum quatuor denarios, episcopi de singulis presbyteris acciperent, et missis dominicis redderent. Sed et de thesauris ecclesiarum, prout quantitas loci extitit, ad idem tributum exsolvendum acceptum fuit. Summa vero tributi fuerunt quinque millia libræ argenti, ad pensam.»

Ces choses ainsi ordennées, l'empereur se parti de Compiègne et s'en ala à Soissons, et de Soissons à Rains, puis à Chalons et puis à Lengres. Lors se mistrent à la voie, il et l'empereris, à grand plenté de sommiers tous troussés d'or et d'argent et d'autres richesses. Les mons passa. Quant il fu ès plaines de Lombardie si encontra l'évesque Algaire, qu'il avoit envoié à l'apostoile Jehan pour estre au concile que il devoit tenir à Rome. L'exemplaire du concile luy bailla pour grand don, et l'empereur le receut liement, car sa confirmation y estoit contenue. Si estoit telle la sentence que la promotion et l'élection qui avoit esté faicte l'an devant à Rome de l'empereur Charles, roy de France, estoit ferme et estable à tous les jours de sa vie. Si estoit loié et de tel lien que sé aucun de quelque estat, de quelque ordre, de quelque profession qu'il feust, vouloit encontre aller, si estoit-il escomenié et tenu en excommuniement jusques à satisfaction. Tous ceulx qui ce pourchaceroient et qui seroient du conseil, sé il estoient clers, qu'il soient déposés de leurs ordres; et sé il estoient lays, que il fussent excommeniés perpétuellement. Et pour ce que le concile qui eut esté célébré à Pontigone[125] l'an devant, n'avoit rien profitié, fu-il establi que cil fust ferme et estable. Après luy nuncia l'évesque Algaire que l'apostoile luy venoit encontre et devoit estre à luy à la cité de Pavie. Tantost y envoia l'empereur Odoaire, notaire du secont escrin, pour procurer et pour appareiller les nécessités l'apostoile; avec luy furent le conte Goirant, Pepin et Heribert; et puis se hasta d'aller encontre luy. Si l'encontra à Verziaux[126]. Moult honorablement le receut; et puis alèrent jusqu'à Pavie. Là vindrent nouvelles certaines que Charlemaine, son neveu, venoit sur luy à grant plenté de gens. Pour ces nouvelles laissièrent Pavie et s'en alèrent à Tardonne[127]. Là feut sacrée à empereris ma dame Richeut, par la main l'apostoile. Et tantost comme ce feut fait, elle prist les trésors et s'enfui hastivement arrière en Morienne[128]. Et l'empereur demoura là une pièce avec l'apostoile pour atendre les barons du royaume, le conte Huon[129] et Boson, et Bernart le conte d'Auvergne, et Bernart le marchis de Gothie; à tous avoit-il mandé que il venissent après luy; mais pour noient les attendoit, car il avoient jà faicte conspiration contre luy et s'estoient tournés et aliés aux autres barons du royaume, fors aucuns et les évesques tant seulement. Et quant il sceut ce il pensa que sé il venoient il viendroient plus à son dommage qu'à son profit. Et quant il sceut d'autre partie que Charlemaine son neveu venoit sur luy et se approchoit jà durement, il s'en parti de l'apostoile et s'en ala hastivement après madame Richeut l'empereris, et l'apostoile Jehan s'en retourna isnelement vers Rome. Si emporta une croix de fin or et de pierres précieuses de grant pois où le crucefiement nostre Seigneur estoit pourtraict, que l'empereur envoioit par luy à l'église Saint-Père.

Note 125:
Pontigone.
Ponthion, à deux lieues de Vitry-le-François.

Note 126:
Verziaux.
Verceilles.

Note 127:

Tardonne. «Turdunam.» C'est *Tortone*.

Note 128: Le latin est moins dur pour *Richeut* ou *Richilde*. «Mox retrorsum fugam arripuit, cum thesauro, versas Moriennam.» Ce fut sans doute du consentement de son époux qu'elle agit ainsi.

Note 129: *Le comte Huon.* «Hugonem abbatem.»

Et quant Charlemaine oï dire d'autre part, par un message qui lui menti, que l'empereur et l'apostoile venoient sus luy à grand gent, il s'enfui arrière isnellement par cette meisme voie qu'il estoit venu, et ainsi départirent à cette fois les uns et les autres sans bataille, par la volenté du Seigneur.

En ce retour que l'empereur faisoit luy prit une fièvre. De luy estoit moult privé et moult acointié un juif qui Sedechias avoitnom. Une poudre luy envoia pour boire et luy fist accroire que il guariroit par cette poudre. Cil en but, mais elle fu plus cause de sa mort que de sa santé. Car tantost comme il eut bu le venin dont elle estoit faicte et confite, il fu si abattu qu'il convint que ses gens l'emportassent entre bras. En telle manière passa les mons de Montcenis jusques à un lieu qui est appelé Brios. A l'empereris Richeut qui estoit à Morienne manda qu'elle venist à luy, et elle si fist. Toujours engregea sa maladie et fu mort en onze jours qu'il ot beu le venin, le jour devant la seconde nonne d'octobre; ses gens fendirent le corps et ostèrent les entrailles, et quant il l'orent bien lavé si l'enoindrent de basme et d'autres oingnemens aromatiques, et puis le mistrent en un escrin pour le porter en l'églyse Saint-Denis en France, où il avoit esleue sa sépulture. Mais pour ce qu'il commença si durement à flairer qu'il ne le pussent pas longuement porter pour la flaireur qui toujours croissoit, si l'enterrèrent en la cité de Verziaux, en l'églyse Saint-Eusèbe le martyr. Là fu le corps sept ans entiers, puis fu-il porté en l'églyse Saint-Denis de France, où il avoit tousjours désiré à gésir pour une advision qui advint laiens, dont nous parlerons ci-après[130]. Et Charlemaine son neveu, qui d'autre part s'en fu fui en son pays, si comme vous l'avez oy, cheï en une maladie ainsi comment il s'enfuyoit et convint qu'il feust porté jusqu'en son pays en littière. En langor fu un an entier et fu en tel point qu'il cuida qu'il dust mourir de cette maladie.

Note 130: Cette dernière phrase me paraît une interpolation faite pour ôter les doutes que pouvoit exciter le récit de la vision de Charles-le-Chauve. Aimoin et le manuscrit du roi portent bien:

«Sepelierunt eum in Basilicâ B. Eusebii martyris in civitate Vercellis, ubi requievit annis septem. Post hæc autem, per visionem delatum est corpus ejus in Franciam, et honorificè sepultum in basilicâ beati Dionysii martyris Parisius.» Mais les manuscrits de l'abbaye de Saint-Bertin et de Saint-Germain-des-Prés, n° 646, sont bien plus croyables: «Cœperunt ferre versus monasterium sancti Dyonisii, ubi sepeiiri se postulaverat. Quem pro fœtore non valentes portare, miserunt eum in tonnâ interius exteriusque picatâ, quam coriis involverunt, quod nihil ad tollendum fœtorem profecit. Unde ad cellam monachorum Lugdunensis episcopii, quæ Nantoadis (Nantua) dicitur, vix pervenientes, illud corpus cum ipsâ tonnâ terræ mandaverunt.»

XII.

ANNEE: 877.

[131]
De l'avision qui advint en l'églyse Saint-Denys par nuit à un moine qui gardeit le cuer, et à un clerc de Saint-Quentin en Vermandois, tout en une nuit.

Note 131: Dom Bouquet a placé ce chapitre après le suivant, en dépit de tous les manuscrits, par la seule raison que tel étoit l'ordre que lui donnent les mêmes manuscrits, dans les titres de chapitres.--J'ai revu cette légende sur le latin du manuscrit de Saint-Germain, n° 646. Elle s'y trouve à la suite de
*la vision de
Charles-le-Chauve*
, f° 1, v°, 1re colonne.

(En cet endroit voulons retraire la vision que nous ayons promise.) Sept ans après que le corps eut géut à Verziaux, en l'églyse Saint-Eusèbe, il s'apparut par la volenté nostre Seigneur, à un moine de Saint-Denys en France qui par nuit gardoit l'église, ainsi comme l'on fait laiens et par coustume en toutes saisons. Ce moine qui preud'homme estoit avoit nom Archangis. Lors luy dit qu'il estoit l'empereur Charles-le-Chauf. Si l'avoit notre sire là envoié, et que sa volenté estoit telle que cette chose fust manifestée à Loys son fils et aux prélas et aux barons. Et dist

- 95 -

après que moult desplaisoit à Dieu et aux glorieux martyrs saint Denys et à ses compaignons, et à tous les autres martyrs confesseurs qui laiens reposent, de ce que son corps n'estoit laiens ensépulturé et mis honorablement en l'églyse des glorieux martirs que il avoit tant amée et honorée en sa vie, et donné villes et possessions et ornemens d'or et de pierres précieuses et ornemens de soie, si comme nous dirons après. «Va donc,» dist-il, «si leur di que il aportent mon corps dans cette églyse et le mettent devant l'autel de la Trinité.» Tout et en telle manière comme cette advision advint à Saint-Denys à ce moine dont nous avons parlé, en cette nuit et en cette heure meisme advint à Saint-Quentin en Vermandois à ung clerc qui par nuit gardoit l'églyse; si avoit nom Alfons. Et quand le moine oï que il avoit compaignon en cette révélation, si en fust moult liés et plus hardiment mist la chose avant. Lors s'en alèrent ensemble au roy et aux barons et tesmoignèrent la vision selon le commandement que il avoient.

Et quant le roy Loys son fils et les barons oïrent cette chose, si mandèrent les évesques et les abbés et meismement l'abbé Gautier de Saint-Denis; là s'en alèrent où le corps gisoit, les os et la poudre pristrent, car il avoit jà là géu sept ans, et l'en aportèrent en l'églyse Saint-Denys et le mistrent honorablement en sépulture au cuer des moines devant l'autel de la Trinité.

XIII.

ANNEEE: 877.

[132]
De l'avision qu'il vit; et coment il fu ravy en esprit ès tourmens d'enfer, si comme il meisme raconte; et coment l'esprit retourna puis au corps; si lui advint tout ce, avant qu'il trespassast.

Note 132:
Visio K. Calvi.
(Manuscrit de Saint-Germain, n° 646,

f° 1, r°, 1re colonne.)

En cet endroit nous convient retraire les grans dons et les grans bénéfices

qu'il fist à l'églyse en son vivant pour l'onneur et l'amour des glorieux

martyrs. Mais, avant, nous estuet mettre une merveilleuse aventure que

nostre Seigneur, puissant de tout, voult qu'il eust en sa vie pour son

amendement, si comme il meisme conte de sa propre bouche. Si ne la devons

pas oublier, jà soit que nous la déussions avoir mise en l'ordre des faits

de sa vie. Si parle par première personne, comme cil à qui l'avision

advint. Mais nous la conterons par la tierce personne, et commence

ainsi:[133]

Note 133: Cette légende commence effectivement ainsi: «Ego Karolus

gratuito Dei dono, etc.»

«Charles, par le don de nostre Seigneur, roy de Germanie, patrice des Romains, empereur de France, après le service des matines de la Nativité nostre Seigneur, s'estoit couchié pour reposer. En ce point qu'il se deust endormir descendit à luy une voix moult horriblement, si luy dist: Ton esprit s'en partira maintenant de ton corps et sera mené en tel lieu où il verra les jugemens de nostre Seigneur, et aucuns signes de choses qui son à advenir; mais après un peu de heure retournera au corps.» Tantost fu ravy son esprit, et cil qui le ravit estoit une chose très-blanche. Si tenoit un luissel de fil aussi resplendissant comme la trace que nous véons au ciel,[134] que aucunes gens cuident que ce soit estoile. Lors luy dist cette chose blanche: «Prens le chief de ce fil et le lie forment au pouce de ta main destre, car je te menerai au lieu des paines d'enfer.» Et quant il eut ce dist, il s'en ala devant luy en distordant le fil de ce luissel resplendissant, et le mena en très-parfondes vallées de feu qui estoient plaines de puis ardens; et ces puis estoient plains de pois, de souffre, de plomb et de cire. En ces puis trouva les évesques, les patriarches et les prélats qui furent du temps son père et ses aïeulx. Lors leur demanda en grant paour pourquoi il souffroient si griefs tourmens, et il lui répondirent: «Nous feumes,» distrent-il, «évesques ton père et tes aïeulx, et quant nous deumes amonester paix et concorde entre les princes et le peuple, nous semasmes et espandismes guerres et discordes, et feumes causes

et émouvemens de maulx. Et pour ce ardons-nous à ces tourmens d'enfer et

nous et ceux qui aimions omicides et rapines; et si saches que cy vendront

les évesques et ta gent qui orendroit font faire tels maulx.» Et

endementiers que il les escoutoit en grant paour et en grant engoisse,

estoient des deables tous noirs qui avoloient à grans cros de fer ardens,

et s'efforçoient moult durement de sachier et de traire à eulx le fil que

il tenoit. Mais il ressortissoient et chéoient arrière, né adeser[135] ne

le pouvoient pour la grande clarté qu'il rendoit. Lors li couroient par

derrière et le vouloient sachier à cros et tresbuchier ès puis ardent,

quant cil qui le conduisoit li jetta le fil en doublant par dessus les

espaulles et le sachia fortement après li. Lors montèrent une haulte

montaigne de feu; au-dessoubs du pic de ces montaignes sourdoient palus et

fleuves tous boillans de toutes manières de métaux. En ces tourmens

estoient ames sans nombre des princes son père et ses frères, qui estoient

plungiés dedans, l'un jusques aux cheveux, l'autre jusques au menton,

l'autre jusques au nombril. Lors luy commencièrent à dire en criant et en

hurlant: «Charles pour ce que nous amasmes à faire omicides et guerres et

rapines, par convoitise terrienne, au temps de ton père, de tes frères et

du tien meisme, pour ce sommes-nous en ces fleuves bollans punis par les tourmens de plusieurs métaulx.» Tandis comme il entendoit en grant paour et

en grant tribulation d'esprit ce qu'il luy contoient, il vit derrière luy

ames qui très-horriblement crioient: «Puissans puissamment sueffrent

tourmens.» Lors se retourna et vit vers la rive du fleuve fournaises de fer

plaines de dragons, de serpens, de pois et de souffre, et là cognut-il

aucuns des princes son père, ses frères et ses sœurs meismes, qui luy

commencièrent à crier: «Ha! Charles, vois-tu coment nous sommes, pour nostre

malice et pour nostre orgueil, et pour les mauvais conseils et desloiaux

que nous donnions au roy et à toy meisme par desloyauté et par convoitise.»

Et ainsi comme il escoutoit en grans pleurs et en graus gémissemens, il vit

accoure contre luy grans dragons les goulles ouvertes, plaines de feu, de

pois et de souffre pour luy engloutir. Lors fu en grant paour quand cil qui

le conduisoit luy jetta le tiers ploy du fil par dessus les espaules, qui

si cler et si resplendissant estoit, que les dragons feurent surmontés et

estains par la clarté; et le commença forment à sachier après luy.

Note 134:
Un luissel
, etc., ou peloton. «Tenuitque in manu suâ

glomerem lineum clarissimè emittentem jubar luminis, sicut solent

facere cometæ quando apparent.»

Note 135:

Adeser.
Atteindre. «Contingere.»

Lors descendirent en une vallée merveilleusement grande, qui en une partie stoit obscure et ténébreuse et si y avoit grans rais de feu ardent et, en une partie, de soy estoit resplendissant et si délicieuse que il n'est nul qui le put conter né retraire. Lors retourna devers la partie si obscure et vit aucuns roys de son lignage qui souffroient grans tourmens. Et lors eut-il trop merveilleusement grant paour, car il cuida tantost estre plungié en ces tourmens par grans géans noirs et orribles qui embrasoient ces fournaises de cette vallée de diverses manières de feus. Et tandis comme il estoit en si grant paour, il vit, à la clarté du feu qui du fil issoit et ses iex enluminoit, un point de lumière resplandir de l'un des costés de cette vallée, et deux fontaines courans, dont l'une estoit merveilleusement chaude et bouillant, et l'autre clère et froide; si estoient illec deux tonneaux. Lors regarda à la clarté du fil et vit sur le tonnel, en l'iaue bouillante, le roy Loys son père dedans l'iaue bouillante jusques au gros des cuisses. Lors li dit son père moult tourmenté et aggravé: «Charles, biau fils, n'aies pas paour. Je sais bien que ton esprit retournera en corps, et que nostre Seigneur t'a donné graces de çà venir pour ce que tu voies pour quels péchiés moy et les autres souffrent tels tourmens. Ung jour suis en ce tonnel plain d'iaue bouillant, ung autre suis mis en cet autre tonnel qui est plain d'iaue tiède et attrempée: et cette grace me fait nostre Seigneur par la prière saint Pere, saint Denys et saint Remy, par lesquels trois notre royale lignée a régné jusques ci: et sé tu me veulx aider toy et mes évesques et mes abbés et tous les ordres de saincte Eglyse en messes et en oblacions, en vigiles, en salmodies et en aumosnes, je seray tost délivré de ce tonnel d'iaue bouillant: car Lothaire mon frère et Loys sont jà délivrés de ces tourmens par les mérites saint Père et saint Remy, et sont pour ce en joie du paradis.» Après ce, luy dist qu'il regardast à senestre. Et quand il fu tourné si vit deux grans tonnes plains d'iaue boullant. «Ceulx,» dit-il, «te sont appareillés, sé tu ne t'amendes et sé tu ne fais pénitence de tes douloureux péchiés.» Lors eust-il grand paour, et quant son conducteur vist qu'il estoit en tel mésaise, si luy dist: «Viens après moy à la deuxième partie de la délicieuse vallée de paradis.» Et quant il l'eut là mené si vist Lothaire son oncle, qui séoit en grant clarté avec les autres roys, sur ung topase merveilleusement grant et estoit couronné d'une précieuse couronne, et son fils Loys qui delez luy séoit aussi couronné. Et quant il vit Charles, si li dist: «Charles mon successeur, qui maintenant est le tiers après moy en l'empire des Romains, viens près de moy, je sais bien que tu es venu par les tourmens d'enfer où ton père et mes frères sont tourmentés; mais il sera tost délivré par la miséricorde de nostre Seigneur de ses paines, ainsi comme nous sommes par les mérites saint Père et les prières saint

Denys et saint Remy, à qui nostre Seigneur a donné grant pouvoir d'apostre sur tous les roys et sur toutes les gens de France. Et s'il ne soubtenoient notre lignée et gardoient, elle faudroit assez tost. Et saches que l'empire sera assez tost délivré et osté de ses mains et que tu vivras désormais assez peu de jours.» Et lors se retourna Loys et luy dist: «L'empire des Romains que tu as tenu jusques ci doit par droit recevoir Loys le fils de ma fille.»

Et quant il ot ce dit, il li sembla qu'il véist devant luy Loys l'enfant: et Lothaire son oncle le print lors et luy dist: «Tel est cet enfant comme cil que nostre Seigneur establit au milieu de ses desciples, quant il leur dict: A tel est le royaume des cieus. Atant,» luy dist Lothaire, «rends li maintenant le pooir de l'empire, par ce fil que tu tiens en ta main.» Lors deslia Charles le fil de son pouce, et par ce fil luy rendi la monarchie de tout l'empire. Et tout maintenant le luissel du fil resplendissant ainsi comme ung ray de soleil s'amoncela dans la main de l'enfant. Après ce repara l'esprit Charles au corps moult las et moult travaillié.[136]

Note 136: Ces deux visions ne sont imprimées que dans les chroniques de Saint-Denis. Sans doute elles n'ont aucune importance historique, et dom Bouquet a d'ailleurs fait judicieusement remarquer que la seconde, du moins, fut imaginée pour Charles-le-Gros et non pas Charles-le-Chauve. Mais enfin, telle qu'elle est, et dans la supposition probable qu'elle ne fut rédigée que sur la fin du Xème siècle, elle n'en est pas moins antérieure à la légende de saint Patrice, et doit par conséquent faire remonter avant elle le dogme obscurément expliqué du Purgatoire. Sous le point de vue littéraire, on ne manquera pas de se souvenir ici de la terrible épopée de Dante; tous les élémens s'en retrouvent dans la vision de Charles-le-Chauve: la punition des grands personnages politiques, le genre de tourmens, le caractère de ceux qui les souffrent et les infligent. Ce n'est donc pas comme effort d'imagination que nous devons admirer la *Divina Comedia*, mais comme l'immortelle création d'un génie vigoureux, implacable et mélancolique.

XIV.

ANNEE: 877.

Des grans terres et possessions que il donna à l'abbaïe de Saint-Denys et à plusieurs autres abbaïes.

[137]Moult fu cet empereur Charles-Le-Chauf large aumosnier aus povres et

aus églyses, et moult les acrut et mouteplia de rentes et d'autres

bénéfices; et sur toutes les autres celle de Saint-Denis en France où il

repose corporellement. Tant donna laiens joiaux et saintuaires, rentes et

possessions confirmées par ses chartres, que ce n'est se merveilles non.

[138]Après ama moult celle de Saint-Cornille à Compiègne, car il la fonda

en son propre palais et li donna rentes et possessions assez et

saintuaires. Moult ama la ville de Compiègne et la fit ceindre de fossés en

lonc, et la fit appeler et intituler Carnopole de son nom, aussi comme

l'empereur Constantin ot jadis faict Constantinoble. La ville de Reuil

donna à l'églyse de Saint-Denys[139] et toutes les appartenances; (et

establit que sur les rentes de cette ville feussent pris les despens de

sept lampes qui arderoient continuelement et en toutes saisons devant

l'autel de la Trinité. La première establit pour l'ame de l'empereur Loys

son père; la seconde pour l'ame l'empereris Judith sa mère; la tierce pour luy; la quarte pour la royne Hermentrus sa première femme; la quinte pour la royne Richeut sa présente femme; la sixième pour toute sa lignée présente et trespassée; et la septième pour Boson et pour Gui et pour tous ses amis familiers. Après establi quinze cierges au réfectoir à mettre sur les tables en yver, pour ce que le couvent va trop tard aucunes fois à collacion pour le service qui pas ne peut estre accompli par jour et meismement aus grandes festes. Après donna neuf lieues de Saine en ung tenant et tout continuellement. Si commence au-dessus de Saint-Clout au ru de Sèvres et dure jusques au ru de Chambric au-dessus de Saint-Germain-en-Laye, si entièrement et si franchement que nul n'a né pêcherie, né justice haute né basse, né au cours né en l'yaue né ès rivages en quelque terre que ce soit, fors l'abbé et le couvent de Saint-Denys, qui aussi franchement la tient que les roys de France l'ont toujours tenue. Pour ce qu'il avoit pris de l'or, de l'argent et des richesses pour ses guerres maintenir contre ses frères, que les anciens rois et les princes avoient laiens jadis offert par grande dévotion, volt-il donner aussi comme en retour la foire du Landit, qui par tout le monde est renommée: et la fit venir à Saint-Denys en France, tout ainsi comme Charles-le-Grant son aïeul l'avoit apportée à Ais-la-Chapelle quant il ot apporté les reliques d'outremer. Et tout avec autel pardon et autele franchise comme elle avoit là où elle fu premièrement establie. Si donna avec, l'un des sains clous dont nostre Seigneur fu attachié en la croix parmi les piés, et grande partie des espines de la sainte couronne, et le dextre bras saint Siméon dont il receut nostre Sauveur au jour de la Purification, quant il fu offert au temple. Si donna-il un riche autel portrais de marbre pourfire tout carré qui sied sur quatre petits pieds, et mit au front devant le bras saint Jacques l'apostoile frère nostre Seigneur. En la dextre partie enclost le bras saint Estienne le martyr, et au senestre costé le bras saint Vincent. Et pour la rayson de ces trois saintuaires qui dedans sont scellés et enclos, fu-il appelé l'autel de la Trinité. Si est assis sur l'autel manuel au cuer du couvent, et est chascun jour chantée dessus la messe matinel. Après donna laiens le hanap Salomon qui est d'or pur et d'esmeraudes fines et fins granes, si merveilleusement ouvré que dans tous les royaumes du monde ne fu oncques œuvre si soubtille. Avec ce donna laiens une grant croix de fin or, qui est divisée en quatre parties et est aornée de grand plenté de fines pierres précieuses, et aux quatre chiefs de cette croix sont scellées et encloses soubtilement precieuses reliques des corps sains, en chasses soubtilement ouvrées. Avec ce donna un autre grand vaissel d'éleutre, si est aorné au milieu et tout à l'entour de grand plenté de sardeines et de granes. Avec ce donna ung merveilleusement riche joïel, si riche et si précieux que à peine le pourroit-on aprisier, tout fait de saphirs et de rubis et d'émeraudes et d'autres manières de pierres enchassées en or. Si est joint par trois ordres l'une sur l'autre, et est mis sur le maistre-autel aux grans festes et est assis sur un siège précieux. C'est à savoir: un vaissel de pur argent par dedans et par dehors, soubtilement ouvré et couvert de bandes d'or aorné de grans saphirs et fins, de grosses esmeraudes et de gros perles, et dedans ce vaissel est scellé le bras saint Apollinaire le martir, qui fu le premier archevesque de Ravenne et disciple saint Père. Avec ce donna cinq paires de tiextes d'évangile soubtilement ouvrés d'or et de pierres précieuses; et si rendit aux martirs sa grant couronne impériale, qui est pendue aux grans festes devant le maistre-autel avec les couronnes des autres roys. Et si doit chascun savoir que tous les roys de France doivent laiens rendre et offrir aus martirs leurs couronnes dont il sont couronnés au royaume, ou envoier quant il trespassent, car elle sont leur par droict. Et celle églyse est aornée de draps de soie, de pailles d'or et d'argent et de pierres précieuses, si est-elle garnie d'autres plus précieux aornemens; car elle est raemplie et saoulée de précieux corps sains, martirs, confesseurs et vierges, qui laiens reposent corporellement, dignement et honorablement. Premièrement, le corps monseigneur saint Denys l'ariopagite, martir et apostre de France, et de ses deux compaignons saint Ruth et saint Eleuthère. Après, le corps saint Ypolite le martir et de sainte Concorde sa nourrice, et le corps de monseigneur saint Eustace le martir, le corps monseigneur saint Fremin le martir, le premier archevesque d'Amiens; et le corps madame sainte Osmanne, et trois des dix mille vierges qui furent martirisées à Couloigne; sainte Senubaire, sainte Seconde et saint Panefrède, et sont toutes trois ensemble en une chapelle, et en leur propre oratoire. Après, l'un des Innocens que le roy Hérode fit décoller, en ung bercelet de palmes, et l'un des compagnons monseigneur saint Morise, et sont mis tous en une chasse. Après gist le corps saint Peregrin le martir, premier évesque d'Aucierre, qui fu laiens apporté par grant miracle. Après gist le corps saint Ylaire de Poietiers le glorieux confesseur, et le corps saint Patrocle le martir tout ensemble en une chasse. Après gist le corps monseigneur saint Cucuphas le martir, tout à par soy en une chasse. Après gist le corps monseigneur saint Eugène le martyr, le premier archevesque de Tholète qui fu des disciples monseigneur saint Denys. Après gist le corps du glorieux confesseur saint Hylier, qui fu évesque de Gaiète en Espagne. Après gist le corps saint Denis confesseur, qui fu archevesque de Corinthe en Grèce. Tous ces corps sains glorieux gisent laiens au chevet de l'églyse en propres oratoires et en propres chasses, tous par ordre. Bien est laiens escrit coment chascun de ces sains corps fu laiens apporté, et par qui et en quel temps; mais trop fust longue chose que tout ce feust ci escript.)[140]

Note 137: On trouve le latin de cette première phrase après le récit de la bataille de Fontenay, dans le manuscrit 646 de

Saint-Germain (f° 1er, recto, colonne 1re).

Note 138: Ex fragmente historiæ Franciæ. (Historiens de France, tome VII, page 215.)

Note 139: Ce don est constaté par l'épitaphe de Charles-le-Chauve, rédigée au XIIIème siècle comme le monument funéraire sur lequel on la lisoit à Saint-Denis. La voici:

Imperio Carolus Calvus regnoque politus

Gallorum jacet hac sub brevitate situs,

Plurima cum villis, cum clavo cumque corona,

Ecclesiæ vivus huic dedit ille bona:

Multis ablatis, nobis fuit hic reparator;

Sequani fluvii Ruoliique dator.

Note 140: Charles-le-Chauve est celui de tous les descendans de Charles-Martel et de Charlemagne dont les poètes ont le plus fréquemment confondu les
gestes
avec l'histoire de ces deux héros.

Tout à la fin du grand poème des
Lohérains
, on lit les vers

suivans, qui semblent le résumé des traditions populaires le plus en vogue avant le XIIème siècle:

De cheste dame[*] ke jou ci vous devis,

Karles li Cauf en fu premiers naïs,

Chil fu frans rois rices et poestis,

Et sainte église ama moult et chéri;

Trésor n'ama, ki fust en serre mis.

Les marchéans fist cerchier le païs;

Tout si tresor furent abandon mis;

Dix foires fist en France le païs,

L'une est à Bar et deus mist à Prouvis,

La tierce à Troies et la quarte à Senlis,

Et troi en Flandres, la neuviesme au lendi,

Et la disiesme remist-il à Laigni.

Ce savent bien li marchéant de Fris,

Icil d'Artois, de Flandres le païs,

De Vermendois, et chil de Cambresis,

De Rains, de Cartres, et ausi de Paris;

Chil de Provence en resont bien apris.

(Msc. du Roi, n° 9654, 3.
A
.)
Note *:
Berte aux grans piés.

Cy fénissent les fais Charles-le-Chauf.

CI COMMENCENT LES GESTES LE ROY LOYS-LE-BAUBE ET DES AUTRES ROYS APRÈS JUSQUE AU GROS ROY LOYS.

I.

ANNEES: 877/878.

Coment le roy Loys, qui fut appelé le Baube, donna aux barons ce qui leur plaisoit, pour acquerre leur grace. Et coment l'empereris Richeut luy apporta l'espée et le ceptre son père, et coment il fu couronné; coment il passa en Berry contre les Normans; de l'apostoile qui en France vint et fit concile des prélas.

[141]A Loys le fils Charles-le-Chauf, qui Loys-le-Baube fu appelé, vint la nouvelle la mort son père à Andreville[142] où il estoit. Lors au plus tost qu'il put manda les barons. A ceux que il put se réconcilia et atrait à s'amour par promesses et par dons. Aux uns donna contées, aux autres villes, et aux autres abbaïes, et fist à chascun selon son pooir, selon ce que il requeroit. Lors mut d'Andreville et par Carisi s'en ala droit à Compiègne. Moult se hastoit pour ce qu'il peust venir à tems à la sépulture son père, qui devoit estre mis à Saint-Denys, si comme il cuidoit. Mais quant il scéut que il estoit ensépulturé en Lombardie, en la cité de Verziaus, et il eut entendu que les plus grans hommes du royaume et contes et abbés s'estoient jà tournés contre luy avant qu'il mourust, pour ce qu'il donnoit les honneurs et les contées aus uns et là où il li plaisoit sans leur assentiment, il retourna à Compiègne.

Note 141:

- 113 -

Annales Bertinianæ, anno 877.

Note 142:
Andreville.
«
Audriaca-villa
.» Aujourd'hui
Orreville
,

près de Doullens.

Les barons et ceulx qui s'en retournoient avec Richeut l'empereris en France, faisoient moult de maulx et dégastoient tout le pays devant eus, jusques à tant que il vindrent à l'abbaïe qui est apelée Vegnon-Moustier[143]. Lors pristrent un parlement à Moymer en Champaigne.
Leur messages envoièrent à Loys et il leur envoia aussi les siens, et tant alèrent messages d'une part et d'autre que la besoigne fu ainsi ordennée que Richeut l'empereris et les barons vendroient à lui à Compiègne, et que le parlement qui fu pris à Moymer seroit mis à Chaene en Cosse-Selve[144]. A Compiègne vint donc ma dame Richeut et les barons droit à la feste Saint-Martin, et lui aportèrent le mandement que son père avoit fait au lit de la mort: que il lui laissoit le royaume de France et l'en revestoit par l'espée qui estoit appelée l'espée Saiut-Père[145]; et si luy envoioit une couronne et les royaux garnemens, puis un ceptre d'or à pierres précieuses. Puis alèrent tant messages entre Loys et les barons que il s'accordèrent

tous et évesques et abbés à son couronnement; et il leur donna les honneurs du royaume selon ce qu'il requéroient par raison.--Lors fu couronné à Rains par les mains l'arcevesque Haimar,[146] par le consentement des barons et des prélas qui se mistrent en sa deffense et en sa garde, et luy jurèrent que il luy seroient loial selon leur povoir, en ayde et en conseil, au profist de luy et du royaume: et les vavasseurs se recommandèrent aussi à luy et luy jurèrent féauté et loiauté. (Mais, pour ce que l'istoire parle souvent des abbaïes du royaume, pourroient aucuns cuidier que ce fussent moines ou gens de religion; mais nous cuidons miex que ce fussent barons ou grans hommes séculiers à qui l'en les donnast à temps et à vie. Si estoit mauvaise coustume et contre Dieu que autre gent tenissent les biens de religion que ceulx qui la riule et l'abit en avoient; né le service Nostre-Seigneur ne povoit estre bien fait né les ordres bien gardés en telle manière. Sans faille, l'istoire ne parole pas plainement qu'il fust ainsi; mais assea le donne à entendre.) Le couronnement du roy Loys fu l'an de l'Incarnation Nostre-Seigneur D.CCC et LXXVIII[147]. La Nativité nostre Seigneur célébra à Saint-Maart delez Soissons. De là se parti et s'en ala à Andreville, et la feste de la Résurrection célébra à Saint-Denis en France. Puis s'en ala outre Saine pour trois raisons, à la prière Hue l'abbé: la première fu pour luy aidier contre les Normans; et la seconde fu pour ce que les fils Godefroy avoient saisi le chastel et les honneurs le fils le conte Audon[148], et la tierce si put estre pour ce que Haymes, le fils Bernard, avoit prinse la cité d'Evreux, et faisoit moult de maulx au pays d'entour; car il proioit et roboit tout quanqu'il trouvoit, à la guise des Normans. Jusques à Tours ala le roy: là fu si durement malade que l'en cuidoit qu'il déust mourir; mais la mercy nostre Seigneur l'allégea de cette maladie. Lors vint à luy Godefroy par le conseil de ses amis qui moult le tindrent court de ce faire, et amena avec luy ses deux fils: au roy rendirent ses chasteaux qu'il avoient saisis et les appartenances; par tel condition que il les tenissent après par son don et par sa voulenté. Après ces choses Godefroy converti grant partie de Bretons et les mena à la féauté le roy; mais après firent-il comme Bretons.

Note 143:
Vegnon-Moustier.
«Usquè ad Avennacum monasterium pervenerunt, et conventum suum ad montem Witmari condixerunt.» Au

lieu de
Vegnon-Moustier
, il faut lire
Avenay
, petite ville de

Champagne aujourd'hui célèbre par ses vins et autrefois par son abbaye de filles, de l'ordre de saint Benoît. Plus bas, par

montem Witmari
, que notre chroniqueur traduit
Moiemer

, il faut entendre le *Mont-Aimé*, près Vertus, à quatre lieues d'Avenay.

Note 144:
Chaene-en-Cosse-Selve.
«Ad Casnum in Cotiâ.» C'est aujourd'hui, suivant Dom Bouquet, *Chesne-Herbelot*, à la sortie de la forêt de *Cuise*, aujourd'hui *de Compiègne*.

Note 145:
L'espée Saint-Père.
«Per spatam quem vocatur S. Petri.»

Le ménestrel du comte de Poitiers a rendu ce passage des Annales de Saint-Bertin d'une manière plus intéressante: «A Compiègne, vint à luy Richeut,» la fame Charles son père, plourant et dolente outre mesure, et si li dist: Dous amis, je t'aport, par le commandement de ton père, son royaume que il te donna devant sa mort et l'espée qui est apelée de Saint-Pierre, par laquelle il te revesti du royaume devant moi et devant maints autres, etc.»

(Manuscrit du roi 9633, f° 63.)

Note 146:
Haimar.
Hincmar.

Note 147:
Annales Bertinianæ, anno 878.
C'est à ce couronnement si

vivement contesté et dont les historiens nous ont vaguement indiqué

les circonstances, que doit se rapporter la branche de la
*Chanson de
geste*
de Guillaume au court nez, intitulée:
Le coronement Loys
.

Elle débute par un morceau de haute poésie qu'on nous saura gré de

reproduire ici:

Quant Diex fist primes nonante et neuf reaumes

Lou premiers rois que Diex tramist en France

Coronés fu par anuncion d'angles;

Por ce, dit l'en, totes terres l'appendent:

Que li appent Baviere et Alemaigne,

Tote Borgoigne, Loheraigne et Toscane,

Poitou, Gascoigne dusqu'aus marches d'Espaigne.

Cela sent assez bien, à mon avis, l'époque Carlovingienne; mais

continuons:

Rois qui de France porte coronne d'or

Preudons doit estre et hardis de son cors.

Bien doit mener cent mille hommes en ost,

Parmi les pors, en Espagne la fort.

S'il en trueve home qui li face nul tort,

Tant le demaine que l'ait ou pris ou mort,

Et devant lui face gesir le cors.

Sé ce ne fait, France a perdu son los,

Ce dit la geste, coronnés est à tort.

Li coronemens le roy Loois, manusc. du roi, n° 7535.

Note 148: Ce Godefroi étoit fils de Roricon, comte du Mans, et frère de abbé Gozlin.

En ce temps avint que l'apostole Jehan fu moult durement esmeu contre deux

contes, Lambert et Albert, qui avoient ses cités et ses villes proiées et

robées. Si puissamment comme il put les escomenia: de Rome s'en issi et

emporta moult de précieuses reliques, Formose l'évesque de Portue enmena

avec luy, en mer se mist et vint à navie jusques à Alle-le-Blanc. Si arriva

droitement le jour de Penthecouste. Lors envoia ses messages au prince

Boson, et cil lui envoia gens pour luy conduire jusques à Lyons sur le

Rosne. De là manda au roy Loys de France que il luy venist à l'encontre là

où il pourroit miex, à son aisement. Et le roy envoia à l'encontre de luy aucuns de ses évesques, et luy requist qu'il venist jusques à Troies, et commanda que les évesques du royaume luy administrassent leurs despens. Encontre luy vint à Troies ès kalendes de septembre; car il n'i put plus tost aler pour sa maladie. Lors assembla grant concile de tous les évesques du royaume et de la province de Belge. En ce concile fist relire l'escommeniement dont il avoit escommenié à Rome Lambert et Albert: à Formose et Grégoire requist et à tous les prélas leur assentement en cest escommeniement, et les prélas lui requistrent que ainsi comme il avoit ce fait réciter par escript, ainsi leur ottroiast-il à avoir, si que il peussent mieux et plus certainement prononcier leur assentement. Ainsi leur
ottroia l'apostole, et, le lendemain, quant le concile fu assemblé, baillèrent leur escript à l'apostole qui contenoit telle sentence:

«Syre père apostole Jehan, de la sainte Eglyse de Rome, nous évesques de France et de Belge, fils sergens et disciples de votre auctorité, nous nous dolons pur grant compassion et plorons pour les plaies et les griefs que les mauvais menistres et fils du déable ont fait à notre mère et maistresse de toutes les églyses, l'Eglyse de Rome, et soustenons nostre jugement, et nous consentons de cuer et de bouche et de voix à la sentence que vous avez
donnée sur eulx et sur leurs aydes, selon les drois des canons qui furent

establis et donnés par nos ancesseurs; et nous qui sommes sacrez par le Saint-Esprit à l'ordre de prebstre et à la dignité d'évesque, les férons et tresperçons du glaive du Saint-Esprit qui est la parole de Dieu. C'est à savoir que, ainsi comme vous les avez dégetés de saincte Eglyse, nous les en dégettons. Et ceulx qui à satisfacion vouldront venir, qui seront absous de vostre auctorité, et par vous seront receus en saincte Eglyse selonc les canons, nous tendrons pour absous et pour fils de saincte Eglyse. Tout aussi comme il avint jadis des plaies d'Egypte selon ce que nous trouvons en la saincte Escripture, que il n'y avoit maison où il ne y eust un mort, né nul n'y avoit qui sceust l'autre conseillier, pource que chascun avoit assez à plourer en sa maison; ainsi est-il de nous évesques, que chascun a assez à plourer en son église; et, pour ce, nous tous vous supplions humblement que vous nous secourez de vostre auctorité, et vous requérons que vous establissiez et confermez un chapitre pourquoy nous en soions si fors et si garnis par l'auctorité de l'Eglyse de Rome que nous nous puissions vigoureusement deffendre contre les parjures maufaiteurs qui tollent et détruisent les biens de nos églyses, et qui despisent les sentences et les dignitez des évesques; selon ce que dist saint Pol l'apostre, que tel gent soient livrés au déable, mais que il soient touteffois saufs au jour du juise[149] Jeshu-Crist.» Cette sentence fist l'apostole Jehan escripre avec la sentence de l'escommeniement, et voult que tous les évesques y méissent leur subscripcion. Après commanda que les

canons du concile de Sardique feussent leus devant tous, et les décrets

l'apostole Léon qui parolent des évesques qui remuent leurs sièges; et les

canons du concile d'Auffrique qui deffendent les transmutations des

évesques qui pas ne doivent estre, né que l'en doive de rechief baptisier

né de rechief ordener; et ce fut fait pour l'arcevesque Frotaire qui de

Bordeaux s'en estoit alé à Poitiers et de Poitiers à Bourges.

Note 149:
Juise.
Jugement. Cette fin est une citation de la

première épître de saint Paul aux Corinthiens: «Traditus Sathane

spiritu salvus fiat in die Domini nostri Jesu-Christi.»

II.

ANNEE: 878.

Coment l'apostole refusa la royne à couronner; et coment il et les prélas assemblèrent à Troies. Du débat entre Haimar et Adenofle, de l'éveschié de Loon; du mariage de la fille Boson au fils le roy. Coment l'apostole s'en revint, et du parlement des deus rois Loys.

Après ces choses couronna l'apostole le roy Loys; et le roy le semont à mengier avec lui et sa femme: richement le fist de viandes servir et de vins, puis se départi l'apostole et s'en ala à Troies. Puis lui requist le roy par ses messages que il voulsist couronner sa femme à royne; mais il ne le voult faire[150]. Lors vindrent avant deux évesques Frotaire et Aldagaire, et aportèrent à l'apostole un commandement, devant tous les évesques, de l'empereur Charles-le-Chauf, par quoy il revestoit Loys son fils du royaume de France: et luy requéroient, de par le roy Loys, qu'il affermast ce précept par son privilège. Lors traist avant l'apostole l'exemplaire ainsi comme[151] d'un commandement fait par l'empereur Charles, de l'abbaye de Saint-Germain-des-Prés, à l'Eglyse de Rome, qu'il peust tollir, ainsi comme par droit, à l'abbé Goslin et retenir à soy. Si cuidoit-on que ce eust esté fait et pourchassié par le conseil de ces deux évesques et d'autres conseilleurs. Et au roy Loys dist l'apostole sé il vouloit que il méist son privilège sur son commandement, que il confermast avant le précept de son père. Comme ceste chose eut esté baillée et pourchasciée par malice et non mie selon raison, ainsi vint-elle au derrenier à noient.

Note 150:
Il ne le voult faire.
Parce que Louis-le-Bègue avoit

répudié sa première femme Ansgarde, alors vivante. Le pape, en s'opposant dans cette occasion au vœu du roi dont il alloit implorer la protection, montra certes une fermeté vraiment apostolique. L'abbe Vély toutefois a bien eu le courage de considérer le refus du souverain pontife comme l'effet probable d'une odieuse intrigue.

(Voyez tome 2, p. 135 de son
Histoire de France
.)

Note 151:
Ainsi comme.
C'est-à-dire:
Simulé, prétendu.--D'un commandement
. D'un don.

En ce mois meisme que fu ce fait, le roy vint à Troies et ala à l'ostel l'apostole par le conseil des barons; à luy parla bien privéement et puis alèrent ensemble là où les évesques estoient assemblez delez l'ostel l'apostole. Là furent escommeniés Hues le fils Lothaire et Haymes et tous

ceulx de leur complot, pour ce qu'il faisoient force et outrage à aucuns des évesques par le consentement le roy Loys. Lors dist l'apostole que Adenofle, qui par s'auctorité avoit esté ordené évesque, tenist son siège, et son office d'évesque, et Haymar chantast messe sé il vouloit et eust partie de l'éveschié de Laon. Lors se traist avant Adenofle et requist à l'apostole que il l'assousist de l'éveschié, pour ce que il estoit trop foible desoremais à porter si grant fais et qu'il vouloit entrer en religion. Mais il ne put ce empétrer, ains luy fu commandé et par le commandement le roy et des évesques qui sa partie soustenoient que il féist office d'évesque, et que il tenist son siège. Et quand les évesques de la partie Haymar eurent oy que l'apostole eut dit qu'il chantâst messe sé il vouloit, et que le roy se consentent à ce que il eust des biens de l'éveschié, cils et les autres évesques des autres provinces et régions, sans que l'en le cuidast mie, emmenèrent Haymar tout revestu comme prebstre
en la présence de l'apostole et sans son commandement, et puis le menèrent chantant jusques à l'églyse et lui faisoient donner bénéicon au peuple. A tant se départi le concile.

L'endemain Boson semonst le roy et sa femme avec luy; et le roy y ala et y mena aucuns de ses conseillers, moult le fist bien servir de diverses viandes et de divers vins. Là fu fait un mariage de la fille Boson et de Carlemaine le fils le roy; et le roy, par ceulx de son conseil, départi les terres et les honneurs de Bernart le marchis de Gothie, à Thierry le chamberlent et à Bernart le comte d'Auvergne.

De Troies se parti l'apostole Jehan, et s'en ala à Chaalons, puis à Morienne. Après passa les mons de Mont-Cenis, et eut convoy de Boson et de sa femme jusques ès plains de Lombardie, et s'en retourna à Rome. Le roy se départi de Troies et s'en ala à Compiègne; là oy nouvelles des messages qu'il avoit envoies à Loys son cousin, et ce qu'il avoient fait de la besoingne. Si les avoit là envoiés pour traitier de paix entre luy et son cousin. De Compiègne mut à tout une grant partie de son conseil, et s'en ala à Haristale. D'autre part vint Loys son cousin ès kalendes de novembre et assemblèrent en une cité qui a nom Marsne[152]. Là fu paix confermée entr'eux deux, et puis mistrent un autre parlement d'assembler à la Purification Nostre-Seigneur. Lors vint le roy Loys, le fils l'empereur Charles-le-Chauf à Gondolville, et le roy Loys, le fils le roy Loys de Germanie, revint d'autre part près de cette ville où il pot plus aisiément demourer; et puis après assemblèrent à parlement. Là furent ordenées les choses qui cy s'ensuivent, par le consentement de leurs loyaux barons.

Note 152:
Marsne.
Mersen.

III.

ANNEE: 879.

Des convenances et de l'accord qui fu entre les deus roys. Et coment il fu traitié en chascune jornée, au profit des deus roiaumes; tout n'en fust-il après tenu, par la dnsloiauté le roy Loys de Germanie.

C'est la convencion et l'accors entre les deux glorieux roys Loys le fils

Charles-le-Chauf, et Loys le fils le roy de Germanie, qui fu faite ès

kalendes de novembre, en un lieu qui est appelé Furones[153], par le commun

accord et par l'assentement des barons des deux royaumes, en l'an de grâce

D. CCCC et LXXIX[154].

Note 153:
Furones.
Aujourd'hui
Foron
, à peu de distance

d'Aix-la-Chapelle.

Note 154: 879. Le latin dit: 878.

Lors commença à parler le roy de Germanie et dist ainsi: «Comme le règne

Lothaire fu parti entre l'empereur Charles et nostre père le roy Loys,

ainsi voulons-nous qu'il le soit et que les parties soient établies. Et sé

aucuns de nos princes et de nos gens ont riens prins né saisi du royaume vostre père, nous voulons qu'il le laissent à vostre commandement. Et pour ce que partison ne fu faite oncques de notre part du royaume d'Italie, que le roy Loys tint; ce que chascun en tient, si le tiengne orendroit encore en ceste manière; jusques à tant que nous puissions assembler encore une autre fois par la voulenté Nostre-Seigneur, et déterminer miex par bon conseil ce que drois et raison sera. Et pource que on ne peut orendroit faire nulle raison de notre partie du royaume d'Italie, sachent tous que nous en avons requis notre droit et requérons à l'ayde de Dieu.» Ce fu ainsi establi en la première journée.

Le secont jour refu ainsi parlé: «Pour ce que la fermeté de notre amour et de notre conjonction ne puet pas estre maintenant confermée, pour aucunes causes qui l'empeschent maintenant, jusques à ce parlement que nous mettrons, telle amistié soit faite entre nous, par la grace de Nostre-Seigneur, de bon cuer et de bonne confience et de foy entérine, si que nul de nous né de nostre conseil ne soustraie né forconseille riens qui soit à l'onneur né à la prospérité de nous né de nos roiaumes.»

Au tiers jour fu ainsi ordené, que sé païens ou faux chrestiens envaïssent leur roiaumes, que l'un aideroit à l'autre quant mestier en seroit, de quanque il pourroit par soy ou par ses gens. «Et s'il avenoit,» dist Loys fils de l'empereur, «que je vesquisse plus que vous, je aideray Loys vostre fils, qui encore est petis et jeune, et les autres que Dieu vous peut encore donner, si que il peussent leurs terres gouverner.»

Le quart jour fu ainsi gouverné et ordené: «Que sé aucuns murmureurs et envieux, qui tousjours portent envie à bien et à paix, s'efforçoient de semer tençons et discordes entre nous pour troubler nous et nos roiaumes, que nul de nous ne les reçoive né ne voie voulentiers, s'il n'est ainsi que il le voulsist monstrer raisonnablement par devant nous deux, et par devant nos gens. Et s'il ne vouloit le faire, que il n'eust priveté né société à nul de nous. Et que nous le getissons hors comme traytre et faux semeur de discorde entre les frères, si que à l'exemple de luy nul ne soit si hardi que il ose aporter tels mensonges.»

La quinte journée fu ainsi atirée. Et dist Loys le fils l'empereur Charles: «Or convient que nous envoions nos messages aux deux glorieux roys Charles et Charlemaine, qui leur feront assavoir le parlement que nous avons mis à la huitiesme yde de février et qui leur prient de par nous qu'ils viennent là. Et sé il viennent, si comme nous désirons, que nous les accompaignons avec nous à la voulenté de Nostre-Seigneur, et au commun profit de saincte Eglyse et du peuple chrestien que nous avons à gouverner. Si que nous soions une chose en luy qui est seul et que nous voulons et disons et nous façons une chose, selon les apostres, c'est que en nous n'ait né tençons né discorde. Et s'il avenoit que il n'y vousissent venir, pour ce ne lairons nous mie que nous n'y venons si comme il est ordené, et que nous ne façons selon la voulenté Dieu, si comme nous avons devisé. Et sé il n'estoit ainsi par aventure et que autre nécessité avenist que l'en ne peust autrement eschiver, par quoy nous ne puissions ce faire, et s'il avenoist qu'il fust ainsi; que l'un féist resavoir à l'autre le terme du parlement qui seroit de nouvel prins. Et que il soit ainsi que nostre amour soit né muée né changée né amenuisiée jusques à tant que Diex vueille que elle soit du tout confermée. Et si ordenons des choses des églyses, des éveschiez et des abbayes où que ce soit de nos deulx roiaumes, si comme les évesques et les abbés les tiengnent paisiblement. Et sé aucun les prenoit né saisissoit en quelque royaume que ce soit et fust contre raison, que elles fussent rendues selon droit.»

La sixiesme journée fu ainsi ordenée: «Pour la paix des roiaumes, pour ce que il pevent aucunes fois estre troublés par aucuns hommes vagues et qui riens qui maux soient ne redoubtent à faire, nous voulons que en quel lieu que ce soit que tel gent vendront, que il ne puissent fuyr né eschever la justice de ce qu'il aront fait. Et que nul de nous ne les tiengne né ne reçoive à autre chose fors en tant comme il le tendra, pour amener à rendre raison et à faire amende selon son fait. Et s'il définoit de venir avant, cil en cui roiaume il s'enfuyra le fera chacier et prendre, jusques il soit amené avant pour raison rendre; ou il soit du tout bani et essilié des deux roiaumes. Si voulons que cil qui par leur meffait auront perdue la prospérité de leurs choses et de leurs héritages, que il soient jugiés selon les anciens drois de nos ancesseurs. Et s'il en y a nul qui die que il ait à tort perdue la prospérité de ses choses, viengne avant en nostre présence et recuèvre ses choses, sé droit les lui donne.»

IV.

ANNEE: 879.

Du département des deus rois, et de la mort Loys le roy de France qui fu appelé le Baube. De l'abbé Gozlin et du conte Corral, et du roy de Germanie coment il vint en France; et coment il s'en retourna sans riens faire.

[155]Après ces choses ainsi devisées, se départirent les deux roys Loys; le fils le roy Loys de Germanie retourna en sa terre, et Loys le fils Charles s'en ala par Ardenne et fist la feste de la Nativité à une ville qui a nom Longlaire[156]: un peu de temps y demora et s'emparti après la Chandeleur, et vint à Compiègne[157]. De là mut à Ostun, pour aller sur le marchis Bernart[158] qui contre luy s'estoit révélé. Jusques à Troies s'en ala, si luy convint là demourer pour une maladie qui le prist, et cuidoit-on qu'il eust esté empoisonné. Et quand il senti que la maladie lui engregoit et qu'il ne pouvoit avant aler, si manda son fils Loys; quant venu fu, si le livra especiaument en la garde de Bernart le conte d'Auvergne[159]. Pour ce envoia tantost son fils et celuy Bernart en qui garde il l'avoit livré à l'abbé Huon, à Boson, Tierri[160] et ses autres amis qui là estoient, en la cité d'Ostun. Et leur commanda qu'il saisissent la conté et la livrassent à Bernart[161] à qui il l'avoit donnée. Lors se parti de Troies à quelque grief et retourna à Compiègne par l'abbaye du Juerre[162]. Et quant il

senti qu'il ne pourroit eschapper de cette maladie, il envoia à Loys son fils s'espée, sa couronne et son sceptre et ses autres royaux aornemens, par Huede, l'évesque de Beauvais, et par le conte Auboin; et manda à ceux qui avec luy estoient que il le féissent sacrer et couronner. Et quant ce vint en la quarte yde d'avril, droitement le vendredy de crois aourée, vers le vespre, il trespassa de ce siècle, entour celle heure que Jesu-Crist rendi son esprit à Dieu le père. L'endemain, que il fu la vegille de Pasques, il fu mis en sépulture, en l'églyse Nostre-Dame. Quant l'évesque Huede et le conte Auboin sceurent que il fust mort, il baillèrent ce qu'il portoient à Thierry, le chamberlen, et retournèrent isnellement[163] arrières. Et quant ceus qui avec l'enfant estoient sceurent que le roy fust trespassé, il mandèrent aux barons de ceste France par deçà, que il venissent encontre eulx, à Meaux, et là traiteroient ensemble qu'il feroient. Là furent faites unes convenances entre Thierry et Boson, dont l'abbé Hues fu jugieur: que il auroit la conté d'Auxerre, et Thierry auroit en eschange les abbayes de ce pays. L'abbé Gozelin à qui il souvenoit bien des ennuis et des griefs que ceus lui avoient fait qui envie lui portoient, se pourpensa coment il s'en pourroit vengier; car il ly sembla qu'il estoit temps et point de le faire. Si se mist en voie, pour ce que il se fioit moult en l'amour et en la familiarité Loys, roy de Germanie, et de la royne et des barons du pays, que il eut acquise tant comme il demoura entour eulx quant il fu prins en la bataille d'Andrenaque et là mené en prison. Mais, avant, s'en ala à Corrat, le conte de Paris, et tant luy dist et tant luy donna et d'unes et d'autres, et tant luy promist d'onneurs et de seigneuries, sé il pouvoit ce faire à quoy il béoit, qu'il le crut et s'accompaigna à luy, et luy monstra engin et voie par quoy il sembloit que il peust ce faire. Et avant que ceulx qui avec le roy estoient fussent venus à Meaux, se hasta-il d'envoier aux évesques et aux abbés et aux puissans hommes du roiaume; et soubz telle couverture leur mandoit que puisque le roy estoit mors il traitassent ensemble de la paix et du proffit du roiaume Loys qui mort estoit. Quant ceus qui venir y vouldrent furent assemblés, si leur loèrent qu'il[164] appelassent au roiaume Loys, le roy de Germanie, et ce scéussent-il, sé il faisoient ce, qu'il leur donroit les terres et les honneurs que il ne peurent oncques avoir jusques à ce temps. Par convoitise et par desloiauté s'i accordèrent-il et mandèrent au roy Loys de Germanie et à sa femme par leur messages, qu'il venissent jusques à Mez et là leur amenroient tous les évesques et les abbés et les haus hommes du roiaume de France. Lors se mistrent en voie à aler encontre luy, robant et gastant tout le païs devant eus, selon la rivière d'Aisne, jusques à tant qu'il vindrent à Verdun[165]. Et endementiers, fu le roi Loys de Germanie venu à Mez. Lors luy mandèrent de rechief que il venist jusques à Verdun pour ce qu'il peussent plus aisiément luy mener le peuple du roiaume. Lors s'aprocha jusques à Verdun: en cette voie firent ses gens tant de maulx de toltes et de rapines, que plus n'en osassent pas faire nul paien né nul tirant.

Note 155:
Annal. Bertinianæ, anno 879.

Note 156:
Longlaire.
Aujourd'hui
Glare
, dans le diocèse de Liège.

Note 157:
Compiègne.
Il falloit
Pontigon
(Ponthion).

Note 158:
Le marchis Bernart.
Fils d'un autre Bernard et de Blichilde, fille du comte du Mans Roricon. Il avoit reçu le titre de marquis de Gothie, en 865, et en avoit été dépossédé dans le synode de Troyes, en 878. (Note de dom Bouquet.)

Note 159:
Bernart, le comte d'Auvergne.
Fils de Bernard, duc de Septimanie, père de Gaillaume-le-Pieux. Il avoit succédé à Bernard, fils de Blichilde, dans le marquisat de Gothie, en 875. Il mourut en 886.

Note 160:
Huon, Boson, Thierri.
Hugues, fils du comte Conrad, mort

en 886. Boson, duc de Provence, frère de Richilde. Thierry,

chambellan de Louis-le-Bègue, comte d'Autun.

Note 161:
Bernart.
Le latin dit avec raison:
Thierri
.

Note 162:
Juerre.
Aujourd'hui
Jouarre
; c'étoit une abbaye de

l'ordre de saint Benoît, sous l'invocation de la Ste-Vierge.

Note 163:
Isnellement.
Promptement.

Note 164:
Furent assemblés.
Le lieu de la réunion fut le confluent

du
Tairin
et de l'
Oise
, auprès de Creil. «Ubi Thara Isaram

influit.»

Note 165:
A Verdun.
Le latin dit: depuis *Servais*. «Per Silvacum et secus Axonam.... usquè ad Viridunum.»

Et quant Hues, Beuves[166] et Tierri sorent ce que Gozlin et Corrat et cil de leur partie aloient pourchassant, il envoièrent tantost à Verdun Gautier l'évesque d'Orléans, le conte Goirant et le conte Anchier; et luy mandèrent, sé il vouloit, qu'il preist cette partie du roiaume Lothaire que l'empereur Charles-le-Chauf avoit eue en partie contre le roy Loys, son frère, et à tant retournast en son pays; et voulsist que l'autre partie du roiaume que l'empereur Charles tint par droit d'héritage demourast à ses nepveus.

Note 166:
Beuves.
Ou plutôt *Boson*. Cependant le n° 646 Saint-Germain porte: *Beuvo*.

De ceste offre se tint bien apaié le roy Loys, et la reçut moult volontiers; l'abbé Gozlin et Corrat et ceus de leur complot réusa[167] et estrangea de soy, et se mist en possession de la partie du roiaume qui offerte luy fust.

Note 167:
Reusa.
Rejeta.

Atant retourna en son palais de Francquefort. Mais moult fu la royne sa femme courroucée de ce qu'il n'en avoit plus fait, et dist que s'il fust avant alé il eust eu tout le roiaume de France. Si refurent à grant mésaise Gozlin et Corrat de ce que le roy les avoit ainsi réusés de soy, eulx et leurs compaingnons. A la royne s'en alèrent, et se complaintrent de ce qu'il estoient ainsi déçus. Et la royne envoia messages à leur compaignons, si dit ainsi, comme de par le roy, pour eulx conforter, et un autre message aussi comme pour ostage. A tant retournèrent l'abbé Gozlin, Corrat et ses compaignons; tout ravissoient et tolloient quanqu'il povoient trouver devant eus, et distrent qu'il ne demourroit pas que le roy ne venist en France à grant ost; mais que il n'y povoit pas venir maintenant; car nouvelles luy estoient venues que Charlemaine, son frère, estoit chéu en paralisie, et estoit ainsi comme à la mort. Et voir estoit qu'il estoit jà mort, et que un sien fils de bast[168] qui avoit nom Arnoul s'estoit jà mis en saisine de cette partie du royaume, et pour ce estoit là le roy alé hastivement. Et sans faille tout ce estoit voir. Et quand il eut la chose apaisée il retourna à sa femme.

Note 168:
De bast.
Le même sens que noire mot
bastard
qui en est

dérive.

Cy fine l'istoire de Loys-le-Baube, fils de Charles-le-Chauf, empereur.

CI PARLE DE LOYS ET DE CARLEMAINE, FILS AU ROY LOYS-LE-BAUBE.

V.

ANNEES: 880/881.

L'abbé Hue et les autres barons de France qui estoient avecques les enfans le roy Loys scéurent bien ces nouvelles que le roy Loys de Germanie et sa femme devoient venir en France. Tantost envoièrent aucuns des évesques avecques les deus enfans, en l'abbaye de Saint-Pierre-de-Ferrières en Gastinois, et les firent là sacrer et couronner à roys.

Entre ces choses avint que cil Boson dont nous avons si souvent parlé pria tant et amonesta les évesques du pays que il le couronnèrent à roy. Si le firent aucuns par force, et aucuns pour ce que il leur promettoit à donner villes et possessions. Et tout ce faisoit-il par l'enortement de sa femme qui disoit que jamais vivre ne querroit[169] sé la fille au roy d'Ytalie et la femme à l'empereur de Grèce ne faisoit son mary roy.

Note 169:
Ne querroit.
Ne pourroit. Je crois ce mot formé du latin

queo
ou même
nequeo
, duquel on aura plus tard séparé la négation.

--La femme de Boson étoit Ermengarde, fille de l'empereur Louis II, qui d'abord avoit été mariée à Constantin, fils de l'empereur Basile.

En ce temps avint aussi que Hues[170], l'un des fils Lothaire le plus jeune, assembla barons et robeurs pour entrer au royaume son père.

Note 170:
Hues.
Lothaire le jeune l'avait eu de Valdrade.

Charles le jeune, fils du roy, de Germanie, assembla ses osts, les mons passa, et entra en Lombardie: du royaume se mist en possession et le tint. Mais avant qu'il eust passé les mons de Mont-Jeu, alèrent parler à luy Loys et Carlemaine les deulx frères qui roys estoient de France. Après retournèrent, et cil s'en ala outre.

Ainsi qu'il retournoient, leur fu dit que les Normans estoient sur la rive de Loire, et estoient venus avant par terre et dégastoient tout le pays. Maintenant assemblèrent leur ost et murent le jour de la fesle Saint-Andrieu. Si trouvèrent les Normans, tout maintenant leur cururent sus, moult en occistrent, moult en noièrent en la rivière de Vienne[171], et les deus roys retournèrent à grant victoire.

Note 171:
Vienne.
Dom Bouquet a commis une erreur en reconnaissant ici la petite rivière de Vigene qui se jette dans la Saône à peu de distance Pontœillier, aujourd'hui département de la Côte-d'Or. En ce

cas là, les Annales de Saint-Bertin n'auroient pas dit: «Nortmanni qui erant in Ligeri.... et reges moti in illas partes.... plures in Vencenna fluvio immerserunt.» Le mot *fluvio* ne pouvoit s'appliquer à une aussi petite rivière.

[172]Ne demoura puis longuement que le roy de Germanie vint et sa femme, et murent d'Aix-la-Chapelle à grant ost pour venir en France, et vindrent jusques à Duizi. Encontre luy alèrent Gozlin, Corrat, et maint autre de leurs compaingnons. Sy s'estoient jà mains retirés de leur compaingnie. Avant vint tousjours le roy et sa femme jusques à Atigny, et puis jusques à Erchury[173], et plus avant encore à Ribemont. Et quant il vit que Gozlin et Corrat ne luy pourroient accomplir ce qu'il avoient promis, et qu'il ne pourroit venir à chief de son propos; si ferma amistié avec les deux roys, ses cousins, et prisrent parlement ensemble à Gondolvile, au moys de juillet. Atant se mist au retour et, si comme il s'en aloit, trouva en son chemin les Normans, sa gent ordena et se combati à eus, et occist grant partie par la voulenté Nostre-Seigneur. Et sé il luy chéy bien en cette bataille, il luy meschéy d'autre part; car les Normans luy firent grant dommage de sa gent en Sassoingne.

Note 172:
Annal. Bertinianæ, anno 880.

Note 173:
Erchury
ou
Ecri
, le même endroit où se croisèrent les

barons françois, en 1198, à la suite d'un tournoi. Voyez ce que j'en

ai dit dans les notes de mon édition de Villehardouin.

Après cette victoire que les deus roys eurent eue des Normans, s'en alèrent

à Amiens; là départirent le royaume de leur père au mielx et au plus

loyaument que les preudommes de leur conseil le sceurent deviser. Si furent

teles les parties que Loys, qui ainsné estoit, aroit de France ce qui

estoit demouré au royaume son père, et toute Neustrie qui ore est appelée

Normandie, et toutes les marches; et Carlemaine auroit Bourgoigne et

Aquitaine et toutes leurs marches: et feroient les barons hommage à celuy

en quel royaume leur terres seroient. Après s'en alèrent droit à Compiègne,

et firent là ensemble la feste de la Résurrection. Après passèrent par

Rains et par Chalons, et s'en alèrent droit à Gondolvile, au parlement

qu'il orent prins au roy Loys, au moys de juing. A ce parlement ne pot

venir le roy Loys pour maladie qui le print, mais il envoia ses messages,

et Charle qui venu estoit de Lombardie vint à ce parlement. Là fu accordé

par commun accort que Loys et Carlemaine son frère prendroient les gens
le

roy Loys de Germanie, que il avoit pour luy envoiés à ce parlement, et s'en iroient à Atigny, sur Hues le fils le jeune Lothaire. Et quant il furent là, pour ce qu'il ne trouvèrent plus Huon, il coururent sus Tybout son serourge[174]. Moult occistrent de sa gent et le chascièrent en fuye. Leurs terres garnirent contre les Normans[175] et establirent bonnes gardes en leurs royaumes, et puis assemblèrent leurs osts; les gens le roy Loys de Germanie prisrent et s'en alèrent parmy Bourgoigne contre Boson. Quant il furent partis de Troies, si devoit aler en leur ayde le roy Charle à tout son ost. En leur voie jetèrent hors du chastel de Mascon le chastelain de Boson, et le chastel et la contrée donnèrent à Bernart, par seurnom Plante-Peleuse.

Note 174:
Serourge.
Beau-frère. Le latin porte:
Sororium
.

Note 175:
Les Normans.
Le latin ajoute: «In Ganto residentes.»

Lors chevauchèrent ensemble les deus roys, et Charle leur cousin, qui jà estoit venu, et s'en alèrent assiéger la cité de Vienne que Boson tenoit, qui dedans avoit laissié sa femme et grant partie de sa gent, et s'en estoit fuy aux montaignes. Et Charle s'en parti tantost qu'il orent fait entr'eus ne say quels seremens, et si estoit-il venu pour tenir le siège avecques eus. En Lombardie s'en ala et puis à Rome, et fist tant vers l'apostole Jehan qu'il fu couronné à empereur, le jour de Noël.

[176]Au siège devant Vienne demoura le roy Carlemaine et sa gent pour prendre vengement de la malice Boson. Et le roy Loys son frère prist sa gent et retourna en une partie de son royaume contre les Normans qui tout dégastoient devant eulx, et jà avoient prinse et destruite l'abbaye Saint-Père de Corbie, et la cité d'Amiens. A eus se combati et en occist la plus grande partie, et les autres chaça. Et quant il ot eue celle victoire par l'ayde de Nostre-Seigneur, il et son ost s'en retournèrent fuyant, et si n'estoit nul qui le chassast: et, en ce, fu appertement monstré que la victoire qu'il avoit eue des paiens n'estoit pas faite par homme, mais par la vertu Nostre-Seigneur. Après ce retournèrent les Normans en une autre partie de son royaume: et il assembla tant de gent comme il pot avoir et ala contre eus en un lieu que l'istoire nomme Stromus[177]. Par le conseil d'aucuns de ses gens fist là drécier un chastel de fust; mais il fu au profist et à la deffense de ses ennemis, plus que de luy né de sa gent; car il ne pot trouver qui le voulsist deffendre né garder. De là se parti atant, et s'en ala à Compiègne; là célébra la Nativité et Résurrection.

Note 176:
Annal. Bertinianæ, anno 881.

Note 177:
Stroms.
J'ignore la position de ce lieu, que le manuscrit

646 de St-Germain écrit
Scortius
.

[178]Avant qu'il s'en partist, oï nouvelles que le roy Loys, son cousin, fils le roy Loys de Germanie[179] qui noient profitablement vivoit au royaume et à saincte Eglise, estoit mors. A luy vindrent les barons de la partie du royaume qui ot esté Lothaire, et se vouldrent rendre à luy, en telle manière que il leur consentist à avoir ce que son père et son aïeul Charles-le-Chauf en avoit tenu; mais il n'ot pas conseil de les recevoir, pour le serement qui entre luy et Charle avoit esté fait. Son ost assembla, le conte Thierry fist chevetain, oultre Loire[180] s'en ala contre les Normans; et puis jusques à Tours aussi, comme pour recevoir en son ayde les

princes et la gent de Bretaingne contre les Normans. Tandis que il demouroit là le prist une maladie, en une litière se fist couchier et porter jusques à l'églyse Saint-Denis; mors fu laiens et ensépulturé avec les autres roys qui laiens gisent, et si comme l'istoire dist, il fu plains de toutes ordures et de toutes vanitez[181]: et ces choses avindrent au moys d'aoust.

Note 178:
Annal. Bertinianæ, anno 882.

Note 179: Ce qui met tant d'obscurité dans l'histoire de ces temps-là, c'est la ressemblance des noms et leur peu de variété. Ainsi, maintenant, il faut distinguer deux Charles, deux Carlemaine et deux Louis, tous fils de deux Louis. Le premier, Louis-le-Bègue fils de Charles-le-Chauve; le second, Louis, fils de Louis-le-Débonnaire.

Note 180:
Loire.
Il falloit ici, comme dans le latin,
Seine
.

Note 181: Le manuscrit de Saint-Germain 646 n'a pas supprimé, comme celui que Duchesne et dom Bouquet ont suivi, cette flétrissure du roi Louis III. «Vir plenus omnibus immundiciis et vanitatibus, infirmatus est corpore, etc.» Le ménestrel du comte de Poitiers raconte autrement sa mort: «Il avint une autre fois à ce chaitif roy Loys que ainsi come si baron le menoient à force à Tours contre les Normans qui la terre dégastoient, il et si grant paour que la mort l'emprist, et l'en convint rapporter en litière, etc.» (Manusc. du roi, n° 9633, f° 64.)

VI.

ANNEE: 882.

Coment Carlemaine retourna du siège, après la mort son frère, pour aler contre les Normans. Coment il leur rendi treu en pacifiant à eus. Coment il furent desconfis devant Paris, par la vertu saint Germain. Coment il gastèrent Laonnois et coment le roy Carlemaine les desconfist.

Tout maintenant que le roy Loys fu mort et enterré, les barons du royaume mandèrent à Carlemaine qui devant Vienne tenoit siège, que il s'en venist hastivement et laissast une partie de sa gent contre Boson; car son frère estoit mort; et il estoient jà tous appareilliés pour ostoier contre les Normans qui avoient prins la cité de Trèves et de Couloingne; et les églyses et les abbayes, qui ès cités et entour estoient, avoient arses et destruites, et l'églyse Saint-Lambert du Liège[182]: et de là s'en estoient alés à Aix-la-Chapelle, et avoient gastées les églyses de l'éveschié de Tongres et d'Amiens et de Cambray et une partie de l'arceveschié de Rains, et jà estoient venus jusques à Mez. Et s'estoit à eus combatu Wales, l'évesque de Mez; et estoit issu hors à bataille contre eus, tous armé luy et sa gent; tout fust-ce contre l'office et la dignité d'évesque. Mais besoing l'avoit contraint à ce; occis avoit esté et sa gent desconfite et chaciée. Après ce luy mandèrent les barons qu'il venist liement, et que il estoient tous appareilliés de le recevoir à seigneur, et de eus mettre en sa seigneurie. Ainsi le fist comme il le mandèrent. Et peu de temps après qu'il fust parti du siège de Vienne et qu'il s'apareilloit d'aler contre les Normans, droitement au moys de septembre, luy vindrent nouvelles par certains messages que il avoient la cité prinse, et que Richart qui frère estoit Boson en avoit mené sa femme et sa fille en la contrée d'Ostun.

Note 182:
Du Liège.
Le latin ajoute:
Et Promiæ
.

En ce temps issi Hastingues et les Normans dessus le fleuve de Loire, et s'en alèrent sur la Marine. Et quant Charles, le roy d'Austrasie[183], fust venu à tout son ost contre les Normans, et il fu aucques près de leur forteresse, si luy failly le cuer et fist paix à eus, par le conseil d'aucuns de sa gent: meisme en tele manière que Godefroi qui sire estoit de celle gent recevroit baptesme, il et ses Normans, et auroit Frise et toutes les honneurs que Roric avoit devant tenues. Et par dessus tout ce donna-il grant somme d'or et d'argent que il avoit prins et tollu el trésor Saint-Estienne de Mez et aux autres églyses, à Sigefrois et Curmones et à leur compaingnons: et plus grant lascheté de cuer fist-il encore, à souffrir que il démourassent là meisme, à la nuisance du royaume son cousin
et du sien meisme. Quar cil Sigifrois assist puis la cité de Paris à tout

quarante mille Normans. Mais cil Gozlin de quoy l'istoire a dessus parlé, qui évesque estoit de celle cité et abbé de Saint-Germain, et le conte Eude qui puis fu roy de France, la deffendirent si bien, par les mérites Nostre-Dame Saincte-Marie, et par les suffrages Saint-Germain qui leur furent en ayde, que oncques prendre ne la purent, ains s'en partirent atant. En ce comtemple, prinstrent les moines le corps sainct Germain qui jusques alors avoit esté en la cité, et l'en enportèrent en l'abbaye[184], et les Normans dégastèrent tout, et essillèrent et ordoièrent toute l'églyse; mais par les mérites des glorieux confesseurs en y eut assez de mors, et les autres s'en alèrent mal et confus à grant paour. Et de ce fu le conte Eude merveilleusement lié, qui bien vit et apperçut les grans miracles que le glorieux confesseur fist à ce siège. Dont il fu si devot vers luy après, que il fist faire un riche vaisel d'or et de pierres précieuses, où son glorieux corps repose encore jusques au jour d'huy.

Note 183:
Le roy d'Austrasie.
Le latin dit: «Nomine imperator.»

C'est Charles-le-Gros.

Note 184: Il falloit d'après le latin: «Les moines
déposèrent
le

corps de saint Germain dans le monastère du saint Pontife, situé dans la ville de Paris.»

A Hues le fils le jeune Lothaire abandonna Charle les trésors et les richesses de l'églyse de Mez, contre le droit des canons qui dient que on les doit garder à l'évesque qui aprez doit venir.

Engeberge, la femme Loys l'empereur d'Ytalie, que l'empereur avoit envoyé en Allemaingne, envoia-il à Rome à l'apostole Jehan, qui ce mandé luy avoit par Liétart, l'évesque de Verziaus. Ainsi se départi des Normans et ala en la cité de Garmaise pour tenir parlement ès kalendes de novembre. A ce parlement vint l'abbé Hues, et requist au roy Charle que il rendist à Carlemaine, si comme il luy avoit promis, celle partie du royaume que Loys son frère avoit reçue ainsi comme en garde. Au départir n'emporta-il nulle certaineté de sa requeste; mais moult fu grant dommage au royaume que cil Hues n'estoit pas présent; quar Carlemaine n'ot pas force de gent par où il peust contrester aux Normans, pour ce meismement que aucuns des barons se retrayrent, quant il luy durent aydier. Et pour ce en prisrent-il hardement d'aler jusques à la cité de Laon; car il n'estoit qui les contredéist. Ce qu'il trouvèrent entour prisrent et ardirent, et ordenèrent qu'il iroient par Rains et puis par Soissons, et par Noyon s'en retourneroient à Laon. Et puis après quant il auroient la cité prinse si prendroient tout le royaume. En ce point que Halmar, l'arcevesque de Rains, oy ces nouvelles, moult ot grant paour: car tous ses hommes deffensables estoient lors avec le roy Carlemaine. Par nuit se leva comme cil qui moult estoit malade, si prist le corps saint Remy et les aournemens de l'églyse de Rains, et se fit porter en une chaière porteresse, si comme sa maladie le désiroit, oultre le fleuve de Marne en une ville qui a nom Esparnay. Les chanoines et les moines s'enfuyrent çà et là où il purent. Et les Normans firent ce qu'il avoient devisé, et vindrent jusques aux portes de Rains: ce qu'il trouvèrent dehors les portes robèrent, et aucunes petites villes d'entour mistrent en feu et en flambe. Mais oncques dedans la cité n'entrèrent, tout ne fust-elle oncques défendue; car la vertu de Dieu et la mérite des corps sains qui dedans estoient la deffendirent. Carlemaine le roy des Frans qui oy dire que les Normans venoient et qu'il fesoient tant de maux, lors s'appareilla et ala contre eus à tant de gens comme il pot assembler; forment se combati et en occist grant partie de ceulx qui les proies enmenoient à leurs compaingnons vers la cité de Rains, et les autres fist flatir et noier en la rivière d'Aisne; les proies qu'il enmenoient rescoust, la plus grant partie et la plus fort se mist en une ville qui a nom Avaulx[185]. Ceulx ne pouvoient sa gent assaillir sans grant péril pour le lieu qui fors estoit, et pour ce se retraystrent. Quant ce vint vers le vespre, il se hebergèrent aux villes voisines, et quand les Normans virent que il fu anuitié et que la lune fu levée, il issirent de cette ville et s'en retournèrent arrière, par celle voix meisme qu'il estoient venus.[186]

Note 185:
Avaux.
Aujourd'hui sur l'emplacement d' *Ecry* ou *Erchery*.

Note 186: Ici s'arrête le manuscrit d'abord trouvé dans l'abbaye de St-Bertin, et qui a fait surnommer *Annales de Saint-Bertin* la chronique qui y étoit renfermée. Il est certain que le nom et la patrie des auteurs de ces annales sont également incertains. Depuis, on a retrouvé le même texte dans d'autres manuscrits et au milieu d'autres monumens historiques. Il avoit même été déjà publié avec quelques additions importantes, à la suite de la compilation dite d'Aimoin, sous le titre de continuation de ce dernier. Ce qui suit est emprunté à la chronique désignée sous le nom de *continuateur d'Aimoin*. On pourroit aussi bien l'appeler le continuateur des *Annales de Saint-Bertin*.

En celle tempeste meisme que Hastingues et ses Normans se foursenoient ainsi, maint corps sains furent ostés de leurs propres lieux et raportés en

France. Saint Amand fu porté à divers lieux, et au darrain il fu mis à Saint-Germain-des-Prés dessoubz Paris, où il repose encore jusques au jour d'uy. Et fu aporté lors avec le corps saint Agofroy son frère, et le corps saint Thurion, arciprestre de l'églyse de Dol en Bretaigne.

VII.

ANNEE: 884.

De la mort le roy Carlemaine et de son fils Loys-Fai-noient. Coment appelèrent en aide l'empereur Charle les barons, contre les Normans, et coment il revindrent en France. De la mort Loys-le-Fai-noient. Coment les barons couronnèrent le roy Eudes pour l'enfant garder qui fu appelé le roy Charles-le-Simple.

(Mort fu le roy Carlemaine; mais comment né quant il mourut ne parole pas l'istoire, et pour ce nous en convient taire.) [187]Après luy régna son fils qui par surnom fu appelé Fai-noient. Sy fu ainsi surnommé ou pour ce qu'il ne fit nule chose que l'on doive mettre en mémoire ou pour ce que il traist une nonnain de l'abbaye de Chiêle et l'espousa par mariage, si comme aucuns disoient; que c'est l'un des grans pechiés que nul homme puisse faire.

Note 187: L'histoire de ce roi *Louis Fai-noient* est entièrement fausse; on doit supposer que par l'effet d'une transposition on aura mis sur le compte d'un fils de Carloman qui mourut sans enfans, ce qui se rapportoit soit à son frère, soit à son père.

Au temps de ce Loys retournèrent les Danois en France, qui au royaume avoient fait moult de maulx au temps son père Carlemaine, [188]qui à eus avoit fait accort en telle manière que il leur deust rendre, chascun an, douze mille besans d'argent, par telle condicion que il tenissent paix au royaume douze ans. Mais il ne tindrent pas celle condicion, car tantost comme il sorent que Carlemaine fust mors, il retournèrent à grant ost, et disoient qu'il n'avoient faitte nulle paix aux François, mais au roy tant seulement. Grans dolours et grans persécutions firent lors au royaume; et pour paour d'eulx s'enfuyrent les gens de religion à tous les corps sains là où il cuidoient estre plus asseur. Lors appelèrent en leur ayde ceulx de France et d'Austrasie l'empereur Charle qui fils ot esté le roy Loys de Germanie. Les Normans assist en un fort lieu; à la parfin fist paix à eulx en telle manière que Godefrois, le roy de celle gent, seroit baptisié et aroit à femme Gille la fille le roy Lothaire, et qu'il tendroit la duchée de Frise. Baptisié fu, et le tint sur fons l'empereur meismes. Un autre roy des Normans qui Sigefrois avoit nom fist issir de son royaume par dons qu'il luy donna[189]; et puis revint au royaume de France par la mauvaistié qu'il sentoit au roy Loys Fai-noient. [190]Et plus grant dolour y eust que devant, sé ne fust Hues qui par France estoit appelé abbé, qui les chastoia et défoula durement; car il se combati à eulx à pou de gent, et estoient multitude sans nombre, et en fist si grant occision que à paines en demoura-il un seul pour porter aux autres la nouvelle de leur confusion. Par celle desconfiture furent les Danois si chastoiés et si humiliés que il se tindrent en paix une pièce. Un pou après mourut cil Hues, et pou de temps après fu mors ce roy Loys que l'istoire appelle *Fai-noient*. Un petit fils laissa qui estoit alaitant en bersueil qui estoit appellé Charles-le-Simple[191]. (Cil Charles-le-Simple fu mort ou chastel de Péronne en prison si comme nous dirons cy après.) Et quant les barons virent qu'il n'avoit pas aage à terre tenir, si se conseillièrent que il feroient; car il avoient oy dire que les Normans devoient revenir en France. De Robert, le conte d'Anjou, estoient demourés deux fils; cil Robers estoit descendu du lignage de la gent de Saissoingne, et l'avoient les Normans occis. De ces deulx frères avoit nom l'ainsné Eudes et l'autre Robert, ainsi comme le père. L'ainsné des deus eslurent les barons de France et de Bourgoingne et d'Aquitaine, et jà soit ce qu'il[192] en alast moult encontre, pour l'enfant garder et pour le royaume gouverner. A roy le sacra et enoint Gautier, l'arcevesque de Sens. Tant comme il régna fu moult débonnaire, viguereusement governa le roiaume; bien nourri l'enfant et toujours fu loial vers luy. Mors fu, dont ce fust dommage. Si reçut le roiaume Charles, qui puis fu appelé le Simple. En son temps vindrent Normans de rechief et entrèrent par devers Bourgoingne jusques à St-Florentin. Et Richart, le duc de Bourgoingne, assembla son ost et leur ala à l'encontre en la contrée de Tonnoire; grant multitude en occist et le remenant s'enfuy.

Note 188: Ce qui suit est traduit des *Annales* dites *de Metz*, anno

884. (Voy. *Historiens de France*, tome VIII, page 65.)

Note 189: Tout ce qui précède se rapporte à l'année 882, et a déjà été raconté. C'est toujours Louis III, frère de Carloman, dont la vie et la mort sont confondues avec celles de Carloman.

Note 190:
Aimoini Continuatio, lib. V, cap. 41.

Note 191: Charles-le-Simple étoit le troisième fils de Louis-le-Bègue.

Note 192:
Qu'il.
C'est-à-dire:
Lui Eudes
.

Incidence.
En ce temps fu mouvement et croulléis de terre près de la cité de Sens au terroir de Sainte-Coulombe, en la quinte ide de janvier.

CI COMMENCENT LES GESTES LE ROI CHARLE-LE-SIMPLE.

§

ANNEE: 898.

Ci commence l'istoire de Rollo qui puis fu appelé Robert, et des ducs de Normandie qui de luy descendirent.

([193]Grant temps avant, estoient en France venus les Normans par maintes fois, si comme l'istoire a devisé en plusieurs lieux: si avoient fait moult de maulx au royaume et en l'empire, et dura cette dolour par fois plus de XL ans. Mais au temps de ce roy Charles-le-Simple fu la grant persécution au royaume et en l'empire; car les Normans retournèrent à si grant force et à telle multitude qu'il ne povoient estre nombrés.) Par mer vindrent et arrivèrent en Neustrie par grant navire. [194]Francques, l'archevesque de Rouen, qui bien sceut que telle gent venoit, regarda l'estat de la cité et les murs qui estoient decheus et abatus, si pensa que c'estoit plus seur d'acquerre leur paix et leur amour en aucune manière que leur mautalent: à eulx s'en ala et fist tant qu'il ot leur bonne volenté. Tantost vindrent et amenèrent leur navie par Seine jusques aux murs de la cité. Sagement regardèrent le siège de la cité et la contrée d'environ, et virent que le lieu leur estoit moult profitable par mer et par terre. Pour ce establirent, tout d'un accort, que ce fust le siège et le chief de toute la contrée. Si esleurent un d'eulx, qui avoit nom Rollo, et le firent prince et seigneur sor eulx tous. [195]Quant Rollo se vit souverain de toute sa gent, si se prist à pourpenser comment il pourroit destruire la cite de Paris et confondre et estaindre crestienté. [196]En trois parties divisa sa navie par trois grant rivières qui chéent en la mer, si comme par Seine, par Loire et par Gironde. Ainsi s'espandirent par toute France, si n'estoit nul qui appertement leur osast contrester. Le jour de la saint Jehan prinstrent et ardirent la cité de Nantes et martirièrent l'évesque Guimard dessus l'autel qui sa messe chantoit. Lors vindrent plus avant et s'espandirent par tout le pays; la cité d'Angiers embrasèrent et puis assistrent la cité de Tours, mais à celle fois fu garantie par les prières monsieur saint Martin. Son corps avoient porté, un peu avant que ce avenist, en la cité, et les païens ardirent l'abbaye qui estoit delez la ville: et s'enfuyrent les moines et les clercs. Et puis fu le corps monsieur saint Martin porté en la cité d'Aucuerre. Aussi fu destruit et abattu en Acquitaine le palais Charlemaine qui estoit en un lieu appelé Cassinoge[197].

Note 193: Les chapitres qui suivent immédiatement ne sont numérotés dans aucuns manuscrits. Je me suis surtout réglé dans l'ordre que j'ai suivi sur la belle leçon exécutée pour Charles V, et cotée aujourd'hui n° 8,395.

Note 194:
Willelmi Gemeticensis monachi historia Normanorum,

lib. 2, cap. 9. Ou cette intervention de l'archevêque Francon doit être reportée à trente années au-delà, ou bien ce fut un autre archevêque de Rouen, sans doute Jean, qui conclut avec Rollon l'arrangement dont parle ici Guillaume de Jumiéges. Wace raconte la même chose. (Vers 1158 et suivans.)

Note 195:
Will. Gemet. hist., lib. 2, cap. 10.

Note 196:
Ex fragmento historiæ Franciæ. Ce fragment est inséré dans le tome VIII des *historiens de France*, page 300.

Note 197:
Cassinoge. Ou Chasseneuil, palais de nos rois dont nous avons déjà parlé.

Quant Rollo et les Danois orent ainsi tout le pays destruit, si entrèrent en leurs nefs et s'en alèrent par la rivière de Saine et passèrent par Auvergne et en la parfonde Bourgoingne, et détruisent tout lu pays jusques à Clermont en Auvergne. Après, retournèrent par la province de Sens et vindrent jusques en l'abbaye Saint-Benoît-de-Flory; mais deulx jours avant qu'il venist là, soient bien les moines que il devoient venir; lors prisrent le corps monsieur saint Beneoist et l'emportèrent en la cité d'Orléans et le reposèrent en l'églyse de Saint-Agnan jusques à tant que ceste pestilence fust passée. En l'abbaye vint Rollo et sa gent: les moines qu'il trouvèrent laiens et aucuns sergens de l'églyse occirent, le moustier robèrent et puis ardirent tout.

§

ANNEE: 898.

Coment S. Beneoit se apparut au conte Sigillophes et luy dist que il allast hardiement sus les Normans. Et coment S. Beneoit le conduisoit parmi la presse des batailles. Et coment il ot victoire.

En celle nuit meisme apparut saint Beneoist à un conte qui avoit nom Sigillophes qui estoit advoué de l'églyse et luy dist ainsi: «Haa! conte, coment es-tu plain de si grant couardise et de mauvaistié que tu n'as pas deffendue l'abbaye de Flory dont tu dois être deffendeur et advoué, et dont les sergens Nostre-Seigneur que les païens ont occis gisent à terre sans sépulture?» Et le conte luy demanda: «Sire, qui es-tu?--Je suis,» dit-il, «Beneoît qui des parties de Bonivent voult estre ça translaté, et ay laissé mon propre lieu de Montcassin pour cest lieu de Flory, pour ce que la lumière et la discipline de religion resplandist en toute France pour la présence de mon corps. Liève dont sus tantost, et soies fors et hardis, et enchasse les paiens qui mon moustier ont ars et mes moines occis, et sont ainsi eschappés dont ce est grant honte.» Et le conte respondi: «Sire, comment pui-je ce faire que tu me commandes, et rescourre les proies de tes ennemis quant je n'ay pas temps d'assembler gens?» Et le saint père luy dist: «Ne te chaut sé tu as peu de chevaliers, mais prens tant seulement ceulx que tu as avec toy et ton escu, si enchauce les paiens et n'aies nulle paour, car je seray avecque toy et te deffendray; et saches que tu retourneras vainqueur et auras très-bonne et grant victoire.» Lors s'esveilla le conte et commença à penser en soy meisme de celle avision. Tantost se leva et s'arma et suivit les paiens à tant de gens comme il pot assembler; en eulx se feri hardiement et leur rescoust la proie et les prisonniers qu'il enmenoient; et retourna à grant joie luy et sa gent sans nul mal. Après s'en ala en l'abbaye et fist enterrer par grant dévotion le corps des moines qui occis estoient.

Ceste novelle vint au roy Charles, comment le conte Sigillophes avoit rescous la proie aux Normans à peu de gent, et estoit retourné à grant joie sain et haitié. Mander le fist le roy, et quant il fu devant luy, si luy compta tout ainsi comme il avoit fait; si en appela Dieu à tesmoing que à celle heure qu'il se combatoit, messire saint Beneoist monta sur son cheval et le gouverna et tint parmi le frain, tant comme la bataille dura, et tournoioit l'escu contre ses ennemis et le ramena sain et haitié, luy et tous les siens. Le roy fu moult liés de ces nouvelles et glorifia moult nostre Seigneur, puis ala à l'abbaïe Saint-Beneoist-de-Flory: grant deuil fit quant il vit la destruction de celuy lieu; si largement y donna de ses biens que le moustier fust presque tout restoré dedans un an. Une petite chapelle estoit fondée au chastel en l'onneur saint Père qui oncques du feu ne fu bruslée né mal mise.

En cel an meisme, oient conseil les moines qui revenus estoient, que il rapporteraient le corps monsieur saint Beneoist en une nef parmy Loire, de la cité d'Orléans où il avoit esté porté, et le remestroient arrière au moustier, en son propre lieu qui pas n'avoit esté ars par la volonté nostre Seigneur. Au commencement des Avans establirent lieu et temps de ce faire.
Lors furent assemblés évesques et abbés et s'en alèrent à Orléans pour apporter le saint trésor. En une nef le mistrent qui tantost s'esmut sans ayde et sans gouvernement de nul homme, et s'en ala fendant contremont Loire, dès Orléans jusques prez de l'églyse Saint-Beneoist; si fu le jour

que ce avint devant les nonnes de décembre. Et quant la nef vint au port desous l'abbaïe, grand nombre d'évesques, d'abbés, de moines et de peuple coururent au devant, qui tous chantoient: «Bien soit venu qui vient au nom de nostre Seigneur!»

Si avint en celle journée merveilleux miracle; que tous les arbres qui estoient restraint par la grant gelée et par la grant froidure que il faisoit comme en celle saison, florirent, et porriers, pommiers, haies et buissons qui fleurs doivent porter. Le corps saint reçurent devotement et le mirent en l'églyse Saint-Pierre; et quant il orent le service célébré, si se départirent à grant joie.

§.

ANNEE: 898.

Coment Rollo assist la cité de Chartres. Et coment Richart duc de Bourgogne et l'ost des François et le conte de Poitiers vinrent sur luy et destruirent moult de ses gens, tant qu'il s'en fui.

[198]En ce point envoya le roy Charles Franques, l'archevesque de Rouen, à Rollo, le tyran, pour demander trèves de trois mois. Données furent, mais à la fin des trèves recommença le tyran à destruire tout le pays ainsi comme devant. [199]Par Estampes s'en ala jusques à Chartres; forment commença à

estreindre la cité et assaillir. Et tandis comme il estoit en ce point, vint sur luy Richart le duc de Bourgoigne et l'ost des François et Ebalus le conte de Poitiers. Rollo et les siens les reçurent hardiement, et fièrement se combatirent d'ambedeulx pars, quant Asselins, évesque de la cité, issi hors soudainement à tant de gent comme il pot avoir, si portoit en sa main la chemise Notre-Dame. Si les assaillirent par derrière, et moult en firent grant occision. Et quant Rollo vit que luy et sa gent estoient à si grant méchief, si aima mieux à fuyr et à donner lieu à ses ennemis, que soy combatre en tel péril; si s'en fuy tant plus par sens que par paour. Une partie de son ost s'en fu sur une montaigne devant les François qui les enchasçoient; et Ebalus le conte de Poitiers, qui tard estoit venu, les acceint[200] quant il furent sur la montaigne, si que il ne s'en peussent fuir né eschapper. Quant ce vint vers la mienuit, les Normans descendirent et s'enfuyrent parmi l'ost. Lors cuida le conte Ebalus que Rollo fust couru sur eulx; si eut moult grant paour et se bouta en la maison d'un foulon et reposa là toute nuit. Au matin s'apperçurent les François que les Normans estoient eschappés, des esperons brochèrent après.

Quant il les eurent trouvés, il ne s'osèrent embatre à eulx, car il avoient fait entour eulx un parc et une forteresse d'arbres et de charrettes et d'autres choses, si qu'il ne povoient pas venir à eulx sans grant péril. Lors s'en retournèrent atant, et les Normans, qui eschappés furent, s'enfuyrent à leur seigneur. [201]Moult fu Rollo courroucié et forcené pour la mort de sa gent: son ost assembla et les exorta moult à prendre vengeance de leurs compaignons et à dégaster tout le pays. Que vous compteroit-on plus? Ainsi comme des lous affamés se férirent les païens au peuple crestien, les églyses ardoirent, le peuple menèrent en chetivoison et les femmes aussi; partout estoit pleurs et cris et lamentations.

Note 198:
Willelmi Gemeticensis chronicon, lib. II, c. 15.
Le

traducteur de Saint-Denis abrège le récit original.

Note 199:
Id. id., c. 16.

Note 200:
Acceint
, entoura.

Note 201:
Willelm. Gemet., liv. II, c. 17.

§.

ANNEES: 911/912.

Coment Rollo receut baptesme, et fu son parrin Robert le duc d'Aquitaine, et luy mist son nom et eut à femme Gille la fille du roy de France.

Quant François virent que France estoit tournée à tel dolour, si s'en allèrent au roy et se complainstrent tous d'une voix de luy-meisme, que le peuple crestien et toute France estoit en telle persécucion par son deffaut et par sa paresse; moult fu le roy esmeu pour ces paroles. Tantost envoia Francques, l'archevesque de Rouen, à Rollo, et luy manda que sé il et sa gent vouloient recevoir le baptesme loyaument, il luy donneroit Gillette sa fille par mariage et toute la terre de la rivière d'Epte, jusques en Bretaingne. Au tirant s'en ala l'archevesque Francques et luy compta ce que le roy luy mandoit et moult luy amollia et luy chastoya son cuer, car il estoit paravant son acointe moult grandement. Et, si comme Dieu l'avoit ordonné, Rollo reçut liement ce mandement, par le conseil de sa gent, et prist jour de parlement, au roy à Saint-Cler-sur-Epte[202]; si donna trèves de trois mois, et convenança que dedens ce terme il feroit au roy ferme paix. Au jour et au lieu nommé vindrent d'une part et d'autre, si fust le roy deça la rivière d'Epte et le conte Robert qu'il eut avec luy amené; et Rollo et sa gent refurent par delà de la rivière. Tant allèrent messaiges entre deulx que paix fu faicte selon les convenances qui orent esté mises.

Note 202:
Saint-Cler-sur-Epte

, aujourd'hui bourg du département de Seine-et-Oise, ancien Vexin, à sept lieues de Mantes.

Toute la terre de Neustrie luy donna le roy et Gillette sa fille par mariage et, par-dessus, toute Bretaingne; et commanda le roy aux deulx princes de cette contrée, Berengier et Alain, qu'il entrassent en son hommage. Tout le pays jusques à la mer estoit tourné en gastine[203]; si que nul n'estoit qui osast terre labourer, et estoient les haies et les buissons par tout creus, par la longue persécution et pour les continues assaus des païens. Après ces choses ainsi faictes retourna le roy en France et envoia à Rollo Robert, le conte de Poitiers. Quant Rollo fu venu à Rouen, l'arcevesque Franque appareilla les fons pour le baptisier. Robert, le duc d'Aquitaine, le leva de fons: son nom luy mist et fu appelé Robert.

Note 203:
Gastine
, désert.

Puis que Rollo fu baptisié, il honora moult sainte églyse et crut moult dévotement en la foi crestienne. Tous les sept premiers jours qu'il demoura en aubes, donna chascun jour grans dons aux églyses: le premier jour donna grant terre à l'églyse Notre-Dame de Rouen; le second jour à Notre-Dame de Baieux; au tiers jour à l'églyse Notre-Dame d'Evreux; au quart jour à l'églyse de Saint-Michel-en-Péril-de-Mer; au cinquiesme jour à l'églyse

Saint-Père et Saint-Oyen qui sont en la cité; au sixiesme jour, à l'églyse St-Père et St-Acadie-de-Jumèges; et au septiesme jour donna Berneval et toutes les appartenances à l'églyse Saint-Denis le martire, l'apostre de France.

Au huitiesme jour qu'il ot les armes mises jus, il commença à donner à ses princes et à ses chevaliers la terre qu'il avoit conquise: et quant les païens virent que leur sire estoit crestien, il guerpirent les idoles et coururent au saint baptesme d'un cuer et d'une volenté; et le conte Robert d'Aquitaine retourna en France lié et joiant, quant il ot accompli la besoingne pour quoy il estoit alé. Et le duc Robert, nouvellement converti, fist grant appareil comme pour espouser la fille du roy, si l'espousa à la loy crestienne en l'an de l'Incarnation neuf cent et douze. Après establi ses lois et ses drois par toute Normandie et fu la terre si seure et si bien gardée qu'il n'estoit nul qui rien y osast méfaire. [204]Une pièce de temps vesquit Gillette, la duchesse, avec son seigneur; morte fu sans hoir, et le duc Robert reprist, après mort, une dame qui ot nom Pompée[205] que il avoit avant laissée. De celle avoit un fils qui Guillaume avoit nom; vaillant et sage et bien entechié[206]. Le duc Robert qui moult estoit jà affoibloié des travaux et des batailles ou il avoit toute sa force dégastée, se pourpensa et ot délibération à qui il pourroit sa terre délaissier. Lors assembla tous ses barons et les deulx princes de

Bretaingne, Alain et Berengier. Son fils Guillaume, qui moult estoit beaux et avenant, fist venir devant tous et leur commanda que il le préissent à seigneur et le féissent prince de toute Normandie qui, jusques à ce temps, estoit appelée Neustrie, et leur dist en telle manière: «A moi appartient que je le vous livre pour seigneur et à vous que vous luy portez foi et loiauté.» Quant il ot ce dit, si parla à eulx moult doulcement et les enseigna moult de paroles et commanda que chacun luy feist hommage en sa présence. Après ces choses vesquit environ cinq ans et mouru vieux et debrisié.

Note 204:
Willelmi Gemet., lib. II, c. 22.

Note 205:
Pompée, latinè, *Poppa*. Rollo l'avoit eue pour maîtresse avant d'épouser la princesse Gilette. Le roman de Rou dit de *Poppa*:

Liquens Berengiers ot une fille mult bele,

Pope l'apele l'en, mult est gente pucele....

Rou l'en a fait sa mie, qui mult l'a désirée;

D'ele fu né Wiliam, qui ot nom Lunge-Espée.

(
Vers
1340.)

Note 206:
Entechié.
Instruit, morigéné.

§.

ANNEE: 923.

Coment Hebert le conte de Vermendois prist par traïson, en semblance d'amour, le roy Charle-le-Simple et le mist en prison.

Incidence.
[207]Es kalendes de février furent vues en l'air compaignies

ainsi comme de gens armés: et sembloit que l'une chassast l'autre parmy

l'air; et fu signe et demonstrance des choses qui puis avindrent au

royaume; car en cel an meisme fu si grand dissencion entre le roy et les

barons que pour ces guerres meismes y ot faicte mainte occision, mais à la

parfin cessèrent ces guerres par la voulenté Nostre-Seigneur. Au tiers an

après, mourut Richart, le duc de Bourgoingne, et fu enseveli en l'abbaye

Saincte-Colombe de lez la Cité de Sens, en l'oratoire Saint-Simphorien le

martir.

Note 207:
Chronicon Lugonis Floriacensis monachi. A° 918.

[208]Entour un an après la mort le duc Richart, mut contens entre le roy Charle-le-Simple et le prince Robert dont l'istoire a dessus parlé, qui frère eut esté le roy Heudes. La cause de la guerre fu pour ce que Robert disoit que il n'avoit pas eu partie du royaume qui lui estoit eschéue du descendement de son père; un pou du royaume saisi par force; et pour ce qu'il semblast que il peust encore mieux faire et par auctorité d'aucune seigneurie, fist-il tant vers aucuns des évesques, en partie par losangerie et en partie par don et en partie par menace, que il le couronnèrent, et de ceptre et de couronne. Puis assembla son ost et vint à bataille contre le roy à Soissons, mais en celle bataille le occirent les barons de la partie le roy. Si ne furent pas sa gent si esbahis qu'il ne se combatisseut forment et longuement puis encore qu'il furent certains de sa mort; mais quant le roy s'en retournoit de celle bataille, si luy vint à l'encontre Hebers, le conte de Vermandois; homs étoit le plus desloiaux de tous les desloiaux; au roy parla faulcement en semblance d'amour, et le pria de herbergier au chastel de Péronne. Le roy, qui par simplesse ne pensoit à nul mal, si le crut et fist sa requeste; et quant le desloyaux Judas le tint en sa forteresse, si le prist et le mist en fort prison. Tout ce fist-il pour ce que Robert, qui en la bataille avoit esté occis, avoit sa

serour à femme; et de celle fu né Hugues-le-Grand.

Note 208:
Hugo Floriac. A° 922.

I.

ANNEE: 923.

Ci comence du roy Raoul, coment il fu coroné à roy et vertueusement governa le roïaume.

Quant Charle-le-Simple fu ainsi emprisonné par trahison, si demoura l'estat du royaume moult périlleusement. Lors s'accorda que un sien filleul, qui avoit nom Raoul et eut esté fils Richart, le duc de Bourgoingne, fust couronné. A ce s'accorda Hugues-le-Grant et les autres barons de France. Si fu cil Raoul couronné à Soissons. Grant pièce de temps demoura Charle en prison. Maint mal et maint grief y souffri, et à la parfin mouru-il et fu enseveli en l'églyse Saint-Foursin. Son fils Loys, que il avoit eue de Algine, la fille au roy d'Angleterre, s'enfui à son aioul, car il se doubtoit moult que autelle meschéance ne l'y avenist comme à son père; et si sembloit que il feust plus seurement oultre-mer en estrange région que en son propre royaume et entre ses gens meisimes. Vingt-sept ans régna Charle-le-Simple. [209]Au temps du roy Raoul moult vindrent paiens en

Bourgoingne; grant partie du pays dégastèrent; François et Bourguignons alèrent encontre, et fu celle bataille en un lieu qui a nom Kallos li mons[210]. Mais moult y eut occis de crestiens; toutes voies eurent-il victoire. (Le roy Raoul gouverna le royaume douze ans noblement et vertueusement; et deffendi sainte Eglyse, et voult que le povre eust aussi audience, en requérant son droit, comme le riche.) [211]Dessoubs ce Raoul eut Hues-le-Grant le nom d'abbé, après son père le conte Robert, et tint l'abbaye de Saint-Germain: et furent laiens, en son temps, trois déans: le premier eut nom Armaire, le second Gobert et le tiers Albon. En ce temps morut le roy Raoul. Enseveli fu en l'église Sainte-Colombe de Sens.

Note 209:
Ex chronico Hugonis Floriacensis, anno 926.

Note 210:
Kallos li mons.
Hugues de Fleury dit:
In monte Chalo
,

et le continuateur d'Aimoin:
Kalomonte
.

Note 211:
Aimoini continuatio, lib. V, cap. 42.

II.

ANNEEs: 931/933.

Des bones meurs Guillaume, duc de Normandie; et coment il eut victoire sur tous ceulx qui le vouloient grever.

[212]Après la mort Rollo, qui en baptesme fu appelé Robert, tint la duché de Normandie son fils Guillaume, dont l'istoire a fait là dessus mencion. La foy crestienne gardoit de tout son pouvoir loiaument; moult lui avoit Dieu donné de graces, car il estoit grant et bien fourmé, beau de face, les ieus vairs et clairs. Débonnaire estoit et de ferme volenté à ses amis, et à ses ennemis horrible et fier comme un lyon: en bataille fors comme un géant, si n'apétiçoit pas entour lui sa seigneurie, ains la croissoit de toutes pars: et pour ce conçurent maint des barons de France hayne et envie contre luy. En ce temps se vouldrent soustraire de son fié et de sa seigneurie les deulx princes de Bretaingne Alain et Berengier, qui au temps le roy Robert, son père, luy avoient fait hommage, et se vouldrent monstrer amis du royaume de France[213]; mais le duc entra tantost en Bretaingne; le pays dégasta, et abati les forteresses. Tant mena Alain qui estoit principal de cette félonie, qu'il le chasça en Angleterre, et Bérengier fist vers luy paix.

Note 212:
Willelmi Gemetie, lib. III, cap. 1.

Note 213:
Et se vouldrent monstrer amis.
Dom Bouquet a lu:
*Et se
vodrent mettre nu à nu de sor le roiaume de France.*
Je pense que

j'ai reproduit le véritable texte de la traduction; mais cette

traduction est mauvaise. Il falloit: Et se disposent à faire la

guerre au roi de France. «
*Regi Francorum ulterius disponentes
militare
.*»

[214]Après ce lui sourdi autre guerre de ses gens meismes; car Riulphe, l'un de ses princes, le cuida chascier de Normandie. Grant gens assembla, le fleuve de Seine trespassa soudainement, et dedens la cité de Rouen assist le duc Guillaume qui dedens estoit à peu de gens, comme cil qui pas ne s'en prenoit garde. Si pensoit à ce le traître qu'il l'occiroit et se mettroit en saisine de la terre. [215]Et quant le duc se vit ainsi entreprins des siens meismes, il se commença à pourpenser quel conseil il pourroit prendre qui fust à son honneur et à sa sauveté, et par quoy il chastoyast les siens de telle présomption. En la fin issi hors par l'enticement Bothone[216] un sien amy qui assez luy disoit de laides paroles pour luy encouragier. A tout trois cens chevaliers armés courut sus

ses ennemis; parmy les tentes se feri et fist d'eulx moult grant occision. Et les autres s'enfuyrent et se rependirent parmi les bois et là où il se peurent le miex sauver. Et Riulphe, qui vit la desconfiture de sa gent, se mist avec ceulx qui fuyoient et eschappa en telle manière. Après la bataille nombra le duc sa gent et trouva qu'il n'en y avoit nuls perdus. Le lieu où telle desconfiture fu est encore aujourd'huy appelé
Le Pré de la bataille
[217].

Note 214:
Villelm. Gemet., lib. III, c. 2.
Ce Riulphe étoit comte

de Cotentin.--Wace, vers 2120:

Riouf fu uns Normanz qui mult se fist doter,

Quens fu et sage et pros, bien sout mal en arrier;

Quais fu de Costentin entre Vire et la mer.

Note 215:
Id.-- id.-- c. 3.

Note 216: Bothone. «A quodam Bothone procuratore suo indecenter

lacessitus.
Les poètes françois Wace et Beneoît de Sainte-More

entrent dans d'autres détails sur
Bothon
. Il étoit, dit Beneoît,

comte du Bessin, et fut le
maître
du jeune Guillaume Longue-Epée.

Beneoît ne cite que les reproches de Bernart le Danois, mais Wace nous a conservé ceux de Boton:

Willame, dist Boton, tu dis grant avillance,

Encore n'as feru né d'espée né de lance,

Et jà t'en veille fuir, mult as dit grant enfance....

Cuars es, dist Boton, par le cors saint Fiacre, etc.

(Vers 2175.)

Note 217:
Le pré de la bataille.
M. Le Prévost, dans les notes du roman de Rou, a remarqué que jusqu'à la fin du XVIIIème siècle on avoit continué de désigner sous ce nom le boulevard occidental de Rouen.

Au retourner de celle bataille, luy vint un message de Fescanp qui luy dist qu'il avoit un nouvel fils d'une noble dame qui avoit nom Sporte, qu'il avoit espousée. Moult fu lié de ces nouvelles; tantôt manda à Herie, l'évesque de Baieux, que il le baptisast ès sains fons et que il luy méist nom Richart. L'évesque, qui moult en fu lié, fist son commandement et puis envoia l'enfant pour nourrir à Fescanp.

Pour les victoires que le duc avoit de ses ennemis, estoit jà la renommée

de luy espandue par diverses régions, si que les contes et les barons du royaume venoient de diverses parties et hantoient sa court; et il les honoroit tant et donnoit de si beaux dons que quant il se partoient de lui il s'en alloient en grant liesce. De la renommée de luy furent si esmeus le duc Hues et Guillaume le conte de Poitiers, et le conte Herbert, que il vindrent à luy en la forest de Lyons, où il se déduisoit en chasces de bestes sauvages moult lyement; à grant appareil les reçut tant comme il vouldrent demourer avec luy. Souvent disputèrent de moult de besoingnes et
de maintes ordenances de choses temporeles. Entre ces choses et ces paroles
luy requist Guillaume le conte de Poitiers une sienne seur qui avoit nom Gellot par mariage; et le duc luy octroia volentiers par le conseil Hues-le-Grant. Là meisme l'espousa à grant feste et puis l'enmena en son pays.

Pour la noblesse du duc et pour sa grant renommée desiroit moult aussi le conte Herbert que il eust à faire à luy et que hoirs ississent de luy qui fussent de son lignage. Tant parla le duc Hues de ceste besoingne, que le conte Herbert luy donna sa fille, et le duc Guillaume la prist et l'espousa et puis la mena à Rouen à grant compaingnie de sa gent.

Ci fine du roy Raoul et du bon duc Guillaume de Normendie.

CI COMENCENT LES GESTES DU ROY LOYS, FILS CHARLE-LE-SIMPLE.

I.

ANNEE: 936.

Coment le duc Guillaume de Normandie et les barons de France envoièrent en Angleterre querre Loys, le fils Charle-le-Simple; et coment il fu coroné en la cité de Laon.

(En ce temps n'avoit en France point de roy, car le roy Loys et la royne Algine, sa mère, s'en estoient fuys au roy d'Angleterre, son père.) [218]Et Hues-le-Grant et les autres barons de France envoyèrent Guillaume, l'arcevesque de Sens, en Angleterre à la royne Algine, qui femme avoit esté au roy Charle-le-Simple, et à Loys, son fils; et luy mandèrent que seurement s'en retournassent en France, elle et Loys son fils, et il luy feroient serement de loiauté et luy donneroient ostage. [219]Et le roy Elphetains d'Angleterre qui jà avoit oïe la renommée du duc Guillaume, si luy envoia ses messages, à tous grans présens et luy pria moult que il restablisist, par l'accort aux barons, son nepveu Loys au royaume. Et puis si luy prioit après, que il pardonnast son mautalent à Alain, le Breton, pour l'amour de luy. Les prières le roy reçut le duc moult voulentiers; à Alain pardonna son mautalent, et luy donna congié de retourner en son pays.

Note 218:
Hugonis monachi Floriacensis Chronicon, anno 936.

Note 219:
Historia Willelmi Gemetic., lib. III, c. 4.

Quant l'enfant Loys fu retourné en France, le duc Guillaume et le duc Hues-le-Grant et les autres barons du roiaume le firent couronne solempnelement en la cité de Loon.

[220]
Incidence.
--Au second an après le seizième jour des kalendes de

mars, furent vues compaignies toutes rouges parmi l'air; et commencèrent au

cos chantant; et durèrent jusques au jour. Le neuviesme jour de devant les kalendes d'avril, les Hongres, qui estoient encore païens, vindrent en France et commencèrent à dégaster Bourgoingne et Aquitaine.

Note 220:
Hug. monach. Floriac. Chron., anno 937.

Le roy Loys n'eut pas régné plus de cinq ans, quant les barons de France se tournèrent contre luy. En celle année fu si grant famine que l'on vendoit un septier de fourment XXIIII souls; [221]et quant le roy Loys vit qu'il ne povoit durer ainsi, il manda au roy Henry d'oultre le Rin que moult voulentiers aroit à luy parlement et volentiers aroit à luy amour et alliance. Et il luy remanda[222] que en nulle manière il ne feroit cette chose sans la voulenté et sans l'assentement Guillaume, duc de Normandie. Et quant le roy oy ceste chose, il s'en ala au duc et luy requist conseil et ayde vers ses barons, et le duc le reçut honorablement comme roy et comme son lige seigneur et luy promist conseil et ayde vers ses barons. Ensemble demourèrent ne scay quans jours. Un chevalier qui Tigris avoit nom envoyèrent, tandis, au roy Loys d'oultre le Rin; et puis se mirent après à grant gent, et, pour celle besoingne, appelèrent avec eulx deulx princes de France, le duc Hues et le comte Herbert.

Note 221:
Willelmi Gemet., lib. III, cap. 5.

Note 222:
Il lui remanda.
Le roi de Germanie lui manda.

Lors s'assemblèrent les deulx roys sur le fleuve de Meuse et se logèrent l'un çà et l'autre là: et le duc Guillaume traveilla tant pour les deulx parties, que les deulx roys fermèrent amour et alliance l'un vers l'autre tout en la manière que il le devisa. A tant se départirent; si s'en retourna le roy Loys en France, et moult mercya le duc Guillaume de ce que il avoit fait pour luy.

[223]En son retour encontra le roy un message qui à luy venoit battant; qui lui compta que la royne Engeberge avoit eu un fils. Moult en fu le roy lié.

Le duc pria, qui estoit encore avec luy, que il le levast des sains fons et luy méist nom Lothaire; le duc luy octroia et moult en fu lié. Ensemble s'en alèrent à Loon; là fu l'enfant baptisié. Du roy se parti le duc et s'en ala à Rouen. Tout le clergié de la cité yssirent hors contre luy, et

chantoient:
Bien vingne qui vient au nom de Nostre-Seigneur!
et le

menèrent ainsi chantant jusques à l'églyse de Nostre-Dame. Là fist ses

oroisons dévotement, et de là retourna en son palais.

Note 223:
Willelm. Gemet., lib. III, c. 6.

II.

ANNEE: 941.

Coment le duc Guillaume voua être moine, et coment il establi Richart, son fils, duc de Normandie.

[224]
Incidence.
En ce temps avint que deux sains hommes religieux se départirent du Cambresis, d'une ville qui a nom Hapre. Si avoit nom l'un Baudouyn et l'autre Godoin, et pour mener vie solitaire s'en alèrent à Jumèges et commencèrent à coper haies et buissons à grant traveil de leurs corps, et aplanèrent la terre pour faire habitacion. Si estoit cil lieu près de l'abbaye de Jumèges, qui au temps de lors estoit gastée et détruicte et sans habitacion pour les guerres qui orent esté au temps de la persécucion. Lors avint que le duc Guillaume, qui lors chasçoit en la forest, les trouva et leur enquist de quel pays il estoient là venus et quel édifice c'estoit: car il estoient près de l'abbaye, si comme j'ai dit; et les preudhommes lui comptèrent leur besoingne que il venoient à faire, et luy offrirent du pain d'orge et de l'eaue en charité: et le duc Guillaume ne le voult prendre, ains en eut desdaing pour la vilté du pain d'orge et de l'eaue; et s'en parti le duc Guillaume et entra en la forest. Tantost trouva un grant porc et l'escria[225]. Le porc qui estoit grant et

fort se retourna vers luy; et le duc, qui pas ne le redoubta, le reçut à l'espée; si avint que la hante de l'espée brisa et le porc luy courut sus et le débrisa et défoula malement, le duc touteffois sailly sus, et se pourpensa à chief de pièce[226] que ce estoit pour le despit qu'il avoit eu pour la charité des deulx preudhommes. Arrière retourna, leur requist la charité que il avoit devant refusée, et promist à Dieu qu'il restoreroit le lieu de Jumèges. Ouvriers y fist mettre pour le lieu nettoier et pour copper arbres et buissons. L'églyse de Saint-Père, qui estoit descheue, fist noblement rappareiller et recovrir: le cloistre et tous les offices rappareilla et garni. Tandis[227], ses messages envoia à Gelot, sa serour, la contesse de Poitiers, et luy manda que elle luy envoyast un nombre de moines preudhommes religieux, pour mettre en celuy lieu; et la contesse, qui moult fu liée et curieuse de ceste besoingne, luy envoia douze moines et leur abbé, qui Martin avoit nom; si les prist du couvent Saint-Cyprien de Poitiers. Au duc vindrent en la cité de Rouen; liement les reçut et les mena en l'abbaye et donna à l'abbé et le lieu et l'abbaye en la ville, et promist et voua à Dieu qu'il seroit moine en ce meisme lieu. Et eust tantost parfait son veu sé l'abbé ne l'en eust destourbé pour ce que son fils Richart estoit encore enfant: si se doubtoit que le pays ne feust troublé par aucuns pervers hommes, par le deffaut de l'enfant. Et touteffois fist-il tant vers l'abbé que il emporta une coulle et estamine et les mist en son escrin, fermant à une petite clef d'argent qu'il portoit à sa ceinture; dont, retourna à Rouen moult dolent qu'il ne pouvoit faire ce que l'abbé luy avoit deffendu.

Note 224:
Willelm. Gemet. hist., lib. III, c. 7.

Note 225:
Et l'escria.
C'est-à-dire le fit lever, fit mettre les

chiens à sa poursuite. Le latin dit: «Quem festinè insequi cœpit.»

Note 226:
A chief de pièce.
A la fin. Au bout du compte.

Note 227:
Willelm. Gemet. hist., lib. III, c. 8.

Tantost après fist assembler un parlement des princes de Normandie et de Bretaingne; et quant il furent tous assemblés, si descouvri son cuer. De ce furent tous si esbahis qu'il ne sorent que respondre; au darrenier, quant il furent revenus à eulx-meismes, si commencèrent tous ensemble à crier tretous: «Très-débonnaire sire, pourquoy nous veulx-tu si soudainement laissier; né cui laisseras-tu ta terre et ta seigneurie?» Lors respondi le duc: «Je ay,» dit-il, un fils qui a nom Richart; si vous prie tous que sé oncques m'amastes, que vous le me monstrez maintenant et que vous le retenez à seigneur au lieu de moy; car ce que j'ay promis à Dieu de bouche, je veux ce acomplir par fait.» A sa volenté s'accordèrent, tristes et dolens, puisqu'il le convenoit faire. Tantost fu envoyé messages à Fescamp pour l'enfant amener. Si luy fist chacun hommage, quant il fu venu, en la présence du père humblement; et le père l'envoya à Baieux en la garde Bethon, le prince des chevaliers, pour apprendre la langue danoise, pour ce qu'il sceust donner appertement response aux siens et aux estrangers. Si avons ces choses racomptées de l'abbaye de Jumèges, pour monstrer le saint propos et la dévotion que le duc Guillaume avoit au lieu.

[228]
Incidence.
En ce temps avint que Suènes, le roy de Danemarche, chasça Aigrolde, son père, du royaume; et cil qui eut oy parler du povoir et de la valeur le duc Guillaume, s'en vint en Normandie par mer, à tout soissante nefs garnies de bonnes gens armées. Et le duc le reçut bonnement et luy donna la contrée de Coustance jusques à tant que son ost fu creu, si qu'il peust recouvrer le royaume qu'il avoit perdu.

Note 228:
Willelm. Gemet. hist., lib. III, c. 10.

III.

ANNEE: 943.

Coment le bon duc Guillaume fu traï et martirié par Arnoul, le desloyal conte de Flandres.

[229]Arnoul, conte de Flandres, qui estoit homme plain de trayson et de boisdie[230], faisoit en ce temps moult de tors et de griefs à ses voisins. Par son orgueil et par sa convoitise, au conte Herlouyn tolly le chastel de Monstereuil. Cil Herlouyn avoit espérance que Hues-le-Grant, qui ses sires estoit, ly deust aydier; mais quand il vit qu'il n'avoit de luy nul secours, il s'en ala au duc Guillaume et le pria en plourant qu'il le secourust contre le conte de Flandres, qui à tort le deshéritoit. Et le duc assembla son ost, mist le siège devant le chastel, à force le prist et le rendi au conte Herlouyn, et puis s'en retourna à Rouen. En ce temps trespassa Franques l'arcevesque de la cité: si fu après luy un autre qui Guimars avoit nom.

Note 229:
Id. id. c. 9.

Note 230:
Boisdie.
Fraude.

[231]Tant fu couroucié le conte Arnoul de Flandres pour ce chastel encontre le duc Guillaume qu'il commença à traitier de sa mort entre luy et aucuns des barons de France, et s'allièrent par serrement contre luy; et le desloyaus traytre qui par trayson véoit à faire ce qu'il avoit en propos, manda au duc que moult volentiers aroit à luy amour et alliance; et que, pour l'amour de luy, pardonneroit à Herloyn son mautalent, et que sé ne fust pour aucunes maladies qu'il avoit, il alast à sa cour meisme; et pour ce luy prioit que il luy nominast un lieu où il peust aler et avoir à luy parlement seur ceste besoingne. Et le duc, qui en toute manière désiroit à prendre l'abit de moinage et à entrer en religion, et qu'il peust tout avant laissier la terre, luy assena à Péquegni[231], sur l'eaue de Somme. Là vindrent de deulx parties. Si fu l'ost du duc d'une partie de l'eaue, et l'autre de l'autre. En my l'eaue estoit une ille; là s'assemblèrent les deulx princes et s'entrebaisèrent, puis s'assistrent pour traitier de la besoingne pourquoy il devoient estre venus; et Arnoul, qui la trayson Judas avoit au cuer, detint longuement le duc en truffes. A la parfin, après plusieurs baisiers et plusieurs seremens de paix et d'amour se départirent. Si estoit jà vers le soleil couchant. Ainsi comme le duc dut entrer en sa nef et trespassoit le flum, Heris, Basox, Robert et Riulphes, cil quatre fils de Deable, le commencèrent à huchier que il retournast, car leur sire avoit oublié à parler à luy d'un secret moult profitable. Quant le duc fu

retourné et il eut mis le pied hors de la nef, il sachèrent les espées et martirièrent l'innocent, né ne pot avoir nul secours de sa gent pour l'eaue qui estoit trop profonde, et il n'avoit nul vaissel. Le corps du saint homme laissèrent, et tournèrent en fuie. Et Bérengier et Alain commencèrent à crier, quant il virent occire leur seigneur né secourre ne le povoient. A chief de pièce pristrent le corps et le dépoillèrent; la petite clef d'argent trouvèrent pendant à la ceinture qui le trésor gardoit, c'est assavoir la coulle et l'estamine dont il eust esté vestu en l'abbaye de Jumèges, sé il fust retourné vif. En une bière mistrent le corps et remportèrent à Rouen à grans pleurs et à grans cris. Encontre vint le peuple et le clergié à pleurs et à soupirs, et l'emportèrent à l'églyse Nostre-Dame. Si envoyèrent tantost querre l'enfant Richart à Baieux pour ce qu'il feust à l'enterrement de son père. Là renouvelèrent les barons leur serement à l'enfant et le baillèrent en la garde de Bernard le danois, et vouldrent qu'il feust gardé dedens les murs de la cité.

Note 231:
Willelm. Gemet. hist., c. 11.

Note 232:
Pecquegny
, ou Piquigny, sur la Somme, en Picardie, à

trois lieues d'Amiens.--

Willelmi Gemet., lib. III, c. 12.

Mort fu le glorieux duc Guillaume, par seurnom Longue espée, en la seiziesme kalende de janvier, en l'an de l'Incarnation Nostre-Seigneur neuf cent quarante-trois.

IV.

ANNEE: 944.

Coment le roy Loys tint en prison Richart, fils le bon duc Guillaume. Et coment il fu porté hors de prison dedens un faiscel de herbe.

[233]Après la mort le duc Guillaume, qui fu sacrefié par les mains des traytres en pure innocence, ainsy comme un aigneau, Richart, son fils, demoura pour la terre tenir. Enfant estoit bel et gracieux et bien morigené de souveraine noblesse; et selon la manière son père demonstroit oudeur de vertus ainsi comme le rameau qui est esrachié de l'arbre aromatique est doux et fleurant. Et jà commençoit à venir à si grant perfection de valleur et de sens, que ce que il povoit entendre de sens et de bien selon tel âge, il retenoit en son cuer sans oublier. [234]Et quant les barons de France oyrent parler de la démesurée trayson Arnould, conte de Flandres, et de la mort le duc Guillaume, en y eut qui en furent dolens, et aucuns qui estoient parçonniers de la trayson et qui avant ce faisoient semblans qu'il fussent ses amis, descouvrirent leurs cuers et monstrèrent appertement le mal qu'il avoient conçus. Le roy meisme cuida que grans honneurs luy feussent escheus; au plutost qu'il peut s'en ala à Rouen ainsi comme pour conseil prendre aux Normans de la vengeance du duc Guillaume. Si ne prenoit

or pas garde aux bénéfices et aux honneurs que le duc luy avoit faites, né à la foy entérine que il luy avoit toujours portée. Anlech, Rodulphe et Bernart, qui estoient tuteurs de l'enfant et gardes de la duchée, le reçurent à grant honneur comme il afferoit à si grand roy et se mistrent à luy et à sa volenté pour la fiance de leur petit seigneur. Et le roy, qui vit la terre belle et plantureuse et plaine de bois et de rivière, fu meus par convoitise et leur commença teles choses à promettre qu'il n'avoit talent de tenir, et ce meismement que il béoit à retenir pour soy meismes. Lors commanda que l'enfant Richart fust amené devant luy; moult le vit bel et avenant et de noblesse fournie, et voult qu'il fust nourri en son palais et que on luy quist autres nobles enfans pour luy faire compaingnie. Maintenant, courut la nouvelle par toute la cité que le roy vouloit à l'enfant sa terre tollir et qu'il l'avoit jà détenu en prison.

Note 233:
Willelm. Gemet. hist., lib. IV, cap. 1.

Note 234:
Id.--id., c. 2.

Tout maintenant s'armèrent les bourgeois et la chevalerie et coururent parmi la cité tout foursenés, les espées et les glaives ès poins, et vouloient jà entrer au palais pour le occire. Moult eut le roy grant paour quant il vit ce. Par le conseil de Bernart le danois, prit l'enfant entre ses bras et vint à l'encontre eulx; et quant il virent leur seigneur que le roy tenoït, si se tindrent en paix; et le roy, qui volt du tout leurs cuers apaisier, rendit à l'enfant sa terre et son héritage, sauf son droit et son hommage et le reçut en grande foy et en loiauté, et promist aux bourgeois que il leur rendroit bien introduit et bien aprins de la doctrine du palais.

[235] Quant ces choses furent ainsi apaisiées, le roy retourna en France, mais moult porta griefment la villenie que les Normans luy eurent faite, et enmena l'enfant avec luy, c'est assavoir Richart, ainsi comme pour prendre vengeance de la mort de son père. Et le traytre Arnoul, conte de Flandres, se doubla moult que le roy ne courrust sur luy pour la félonie qu'il avoit faitte. Avant envoya par ses messages dix livres d'or, puis vint à court et se voult en telle manière escuser devant le roy et luy dist qu'il n'avoit coupes en la mort le duc Guillaume, et promist que il banniroit hors la contée de Flandres les homicides qui ce avoient fait, sé le roy luy commandoit; puis si dist au roy que il luy déust ramembrer des dommages et

des reproches que les Normans luy avoient faits jadis à luy et à son père; et pour ce, luy disoit-il, qu'il feust du tout hors du soupeçon et que plus grant dommage ne luy avenist, le meilleur conseil estoit que l'enfant Richart eust les jarès cuis et que il feust gardé à tousjours en prison, et que les Normans feussent si forment constrains et agrevés de toltes et de tailles que il leur convenist vuidier France par force et retourner en leur pays. Le roy qui feust aveuglé par les dons du trayteur et par les mauvaises paroles qu'il luy amonesta, le délivra du crime dont il déust estre pendu, et destourna son mautalent sur l'enfant qui rien ne luy avoit meffait, à l'exemple de Pilate qui Barrabas, le larron, laissa aler et Jésus-Crist condempna à mort. Lorsque ce fu fait, estoit le roy à Loon; et quant l'enfant fu venu de chascier et de jouer, le roy le prist forment à menacier et à laidengier, et l'appela fils de putain[236], et luy dist que sé il ne se chastioit, il luy feroit cuire les jarès et l'osteroit de tous honneurs; et après commanda que il fust bien gardé si que il ne peust eschapper.

Note 235:
Id.--id., c. 3.

Note 236: Ces mots sont, comme on le voit, anciens dans noire langue. «Meretricis filium ultrò virum alienum rapientis eum vocavit.»

[237]Quant Omons, le maistre de l'enfant, eut oy les dures paroles et la cruelle sentence du roy, il pensa bien en son cuer ce qu'il en pouvoit avenir. Moult fu dolant et manda aux Normans, par un message, que le roy avoit mis leur seigneur en estroite prison. Quant il oyrent ce, si firent crier par tout Normandie que chascun jeunast trois jours et que sainte

- 197 -

Eglyse féist continuel oroison à Dieu, que il leur sauvast leur seigneur.

Note 237:
Willelmi Gemet. hist., lib. 4, c. 4.

Tandis, parlèrent ensemble Omons, le maistre de l'enfant, et Yvons, le père Guillaume de Bellesme, et conseillèrent à l'enfant Richart qu'il se couchast en son list comme s'il fust forment malade et si durement que l'on cuidast qu'il deust mourir. L'enfant, qui fu sage, le fist ainsi et faignist que il fust si malade comme jusques à la mort. Les gardes qui ce virent ne firent pas grant force de luy garder, mais s'en alèrent l'un çà, l'autre là où il avoient à faire. Si avint ainsi que en my la mayson où l'enfant gisoit avoit un faiscel d'herbe; et Omons prist l'enfant et le lia dedens, et puis troussa sus son col comme s'il portast l'herbe à l'ostel

pour les chevaux: ainsi s'en ala hors des murs, jusques à son ostel et luy

avint si bien que le roy mangeoit à celle heure, et la gent de la cité

communément. Si que il paroit trop pou de gens parmy les voies. Tantost

prist l'enfant et monta sur un cheval et s'enfuy jusques à Coucy. L'enfant

livra en garde au chastelain. Toute nuit chevaucha jusques au matin qu'il

vint à Senlis. Moult s'émerveilla le conte Bernart, quant il le vist si

matin, et luy demanda coment son nepveu Richart le faisoit. Moult fu lié

quant Omons luy eut la besoingne comptée. Tantost s'en alèrent à

Hues-le-Grant; la besoingne luy discovrirent et prinstrent de luy le

serement que il l'ayderoit à délivrer l'enfant. Grant gent assemblèrent et

s'en alèrent à Coucy et en ramenèrent l'enfant à Senlis, à grant joie.

V.

ANNEE: 944.

Coment le roy, par l'enortement le conte Arnoul, guerroya Normandie, et coment Bernart le Danois l'apaisa, et obligea la bonne cité de Rouen à sa volonté.

[238]Lors fu le roy moult dolent quant il sceut que l'enfant fu ainsi soustrait. A Hues-le-Grant manda par ses messages et luy amonesta par sa foy que il luy rendist l'enfant; et il luy manda que il ne le tenoit mie, ains estoit en la garde de Bernart, son oncle, le conte de Senlis. Bien sceut le roy que il ne luy seroit point rendu. Tantost manda Arnoul, le conte de Flandres, qu'il venist à luy. De ceste besoingne parlèrent, et quant il furent ensemble au darrenier, dist le conte Arnoul: «Nous savons bien que le conte Hues-le-Grant a longuement esté de la partie aux Normans et pour ce le convient attraire et aveugler par promesse. Ottroies luy doncques la duchée de Normandie, dès le fleuve de Seine jusques à la mer, et retiens à toy la cité de Rouen, si que celle perverse gent vuident France par force quant il n'aront où fuyr né où il puissent habiter né il n'aront de luy né secours né ayde.»

Note 238:
Willelmi Gemet. hist., lib. IV, cap. 5.

Le roy crut Arnoul le trayteur et manda Hugues-le-Grant qu'il venist à luy parler à la Croix delez-Compiègne[239]; et quant Hues-le-Grant oy parler et disputer de donner cités et contrées, sy fu tantost aveuglé, et volt miex mentir son serement pour la convoitise de terre et de richesce que garder sa foy et sa loiauté vers l'enfant Richart son ami. Avant qu'il se départissent, jurèrent l'un et l'autre d'une part et d'autre la guerre contre les Normans et assemblèrent leur ost. Le roy entra en Caux et Hues-le-Grant en la cité de Baieux et commencèrent à desgaster la contrée par embrasement et par rapines. Quant Bernart le Danois vit ce, tantost envoya au roy message par le conseil Bernart le conte de Senlis, en telles paroles: «Très-puissant roy, pourquoy desgate-tu ainsy le pays, quant la cité de Rouen est en ta volenté? Prends débonnairement le service des Normans, pour ce que tu puisses eschiver en lieu et en temps le péril de tes ennemis, par leur ayde.»

Note 239:
A la croix deles Compiègne.
«Ad villam quæ dicitur

Crux
, juxtà Compendium.» Beneoit de Sainte-More nomme ce lieu

La Croix sus Getiezmer
. (Vers 14,416.)

[240]De cette parole que les messaiges luy apportèrent fu le roy moult lié;

à sa gent manda qu'il se tenissent de la terre dommagier, et puis s'en ala à Rouen au plutost qu'il peust. Jusques aux portes alèrent à l'encontre le clergié et le peuple, chantant: «Bien viengne cil qui vient au nom de Nostre-Seigneur.» Au mangier s'assist le roy et le servoit Bernart le Danois, et quant il vit que le roy estoit aucques lié, si commença à parler en telle manière: «Très-noble roy, moult nous est grand honneur creue au jour duy, car nous avons esté jusques cy soubs la seigneurie au duc et nous sommes orendroit royal. Or tiengne Bernart le conte de Senlis son nepveu Richart, et nous soyons soubs toy longuement et te servons comme seigneur.

Mauvais conseil te donna qui te loa à esmouvoir contre la noble chevalerie des Normans; où fu si fors et si puissans hommes que tu ne peusse espouventer par leur vertu? Saches que sont tous en ton commandement et qu'il désirent tous à chevauchier avecques toy en tes besoingnes de bon cuer et de bonne volenté. Si s'émerveillent moult, comment tu as armé Hugues-le-Grant ton ennemy, de vingt mille hommes, celui meisme qui tousjours eut à toy contens et guerre.»

Note 240:
Willelm. Gemet. hist., lib. IV, cap. 6.

Par ces parolles et par autres semblables fu le roy apaié; et manda à Hues-le-Grant que il issist tantost de Normandie; et luy manda telles parolles, que foie chose estoit de donner si grant povoir à aucuns sur la gent dont il se peust aydier à son besoing et dont il peust user par droit sans contredit. Moult fu Hues-le-Grant couroucié de ce mandement, mais toutesfois s'en issi-il tantost de Normandie et commanda à sa gent qu'il se tenissent de rapines. Après un pou, se parti le roy de Rouen et fist un prévost en la cité, qui avoit nom Raoul et du seurnom la Torte, qui de par luy receut les rentes et détermina les causes et les besoingnes. Si mauvaisement se contint qu'il estoit plus cruel que les paiens. Tous les moustiers et les églyses qui avoient esté arses au temps de persécucion abattoit jusques aux fondemens et faisoit porter la pierre pour rappareiller les murs de Rouen. Le moustier de Nostre-Dame de Jumèges abatty, et l'eust tout abattu sé ne fust un clerc, Climent avoit nom, qui en racheta deulx tours par déniers qu'il donna aux ouvriers. Les deux tours demourèrent en estat jusques au temps l'archevesque Robert, qui celle abbaye restora. Et quant le roy eut ainsi faite sa volenté si s'en retourna à Loon.

VI.

ANNEES: 944/945.

Coment le conte Bernart le Danois et le roy Agrolde de Danemarche prindrent le roy.

[241]Moult se doubta Bernart le Danois que le roy ne retournast avec Hues-le-Grant, et qu'il ne feist plus grief aux Normans que devant. Pour ce manda Agrolde le roy de Danemarche, qui encore demouroit à Cherbourch, que
il assemblast sa gent et la chevalerie de Costentin et de Baieux, et les envoyast par terre; et il appareillast ses nefs et entrast en Normandie par devers la mer et destruisist tout devant luy; si que il convenist que le roy venist à luy à parlement; et ainsi pourroit vengier la mort le duc Guillaume, son amy. Cil le fist volentiers: sa navie appareilla et entra en la terre, par devers la marine. Tost fu la nouvelle sceue en France que les Normans estoient retournés et qu'il avoient jà pris les pors et la marine à grant multitude de nefs. Bernart le Danois et Raoul la Torte mandèrent au roy ceste besoingne, et le roy assembla grant ost et s'en ala au plutost qu'il peust à Rouen. Au roy Agrolde manda que il venist à luy à parlement au gué qui est appelé Herluin, pour dire la raison pour quoy il dégastoit ainsi son royaume. Moult plut ceste chose au roy paien, car il avoit grant

talent de vengier la mort du duc Guillaume. Quant il furent assemblés, si disputèrent longuement de ce que le duc Guillaume avoit ainsi esté mort; et un Danois regarda le conte Herlouyn, qui estoit sire du chastel, par quoy le duc avoit esté occis; d'une lance le feri parmi le corps et le jeta mort à la terre. Et Lambert, son frère et autres si coururent sus au Danois, et les paiens les reçurent fièrement. Là eut grant bataille et fort; si en occirent les Danois dix-huit des plus grans et des plus nobles, car il estoient garnis et appensés[242] de mal faire, et le roy ne s'en prenoit garde. Là eut faite grant occision de notre gent. Le roy meisme eut esté prins; mais il monta seur un isnel[243] cheval, et, ainsi qu'il s'enfuyoit, il chéy ès mains d'un chevalier. Moult le proia en promettant grans dons, sé il le sauvoit des mains à ses ennemis; et le chevalier, qui pitié en eut, l'envoia repostement en une isle. Et quant Bernart le Danois seut ce, par ceulx qui luy rapportèrent, il envoia querre le chevalier et le mist en prison. A la parfin recongnut-il coment il voloit sauver le roy par les promesses que il luy faisoit; pris fu le roy et mené en prison à Rouen par le commandement Bernart le Danois.

Note 241:
Willelm. Gemet. hist., lib. IV, cap. 7.

Note 242:
Garnis et appensés de.
Préparés par de longues réflexions

à....

Note 243:
Isnel.
Prompt. Comme l'allemand *snell*
.

[244]Moult fu dolente la royne Engelberge quant elle sceut ceste meschéance. Au roy Henry d'oultre Rin, son père, s'en ala et luy requist qu'il assemblast son ost et ascégeast la cité de Rouen, et délivrast son seigneur de prison. Et il respondi que ce estoit à bon droit, pour ce que il n'avoit pas gardé la foy et le serement qu'il avoit au duc Guillaume; ains l'avoit brisié quant il avoit mis son fils Richart en prison. Lors dist à sa fille qu'elle luy aidast par ses gens, car il avoit assez à faire de ses propres besoingnes. Ainsi s'en retourna la royne Engelberge sans rien faire. Lors s'en ala à Hues-le-Grant et luy proia moult humblement qu'il méist paine à la délivrance de son seigneur; et Hues-le-Grant ala à Bernart le conte de Senlis et l'envoia parler aux Normans pour prendre jour de parlement à Saint-Cler-sur-Epte.

Note 244:
Willelmi Gemeticensis historia, lib. IV, c. 8.

Quant assemblés furent, si parlèrent longuement de la délivrance du roy. Au darrenier dist Hues: «Rendez-nous notre roy et prenez son fils en ostage en telle manière que nous assenblons cy une autre fois et que nous affermons ensemble paix et alliance.» A ce s'accordèrent les Normans et reçurent les ostages, c'est assavoir Lothaire, le fils le roy, et deulx évesques, Hildric, l'évesque de Beauvais, et Guy, l'évesque de Senlis. Ces choses ainsi faites, le roy s'en ala à Loon et les Normans s'en retournèrent à Rouen.

[245]Un pou après, les Normans assemblèrent grant ost et ramenèrent de Senlis l'enfant Richart, leur seigneur. Au terme qui fu mis assembla le roy les prélas de France et Hues-le-Grant, et s'en vint à grant gent sur l'eaue d'Epte. D'autre part, revinrent les Normans et amenèrent l'enfant Richart. Tant alèrent messages d'une part et d'autre, que paix et alliance furent fermées; à tant retourna le roy à Loon, et Richart et sa gent à Rouen.

Note 245:
Willelmi Gemet. hist., lib. IV, cap. 9.

[246]Raoul la Torte, que le roy avoit fait prévost de la cité, le [247]commença malement à traictier luy et sa gent; constraindre les vouloit à ce que il n'eussent chascun jour que vingt-deux deniers pour toutes choses. Et le duc, qui moult en fu courroucié, le chaça hors de la cité, et cil s'en ala à son fils qui estoit évesque de Paris. D'ilecque en avant eut le duc Richart et tint la terre de Normandie; et le roy Aigrold s'en retourna en Danemarche, et fist paix à Suène, son fils, qui du royaume

l'avoit chacié.

Note 246:
Id.-- id., c. 10.

Note 247:
Le.
C'est-à-dire:
Richard
.

Hues-le-Grant, qui bien véoit que le duc Richart proufitoit et amendoit en sens et en force, fist tant, par l'assentement Bernart, son oncle, le conte de Senlis, qu'il lui affia[248] sa fille, qui avoit nom Emma.

Note 248:
Luy affia.
Lui fiança, ou seulement lui promit. Wace emploie la même expression:

Li dus out deus enfés d'une dame enorée,

Un fils et une fille, mes la fille est poisnée;

Ne pooit por l'aage estre encor mariée,

Mès li dus l'afia; ke li seroit donnée

Dès qu'ele porroit estre par raison mariée.

(Vers 3871 et suiv.)

VII.

ANNEE: 946.

Coment Othon, le roy d'oultre le Rhin, tint à grant ost sur les Normans par le conseil le roy et Arnoul le conte de Flandres. Coment il assailli la cité de Rouen, et coment il perdi son nepveu. Et coment il s'enfui.

Ceste chose espoventa moult le roy et plusieurs des barons de France, et meismement le conte Arnoul de Flandres, homme plain de grant trayson et de tricherie. Le roy regarda que ces deulx ducs, qui ensemble estoient joins par affineté, le povoient moult grever; et pour ce envoya Arnoul, conte de Flandres, par son conseil meisme à Othon, le roy d'outre le Rin, et luy mandoit que s'il abatoit Hues-le-Grant du tout en tout, il luy rendroit toute la terre de Normandie en sa main, et luy rendroit le royaume de Loraine (que les hoirs de France tenoient au temps de lors.) Et cil, qui moult fu lié quant il oy la promesse qu'il avoit tousjours désirée, assembla son ost comme il put plus et si grant comme il convenoit à tel besoingne. Les osts le roy Loys et les gens au conte de Flandres assembla avec les siens et courut à grant force sur la terre Hues-le-Grant; et quant il eust tout gasté ce que il trouva dehors les murs des chasteaux, il retourna en Normandie.

Un sien nepveu envoia devant la grant chevalerie, pour espouvanter la cité; si cuida que les Normans, qui dedens se tenoient, ne fussent de nulle prestesse; aux portes commença forment à assaillir, et ceux dedens ouvrirent soudainement les portes et leur coururent sus. Le nepveu le roy Othon occistrent dessus le pont et tant des aultres qu'il en eschappa petit. Après vint le roy Othon et le conte Arnoul à toute leur gent; [249]et quant le roy Othon vist que la cité estoit si fort, et il eut d'autre part oy la mort de son nepveu et la desconfiture de sa gent, si commença à conscillier sa gent privéement dedens l'abbaye Saint-Oyen[250], coment il livreroit au roy le conte Arnoul, et puis à ordonner coment il s'en pourroit plus surement retourner. Mais quant le conte Arnoul apperçu que il

béoit ce à faire, si fist trousser son harnois à mienuit et se mist à la fuyte, luy et sa gent; si que les aultres, qui pas ne le savoient, avoient grant paour de la freinte[251] de leurs chevaux.

Note 249:
Willelm. Gemet. hist., lib. IV, cap. 11.

Note 250: L'église de Saint-Ouen étoit alors dans le faubourg, comme le remarque Guillaume de Jumièges. «Cum suis clam cœpit consultare infrà ecclesiam sancti Petri sanctique Audoeni, quæ in suburbio sita est civitatis.»

Note 251:
Freinte.
Le hennissement.

Au matin sceurent les deulx roys que le traytre s'en estoit alé. Tantost firent trousser leurs harnois et s'en alèrent, sans plus faire, par là meisme où il estoient venus et laissèrent le siège. Et les Normans issirent hors et s'appareillèrent et les enchauscièrent longuement, et assez en occistrent et pristrent. Celle fin dut bien avenir à celle besoingne qui par le conseil Arnoul le traystre fu commencée.

[252]Hues-le-Grant, qui moult fu dolent de sa terre qui estoit gastée, assist la cité de Poitiers. Tandis comme il tenoit le siège, leva un estorbeillon, et commença à espartir et à tonner si forment et venter, que ses paveillons furent desrompus d'amont jusque aval; et paour luy prist si grant, luy et tout son ost, qu'il leur sembloit qu'il ne peussent eschapper de ce pays: tantost tournèrent tous en fuye. Tout ce fist Nostre-Seigneur par le mérite saint Hilayre, qui est garde et deffendeur de la cité, (jà soit ce que son corps ne gise pas dedens. Mais qui vouldra son corps aourer, si voist à St-Denys, en France, où il repose honourablement[253]).

Note 252: Notre traducteur quitte ici Guillaume de Jumièges et passe au texte de Hugues, moine de Floury. (Voy.
Historiens de France
,

tome VIII, p. 323.)

Note 253: On voit que c'est ici le moine de Saint-Denis qui croit devoir ajouter un mot au récit de Hugues, moine de Fleury.--*Voist*,

aille.

Incidence.
En ce temps plut sanc sur les ouvriers des champs.

Ci fénist l'istoire du roy Loys.

CI COMENCENT LES GESTES LE ROY LOTHAIRE, FILS LE ROY LOYS.

I.

ANNEE: 960.

Coment Lothaire, l'ainsné fils le roy Loys, fu couronné à Rains. Après, coment Thibaut, le conte de Chartres, accusa faussement le duc Richart de Normandie envers la royne Engeberge.

[254] En celle année meisme que ces choses avindrent mourut le roy Loys. Enterré fu en l'églyse Saint-Remy de Rains. Tout le cours de sa vie se déména en angoisses et en tribulution. Deulx fils eut de la royne Engeberge, la sereur Othon qui puis fu empereur: Lothaire et Charles. Cil Charles mena sa vie en privées besoingnes. Lothaire, l'ainsné, couronnèrent les barons à Rains devant les ydes de novembre.

Note 254:
Ex chronico Hugonis monachi Floriacensis, anno 954.

En celle année mourut Gillebert, le duc de Bourgoingne; la duchée laissa à Othon, le fils Hues-le-Grant; car cil Hues avoit sa fille espousée.

Bien sentit Hues-le-Grant que la fin de son temps approchoit. Les princes de sa duchée manda et par leur conseil livra Hues, l'ainsné de ses fils, au duc Richart de Normandie. De ce siècle trespassa vieux et plain de jour ès kalendes de juingnet. Enseveli fu en l'églyse Saint-Denys, en France. Trois fils eut de sa femme, la fille Othon, roy de Saissoingne, Hues, l'ainsné,

Othon et Henry; cil Hues fu fait duc de France, Othon duc de Bourgoingne,

si comme nous avons dit, et Henry, son frère, refu duc après sa mort.

Incidence.
--En ce temps mut contens entre Ensegise, l'évesque de Troies,

et le conte Robert. Au derrenier le geta, le conte Robert, de la cité et

l'évesque s'en ala en Sassoingne à l'empereur Othon. Grant plenté amena des

Sesnes et assist la cité de Troies et le conte Robert. Du siège se

despartirent les Sesnes et alèrent en proie vers la cité de Sens; mais

l'archevesque Archambaut et le vieus conte Renart leur furent au-devant à

grant gens à un lieu qui a nom Villers et les occistrent et Herpon leur

prince. Cil Herpon s'estoit vanté qu'il ardroit les églyses et les villes

qui sont sus la rivière de Venene[255], et qu'il ficheroit sa lance en la

porte St-Lyon; mais il fu tout autrement, car il et sa gent furent prins et

presque tous occis; son corps firent porter[256] en son pays en Ardenne;

car sa mère, Warna, l'avoit ainsi devisé. L'archevesque Archambault et le

vieus conte Renart le plainstrent et regrettèrent assez, tout fust-il par

eulx occis, pour ce qu'il estoit leur cousin. Et quant Brunon (compains

estoit de Herpon), un autre duc, vit qu'il fu occis et sa gent desconfite,

si se leva du siège et s'en retourna en son pays.

Note 255:
Venene,
la Vaine, rivière qui se perd dans l'Yonne, justement à l'entrée de la ville de Sens.

Note 256:
Firent porter. Le latin attribue ce transport aux serviteurs de Herpon. «Reportatus est in patriam suam Ardennam à servis suis.»

[257]En ce temps commença le conte Thibaut de Chartres à guerroier le duc Richart de Normandie; et prit sa terre à gaster et à proier. Mais le duc ne se souffri pas[258] longuement que il ne chastoiast sa présompcion; et quant le conte veit qu'il ne pouvoit venir à chief par luy d'omme si puissant, si se tirast à la royne Engeberge et luy commença à dire mauvaises paroles et fausses du duc, et luy fist entendre que jà le roy Lothaire, son fils, ne tendroit son royaume en paix tant comme il vesquit; dont ce seroit le souverain conseil que elle féist tant en toutes manières que si grant ennemi feust chacié du royaume ou occis. La royne, qui feust déçue, cuida qu'il déist voir. Tantost manda à Bruns l'archevesque de Couloingne et duc, son frère, qu'il aydast Lothaire, son nepveu, à garder et à deffendre son royaume; et s'il pouvoient en nulle manière, qu'il

préissent Richart, duc de Normandie, car c'estoit le plus grant et le plus fort ennemi du royaume. L'archevesque Bruns envoia tantost un évesque au duc et luy manda qu'il ne laissast mie qu'il ne venist à luy à parlement en Amienois, car il vouloit mettre paix entre luy et Lothaire le roy; et feist, sé il pouvoit, que le royaume feust en sa pourvéance, et le duc qui n'y pensa à nul mal pensa que ce fust voir. Tantost vint, et quant il fust meus, deulx chevaliers luy vindrent au-devant qui estoient de la mesnie au conte Thibaut de Chartres, desquels l'un luy demanda: «Noble duc, où vas-tu? Veulx-tu estre duc de Normandie, ou estre pasteur de brebis hors de ton pays?» Et le duc leur demanda à qui il estoient chevaliers; et l'un des chevaliers luy dist: «Que te chaut à qui nous soions? tu scés bien que nous ne sommes pas à toy.» Lors s'averti le duc et se pensa qu'il estoient envoiés de qui que ce feust ou venus de leur volonté pour son bien et pour le avertir. Honorablement les salua. Au départir donna à un une armille[259] de fin or de quatre livres pesant; à l'aultre donna une moult riche espée dont le pommel et l'enheudeure[260] estoient de fin or de ce pois meisme. D'ilecques s'en retourna à Rouen et l'archevesque Bruns se retourna à Couloingne, mas et confus de ce que sa trayson estoit ainsi découverte.

Note 257:
Willelm. Gemetic. historia, lib. IV, c. 13.

Note 258:
Ne se souffri pas
. Ne patienta pas.

Note 259:
Une armille
. Un collier ou un bracelet. Plusieurs

manuscrits, et entre les autres le numéro 6 Suppl. franç., portent:

Un fermeillet
.

Note 260 L'
enheudeure
. La poignée.

II.

ANNEE: 962.

Coment le roy Lothaire et sa mère, par le conseil du conte Thibaut, se pourpensèrent de trayson et de desloiauté contre le duc Richart de Normandie.

[261]Bien vit le roy Lothaire et la royne sa mère que celle desloiauté, qui contre le duc Richart avoit été pourparlée, estoit à noient venue; pour ce, se pourpensa d'une autre manière de desloiauté par l'énortement et par le conseil le conte Thibaut de Chartres, et manda au duc telles paroles: «O tu, jusques à quant atendras-tu à moy rendre le service que tu me dois? Ne scés-tu bien que je suis roy de France, et que tu me dois hommage et services? N'auroient grant joie mes ennemis et les tiens sé guerre mouvoit entre moy et toy? Regarde doncques et mets jus de ton cuer toute manière de
haines et de discordes et viens encontre moy hastivement, si que nous fermons entre nous alliance et amour à tousjours mais, et s'esjoïsse le roy du service de si grant duc, et le duc de la seigneurie de si grant roy.» Et le duc luy remanda que volentiers viendroit à luy et qu'il feroit sa volenté.

Note 261:
Willelm. Gemet. historia, lib.

IV, c. 14.

Quant le roy oï ce, si fu moult lié; lors manda les ennemis Richart, c'est assavoir le conte Baudouyn de Flandres, Geffroy le conte d'Angiers et Thibaut le conte de Chartres, et vint à tous ces trois contes sur la rivière de Eaune[262], là où il dévoient assembler; et le duc fu d'autre part de l'eaue avec sa gent. Toutesfois s'apensa-il et envoia aucuns de ses plus privés oultre l'eaue en l'ost le roy pour savoir coment il se contenoient. Si s'apperçurent tantost que cil trois ducs s'appareilloient pour courre contre le duc; tantost s'en retournèrent et luy distrent et loèrent qu'il s'en retournast isnellement, car il estoit traïs et que ses ennemis s'appareilloient efforciement de courre sus luy et sus sa gent. Lors assembla les siens entour luy et deffendi un pou le passage de l'eaue contre ses ennemis. Toutesfois, pour ce qu'il se doubla de la force du roy, s'en retrait et s'en retourna à Rouen.

Note 262:
Eaune
, rivière qui se jette dans la Béthune et dans

l'Arques, à peu de distance du Dieppe.

[263]Le roy, qui vit que son project estoit anéanty, s'en retourna à Loon ainsi comme tout desvé. Ne demoura pas granment qu'il assembla grant ost de
Bourgoingne et de France, si entra en Normandie et assist la cité d'Evreux;

et toutesfois la prist-il par la trayson Gillebert Machel. Au conte Thibaut la livra en garde pour destraindre le pays d'environ. Et quant il s'en fu parti et mis el retour, le duc Richart le suivist et gasta toute la contrée de Dunois et celle de Chartres. Et quant il eut ainsi gasté la terre au conte Thibaut, si s'en retourna en Normandie. Et le conte Thibaut rassembla
son ost et assist un chastel qui a nom Hermeville; si séoit en la terre du duc; et le duc, qui estoit sage et pourveu, trespassa par nuit la rivière de Seine et vint au matin soudainement sur ses ennemis. En leur ost se feri et occist de la gent le conte Thibaut six cent quarante personnes; et les autres s'enfuirent que navrés que blessiés et se repostrent en bois et en valées, là où il porent mieus. Le conte meisme eschappa à paines, et s'enfuy reponnant à pou de gens, mas et confus, jusques à Chartres. Et si comme Nostre-Seigneur rent à chascun sa desserte, luy avindrent deulx autres meschiefs avecques celle perte, car en celuy meisme jour fu son fils mort et la cité de Chartres arse. Et le duc, qui repaira[264] au champ de la bataille, eut moult grant pitié de ceulx que il vit occis, et commanda qu'il fussent enterrés et les navrés fussent portés à Rouen au plus souef que l'en pourroit et livrés aux mires. Ainsi fu fait; et quant il furent garis, il les en renvoya sains et haitiés au conte Thibaut.

Note 263:
Willelm. Gemet. hist., lib. IV, cap. 15.

Note 264:
Repaira.
Resta, fit séjour.

III.

ANNEE: 962.

Coment le duc Richart envoia querre secours contre le roy à Héralt, roy de Danemarche, lequel luy envoia grant plenté de gens d'armes qui ardirent et destruirent grant partie de France.

[265]Bien véoit le duc les maies volentés que le roy avoit à luy et les agais que il luy bastissoit par les conseils et par le pourchas le conte Thibaut, et d'autre part les barons de France forcenés contre luy, ainsi comme tous d'un accort: si ne sceut que faire s'il ne quéroit secours d'aucuns gens.

Note 265:
Willelm. Gemet. hist., lib. IV, cap. 16.

Pour ceste chose envoya ses messages à Héralt, le roy de Danemarche, et luy prioit que il le secourust et que il luy envoyast si grant plenté de gent que il peust donner et abatre l'orgueil des François. Le roy receust les messages liement et leur donna dons; et remanda au duc qu'il luy envoleroit secours prochainement. Bien luy tint son convenant; car il appareilla tantost grant navie et bien garnie de jeune bachelerie et de toutes manières d'armeures. De leur pays se départirent et singlèrent tant par mer qu'il arrivèrent là où Saine chiet en la mer.

Moult fu lié le duc quant il sceut leur venue. A l'encontre leur alla et vint avec eulx contre mont Saine jusques à Gondolfosse[266]. Là s'arrestèrent jusques à tant qu'il oient ordené comment il dégasteroient France.

Note 266:
Gondolfosse.
Aujourd'hui
Gefosse
, lieu situé entre

Vernon et Bonnières, sur la Seine. En latin:
Givoldi fossa
et

Ginoldi fossa
. Le roman de Rou:

A Guiefosse alèrent, illau se herbergèrent....

(Vers 4916.)

De leurs nefs issirent à grant tumulte et à grant noise: par le pays s'espandirent et ardirent et destruirent quanqu'il trouvèrent avant eulx. Les hommes et les femmes traynoient enchayennés; les villes et les cités roboient; les chasteaux et les forteresses trébucheoient et metoient en gastines. Partout oïssiés crier et braire communément; et quant la terre le conte Thibaut feust gastée, si entrèrent après en la terre le roy; et ce qu'il ravissoient vendoient-il aux Normans et leur donnoient pour petit de prix; mais en la terre de Normandie ne faisoient-il nul mal.

IV.

ANNEES: 962/991.

Coment le roy Lothaire ala à amendement au duc Richart de Normandie, et coment il fermèrent pais et aliance ensemble.

[267]Tandis comme ces persécutions se faisoient au royaume de France, les prélas s'assemblèrent et furent en concile à Loon. En la parfin envoyèrent l'évesque de Chartres au duc Richart pour enquerre la raison de quoy si grant cruauté venoit de si bon crestien et de si débonnaire prince; et quant l'évesque eut entendu que c'estoit pour la cruauté le roy et pour la desloyauté du conte Thibaut qui luy avoit osté la cité d'Evreux, si demanda trièves des païens et les eut, de telle manière que dedans le terme des trièves le prélat amenroit le roy en aucun lieu déterminé pour faire amendement au duc de quanque il avoit mespris vers luy.

Note 267:
Willelm. Gemet. hist., lib. IV, cap. 17.

Bien sceust le conte Thibaut la nouvelle de ceste besoingne et que le roy requeroit paix au duc. Si se doubta moult que le fais et la paine de toute la desloiauté n'eschéist sur luy. Au duc envoya un moine et luy manda que moult se repentoit de ce qu'il avoit oncques vers luy mespris et que moult volentiers vendrait à sa court et luy rendroit la cité d'Evreux. Moult fu le duc lié de ce mandement: puis luy manda qu'il venist à luy seurement; et il vint à sa court et lui rendi sa cité. Ensemble fermèrent paix et amour; et luy donna le duc grans dons au départir. Quant le terme du parlement approcha, que les prélas durent amener le roy à Gondolfosse, le duc fist faire grans loges en l'ost des païens. Là descendi le roy et les prélas et les barons. Au duc amenda toutes les mesprisons dont il s'estoit mesfait vers luy, et donnèrent les uns aux autres serement de paix et d'alliances à tousjours mais. Et ces choses ainsi profitablement faites, se départirent d'une part et d'autre. Et le duc converti plusieurs des païens à la foy crestienne, puis les envoya en Espaingne sur les Sarrazius, où il destruirent dis-huit cités[268].

Note 268: Le texte de cette dernière phrase est mal traduit. «Alios in paganismo permanere disponentes, ad Hispanias transmisit. Ubi plurima bella perpetrantes, decem et octo diruerunt urbes.» Waco n'a pas commis ce contre-sens.

[269]En ce temps morut Emma la duchesse, sans nul hoir, qui eut esté fille Hues-le-Grant. Après un pou de temps espousa le duc une moult noble dame de

la gent de Saissoingne qui avoit nom Gunor. En celle engendra trois fils: Richart, Robert et Mangier; et deux autres fils et trois filles: la première, qui eut nom Emma, espousa puis Aldelrede, le roy d'Engleterre. De

celle issirent deux fils, Counars et Alurés[270]. La seconde, qui eut nom Helduys, espousa Geffroy, le conte de Bretaingne. De celle issirent OEudes et Alain, qui puis furent ducs; et la tierce, qui eut nom Maheut, fu espousée au conte Heudon, dont l'istoire parlera cy-après[271]. [272]Cil vaillant duc Richart mouteplioit tousjours en bonnes œuvres et restoroit et édifioit églyses. A Fescanp fonda une églyse de grant beauté et de merveilleuse grandeur en l'honneur de la sainte Trinité et l'ournaet garni de riches aournemens; et celle de Saint-Oyen restora, qui est en la cité de Rouen, et celle aussi de Saint-Michel, qui est au Péril-de-Mer[273], et establi laiens un couvent de moines pour servir Nostre-Seigneur.

Note 269:
Willelm. Gemet. hist., lib. 4, cap. 18.

Note 270:
Counars et Alurés.
Le latin dit: «Edwardum et Alvredum,

Godwini longo post tempore dolis interremptum.»

Note 271:
Ci-après.
Guillaume de Jumièges dit: «Mathildis de quâ

sermo in posteris orietur.» Ce qui semble différent.

Note 272: Ici notre auteur traduit la chronique d'Ademar de

Chabanois, dont on trouve un extrait dans le tome 8 des Historiens de France, p. 235.

Note 273:
Au péril de mer.
Adémar do Chabanois fait sur ce nom la remarque suivante qui rappelle la topographie des romans de la Table ronde:
Et in ea Normannia quæ anteà vocabatur Marcha Franciæ et Britanniæ, monasterium Sancti-Michaelis, etc.

[274]En ce temps mourut Hues, l'archevesque de Rouen. Après luy fu Robert,

qui fu fils le duc Richart[275].

Note 274:
Willelm. Gemet. hist., lib. IV, cap. 19.
(Voy. Historiens de France, tome X, p. 184.)

Note 275: Et de *Gunnor*.

Li secuns fu à lettres mis:

Robert ot nun, bien fu apris;

Arcevesque fu de Ruen

Emprès l'arcevesque Huen.

(Wace. Vers 5408.)

[276]Ne demoura puis granment que le roy Lothaire assembla grans osts et voult à soi retraire le roïaume Lothaire qui au temps le roy Loys son père eut esté soustrait au royaume. Jusques à Ais-la-Chapelle ala où l'empereur Othes et sa femme estoient. Lors, si les surprist que il s'embati sur eulx au palais, à celle heure que il se devoient asseoir au mangier. Au palais entra sans contredit de nulluy. L'empereur et sa gent et sa femme vuidèrent le palais et s'enfuyrent; et cil burent et mangièrent ce qu'il y avoit appureillié; et Lothaire et sa gent robèrent le palais et toute la province; puis s'en retourna en France sans suite de ses ennemis et sans contredit.

Note 276:
Ex chronico Hugonis Floriacensis.
(Histoire de France,

tome 8, p. 323.)

L'empereur Othes, qui moult fu dolens de ce que Lothaire l'eut ainsi surprins, rassembla ses osts. En France entra et vint devant la cité de Paris. Devant la cité fu occis un sien neveu et maint autre de sa geut. Les forbours de la cité ardirent et gastèrent. Vanté s'estoit l'empereur Othes que il ficheroit sa lance en la porte de Paris; et le roy Lothaire se pourchaça[278] et appela en son ayde Hues-le-Grant, qui duc estoit de France, et Henry, le duc de Bourgoingne. Sur Othes et sur sa gent coururent; et la gent Othes ne les purent souffrir, si se mistrent à la fuite et cil les enchascèrent jusques à Soissons et par force les firent flatir en la rivière d'Aigne. Et pour ce que du royaume ne savoient pas les gués, se noïèrent, et plus en y eut de noïés que d'occis, si que la rivière redonda par-dessus les rives pour la plenté des corps noïés; et pour ce ne laissa pas Lothaire à eulx chascier; ains les enchauça continuelment trois jours et trois nuis jusques à une rivière qui court de lez Argonne[272] et moult en y eut d'occis en celle chace. A tant retourna le roy à grant victoire, et l'empereur Othes s'enfuy à grant confusion; né puis ne fu si hardi que retournast en France, ains s'accorda au roy et fist paix, en celle année meisme, en la cité de Rains. Et luy dona le roy en bénéfice le roiaume Lothaire, contre la volenté Hues-le-Grant et Henry, le duc de Bourgoingne, et de tous les barons; et ce fu une chose qui trop durement courouça les barons de France.

Note 277:
Se pourchaça.
Se donna du mouvement, se mit en quête. De

même dans
Garin Le Loherain
, tome 1er, p. 180:

«Sire, dist-il, entendez envers mi:

Porchasciés
s'est Fromons, ce m'est avis;

Il a tant fait que il a feme prins.»

Note 278: Hugues de Fleury dit: «Usque ad fluvium quod fluit juxta

Ardennam
sive
Argonnam
.»

[279]En ce temps fu Gautier, doyen de l'abbaïe St-Germain, dessoubs Hues le

duc de France. Après luy fu un autre qui avoit nom Auberis; mais

Hues-le-Grant, qui tendoit à plus grant chose, laissa l'abbaïe qui moult

estoit jà dommagiée et venue à néant, en temporalité et en spiritualité,

par le deffaut de pasteur et de gouverneur. Et le vaillant Galles la prist

après en cure, par la prière du roy Lothaire et le duc Hues meisme qui

moult de biens y fist.

Note 279:
Aimoini continuatio, lib. V, c. 44.

Maladie prist le roy Lothaire au lit; acoucha et trespassa de ce siècle

vieux et plain de jours, en l'an de l'Incarnacion Nostre-Seigneur neuf cent

quatrevins-six. En l'abbaïe St-Remy de Rains fu mis, et fu mors au

trentième an de son règne et gouverna le royaume bien et viguereusement.

§.

Du roy Loys, fils de Lothaire.

Après le roy Lothaire fu le roy Loys couronné. Jeune estoit d'aage. Luy régna neuf ans. Mors fu sans hoir en l'an de l'Incarnation neuf cent neuf vingt et sept. Enseveli fu en l'églyse Saint-Cornille de Compiengne. (De luy né de ses fais ne parole pas l'istoire, ains s'en taist atant; et pour ce, nous en convient taire.)

§.

De Charles, frère au roy Lothaire.

Après le roy Loys vint au royaume Charles, le frère Lothaire, dont l'istoire a dessus parlé, qui menoit sa vie en privées choses. Recouvrer cuida la lignée de ses ancesseurs pour ce que son nepveu le roy Loys estoit mort sans hoir; mais faire ne le pot, pour la force Hues Cappet qui en celle année meisme se rebella contre luy. Et la raison si estoit pour ce qu'il[280] avoit espousée la fille Herbert, le conte de Troies. Grant ost assembla et assist la bonne cité de Laon où Charles et sa femme estoient; et il issi hors contre luy à tout son ost, et ardi et craventa leur herberges. Quant le duc vit qu'il ne le porroit ainsi seurmonter, si fist tant qu'il trait à son accort l'évesque de la cité de Laon qui avoit nom Asselins et qui du conseil Charles estoit. Une nuit que Charles et sa gent se dormoient, ouvri les portes de la cité et reçu dedens Hues-le-Grant et sa gent, pris fu et lié Charles et sa femme et mené en prison en la cité d'Orléans. L'istoire ne l'appelle pas roy, pour ce qu'il n'avoit oncques esté couronné.

Note 280:
Pour ce qu'il.
Pour ce que Charles avoit épousé, etc.

Par la force le duc Hues tant demoura en prison en la tour d'Orléans, que sa femme eut deulx enfans: Loys et Charles, et deulx filles: Ermengart et Gerberge. Ermengart fu mariée à Aubert, conte de Namur. (Puis que le duc Hues vit que les hoirs et la lignée le grant Charlemaines fu destruite et ainsi comme faillie et que il n'eut mais nulluy qui le contredéist,) si se fist couronner en la cité de Rains.

Ci faut la génération du grant empereur et roy Charlemaines.

[281]Cy faut la lignée du grant roy Charlemaines et descent à la lignée et

aux hoirs Hues-le-Grant, que l'en nomme Cappet, qui duc estoit de France au

temps de lors. Mais puis fu elle recouvrée[282] au temps le bon roy Phelippe-Dieudonné. Car il espousa, tout appenséement pour la lignée Charles-le-Grant recouvrer[283], la royne Ysabelle, qui fu fille le conte Baudouin de Henaut. Et cil Baudouin fu descendu de madame Ermangart, qui fu

fille Charles, le conte que le roy Hues Cappet fist tenir en prison à Orléans, si comme l'istoire a là-dessus compté[284]: dont l'en puet dire certainement que le vaillant roy Loys, fils le bon roy Phelippe, qui mort fu à Monpencier au retour d'Avignon, fu du lignage le grant roy Charlemaines; et fu en lui recouvrée la lignée Charlemaines, et son fils aussi le saint hom qui fu mort au siège devant Thunes, et cil roy Phelippe, qui maintenant règne et tous les autres qui de luy descendront, sé la lignée ne deffaut, dont Diex et messire Saint-Denys la gart[285]!

Note 281: Ce préambule et le chapitre entier de Hugues Capet sont omis dans le manuscrit de Charles V, n° 8395.

Note 282:
Puis fu-elle recouvrée.
Plus tard, la lignée de

Charlemagne rentra-t-elle en possession de la couronne.

Note 283:
Tout appenséement pour, etc.

Précisément dans l'intention de faire rentrer la couronne dans la famille de Charlemagne.

Note 284: Le texte suivi par don Brial est, dans cette circonstance, fautif.

Note 285: On voit par ces dernières paroles que c'est au roi Philippe-le-Hardi qu'il faut reporter la plus ancienne traduction de nos chroniques.

CI COMMENCENT LES FAIS DU ROY HUES CAPPET.

§.

ANNEE: 995.

Coment fist guerre à Arnoul, conte de Flandres; et coment à tort fist dégrader l'archevesque de Rains. Coment le pape escomenia tous ceux qui l'avoient dégradé; coment il fu remis en son siège, et de la mort le roy Hues.

(En la nouvelleté que le roy Hues fu couronné, en la manière que vous avez oï),[286] ne luy voult obéïr Arnoul, le conte de Flandres. Dont le roy assembla grant ost et ala contre luy, et luy tolly tout Artois et tous les chasteaux et forteresses qui estoient sur une eaue qui a nom Lys. Lors fu le conte Arnoul moult dolent pour son dommage et pour la male volenté du roy. Au duc Richart de Normandie s'en ala et luy pria moult qu'il pourchassast sa paix vers le roy et vers les barons de France. Et le franc duc, (qui pas ne prenoit garde à la desloiauté du conte, par cui trayson meisme son père avoit esté occis), s'en ala au roy à parlement, et fist tant vers luy que il pardonna au conte son mautalent et luy rendi sa terre.

Note 286:
Willelm. Gemet. hist., lib. IV, cap. 19.

[287]En ce temps estoit archevesque de Rains un preudhomme qui avoit nom

Arnoul. Frère avoit esté le roy Lothaire de bast[288]. Moult luy portoit le roy grant envie, pour ce qu'il estoit du lignage le grant roy Charlemaines, et le vouloit du tout esteindre et anéantir. Pour luy dégrader fist assembler un concile en la cité de Rains; et fist semondre Seguin, l'archevesque de Sens et tous ses évesques. En ce concile fist abatre et deposer l'archevesque Arnoul par mautalent de son frère Charlon que il tenoit en prison; et disoit que un bastart ne devoit mie estre en telle prelacion. En prison le fist mettre avec Charles, son frère, en la cité d'Orléans. En lieu de luy fist mettre et ordener au siège un moine qui avoit nom Gerbers. Cil Gerbers estoit grant clers et philosophe et avoit esté maistre à Robert, le fils le roy Hues; mais à la déjection de Arnoul et à la promocion de Gerbers ne se voult oncques accorder le vaillant Seguin, archevesque de Sens; tout l'eust le roy commandé, qui forment les contraingnoit à ce qu'il s'accordassent à sa volenté: mais les autres s'accordèrent à ce, qui plus doubtèrent un roy terrien que le souverain roy des roys. Mais l'archevesque Seguin, qui plus doubtoit Dieu que homme, en reprist le roy devant tous et le contredist tant comme il peust. De ce fu le roy si durement courroucé qu'il le fist jeter hors de l'églyse

Nostre-Dame vilainnement. Trois ans demoura Arnoul desgradé. A la parfin fu ceste chose annoncíée à l'apostole, qui moult le porta grief. Tous les évesques qui avoient Arnoul desgradé escommenia et qui avoient Gerbers ordené. Et envoia l'abbé Léon à Seguin, l'archevesque de Sens, et luy manda qu'il assemblast un concile en la cité de Rains et rappelast, sans demeure, Arnoul et le restablist en son siège. Quant le conseil fu assemblé à Rains, Seguin, l'archevesque, fist le commandement de l'apostole; et fu l'appelé Arnoul de prison et restabli en son siège. Et Gerbers, qui bien entendi qu'il avoit receu contre droit l'archeveschié, s'en repenti moult et forment disputa contre l'abbé Léon messagier à l'apostole. La disputoison d'eulx, qui moult est profitable, trouveras escripte ès fais des apostoles de Rome. Après fu ce Gerbers esleu à l'archeveschié de Ravennes, par l'empereur Othes et le peuple de la cité. Par plusieurs ans tint l'archeveschié, jusques à tant que l'apostole mourut; lors requist le peuple de Rome que il leur fust donné et ainsi fu-il apostole.

Note 287:
Ex Orderici Vitalis ecclesiastica historia, lib. 1.

(Voyez Historiens de France, tome X, p. 234.) Le même texte se trouve dans la continuation d'Aimoin, lib. V, c. 45.

Note 288:
De bast.
C'est-à-dire
bâtard
, quoiqu'en aient cru les

éditeurs du 10ème volume des Historiens de France. Dom Bouquet, comme

on sait, n'a poursuivi son excellent travail que jusqu'au milieu du

9ème volume. Ses successeurs, moins habiles que lui, sont, jusqu'au

12ème, doms Haudiquier frères, Housseau, Précieux et Poirier.

L'an de l'Incarnation de Nostre-Seigneur neuf cens quatre-vins dix-huit

mouru le roy Hues. Enseveli fu en l'églyse Saint-Denys avec les autres

roys. Poi plus d'un an gouverna le roiaume de France[289].

Note 289: Ces dates sont inexactes. Hugues Capet fu couronné en 987, et mourut le 24 octobre 996.

CI COMMENCE L'ISTOIRE DU BON ROY ROBERT.

I.

ANNEE: 998.

Coment le roy Robert fu preudhome et bien morigené et bon clerc. Et coment il fit plusieurs nobles sequences de l'églyse. Après, coment Melun fu livré par traïson, et coment il fu recouvré par le roy.

[290]Auprès le roy Hues, gouverna le roïaume son fils, le roy Robert qui,

au temps, son père meisme, avoit esté couronné. Moult fu cil roy débonnaire

et attrempé, et l'un des mieux entechiés de tous les roys et des mieux

morigenés; preudom et loial, et moult aima sainte églyse. Bon cler fu et

merveilleux trouverre de beaux dis en sequences et en respons que l'en

chante en sainte églyse, comme la sequence du Saint-Esperit:
Sancti
Spiritûs adsit nobis gracia
; et le respons de la vigile de Noël:
O Judæa
et Jherusalem!
et ce respons des martyrs:
O Constancia martirum!
[291] et

ce respons de Saint-Père:
Cornelius Centurio
.

Note 290:
Ex chronicâ regum Francorum.
Des fragmens de cette

chronique renfermée dans le manuscrit du roi, fonds de Colbert n° 1320, ont été données dans le tome X des Historiens de France, p. 301.

Note 291: La chronique de St-Bertin s'exprime ainsi: «Ipse habuit uxorem reginam nomine Constantiam quæ semel rogavit eum ut aliquid in ejus memoriam faceret. Composuit igitur
R. *O Constantia martyrum!*

Quod regina propter vocabulum
Constantia
, suo nomine credidit esse factum.»

(Hist. de France, tome X, page 299.)

Le jour de la feste Saint-Père un jour estoit à Rome: présens estoient l'apostoile et les cardinaulx. Et le roy s'en ala à l'autel et mist dessus une escro[292] ou cil respons estoit escript et noté; si l'avoit nouvellement trouvé. Si cuidèrent tous qu'il eust fait une grant offrande; et quant il y gardèrent si n'y trouvèrent autre chose. Et tout fust-il grant cler, si fu il bon roy et vertueusement gouverna le roiaume et mist soubs pié et plaissa[293] ses rebelles.

Note 292:
Escro.
Billet, papier, rollet. La formule la plus commune des mandats, dans le moyen-âge, commence ainsi:

*Baillés escroe de
telle somme à, etc.*

Note 293:
Plaissa.
Maltraita.

[294]En sa nouvelleté avint que tandis comme Bouchart, le conte de Melun, estoit à sa court, Gautier, un sien chevalier, et sa femme, en cuy garde le chastel estoit demouré, le livra au conte Hues[295] par grans dons que il luy donna. Au roy s'en complaint le conte Bouchart, et le roy manda tantost au conte Hues, que il rendist au conte Bouchart son chastel que il luy avoit mauvaisement soustrait. Cil qui se fia en la force du chastel pour la rivière de Saine qui cueurt tout autour, remanda au roy que jà tant comme il vivroit ne se rendroit né à luy né à autre.

Note 294:
Willelmi Gemet. hist., lib. V, c. 14.

Note 295: Hues, comte de Troyes.

De ceste response fu le roy moult courouciè. Au duc Richart de Normandie manda qu'il venist à luy pour telle besoingne, et il y vint moult liement à grant force de gent. Le chastel assist d'une part et le roy d'autre.
Drecier firent les engins et assaillirent forment et par jour et par nuit.
Si virent ceulx dedens que il ne le pouvoient longuement tenir contre la

force le roy: si orent conseil que il le rendroient sauves leurs vies. Ainsi ouvrirent les portes et reçurent le roy et le duc dedens. Gautier, qui le chastel avoit tray, livrèrent; et le roy le fist tantost pendre, luy et sa femme, et puis rendi le chastel au conte Bouchart. Atant prist le duc congié de retourner en son pays, et le roy le mercia moult de son secours.

[296]
Incidence.
--En celle année, qui fu neuf cent nonante et neuf, commença Seguin, le vaillant archevesque de Sens, à restorer l'abbaïe Saint-Pierre-de-Melun et y mist un abbé qui avoit nom Gautier. En ce temps mouru le vieux Reinart, conte de Sens, qui maint mal avoit fait. Enseveli fu en l'églyse Sainte-Colombe de Sens. Après luy tint la conté son fils Fromont. Espousée avoit la fille Régnault, le conte de Rains[297].

Note 296:
Chronicon Hugonis Floriacencis.
(Historiens de France,

tome X, f° 220.)

Note 297:
Comte de Rains.
Quel pouvoit être ce Regnault, comte de Reims, mentionné par Hugues de Fleury? C'est la première fois qu'il est parlé d'un comte laïe de cette ville, et c'est sans doute une erreur.

[298]
Incidence.
--En cel an trespassa Seguin, le honorable archevesque de Sens, qui fu l'an de l'Incarnation mil. Après sa mort fu l'églyse vaquante un an. Tout le peuple de la cité requéroit que le archediacre Leuthaire fust ordené. Cil Leuthaire estoit moult noble home de lignage et noblement aourné de meurs, mais plusieurs estoient contraires à luy, pour ce qu'il béoient à la dignité; et meismement le conte Fromont, fils le vieus Raihart, qui descendu estoit et né de mauvaise racine, contredisoit sa promocion pour un sien fils qui Brun avoit nom, dont il béoit à faire archevesque. Mais autrement avint si comme Dieu le volt; car quant tous les évesques furent assemblés, il jetèrent jus toute paour terrienne, et par la volenté de l'apostole, ordenèrent l'archediacre Leuthaire.

Note 298:
Hug. Flor. chronicon, anno 1000.

II.

ANNEE: 996.

Du duc Richart de Normandie; coment il ordena son fils Richart duc après lui, et coment il mouru.

[299]Le duc Richart de Normandie, lesquieux tesches sont exemple de bonne

vie, estoit jà moult desbrisié. Tant amoit paix que tous ceux que il savoit

en contens, il ramenoit en concorde ou par luy ou par ses messages.

Débonnaire père estoit à toutes gens de religion, au clergié prest aydeur.

Humilité essauçoit et abaissoit orgueil; les povres soustenoit, les veuves

et les orphelins nourrissoit et deffendoit.

Note 299:
Willelm. Gemetic. hist., lib. IV, cap. 19.

Quant il senti qu'il affoibloioit, si appela, une heure, le conte Raoul,

son frère, et luy demanda conseil coment il ordoneroit de sa terre. Cil fu

moult esbahi quant le duc luy parla de telle chose; mais toutefois luy

conseilla qu'il ordenast du commun estat du pays. Ses nobles homs manda, et

fist devant tous venir son fils Richart et parla en telle manière: «Mes

chevaliers et mes compaingnons, je ay esté vostre sire jusques au jour d'uy; mais puisque Nostre-Seigneur me vuelt à soy appeler, il me convient de vous partir. Pour ce, vous prie sé vous oncques m'aimastes, que vous obéissiez à mon fils, et que vous luy soyez loyaux ainsi comme vous avez tousjours esté vers moy, car vous ne me povez plus avoir à seigneur.» Quant

il eut ainsi parlé en plourant, toute la sale fu remplie de cris et de gémissemens, et quant ce fu passé si s'accordèrent à sa volenté: l'enfant Richart reçurent à seigneur et luy firent feauté et hommage, et le duc acoucha du tout, pour la maladie qui l'engregeoit. De ce siècle trespassa plain de jours et rendi son esprit, entre les paroles d'oroison.

(De son fils Richart peut-on moult de bien dire. A son père retraioit en graces et en vertus et en toutes bonnes tesches; et si ne fait pas moins à loer du père en victoire et en discipline de chevalerie.) [300]En armes fu moult esprouvé noblement, et sagement conduisoit ses osts en bataille et gouvernoit, et tousjours acoustumément avoit victoire de ses ennemis. Et tout fust-il ainsi abandonné aux choses temporels et au tumulte du siècle, si estoit-il ferme et entier en la foy crestienne et envers ceux qui Dieu servoient humbles et dévots; si que plusieurs églyses et abbaïes mouteplioit en son temps, soubs luy et soubs sa seigneurie.

Note 300:
Id., lib. V, cap. 17.

[301]Un frère avoit le duc Richart qui Guillaume avoit nom; si luy avoit donné la conté de Hiemes[302], mais il ne volt à luy obéir par aucuns mauvais amonestemens, et se vouloit soustraire de son hommage. De ce le chastia le duc aucunes fois par ses messages, mais amander ne se voult. A la parfin le fist prendre et mettre en prison; touteffois eschappa-il en derrenier par une corde que un sien chevalier luy pourchaça, et puis se mist à la fuite. Par jour se reponnoit, qu'il ne fust apperçeu, et par nuit fuioit tant comme il povoit.

Note 301:
Id., lib. V, cap. 3.

Note 302:
Hiemes.
C'est le comté d'
Hiesmes
, ainsi nommé du bourg

d'
Exmes
ou
Hiesmes
, à trois ligues d'Argenton. La chronique

latine, dont plusieurs fragmens sont transcrits dans les
Historiens
de France
, tome X, page 302, porte ici et plus bas:
Comitatum
d'Eu
. Guillaume de Jumièges écrit d'abord ici:
Oximensem
comitatum
; et plus bas:

Ocensem comitatum. Wace de même distingue

le *premier fief de Guillaume*,

A Willealme a *Vuismes donné*.

(Vers 6123.)

du second, le *conté d'Ou*.

Touteffois se pourpensa-il que il assouageroit la débonnaireté de son frère, et que mieux luy valoit qu'il se meist en sa mercy que requérir la débonnaireté d'aucun roy ou d'aucun conte qui au derrenier luy vaudroit petit. En ce propos demoura et s'en ala à son frère qu'il trouva chasçant en un bois. A ses piés se laissa cheoir et luy requist mercy, en pleurant, quant il luy eut compté coment il estoit eschappé de prison. Et le duc le leva de terre, et tantost luy pardonna son mautalent et luy donna la contée[303], et l'aima puis tousjours comme son frère, et luy donna à femme

Elveline, une noble pucelle, fille d'un haut homme qui avoit nom Turchel. De celle femme eut trois fils: Robert, qui sa contée tint après luy, et Guillaume, conte de Soissons, et Hues, qui fu puis évesque de Lisieus.

Note 303:
La contée.
Le mot est laissé en blanc. C'est l'
Ocensum
comitatum
de Guillaume de Jumièges.

III.

ANNEE: 1002.

Coment Edelred, le roy d'Angleterre, envoia grans gens d'armes en navie pour destruire Normandie, coment les Normans les mirent tous à mort.

[304]
Incidence.
--En ce temps avint que Edelred le roy d'Angleterre qui la seur du duc avoit espousée assembla grant navie et l'envoia sur le duc Richart pour soy vengier d'aucuns contens qu'il avoit à luy. En celle besoingne eslut les meilleurs de tout son règne et leur commanda qu'il destruisissent toute la Normandie avant eulx sans néant espargnier, fors que seulement l'églyse Saint-Michiel au Péril-de-Mer, car à si saint lieu n'à si religieux ne doit nul s'adresser pour mal faire. Et leur commanda que quant il aroient toute Normandie arse et destruite que il préissent le duc Richart de Normandie et luy amenassent les mains liées darrière le dos. Eux se partirent d'Angleterre et arrivèrent en Normandie au rivage de Saine; de leur nefs issirent et boutèrent le feu ès villes et es hameaux dessus la marine. Ceste nouvelle vint à Nigel, un prince de Costentin: lors assembla la chevalerie et les gens de pié du pays; sur les Anglois coururent et firent d'eulx si grant occision que il n'en demoura que un tout seul qui aux autres racompta leur meschéance. Cil s'en estoit fuy et

se tenoit loing de la bataille; et quant il vit la dolour et l'occision de leur gent, si s'en fuy à ceulx qui leur nefs gardoient et leur compta la mortalité de leur gent; et ceulx s'assemblèrent tous en trois des meilleurs nefs et des plus fors et se traistrent en un rigort de mer[305] à grant paour de leur vie, leurs voiles tendirent et s'en fuirent arrière en Angleterre; et quant le roy Edelred les vit, si leur demanda tantôt le duc Richart; et il luy respondirent qu'il n'avoient oncques le duc veu, mais il s'estoient combattus à leur grant malavanture à la gent d'une contrée si fort et si cruel qu'il avoient tous ses chevaliers occis; et quant le roy Edelred oï ces nouvelles, il eut grant honte et s'apperçu lors de sa folie.

Note 304:
Willelm. Gemet., lib. V, c. 4.

Note 305:
Rigort de mer.
Golfe, anse. «
In sinum maris
ne

conferentes.»

[306]Bien véoit Geoffroy, le conte de Bretaingne, la valeur du duc Richart et coment il s'accroissoit tousjours en force et en richesse: si se pensa que plus fors et plus seur en seroit s'il avoit l'amour et l'alliance de si grant prince par aucune affinité. Par le conseil de sa gent, issi de

Bretaingne et s'en vint à sa court moult noblement; et le duc le reçut moult honnorablement et le retint avec luy par aucuns jours; et quant il vit que le duc l'eut si noblement receu, si demanda en mariage une sienne sereur qui avoit nom Hadvis. Moult estoit belle et honneste et sage. Et le duc luy octroïa moult volentiers, par le conseil de sa gent. Là meisme l'espousa-il à grant solempnité. Après les nopces se parti le conte à grant dons et retourna en son pays liément. En ceste dame engendra, puis, deux fils: Huedes et Alains, qui puis furent hoirs de sa terre.

Note 306:
Willelm. Gemet., lib. V, c. 5.

IV.

ANNEE: 1011.

Du descort qui fu entre le duc Richart de Normandie et Huedes, le conte de Chartres. Et coment le roy Robert les mist en pais.

[307]En ce temps espousa Huedes, le conte de Chartres, Maheut, une des sereurs du duc Richart, et luy donna en douaire la moitié du chastel de Dreux qui siet sur la rivière d'Avre[308]. Si avint que celle dame mouru sans hoirs. Après sa mort volt le duc reprendre celle terre qu'il luy avoit donnée en douaire; mais le conte Huedes qui moult estoit malicieux ne luy voult laissier le chastel de Dreux, et le duc assembla son ost et s'en vint sur la rivière d'Avre. Là fonda un chastel qui a nom Tillierres[309]; moult le fist bien garnir et prist la garnison en la terre le conte Thibaut. Après le livra en la garde le conte Noel de Coustance, et Raoul de Thoen[310] et Rogier son fils; lors s'en départi et renvoya chascun en son pays. Et le conte appareilla son ost et appella en son ayde le conte Huedes du Mans et Galleran, le conte de Meulent; ainsi chevauchèrent toute nuit. Au matin vindrent leurs coursiers à toutes leurs armes devant le chastel de Tillières; et quant les barons qui dedens estoient les apperçurent, si gardèrent les entrées du chastel de leur gent meisme, et puis issirent hors contre eulx et les desconfirent en bataille en pou d'eures; si que il en y

eut d'occis la plus grant partie; et les autres s'en fuyrent là où il porent mieux; le conte Huedes et le conte Galleran s'en fuyrent et se mirent au chastel de Dreux; mais le cheval sur quoy le conte Huedes estoit chay mors; et le conte s'en fui tout à pie jusques à un parc de brebis et despouilla le hautbert de son dos et le couvri en un champ, au royon[311] d'une charrue: et puis vesti le mantel d'un bergier et portoit les cloies du parc, d'un lieu en autre, sor ses épaules pour soy plus desguyser, qu'il ne fust apperçu de ses ennemis; et disoit aux Normans qui enchausceoient les fuyans que il se hastassent, car cil n'estoient pas loing d'eulx. Quant il furent oultrepassé, il prist un bergier pour soy conduire parmy les bois. Au tiers jour vint au Mans à quelques paines, les piés et les jambes escorchiés d'espines et des chardons.

Note 307:
Willelm. Gemet. hist., lib. V, c. 10.

Note 308: Notre traducteur n'est pas exact ici; Guillaume de Jumièges ne dit pas que Dreux fût situé sur la rivière d'
Avre
, mais que le duc de Normandie donna, avec la moitié du château de Dreux les terrains qui touchoient au fleuve d'Avre. «Cui dux medietatem Dorcasini castri dedit dotis nomine, cum terrâ super Arvæ fluvium adjacente.» L'Arve se jette dans l'Eure, à une lieue au-dessous de

Dreux, et il s'agit ici sans doute des terrains renfermés entre l'Eure et l'Avre; peut-être tout l'ancien Thimerais.

Note 309:
Tilliers
ou
Tillières
, situé sur la rivière d'Avre, à une lieue de Verneuil.

Note 310:
Thoen
ou
Tony
, nom d'une famille ancienne dont le fief seigneurial étoit
Tony
, près de Gaillon.

Note 311:
Au royon.
Au sillon. «Sub telluris sulco.»

[312]Quant le duc Richart vit que le conte Huedes estoit si esmeu contre luy, et monté en telle forcennerie que il s'efforçoit en toutes manières de luy tollir terre, si envoya ses messages à deux roys païens pour querre secours: à Olau le roy de Noronce[313] et Lacman le roy de Souabe. Les roys reçurent volentiers les messages et leur donnèrent beaux dons, et mandèrent

au duc par eulx meismes qu'il vendroient prochainement à grant gent, si comme il firent: car il arrivèrent en Bretatngne à grant navie; et les barons s'assemblèrent de toutes pars et cuidèrent les païens surprendre et despourveus; mais ceulx qui bien seurent leur venue si s'appensèrent d'une nouvelle malice; si firent fosses parfondes et larges par dessoubs et estroites par dessus, parmy les champs où les Bretons devoient venir; et ceulx qui vindrent isnellement sur eulx que il cuidoient avoir surpris chéyrent en ces fosses et tant en y eut d'occis que pou en eschappa de celle bataille. Et les païens passèrent plus avant et assistrent la cité de Dol et la pristrent et ardirent; et occirent Salemon, avoué[314] du lieu.

Note 312:
Willelm. Gemet. hist., lib. V, cap. 11.

Note 313:
Noronce.
«Olaum scilicet Noricorum (rex).» Olaüs, roi de Norwège.

Note 314:
Avoué.
Gouverneur, commandant.

Après ceste destruccion se retrairent en leurs nefs et singlèrent tant qu'il vinrent là endroit où la rivière de Saine chiet en la mer. Contre mont nagièrent jusques à Rouen et le duc Richart les reçut liément.

[315]De la persécucion que les païens eurent faite en Bretaingae fu le roy Robert moult couroucié; et quant il fu certain que le duc Richart les avoit mandés pour destruire le conte Huedes de Chartres si se doubta moult que il ne s'espandissent par France. Tous ses barons manda à Coldres, et si manda aussi le duc Richart et Huedes le conte de Chartres. La cause de la discencion entendi et fist tant qu'il s'accordèrent à paix, en telle manière que le conte Huedes rendroit le chastel de Dreux et le duc aroit la terre qui siet sor la rivière d'Avre; et que le chastel de Tillières demourroit en ce point en la main le duc et de ses hoirs. Ainsi fu faite la paix. Et le duc s'en retourna lié et joyeux à ses deus roys. Largement les soudoia, si retournèrent en leur pays, tout appareilliés de retourner à son mandement. Mais ains que Olau, le roy de Noronce, s'en retournast, guerpi-il la fausse créance des ydoles, il et une partie de sa gent, par la prédication Robert, l'archevesque de Rouen, et fu baptisié par la main d'iceluy Robert, et retourna en son pays moult lié pour la foi crestienne qu'il avoit receu; puis la garda moult fermement tousjours. De sa gent meisme fa puis traïs et martirié pour sa foy, et resplandist encore par vertus et par miracles au pays de celle gent. (Et garissent les gens du païs de vilaines maladies quant il le requièrent. Et est un autel fondé en l'onnor de luy en l'églyse des Frères meneurs de Paris)[316].

Note 315:
Willelm. Gemet. hist., lib. V, cap. 12.

Note 316: Cette parenthèse, qui n'est pas traduite du latin, se trouve dans un petit nombre de manuscrits. L'église des Frères-Mineurs ou Cordeliers a été détruite vers 1792; elle étoit placée tout prés de l'école actuelle de Médecine.

V.

ANNEE: 1026.

Coment le duc Richart prist à femme la fille le conte Geofroi de Bretaingne, et eut trois fils de cette dame; et coment Richart, son fils, fu duc après luy.

[317]Le duc, qui encore n'avoit esté espousé, desiroit moult avoir hoir pour sa terre tenir. Au conte Geofroy de Bretaingne demanda une sienne fille; Judith avoit nom; moult estoit belle dame et bien morigénée; et le conte, qui moult en fu lié, luy amena jusques au mont Saint-Michiel. De celle dame eut puis trois fils: Richart, Robert et Guillaume. Cil Guillaume fu puis moine à Fescamp. Et si eut trois filles: la première eut nom Alis; celle espousa Renaus, le conte de Bourgoingne, et en eut deux fils: Guy et Guillaume. Et l'autre eut Baudouyn, le conte de Flandres. Et la tierce mouru pucelle. Ce conte Geofroy de Bretaingne vint en ce temps à Rome en pélerinage: toute sa terre et ses deux fils, Huedes et Alain, laissa en la garde le duc Richart. Mort fu si comme il s'en retournoit.

Note 317:
Willelm. Gemet. hist., lib. V, c. 13.

[318]En ce temps espousa le conte Renaus de Bourgogne[319], une fille du

duc qui eut nom Adeline. Long-temps après avint que le conte Huedes de Chaalons prist par trayson Josselin et le conte Renaus et Berart. Le duc Richart, qui ce seut, manda au conte Huedes qu'il délivrast son gendre pour l'amour de luy; mais cil ne le voult faire, ains commanda moult orgueilleusement qu'il fust plus estroitement gardé que devant. Ces paroles furent rapportées au duc. Tantost manda à son fils Richart qu'il appareillast grant ost et entrast en la terre le conte de Chaalons pour venchier[320] ceste honte. Cil le fist ainsi et assist le chastel de Milmande[321], ceulx du chastel se tindrent et ceulx du dehors assaillirent si fort qu'il prinstrent le chastel et ardirent femmes et enfans, et quanqu'il avoit dedens: puis s'en alèrent à Chaalons et dégastèrent devant eux la terre le conte Huon; et quant il vit qu'il ne pouroit durer, il meisme prist une sele chevaleresse[322] et vint devant Richart l'enfant en priarit mercy humblement de son mesfait. Lors rendi le conte Renaut et donna bons ostages qu'il iroit à Rouen au duc Richart pour faire l'amende à sa volenté. Ainsi retourna l'enfant Richart au duc son père.

Note 318:
Id.--id., c. 16.

Note 319:
Renaus de Bourgogne.
«Rainaldus trans Saona fluvium

Burgundionum comes.»

Note 320:
Venchier.
Venger. Nous gardons encore le mot revanche.

Note 321:
Milmande.
Wace écrit
Mismande
, et Guillaume de Jumièges

Milinandum
ou
Milbiandum
. On n'a pas bien reconnu ce lieu, jusqu'à

présent.»

Note 322:
Une sele chevaleresse.
Une selle de cheval. «Equestrem

sellam ferens humeris.»

[323]Au duc Richart, où tant avoit de graces et de bien, approchoit le

terme de sa fin. Quant il senti que sa maladie luy croissoit, il manda

Robert, l'archevesque de Rouen, et tous les nobles hommes de Normandie; et

leur dist qu'il ne povoit pas vivre longuement. Lors commencèrent tous à

plourer. Au derrenier appela son fils Richart et le fist duc de Normandie,

par le conseil de ses barons. A son fils Robert donna la conté d'Eu[324],

en telle manière qu'il en fist hommage à son fils Richart, comme à son lige

seigneur: et quant il eut ordené de son testament et d'autres besoingnes temporels, si trespassa de ce siècle, en l'au de l'Incarnacion mil vingt-six ans.

Note 323:
Willelm. Gemet. hist., lib. V, cap. 17.

Note 324:
D'Eu
ou mieux d'
Hiesmes
. «Robertum comitatûs
Oximensi

præfecit.»

VI.

ANNEE: 1026.

Coment les Bourguignons ne vouldrent recevoir à seigneur le roy Robert, et coment par force d'armes il les soubmist. Coment il ferma le chastel de Montfort et d'Espernon; et coment Thibaut File-estoupe ferma le chastel de Montlhery.

[325]En ce temps mouru Henry, le duc de Bourgoingne. Toute sa terre laissa

au roy Robert, mais les Bourguignons ne le vouldrent pas recevoir à seigneur; ains reçurent le conte de Nevers, qui avoit nom Landry, en la cité d'Aucère, ainsi comme avoué contre le roy. Et le roy appela en son aide Richart, le duc de Normandie, qui à luy vint à grant ost. Son ost assembla d'autre part et assist la cité d'Aucère longuement; et tant i séist que ceulx dedens luy rendirent par force la cité et la contrée et Landry à sa volenté. Après mist le siège devant le chastel d'Avalon, et si longuement y séist qu'il affama le chastel; et convint que ceulx dedens luy rendissent la forteresse, et qu'il fussent obéissans à sa volenté. Atant retourna en France et le duc en Normandie.

Note 325:
Chronicon Hugonis Floriacensis, anno 1002.

[326]En ce temps mouru Fromont, le conte de Sens. Après fu quens son fils

Renart, le plus desloiaux de tous les desloiaux. Si grant persécucion fist aux églyses, que si grant ne fu oïe puis le temps des païens. Pour ce grief que les églyses souffroient, l'archevesque Leuthaire estoit en si grant angoisse de cuer qu'il ne savoit qu'il péust devenir. Mais touteffois estoit-il en oroisons et en vigiles et prioit la divine pitié que elle luy envoiast secours. Dedens la cité estoit le conte Renart aiant garnison de sa gent et la tenoit à force contre le roy et contre l'archevesque. Mais touteffois la prist l'archevesque par le conseil Renaut l'évesque de Paris et tantost la livra au roy Robert. Le conte Renart eschappa et s'enfui tout nu. Fromont, son fils[327], et les autres chevaliers de la garnison s'enfuyrent en la tour et la tindrent tant comme il porent contre le roy, et le roy la fist assaillir par meisme jour. En la parfin la prist, et prist tous ceulx qui dedens estoient. Fromont, le fils le conte Renart, envoïa en prison à Orléans, et là mourut.

Note 326:
Id.--id., anno 1005.

Note 327:
Son fils.
Le latin dit:
Son frère
.

[328]En ce temps fu faite banie de la seigneurie de Saint-Denis.[329]Cil roy Robert ferma le chastel de Montfort et d'Esparnon. Une dame de Nogent eut espousée; de celle eut deulx fils, Simon et Amaury, et cil Simon fu père Amaury de Montfort et Berte la contesse d'Anjou; et cil Amaury fu père Simon le conte de Montfort et la contesse de Meullent. Et madame la contesse d'Anjou eut un fils qui eut nom Fouques, conte fu d'Anjou et puis roy de Jhérusalem. Cil Fouques fu père Baudouin et Amaury, qui ambedeulx furent roys de Jhérusalem l'un après l'autre. Et de cestui Fouques issi aussi Geffroy, le conte d'Anjou, et la femme Thierry, le conte de Flandres. Et cil Geffroy fu père le roy Henry d'Angleterre. Et sa suer, la contesse de Flandres, eut deux fils: Philippe, le conte de Flandres, et Mathieu, le conte de Bouloingne, et une dame qui fu femme Hues d'Oisy.

Note 328 Par *banie*, je crois qu'il faut entendre suppression, extinction de la souveraineté qu'affectoient encore, en certains cas, les rois de France et les seigneurs voisins de l'abbaye de Saint-Denis. Le continuateur d'Aimoin, qui semble avoir ici copié le texte original de notre traduction, pourroit faire soupçonner d'une légère infidélité cette dernière. Il porte: «In tempore regis Roberti *Bema* fuit de dominio Sancti-Germani.» Mais qu'est-ce que

Bema
?

Note 329: Le tome X des Historiens de France n'a pas donné le texte latin des passages suivans ni ces passages eux-mêmes. La raison qu'en donnent les éditeurs est que les faits n'appartenoient plus au règne de Robert. (Voy. pour le latin la continuation d'Aimoin, lib. V, c. 46.) Au reste, le texte latin du continuateur d'Aimoin et du chroniqueur anonyme a sans doute été tronqué dans cet endroit. Ce doit être un seigneur nommé Amaury, qui,
au temps du roi Robert
,

auroit fortifié
Montfort
, auroit épousé une dame de Nogent, etc.

Au temps le roy Robert, ferma le chastel de Montlhery un sien forestier qui avoit nom Thibaut File-estoupe. Cil eut un fils qui avoit nom Guy. Cil Guy espousa la dame de La Ferté et de Gomez. De cette dame eut deux fils: Mille de Bray et Guy le Rouge, et cinc dames, la contesse de Reiteste et Bonnevoisine de Pons: Elysabel, femme de Jocelin de Courtenay, et la dame de Puisat et la dame de Saint-Valery.

Cil Mille de Bray engendra Guy Troussel (qui puis s'en a fui d'Antioche et laissa en la cité le bonne chevalerie assiégée des Sarrasins), et si engendra Thibaut La Bouffe et Millon, que Thibaut de Creci estrangla en trayson, et Renaut, l'évesque de Troies, et la mère Simon de Broies, et la mère Simon de Dampierre, et la mère Hues de Plancy, et la mère Mille Crecy,

et la mère Salon, le visconte de Sens; et Guy engendra Hugues de Crecy, et Biotte, la mère le visconte de Gastinois, et la mère Ymbert de Beaujeu, et la femme Anseau de Gallande et Biétris, contesse de Pierrefons.

Au temps le roy Robert, fonda le chastel de Courtenay, Haston, le fils d'un gastelier du chastel Renart, chevalier fu par son sens et par son avoir[330]. Une grant dame espousa dont il engendra Jocelin de Courtenay, et cil Jocelin espousa la fille le conte Gieffroy-Foirole. De celle dame eut deulx fils[331] Guy et Renart, le conte de Joingny. Icil Jocelin, après la mort de celle première dame, espousa Ysabelle, la fille Millon de Montlhery. En celle engendra Millon de Courtenay, et Jocelin, le conte d'Edesse, et Gieffroy Capalu. Cil Mille de Courtenay engendra trois fils de la sereur le conte de Nevers: Guillaume, Jocelin et Renaut. Cil Renaut engendra la femme Pierre, le frère le roy et la femme Avalon de Selgny.

Note 330:
Gastelier.
Pâtissier. Le latin se contente d'ajouter:
Militari honore se fecit sublimari.
Note 331: Ici notre traducteur passe un degré: «Filiam comitis Gaufridi Fœrolem ex quâ genuit unam filiam quæ duos filios habuit.»

VII.

ANNEE: 1026.

Coment le roy Robert donna plusieurs dons et privilèges et franchises à l'abbaïe de Saint-Denis. Après coment il trespassa.

[332]De ce roy Robert peut l'en moult de bien dire. Grant amour, grant affeccion avoit à sainte églyse et à tous les sains de paradis, [333]meismement aux glorieux martirs Saint-Denys et à ses compaingnons que il tenoit à patrons et à deffendeurs du roïaume, si comme il pert aux chartres de ses dons et des franchises qu'il donna à l'églyse, si comme nous dirons ci-après. A un corps saint qui léans gist, et a nom saint Ypolite, avoit merveilleusement grant dévocion et grant amour. Jà n'éust si grant besoing pour quoy il fust au pays qu'il ne venist à sa feste, qui est au mois d'aoust, deulx jours devant l'assompcion Nostre-Daine. Pour ce que la feste fust encore plus solempnel, pour la présence de si grant homme, estoit en my le couvent, et tenoit cuer avec le chantre tout revestu d'une riche chappe de pourpre que il avoit fait faire pour soy proprement; et tenoit en sa main le royal ceptre, et alloit par my le cuer de renc en renc, chantant et exortant son couvent à chanter comme cil qui ardemment amoit Dieu et sainte églyse. Si s'esjoïssoit avec les esjoïssans et

chantoit avec les chantans et par grant melodie de voyes faisoit prières aux oreilles du souverain juge, de cuer et de bouche, et ainsi estoit adés[334], jusques à tant que la messe estoit chantée.

Note 332 Cette phrase se retrouve dans toutes les chroniques anciennes.

Note 333: A compter de là, notre traducteur suit, non pas les paroles, mais le sens du
Liber de reliquiis ecclesiæ
Sancti-Dionysii
, publié par Duchesne, tome IV, p. 146. Le passage auquel se rapporte notre traduction est transcrit dans le tome X des Historiens de France, p. 380.

Note 334:
Adés.
Toujours.

Maintes belles chartres donna à l'églyse; la première, si fu que il l'affranchi de maintes mauvaises coustumes, que ses sergens alevoient en la ville et dehors[335]. Et si donna sa court et son palais que les autres roys avoient tousjours eus léans, et y venoient tenir leur court aux festes solempnels, comme à Noël et à l'Epiphanie et à Pasques et à la Pentecouste; et de ce les franchi si que nuls roys ne puet né ne doit jamais i tenir court, pour ce que le couvent soit en paix et qu'il puisse mieux entendre à

Dieu, faire prier pour le roy et pour l'estat du royaume; [336]et voult que l'églyse fust absolute du grief de tous ses voisins et meismement de Bouchart à la Barbe qui lors tenoit un chastel en fié de l'églyse en une île de Saine, de par sa femme, et sa femme d'un sien mary qu'elle eut eu devant, qui avoit nom Hues Basset. Moult genoit cil Bouchart l'églyse et ses hommes. Au roy s'en complaint l'abbé Vivien, qui l'églyse gouvernoit pour le temps de lors. Amonesté fu que il se cessast de ces griefs; et pour ce que cesser ne se volt, le roy, par le conseil de ses palatins[337], commanda que le chastel feust abatu; et pour ce que le roy savoit bien que cil Bouchart estoit esmeu contre l'églyse, il ordonna pour bien de paix, par la volenté de l'abbé et du couvent, et permist qu'il fermast une forteresse à trois miles de Saint-Denis[338] qu'il appelent Montmorency de lez la fontaine Saint-Walery; par tel condicion que cil Bouchart et tous ceux qui, après luy, seroient seigneur de celle forteresse, feroient hommage à l'églyse du fié qu'il tenoit de par sa femme en la devant dite isle, et au chastel de l'églyse et aux autres lieux. Et, avec tout ce, fu adjousté que les fiévés[339] qui demourroient à Montmorency se metroient en

ostage en la court l'abbé deux fois en l'an: à Pasques et à la feste St-Denys; né en nulle manière ne requerroient congié d'issir hors de laens jusques à tant qu'il eussent respondu et rendu raison des choses de l'églyse qui avoient esté soustraites, aménuisiées ou prises par Bouchart ou par ses hommes, et qu'il auroient faite plenière satisfacion, selon droit, au martir saint Denys de toutes ces choses, à la volenté de l'abbé et du couvent. Et quiconque seroit trouvé en meffait vers l'églyse, et s'enfuyroit après pour garantie à Montmorency, dedens les quarante jours que Bouchart ou ceus qui après luy seront, seroit amonesté de par l'abbé pour la justice de ce fait, il en ainenra le maufaiteur par devant l'abbé, en sa court, pour justicier, par devant luy. Et se le maufaiteur ne se veult ottroier aux condicions nommées, Bouchart ou ses successeurs le boutera hors de toute sa seigneurie et le doivent avoir comme ennemy de l'églyse jusques à tant qu'il s'abandonnera à justice de l'abbé. Toutes ces condicions jura Bouchart pour luy et pour tous ceulx qui après luy vendroient, en la présence du roy et des barons.

Note 335: Voyez la charte dont il s'agit, Hist. de France, tome X, p. 581.

Note 336:
Ex chronicâ anonymâ.
Voyez Histor. de France, tome X

p. 303. Voyez aussi pour les détails l'autre charte de Robert, reproduite dans le même volume, p. 593.

Note 337: Plusieurs manuscrits ont au lieu de ces derniers mots:
*De
son plaisir*

Note 338:
De Saint-Denis.
La charte dit: «Tribus leugis a castello Sancti-Dionysii.» Ce château étoit Montjoie, et ce que l'on ignore communément, c'est que ce château de Montjoie a été l'occasion du cri de guerre de nos vieux rois de France:
Montjoie Saint-Denis!

Note 339:
Les fiévés.
Ceux qui relevoient du fief.

Après, conferma la chartre du roy Dagobert, fondeur de l'églyse, qui commence au dessoubs de Mont-martre, au lieu proprement où le martir fu décolé, et dure jusques à la voie commune qui mène à Louvres, que quanques est contenu dedens celle enceinte est au pouvoir et au droit de l'églyse en toutes justices et en tous cas, soit en voies communes et privées. Maintes autres belles chartres donna à l'églyse qui ne sont pas cy nommées.

De ce siècle trespassa ce glorieux roy, en l'an de l'Incarnacion mil et trente et un; et fu ensépulturé au cimetière des roys, c'est l'églyse Saint-Denys qu'il avoit tant amée et honorée.

[340]
Incidence.

--Par l'enticement des fils au deable, commença contens entre le jeune duc Richart et son frère Robert, qui, pour luy grever, se mist au chastel de Falaise. Et le duc assembla son ost et assist le chastel, longuement y fist assaillir; mais à la parfin firent-il paix ensemble, et revint le conte Robert à sa subjeccion. A tant se despartirent en bonne paix, et le duc Richart desparti son ost et retourna à Rouen, et assez tost après mourut-il et plusieurs autres de sa gent, et cuida l'en, certainement, que il fussent empoisonnés. Un petit fils eut qui avoit nom Nicolas; à lettres fu mis en enfance, et fu puis moine de Saint-Oen de Rouen et gouverna l'abbaïe glorieusement plus de cinquante ans après la mort l'abbé Herfast.

Note 340:
Willelm. Gemet. hist., lib. VI, cap. 2.

[341]La duchée tint après le duc Robert. Jà soit ce qu'il fust fier et courageux vers les rebelles et vers ses ennemis, si estoit-il doulx et humble vers l'églyse et vers ses ministres.

Note 341:
Id.--id., c. 3.

Ci fine l'istoire du bon roy Robert

CI COMMENCENT LES GESTES

DU ROY HENRI.

I.

ANNEE: 1031.

Coment la royne Constance voult déshireter Henri, son ainsné fils, du roïaume, et voult faire roy de Robert, son mainsné fils. Et coment le roy Henri humelia l'orgueil de sa mère et de tous les traitres.

[342]Des hoirs Robert, roy de France, estoit l'ainsné Henri. La royne Constance, qui pas ne l'amoit comme mère ains le haioit comme marastre, s'efforçoit en toutes manières de luy deshireter de la couronne, et de couronner en lieu de luy Robert, son frère, duc de Bourgoingne. Pour ce, s'enfui-il au duc Robert de Normandie, et luy requist, par la foy que il luy devoit, que il fust en s'aide, envers sa mère, qui deshireter le vouloit. Et le duc le reçut moult honorablement et luy donna de beaux dons;

et pou de temps après, luy donna armes et chevaux et l'envoia à son oncle Mangier, le conte de Corbueil, et luy manda que il commençast et contrainsist tous ceulx de son païs qu'il verroit qui seraient rebelles à venir à l'hommage de Henri, leur seigneur. Il meisme mist bonne garnison de chevaliers par tous les chasteaux de France qui près de luy estoient; et ceulx qui à l'hommage le roy ne voloient venir, contrainst et humilia si que par force les y convint venir pour faire sa volenté.

Note 342:
Willelm. Gemet. hist., lib. VI, cap. 7.

(Ainsi parolent une manière de croniques; et si, n'est-ce pas chose contraire à ce que un autre dit, qui ainsi parole: Que)[343] la royne Constance eut du roy Robert trois fils et une fille. Le ainsné fu cil Henri, le second Robert et le tiers Hues, qui fu puis évesque d'Aucère; et la fille eut nom Adelinde, qui fu puis femme Regnault, le conte de Nevers. (Et puis si dient, en continuant la matière)[344], après que le roy Robert fu mort, que la royne Constance prist et saisi grant partie du royaume, comme Senlis, Sens et le chastel de Béthizy et de Melun, le Puisat[345], Dammartin, Poissy et mains autres chasteaux et cités. Et tant avoit jà fait qu'elle avoit à elle alié maint baron de France et de Bourgoingne qui avoient laissié et adossé le roy Henri, leur droit seigneur; et espéciaument Huedes, le conte de Champaingne, à qui elle avoit donné une partie de la cité de Sens; si béoit en toutes manières à faire couronner son mainsné fils, Robert, le duc de Bourgoingne. Et le roy Henri, qui estoit chevalereux, vit que sa mère le vouloit ainsi deshireter, que par elle, que par ses aides. Si assembla son ost et fist tant que par ses armes et par sens, il abati l'orgueil de sa mère, et seurmonta tous et humilia ceulx qui estoient contre luy. Et la première de ses batailles si fu contre su mère, et fu le chastel de Poissy le premier qu'il recouvra. Après assist le Puisat, et puis Meaux, et puis Melun et tous les autres aussi. Et quant la mère vit la force et la vigueur de luy, si luy fu tart que elle se fust accordée: à luy fist si bonne paix qui tant comme elle vesqui puis luy porta foy et loïauté. Tantost après courut le roy sur Huedes, conte de Champaingne, et luy tolli le chastel de Gournay et la moitié de Sens, que sa mère luy avoit donnée, et le renvoïa arrière en sa seigneurie. Et après courut sus Baudouyn, conte de Flandres[346], et assist longuement aucuns de

ses plus fors chasteaux; et à la parfin les prist-il et les abatti.

Note 343: Cette seconde chronique est entrée dans la continuation

d'Aimoin et dans le texte d'Hugues de Fleury. Voyez *Aimoni, lib. V,* *c. 47*
.

Note 344:
Hug. Floriac. chronicon, anno 1031.
(Voyez Historiens de

France, tome XI, p. 158.)

Note 345:
Le Puisat.
Latinè:
Pateolum
. Le
Puiset
, entre Étampes

et Orléans.

Note 346: Le texte d'Hugues de Fleury est ici mal rendu. Celui-ci dit que le roi, de concert avec le marquis de Flandres Baudouin, renversa Merville, château de Hugues Bardoul, et qu'après un siège de deux ans, il entra dans le château de *Petuera*. «Post hæc verò, cum *marchione* Flandrensium Balduino, Hugonis Bardulfi castellum Merisvillam evertit; et Petueram castrum, biennali obsidione conclusum, suam redegit in potestatem.»

[347]En ce temps avint que Huedes, le conte de Champaingne, dont nous avons parlé, assembla grant ost et grant orgueil contre les Allemans et les Lorrains. Bataille y eut grant et périlleuse. En la parfin fu-il desconfi et fu occis en fuyant devant la cité de Troies. Deux fils avoit: Thibaut, Estienne. Thibaut, l'ainsné, eut Chartres et Tours, et son frère Troies et Meaux.

Note 347: *Hug. Flor., anno 1037.*

Assez tost après commencèrent cil deux frères à mouvoir guerre contre le roy Henri, et le roy se combati premier contre Estienne, le mainsné, et le desconfi et chaça assez légièrement, et prist, en celle bataille, le conte

Raoul. Après vainqui Galleran de Meulant[348] et saisi toute sa terre. Après ces choses, le roy esmeut Geffroy, le conte d'Anjou, à guerroier contre Thibaut, l'ainsné des fils le conte Huedes de Champaingne. La cité de Tours assist, par l'assentement le roy; et le conte Thibaut vint là à tout son povoir; et le conte Geffroy ala contre luy à grant force, et se combati à luy et le prist à la parfin, et sept cent soixante chevaliers; et assez tost après prist la cité de Tours.

Note 348:
Meulant. Medandicum
ou
Meldanticum
.

En ce temps fonda le roy Henri l'églyse de Saint-Martin-des-Champs de lez Paris: et Geffroy, le conte d'Anjou, en fonda une autre[349] de la Sainte-Trinité au chastel de Vendosme.

Note 349:
Une autre.
Hugues de Fleury dit:
Cœnobium
.

II.

ANNEES: 1031/1035.

Coment le duc Robert de Normandie ala au saint voïage d'outremer, et coment il mouru au retourner.

(Robert, le duc de Normandie, dont l'istoire a dessus parlé, homme plain de bonnes graces et de toutes bonnes meurs, ne forlignoit pas de la lignée dont il estoit descendu, ainsi s'efforçoit plus et plus d'ensuivre les nobles fais de ses ancesseurs; moult estoit renommé par victoires et par œuvres de miséricorde. Mais pour ce que n'est pas notre entencion de retraire les fais des Normans, fors par incidences et là où elles s'afferront, ne voulons-nous pas tous ces fais descrire; car trop y aroit à faire. Mais touteffois en donnons nous aucunes choses qui touchent en notre

matière, au plus briefment que nous porrons.)

[350]Au temps que Suènes, le roy de Danemarche, chaça Adelred, roy d'Angleterre, hors du pays, s'en vint cil fuitis en Normandie au duc Robert, (la cui sereur il avoit eu à femme,) et amena ses deulx fils avec luy, Edouard et Alvret. En pou de temps après s'en repaira et laissa ses deulx fils en la garde le duc Robert leur oncle. Et le duc les garda moult honorablement et les ama autant comme ses fils, et moult avoit grant

compassion et grant pitié de leur essil. Pour ce manda au roy Suènes, qui le royaume d'Angleterre tenoit lors, que bien estoit temps désoremais qu'il eust pitié de ses nepveux, et que il leur rendist leurs terres pour l'amour de luy; mais il ne voult oïr ses prières, ains s'en retournèrent les messages sans rien faire. De ce fu le duc moult couroucié et moult honteux. Tous ses princes manda tantost et fist appareillier grant navie de tous les pors de Normandie, et les nefs aempli de bonne chevalerie et de gens toute esleue, et fist tout assembler à Fescamp sur le rivage de la mer. Lors s'espandirent en mer et furent boutés par tempeste qui les mena jusques à une isle qui a nom Giersé. Et croy que ce fu fait par la divine ordenance, pour le roy Edouart qui avoit à régner; que Dieu ne vouloit pas qu'il regnast par effusion de sanc. Longuement demourèrent en celle isle, dont le duc meisme fu si couroucié qu'il se tourmentoit tout de dolour et de tristesse; et puis qu'il vit qu'il ne pourroit passer en Angleterre, si fist la navie retourner droict au mont Saint-Michiel. [351]L'une partie de la navie livra à Rabel, un très bon chevalier, et luy commanda à passer et destruire Angleterre[352] par feu et par occision.

Note 350:
Willelm. Gemet. hist., lib. IV, c. 10.

Note 351:
Id.--id., c. 11.

Note 352:
Angleterre.
Le latin dit:
Britanniam
, et, par ce mot, il falloit entendre la Petite-Bretagne.

[353]En ces entrefaites, vindrent les messages Chanut qui tenoit le royaume d'Angleterre, et mandoit au duc qu'il estoit tout prest de rendre à ses nepveux la moitié du royaume d'Angleterre, qu'il avoit convenancié, car il estoit grevé de maladie. Et le duc fist tantost mander la partie de sa navie qu'il avoit envoiée, si ne voult pas mouvoir en Angleterre si comme il avoit commencié, jusques à tant qu'il fust retourné d'oultre-mer où il désiroit moult à aler sur toutes riens, pour visiter le saint sépulcre et les sains lieux de Jhérusalem. Robert, l'archevesque de Rouen, et tous ses barons manda, et leur découvri ce qu'il proposoit à faire. De ce furent tous esbahis et se doubtèrent moult que le pays ne fust troublé, pour le deffaut de sa présence. Guillaume, son fils, fit venir devant tous et les pria qu'il le receussent à seigneur pour luy et le tinssent désormais pour duc de Normandie. Touteffois, pour ce que faire le convenoit, accomplirent-il sa volenté; mais moult furent réconfortés de ce que l'enfant leur demouroit, tout fust-il encore tendre et de jeune aage. Ainsi le reçurent à seigneur et luy firent hommage.

Note 353:
Willelm. Gemet. hist., lib. VI, cap. 12.

Quant le duc eut ainsi tout ordené si connue il le désiroit, il livra son fils en la garde de bons tuteurs et de sages, jusques à tant qu'il fust en aage de terre tenir. A tant prist congié à toute sa gent à grans pleurs et à grands gémissemens, et mut en son voïage à moult noble compaingnie. Moult faisoit grant aumosnes et larges, chascun jour, aux povres notre Seigneur; les orphelins et les veuves estoient relevés de ses richesses. Tant erra par mer et par terre qu'il vint à Jhérusalem[354]. Qui pourroit racompter les larmes dont il lava le saint sépulcre par quatre jours continuels et les grans offrandes d'or et d'argent qu'il y offri? Et quant il eut visité les sains lieux de Jhérusalem, si se mist au retour et revint jusque à la cité de Nice. Là meisme le prist une maladie dont il acoucha au lit de la mort, et trespassa de ce siècle à la joie de paradis, si comme l'en cuide, plain de bonnes euvres; et sa sépulture fust en l'églyse de Nostre-Dame dedens les murs de la cité, en l'an de l'Incarnation mil et trente-cinc.

Note 354:
Id.--id., c. 13.

III.

ANNEE: 1035.

Coment pluseurs guerres et occisions sourdirent en Normandie, et deboutèrent l'enfant Guillaume de la duchée.

(Puisque nous avons descripte la fin et la mendre partie des fais le grant duc Robert de Normandie, avenant chose est doncques que nous racomptions aucunes choses par incidence des fais le duc Guillaume, son fils, qui fu appelé Guillaume le Bastart: coment il eschiva les las et les agais de ses ennemis, et coment il les dompta tous et mist soubs piés.)[355] Si come vous avez oï demoura jeune et orphelin; mais toujours croissoit et amendoit en bonnes mœurs par l'enseignement de ceux qui en garde l'avoient. A son commencement le faillirent pluseurs et se tournèrent contre luy, et s'abandonnerent à toutes rapines et à si grans dissencions que maint milliers d'ommes en furent occis; [356]comme Hue de Monfort contre Gauchier de Ferrières, dont l'un et l'autre en furent occis; et le conte Gillebert refu occis en traïson par Raoul de Gaci[357]; et Turor, le maistre le duc meisme, refu aussi occis par traïson par les eschis[358] du pays.

Note 355:
Willelm. Gemet. hist., lib. VII, cap. 1.

Note 356:
Id.--id., c. 2.

Note 357: Le latin est ici fort abrégé: «Gillebertus, comes Ocensis, filius Godefridi comitis, callidus et fortis tutor Willelmi pueri sed domini, quodam mane dum equitans loqueretur cum compatre suo Wascelino de ponte Erchenfredi, nil mali suspicans, occiditur cum Fulcoio filio Geroii. Hoc vero malum, dolosis hortatibus Rodulphi de Waceio filii Roberti archiepiscopi factum est, per manus crudeles Odonis Grossi et Roberti filii Geroii.»

Note 358:
Les eschis.
Les bannis.

Partout frémissoient guerre et dissencions et occisions: si ne doubtoient à faire nul mal, pour ce jeune duc qui encore estoit en enfance. Et à ce, se print garde Rogier Tohins, home estrait et descendu de mauvaise racine[359] qui, au temps que le duc meut à aller oultre mer, estoit alé en Espaingne où il fist mainte proesce sor les Sarrazins, (car il estoit home fier et orgueilleux et preux aux armes.) Moult eut grant despit de ce que Guillaume, l'enfant, estoit entré en la duchée après la mort de son père, et dist que bastart ne devoit pas être héritier, né avoir né commandement né seigneurie seur luy né seur les autres barons de Normandie. Et sans faille, le duc Robert l'avoit engendré en une pucelle qui avoit nom Herleve[360], fille de Fulbert, son chamberlent; ainsi estoit despis le jeune duc Guillaume de tous les nobles homes du pays, et meismement[361] de ceulx qui estoient descendus de la lignié de Richart. Si commença guerre contre luy Rogier Tohins, par l'ayde que il avoit des nobles homes du pays. Mais par une chose fu desavancié. Car il tenoit en despit tous ses voisins et leur tolloit et gastoit leurs terres, et meismement la terre d'un sien voisin Honfroy de Vielles; mais cil ne le souffri pas longuement, ains envoya contre luy Rogier de Beaumont, son fils, et sa meisnie et sa gent. Et quant Rogier Tohins le vist venir si ne le prisa noient, ains se combati à luy, et fu occis en la bataille et ses deux fils, Elinard et Herbers. Robert de Grant-Mesnil, qui là fu, reçut une grant plaie mortelle dont il mouru trois jours après. [362]Et Rogier de Beaumont, qui ot eu victoire, rendi graces à Dieu, et tant de temps comme il vesquit puis, s'estudia à mener bonne vie et à faire bonnes euvres; et fonda une abbaïe de son propre demaine qui est appelée Préaux et si se maintint bien et loiaument envers le duc Guillaume et envers tous homes.

Note 359: Contre l'avis des éditeurs du 11ème volume des Historiens de France, je pense que le traducteur de Saint-Denis s'est ici

trompé, et qu'il auroit fallu lire: «
De stirpe Malahulci
.» De la

race des Malehout, peut-être la même que celle des
Malaterra
.

Note 360:
Herleve.
Plus connue sous le nom d'
Harlote
ou

Arlette
. Wace la fait fille d'un bourgeois de Falaise:

A Faleize out li dus hanté...

Une meschine i ot amée

Arlot ot non, de Burgeis née

Meschine ert encore et pucele. (Vers 7991.)

Note 361:
Meismement.
Surtout. De
Maximè
.

Note 362:
Willelm. Gemet. hist., lib. VII, c. 4.

Tandis, croissoit et amandoit le duc Guillaume en sens et en forces. Si

s'averti coment sa terre estoit gastée et troublée par ses barons meismes.

Lors manda tous ses barons et ses princes et les atrait à amour tant comme il pot, et les pria et commanda qu'il ne féissent, l'un à l'autre, chose qui fust contraire à raison. Par le conseil de ses barons fit garde et tuteur de soy et prince de sa chevalerie Raoul de Gaci et pluseurs de nobles homes qui bien et loiaument luy obéirent volentiers et luy aidèrent à plaissier ses ennemis.

IV.

ANNEES: 1044/1049.

Coment le jeune duc Guillaume recouvra sa duchée par l'aide du roy de France. Et coment ses traitres furent desconfis et occis en bataille.

Mais les fils au deable, qui tousjours s'esjoïssent des guerres et des dissencions[363], s'en alèrent en ce point au roy Henri et tant l'esmurent par leur desloiauté contre le duc Guillaume,[364] qu'il dist que il ne seroit en bonne paix de cuer, tant, comme le chasteau de Tillières demourroit en ce point. Si ne regardoit or pas à l'onneur né à la courtoisie que son père luy avoit jadis faite. Lors s'accordèrent les princes de Normandie qui vers leur seigneur estoit loïaus, que l'on s'accordast à la volenté le roy pour eschiver le contens et la guerre. A ce s'accordèrent que le roy requerroit, dont il se repentirent puis.

Note 363: Guillaume de Jumièges ajoute ici, après avoir parlé des auteurs de ces menées: «Quos nominatim litteris exprimerem, si inexorabilia corum odia declinare nollem.» Cette réticence est curieuse, et doit nous laisser penser que fréquemment l'obscurilé dans les noms propres, chez les historiens du 11ème siècle, a été calculée.

Note 364:
Willelm. Gemet. hist. lib. VII, c. 5.

Mais quant Gillebert Crespin, à qui le duc Robert avoit baillié le chastel en garde, vit qu'il avoient ce esgardé que le chasteau fust rendu au roy, il entra ens et le tint contre le roy, tout appareillié du deffendre. Là vint le roy, mais moult fu courroucié de ce que le chasteau luy fu véé. Arrière s'en retraist et assembla grant gent de Normandie et de France, et assist le chastel moult efforciément; mais le duc proia tant Gillebert Crespin que il convint qu'il le rendist au roy. Ce fist-il triste et dolent, et maintenant que le chasteau fu rendu, fu le feu bouté et esprins partout et fu ars en la présence de tous ceux qui là estoient.

De là se parti le roy, et assez tost après entra en la contée d'Auge[365] et ardi une ville le duc, qui avoit nom Argenthom[366]. Au retour se mist; par celle voie meime qu'il estoit alé vint droit au chasteau de Tillières et assez tost le restora et le garni moult bien de gent: et si avoit-il dit qu'il ne seroit restoré de ça un an. [367]Le duc Guillamne s'apperceu bien du péril qui est en nourrir et essaucier felon et traiteur; car Guy, le fils Renaut le conte de Bourgoingoe, le traïst en la parfin; si avoit esté nourri en enfance avec luy, et luy avoit-il donné le chastel de Brioc[368], pour ce qu'il le peust mieux lier à luy en amour et en loiauté; et tant fist par sa malice que il perverti plusieurs des plus nobles hommes de

Normandie et les assembla contre le duc, leur droit seigneur. De ceste alliance fu parçonnier Nigel de Coustances; si estoit au service le duc et alié à luy par serement.

Note 365:
D'Auge.
Le latin porte:
Oximensem comitatum
, et Wace,

Wismes
. C'est
Exmes
, capitale au pays d'Auge (Pagus Oximensis).

Variantes,
Huiges
,
Eu
.

Note 366:
Argenthom.
Latinè:
Argentomum
. C'est
Argenton
, près

d'
Exmes
.

Note 367:
Willelm. Gemet. hist., lib. VII, cap. 17.

Note 368:
Brioc.
Variantes:
Brionne
. Wace dit aussi:

Et quant il l'ot fet chevalier

Li donna Briunne et Vernon

Et altres terres envirun.

(Vers 8765.)

Cepedant Guillaume de Jumièges nomme ce lieu:
Castrum Brioci<
; mais

la mention de la
Rille
, que nous allons trouver tout-à-heure,

prouve qu'il s'agit bien ici de
Brionne
.

Le duc, qui sagement regarda que les siens meismes l'avoient traï et du tout guerpi, et chascun jour s'efforçoient de s'aider de ses villes meismes, se doubta moult qu'il ne fust osté de sa seigneurie par force, et que les traiteurs ne féissent seigneur de celuy qui telle envie luy portoit. Henri, le roy de France, requist par nécessité, et le pria, comme à son seigneur, que il luy aidast contre ses ennemis; et le roy, à qui il souvint des bénéfices que son père luy avoit fais, assembla ses osts, en la contée d'Uisme entra et vint jusques à Valdune[369]. Là trouva les ennemis le duc, qui estoient trente mille par nombre; et le roy n'avoit avec luy fors environ trois mille chevaliers. Le duc revint d'autre part à tout son effort; sur les traiteurs coururent hardiement, et en pou d'eures en firent si grant occision que ceulx qui ne furent occis au champ, s'enfuyrent et furent noïés en l'eau d'Olne[370]. Beneureuse fu celle bataille où tant de traiteurs furent occis, et tant de chasteaux et de forteresses trébuchèrent en un jour.

Note 369:
Valdune, dans le pays d' *Uimes*, ou *Hiesmes*. On ne retrouve plus sur les cartes le nom de Valdunes; heureusement Wace, qui connaissoit parfaitement cette partie de Normandie, nous en donne exactement la position:

Valedumes est en Oismeis

Entre Argences et Cingueleis;

De Caun i puet-l'en cunter

Treis leugs el mein cuider.

Note 370:
Olne.

L'Orne.

De celle bataille eschappa cil Guy, qui celle traïson avoit bastie, et se feri au chastel de Brioc; mais le roy et le duc allèrent après et assistrent le chastel et garnirent les deulx rivages d'une eaue qui a nom Risle. Quant Guy vit qu'il avoient ainsi les rivages garnis et que c'estoit noient de vouloir eschapper, et d'autre part il sot que le chastel estoit jà à l'afamer, si fist requerre pardon de son méfait, et le duc eut pitié de luy, par le conseil de sa gent. Le chastel prist en sa main et luy commenda qu'il demourast en sa maison avec sa propre mesnie tant seulement.

Lors furent hors de leurs espérances tous ceulx qui contre luy s'estoient tournés; et meismement quant il virent que partie des chasteaux où il avoient leur refuge furent abatus et l'autre partie fust garnie en la main le duc. Lors vindrent à luy en mercy, et luy obéirent comme à leur seigneur. Puis que les chasteaux et les forteresses furent ainsi abatues, ne fu plus nul si hardi qui s'osast croler contre le duc. Si eut le duc ceste victoire (par le roy Henri,) en l'an de l'Incarnacion mil quarante sept.

Incidence.
--[371]En ce temps tenoit la contée de Montrueil Guillaume Guerlant. Descendu estoit de la lignée le grant Richart. Un jour s'en vint à luy un chevalier qui avoit nom Robert Bigot, et luy dist qu'il estoit

povre et qu'il ne se povoit chevir en ce pays; et puis luy demanda congié d'aler en Puille où il auroit sa vie plus honorablement. Et le conte luy dist: «Qui te fait ce faire?» Et cil respondi: «La povreté que je suefre.» Et le conte respondi: «Sé tu me veulx croire, tu demourras en cest pays, car tu verras tel temps dedens quatre-vingt jours en Normandie que tu pourras ravir et prendre quanque tu vouldras, que mestier te sera sans nul contredist.» Le chevalier le crut et demoura en telle manière. Ne demoura pas puis longuement qu'il fu de l'hostel le duc et eut s'amour et s'accointance, par un sien cousin qui avoit nom Ricnart. Un jour parloit le duc privéement; si avint que entre les autres paroles luy dist le chevalier ce que le conte Guillaume luy avoit dit. Mander le fist le duc maintenant, et luy demanda pourquoi il avoit dit teles paroles. Cil ne le pot noier né esclairier l'entencion de sa parole; et le duc luy dist tout courroucié: «As-tu donc pourchacié et fait par quoy Normandie soit par toi troublée, et que je sois deshérité par ton pourchas, qui proméis au chevalier souffraiteux tant de proie et de rapines? Ainsi ne sera pas sé Dieu plaist; ains aurons paix pardurable par le d'on de notre créateur. Si te commande que tu vuide tantost Normandie et que tu ne sois si hardi que tu retournes tant comme je vive.» Et cil s'en parti tantost et s'en ala honteusement en Puille à un sien escuier; et le duc donna la contée de Montrueil à son frère Robert. Ainsi humilia le duc ses orgueilleux parens qui luy venoient de par son père; et ceulx qui luy appartenoient de par sa mère, qui humbles estoient et débonnaires, essauçoit et élévoit.

Note 371:
Willelm. Gemet. hist., lib. VII, cap. 19.

V.

ANNEE: 1054.

Coment le roy, par l'enticement des envieus, guerroia Normandie, et coment ses gens furent desconfis et occis par les Normans.

[372]Puis que les Normans orent conquist Neustrie, ne fust un jour que les François ne leur portassent envie. Les roys esmouvoient encontre eulx et leur faisoient entendre que il tenoient les terres que il avoient tollues à leur ancesseurs. Par les paroles d'envieux fu le roy Henri si meu contre le duc Guillaume, qu'il entra en Normandie à deulx paires d'osts: l'une de fors chevaliers esleus envoia par devers Caux et la livra en conduit à Huedes, son frère; l'autre mena il meisme en la contée d'Evreux, et en fist chevetain Geffroy Martel. Le duc, qui vit ainsi son païs destruire, fu moult dolent. Une partie de ses chevaliers envoia contre ceulx qui estoient entrés en Caux, et il meisme prist l'autre et vint là où le roy estoit. Ceulx qui en Caux furent envoies vindrent à Mortemer[373], là où les François estoient. Là les trouvèrent où il ardoient tout et roboient et honnissoient les femmes à force. Ensemble se combatirent d'ambedeulx pars

moult cruellement, et dura la bataille dès le matin jusques à nonne, sans cesser, et trop en y eut d'occis d'une part et d'autre. Mais à la parfin, les François, qui sans raison destruisoient le païs, furent desconfis (tout ainsi comme le champion est plutost vaincu quant il se combast pour mauvaise cause, que celuy qui se combast pour la bonne.)[374]

Note 372:
Will. Gemet. hist., lib. VII, c. 24.

Note 373:
Mortemer-sur-Eaulne
, entre Aumale et Neufchatel.

Note 374: Notre bon traducteur, que les rodomontades de l'historien normand impatientent, se permet de rappeler la seule raison qui lui semble plausible de l'infériorité de courage des François, dans cette circonstance.

Moult fil le duc lié de ces nouvelles et pour ce qu'il vouloit le roy espouvanter, envoia-il un message près des herberges sur une haulte montaigne. Quant il fu nuit, haultement commença à crier; et ceus qui faisoient le gait s'en allèrent celle part, et luy demandèrent pourquoy il crioit et qui il estoit. «Je ay nom,» dist-il, «Raoul de Toene, et vous apporte dures nouvelles. Allez à Mortemer, et menez chars et charettes, et rapportez les corps de vos amis qui là sont occis. François estoient venus pour esprouver la chevalerie des Normans, mais il l'ont trouvée plus grant qu'il ne voulsissent. Huedes, le chevetain, s'en est fui, et Guy, le conte de Poitou, y est prins et tous les autres y sont mors et prins ou eschappés par grant fuyte. Si rendez ces nouvelles au roy de par le duc de Normandie[375].» Et quant le roy sot la vérité, si ne voult pas aler avant, mais s'en retourna tout dolent de la perte de sa gent[376]. Et le duc restora le chastel de Breteuil encontre le chastel de Tillière, que le roy luy avoit tollu, qui ne vault pas moins de celuy. Bien le fist garnir et puis le bailla à garder à Guillaume, le fils Hosbert.

Note 375: Wace, contre son habitude, a abrégé ici le texte précieux de Guillaume de Jumièges:

Là u li Reis fu hebergiés

Fist un home tost enveier,

Ne sai varlet u esquier;

En un arbre le fist munter

Et tute nuit en haut crier:

--François! François! levez! levez!

Tenés vos veies, trop dormés:

Alés vos amis enterrer

Ki sunt ocis à Mortemer.

(Vers 10073.)

Note 376:
Willelm. Gemet. hist., lib. VII, c. 25.

VI.

ANNEE: 1089.

Coment le chevetain des souldoiers Normans, qui estoient en Puille, tolli par force une chièvre de la goule d'un lion, et geta le lion par la queue par-dessus les murs du palais.

[377]
Incidence.
--En ce temps que les Normans estoient en Puille

souldoiers entour Wilmache, le duc de Salerne, estoit leur chevetain

Toustain Scitel; homme estoit renommé de maintes grandes proesses. Entre

les autres hardiesces dont il avoit faites pluseurs en fist-il une dont il

estoit trop renommé. Une fois vist-il un lyon qui tenoit une chièvre en sa

goule; vers luy courut et la luy arracha à force; et puis le prist parmy la

queue en ce point que il estoit encore tout forcené de sa proie, et le jeta

par-dessus les murs du palais, ainsi comme il fust un mastin.

Note 377:
Willelm. Gemet. hist., lib. VII, c. 30.

Tant le haoient les Lombars par envie que il désiroient sa mort. Une fois

le menèrent en un désert où un grant dragon habitoit et grant multitude

d'autres serpens, et quant il y fu, si tournèrent tous en fuyte. Toustain,

qui pas ne savoit la traïson, s'émerveilla moult quant il les vit fuir, et demanda à son escuier que ce estoit. A tant vint le dragon sur luy soudainement, et luy lança feu et flamme parmy la goule, si que luy ardi son escu en un moment et puis engoula la tête de son cheval. Et Toustain sacha l'espée[378] et le féri si durement qu'il l'occist; mais il fu si envenimé de son flair qu'il ne vesqui que trois jours après. Quant il fu mors les Normans firent deulx princes, Ranulphes et Richart; et en venjance de la mort Toustain, se combattirent contre les Lombars et firent d'eulx grant occasion.

Note 378:
Sacha.
Tira.

[379]Moult avoit le roy Henri grant désirier de vengier la honte et le dommage que le duc Guillaume luy avoit faite. Grant ost rassembla de rechief et appela en son aide Geffroy, e conte d'Anjou, et puis s'en vint en Normandie. La contée d'Uisme trespassa et celle de Baieux; au derrenier, se mist au retour, et s'en vint par l'eaue de Dive; oultre passa l'une partie de son ost, et l'autre partie s'arresta par deçà né passer ne pot, pour la mer qui jà estoit montée. Le duc survint à grant ost et couru sus à ceulx qui par delà estoient demourés. Pluseurs en occist et prist en la présence le roy, qui aidier ne leur povoit. Toutefois s'apensa-il que il avoit tort vers luy, et qu'il estoit esmeu contre luy sans raison par

l'enticement de deulx envieux. Enseurquetout, il regarda la valeur et la proesse du duc et qu'il luy chéoit bien en toutes choses; si désira moult à avoir s'amour et s'acointance. Si bonne paix firent ensemble que oncques puis n'y eut sé bien non, et luy rendi le roy le chastel de Tillière que il luy avoit tollu.

Note 379:
Willelm. Gemet. hist., lib. VII, c. 28.

VII.

ANNEE: 1050.

Coment un abbé et son couvent, de la cité de Radibonne, en Bavière, affermèrent au peuple d'un homme mort que il trouvèrent au fondement de leur églyse, que c'estoit le corps Monsieur saint Denis, pour essaucier leur lieu.

(En ce temps tenoient l'empereur de Rome et le roy de France Henri grant amour et grant affinité ensemble: car le roy Henri avoit une sienne niepce par mariage.) [380]Si avint ainsi que le roy Henri envoia ses messages à l'empereur pour aucune besoingne avoir, si comme il est de coustume entre les roys et les empereurs. En Bavière estoit l'empereur, en une cité qui a nom Radibonne; et tout le peuple du pays, les barons et les prélas estoient assemblés pour aucune erreur qui estoit espandue par le païs: si vous comperons coment.

Note 380: Cela est pris du livre intitulé:
De detectione corporum
S.S. Dionysii, Rustici et Eleutherii
. (Voyez les
Historiens de
France
, tome XI, p. 469.)

En ceste cité il est une abbaïe fondée de Saint-Ermantrus. Si avint que l'abbé de léans faisoit un fondement pour maçonner en l'églyse qui moult estoit vielle et ancienne, ains comme sé elle déust cheoir. Dedens trouvèrent le corps d'un homme tout entier. Tantost cheyrent en ténèbres d'ignorance et oublièrent la paour de Nostre-Seigneur, pour ce que il vouloient essaucier leur lieu; et affermèrent au peuple qu'il avoient trouvé le corps saint Denys aréopagite. Tost fu ceste nouvelle par le pays espandue: l'évesque meisme de la cité manda les autres évesques voisins, et leur demanda conseil de ceste chose, et leur dist à la parfin que c'estoit sa volenté que tel corps qui ainsi avoit esté trouvé fust levé solempnellement et mis entre les corps sains. A ce s'accordèrent tous, et asséna l'évesque le jour de celle élévation, et les pria qu'il revenissent tous à celuy jour.

Endementres, furent plusieurs de divers ordres qui amonestèrent l'évesque qu'il priast l'empereur qu'il voulsist estre à ce jour. Et l'empereur, qui pas ne cuidoit que ce fust vérité, se fléchit toutefois à leurs prières et leur promist que il y seroit. Endementres assembla le peuple et les prélas de diverses régions. En la parfin, vint l'empereur et l'apostole Léon, qui nouvellement estoit ordené. En ce point, vindrent les messages le roy Henri à la court de l'empereur. Moult s'emerveillèrent quant il virent l'apostole et les barons et les prélas et tout le peuple assemblés: et demandèrent sagement pourquoy ce estoit. Et quant il sceurent la vérité, si n'en firent nul semblant, ains se présentèrent devant l'empereur pour dénoncier la besoingne pourquoy il estoient venus. L'empereur les escouta volentiers, et quant il s'en fu conseillié, si leur donna response souffisant à leur oppinion.

Lors cuida qu'il demandoient congié de retourner en leur païs; mais avant, descouvrirent ce qu'il avoient en leurs cuers conceu devant l'empereur, et, en la présence de tous, parlèrent en telle manière: «Très puissant empereur, tu scés bien que cil n'est pas establi en son propos qui a double courage[381]; et comme cil vice fait à blasmer en personne de petit estat, moult doit mieux estre damné en prince, en empereur et en roy; car ainsi comme aucun esleu en grant dignité resplandist plus s'il est enluminié de vérité, ainsi cil meisme qui est en tel état fait plus à dampner et à despiser, s'il s'abandonne à péchié; et ce voulons manifester pour ce que nous avons ainsi commencié à parler. Tu as maintenant promis que tu garderas loïauté et amitié générale envers notre roy; mais il semble que tu face jà contre luy et contre ce que tu as promis, car nous avons entendu que cil peuple, qui ci est assemblé de divers lieux, est pour ce venu que tu veus lever et metre en révérence avec les sains martirs la charoingne d'un homme mort que l'en a trouvé en terre; et plus, que l'en le veult lever pour le corps saint Denys l'aréopagite. Si tu veulx bien savoir et enquerre la vérité de ceste chose que nul ne devroit né penser né dire né faire, car la sentence des plus grans clers qui soient en France conferme que l'en treuve ès gestes le roy Dagoubert, qui fonda l'églyse, que il scella le corps saint Denys et de ses deux compaingnons en chasces dont l'entrée ferme à trois paires de serreures que l'en puet encore veoir jusques au jour d'uy; et les mist darrière l'autel en une croute voutée à chiment qui est si fort et si estroite que nul n'y puet entrer fors par une petite entrée; et plus encore, que par-dessus est un tabernacle hault et pesans d'or fin et de pierres précieuses, où le saint clou et la sainte couronne sont honnestement gardées jusques au jour duy; et sé le corps saint Denys doncques est si diligemment gardé et a tousjours esté, comment le eust su nul larron embler? Après comme tu dois savoir que il soit apostre de France, et la couronne et le roiaume a tousjours esté gardé et deffendu par les prières de si grant patron, nous nous esmerveillons coment tu t'es si légièrement assenti à croire ceste erreur, tu qui recongnois de parole que tu es joins à nostre roy en amistié et en charité, pour laquelle chose il nous semble que tu ayes courage et propos de grever et de faire moleste au roiaume de France, quant tu accordes que celle charoingne d'home

mort soit levée pour le corps saint Denys l'aréopagite, au moins, jusques à tant que tu ayes fait savoir à nostre seigneur le roy de France, ton amy, que il fasse enquerre loiaument, savoir non sé il a en France le corps saint Denys; et sé tu oïs dire certainement que il ne soit là, si pourras faire ce que tu as commencié; et sé tu le fais autrement, nous cuidons que moult de maux en doivent venir.»

Note 381:
Courage.
Manière de penser.
Courage
étoit autrefois

synonyme de
cœur
.

Après ce que les messages orent ainsi parlé et l'empereur les eut diligemment escoutés, si leur respondi que il s'en conseilleroit à l'apostole et aux barons. Après le conseil leur respondi que leur sentence estoit bonne et selon raison. A tant s'en partirent les messages et s'en retournèrent en France.

VIII.

ANNEE: 1050.

Coment ceste erreur fu estainte et prouvée du contraire à Saint-Denis, en France, par le démonstrement des glorieux martyrs Monsieur saint Denis et ses compaignons, en la présence le roy, et les barons, et les prélas et le peuple.

Quant il furent retournés et il eurent au roy rendu response de la besoingne pourquoy il estoient là alés, si luy comptèrent après, tout par ordre, coment ceste chose estoit alée. Et le roy, qui moult estoit en grande cure de ceste chose, manda, à jour nommé, les barons et les prélas du royaume et les assembla, et meismement Huon, abbé de Saint-Denys. Et quant il furent assemblés, le roy leur compta la besoingne à grant pleurs et grant larmes, si comme les messages luy avoient rapporté, et leur demanda conseil de ceste chose.

Lors trouvèrent en leur conseil que ceste erreur ne pouvoit estre esteinte sé ce n'estoit par la démonstrance du corps; et que l'abbé mandast par tout et signifiast, par lettre, le jour que ce serait fait; et que tous ceulx fussent présens à qui les lettres seroient portées; et que il ne laissast, en nulle manière, que il ne feist savoir le jour à ceulx qui ceste erreur avoit esmeue, pour ce que, sé il n'y estoient pas, la derrennière erreur ne fust pire que la première; à tant se despartirent tous. Mais l'abbé leur pria avant, que il venissent quant il leur feroit assavoir le jour. Et l'abbé repaira à Saint-Denys, et raconta au couvent de léans ceste chose à grant plours et à grant larmes; et les frères, qui doubtoient le commun péril, estoient à grant mésaise et chanceloient entre paour et espérance, et touteffois furent-il relevés et confortés par la grace de celuy en qui l'espérance des bien-créans est toute mise jus, et se mistrent en la disposition de Nostre-Seigneur, et s'abandonnèrent moult efforciement à vigilles et à oroisons communes et privées. Et l'abbé envoya, tandis, ses lettres près et loing, et si n'oublia pas à envoyer à ceulx de la cité de Radibonne, par qui celle erreur estoit commenciée, et assigna le jour au cinquiesme des ides de juing.

Quant le couvent eut longuement esté en oroisons, en vigilles, en jeunes et autres pénitences par quoy la divine pitié a mercy de pécheurs, et le jour que fu mis approcha, si commencèrent à venir de toutes pars évesques, abbés et prestres et clers, moines, contes et barons; et, du menu peuple, hommes et femmes sans nombre, de diverses contrées; et si y vint Huedes, le frère le roy, que le roy y envois, et, avec luy, plusieurs gens de court; et si luy commanda que il luy sceust raconter certainement en quelle manière le créateur de toutes choses vouldroit révéler aux siens ce qu'il désirent. Si n'y voult pas venir, car il se sentoit à si grant pécheur, ce disoit, que il n'estoit pas digne de regarder de yeux du corps les reliques de si précieux martyr; mais touteffois créoit fermement et loiaument que la divine debonnaireté seroit là présente par œuvres; et si envoia une pourpre vermeille pour envelopper les précieuses reliques[382]. Quant ce vint après l'office des matines, que tout le couvent eut esté toute nuit en oroison, et les évesques et les abbés furent présens, il ostèrent l'escrin de l'entrée de la fort voute, à grant révérence, et fu apportée devant tous scellée et forment et fermement, par merveilleux art, selon l'ancienne coustume des orfèvres qui jadis furent. Descellée fu à grant peine en la présence de tous, et furent trouvés entièrement les os du corps du précieux martyr, enveloppés en un drap de soie si viel et si pourri, que il s'anientissoit et devenoit poudre entre les mains de ceulx qui le manioient, ainsi comme fait toile d'araignées. Tous furent maintenant remplis de si grant odeur, que il disoient que nulle espice né nulle odeur aromatique ne povoit si souef flairier. Lors furent maintenant remplis de si grant léesse qu'il commencèrent à chanter graces et louanges à Nostre-Seigneur, et en grans larmes et en grans sangloux entremellés, assemblèrent les pièces du viel paile et la poudre de vestement Monsieur saint Denys et ses compaingnons; et les os qui par l'abbé Hues de léans estoient traittés dévotement enveloppèrent au riche paile que le roy y eut envoié. Lors commencèrent les évesques à crier au peuple la vérité si comme il l'avoient trouvée: adoncques la joie fu si grant au peuple que nul ne le pourroit dire. Un pou en loing de l'églyse portèrent les reliques en procession pour esmouvoir la dévocion du peuple. Huedes, le frère du roy, retourna au roy à Paris, et luy compta tout, par ordre, si comme il avoit esté. Et le roy, qui fu lié oultre mesure, vint en ce jour meisme à pié, et tout nus piés par grant dévocion, et vint jusques à l'églyse moult humblement, pour honorer son glorieux seigneur. Après, offri un riche drap de soie et puis prist congié de retourner. Les reliques portèrent à procession à grant multitude de peuple, devant et darrière, et puis asseirent la chasse sur l'autel. Ainsi demoura vingt jours entiers, pour la multitude du peuple; car chascun jour venoient nouvelles de diverses régions, et tant comme il demoura ainsi, fu gardé, par jour et par nuit, des deux parties du couvent, l'une après l'autre. Si fu ainsi laissié tout apensement, jusques à tant que cil qui avoient esmeu celle erreur en porent savoir la certaineté par eux ou par autruy.

Note 382: Suivant toutes les apparences, on auroit dû faire remonter l'
oriflamme
au don de cette
pourpre vermeille
, et je ne comprends

pas comment aucun de ceux qui ont parlé de ce fameux étendard ne s'est arrêté au récit de cette première ouverture de la chasse de

Saint-Denis.

Après les vingt jours fu le vaisseau rassis en son propre lieu, ainsi comme il estoit devant, à la loange de celuy qui vit et règne sans fin.

IX.

ANNEE: 1050.

Des noms des barons et des prélas qui la furent présens.

Si ne doit-on pas entrelaissier que l'en ne mette les noms d'aucuns qui là furent, à la mémoire de ceux qui à venir seront.

Des prélas furent cils: Guy, archevesque de Sens; Robert, archevesque de Cantorbie; Imbert, évesque de Paris; Elinant, évesque de Laon; Baudouyn, évesque de Noyon; Gautier, évesque de Meaux; Frolans, évesque de Senlis. Si

amena chascun avec soy vaillans personnes et clers et lays. Des abbés furent cils: premier, l'abbé Hues de Saint-Denys; Aubert, abbé de Nermoustier; Jehan, abbé de Fescamp; Landry, abbé de Saint-Pierre-de-Chartres; Robert, abbé de Saint-Pierre-de-Fossés; Raoul, abbé de Saint-Remy de Rains. Si fu celui un des messages qui afferma devant

l'empereur que saint Denys l'aréopagite estoit en France, et si y fu Geffroy, abbé de Coulons, et tous ces abbés avoient amené preud'homes et religieux. Des barons furent cils présens: Huedes, le frère le roy; Gautier, le conte de Pontis; Girart, conte du Corbueil; Yves, conte de

Beaumont; Galerant, conte de Meulant, et maint autres nobles hommes, sans

le grant nombre des simples chevaliers.

X.

ANNÉE: 1051.

Coment le roy espousa la fille au roy de Roussie, dame de sainte vie. Et coment la cité de Paris fu arse, et coment le roy fist couronner Phelippe son fils ainsné. Après, de la mort le roy Henri.

[383]De la niepce Henri, l'empereur d'Allemaingne, que le roy eut espousée, eut le roy une fille qui assez tost fu morte; la mère meisme ne vesqui puis longuement; et le roy, qui pas ne voult estre sans femme, envoia Gautier, évesque de Meaux, au roy de Roussie, et luy manda qu'il luy envoiast une sienne fille qui avoit nom Anne; et cil le fist moult volentiers. Et quant elle fu venue, le roy manda ses barons et l'espousa moult solempnellement. Et la dame, qui sainte vie menoit, pensoit plus aux choses spirituelles qui à venir sont que elle ne faisoit aux temporelles, en espérance qu'elle en receust le loier en la vie perdurable. Une églyse fonda en la cité de Senlis, en l'onneur de saint Vincent.

Note 383:
Aimoini continuatio, lib. V, cap. 47.

Beneureusement et glorieusement vesqui le roy avec ele long-temps, et engendra en ele trois vaillans fils: Phelippe, Robert et Hues, qui fu appelé Hues-le-Grant, et fu père Raoul, conte de Vermandois.

En ce temps fu arse la cité de Paris, et avecques, en tour ce temps, fu famine trop grant qui dura bien sept ans. Phelippe, l'ainsné des trois frères, fu oint et sacré au vivant de son père, et par son commandement; car il estoit jà viel et débrisié; ce fu en l'an de l'Incarnation mil soixante-dix. Eu l'an après morut Henri et fu enseveli en l'églyse Saint-Denys avec son père et son aïeul et son bisaïeul, et les autres roys qui laiens gisent. Cil roy Henri fu moult vaillant et moult courageux en armes.

Ci finent les fais au bon roy Henri.

CI PARLE DU PREMIER ROY PHELIPPE.

I.

ANNEES: 1080/1095.

Coment il saisi la contée de Vauquessin, et coment il ferma le chastel de Montmelian. Et coment le duc Guillaume de Normandie passa en Angleterre et occist le roy et saisi le roiaume. Et coment le pape Urbain fist croiserie pour aler oultre-mer.

[384]Le roy Phelippe, qui fu le premier des roys qui par ce nom fust appelé, vesqui en son temps moult en paix[385], et moult luy fu fortune débonnaire. Femme prist qui Berthe fu appelée, fille le conte de Hollande et sereur le conte Robert de Flandres. De celle eut une fille et un fils. La fille eut nom Constance et le fils Loys. Puis fu-elle espousée à Buiaumont, le prince d'Antioche. Le roy, qui véoit bien que son pouvoir et sa seigneurie estoit moult amenuisiée, ce luy estoit avis, par le défaut de ses ancesseurs, désiroit moult à mouteploier. En ce temps, estoit conte de Bourges un vaillant chevalier qui Harpin avoit nom. Cil Harpin, si comme aucunes escriptures dient, se croisa à la première croiserie de Perron l'Hermite, qui fu en ce temps, et ala oultre-mer à la première muete; la contée de Bourges vendit au roy Phelippe soixante mil sols[386].

Note 384:
Aimoini continuatio, lib. V, cap. 47.

Note 385:
Moult en paix.
Cela n'est pas dans le texte d'Aimoin, qui se contente de donner à Philippe l'épithète de *Magnificus*.

Note 386: Harpin, comte ou vicomte de Bourges, a été célébré dans les chansons de geste du treizième siècle. Celle de Lion le fait père du héros principal, et, suivant elle, Harpin auroit été dépouillé de son fief en punition d'un meurtre commis sous les yeux du roi de France. Plus tard son fils Lion seroit revenu à Bourges et auroit été reconnu comme le légitime héritier des domaines de son père. (Voyez le manuscrit du Roi, fonds de Sorbonne, n° 450.)

Après ce, avint que guerre mut entre Geffroy-le-Barbu, conte d'Anjou, et Fouques Rechin, son frère, qui conte estoit de Gastinois. Si estoit la cause telle que Fouques se plaingnoit de ce que son frère luy avoit donné trop petite partie de terre. Au roy Phelippe ala et luy promist que il luy lairoit toute la contée de Gastinois, mais que il ne luy nuisist de la guerre que il pensoit à mouvoir contre son frère. Et le roy se conseilla sur ce, puis luy octroya volentiers. Lors vint Fouques à bataille contre son frère et eut de luy victoire par l'aide des Angevins et des Torainois, et le prist et le tint en sa prison jusques à la fin de sa vie; mais en celle bataille eut assez occision de barons et d'autres gens. Après celle victoire laissa au roy la contée de Gastinois, si comme il luy avoit promis; mais les riches hommes et les chevaliers du païs ne vouldrent faire hommage, jusques à tant qu'il eut juré, comme roy, que il tendroit les anciennes coustumes du païs.

Ne scay quans ans après, si comme convoitise et malice croissent toujours, le roy saisi et prist la contée de Vouquesin et la tint en sa seigneurie; et ferma lors le chastel de Montmelian[387], contre le conte Huon de Dampmartin. (Mais cy endroit doit chascun savoir que ceste contée de Vouquesin muet[388] des fiés de Saint-Denys en France, et quiconque la tient, il en doit l'ommage à l'abbé de laiens. Et le service du fié si est tel que il doit porter ès batailles et ès osts l'oriflamme Monsieur saint Denis, toutes les fois que le roy ostoie; et le roy la doit venir querre en l'églyse par grant dévotion et prendre congié aux martyrs avant qu'il meuve. Et quant il part de l'églyse, il s'en doit aler tout droit là où il muet, sans tourner né çà né là en autre besoingrie[389].)

Note 387:
Montmelian.
D'après ce texte, le château de Montmelian devoit être entre le Vexin et le comté do Dammartin en Goële. Cette position est encore attestée par le rapprochement de deux passages du roman de
Garin-le-Loherain

. Dans le premier, Fromont citant un don que lui fit le roi:

Jà fust uns jor que m'éustes covent,

Quant vous chaciez devant *Montmelian*,

En la forêt qui à celui appent,

Quant à Begon donnas en chasement

La ducheté de Gascongne la grant.... etc.

(Tom. 1, p. 123.)

Et plus loin, Fromont revenant sur lu même point:

Vous savez bien l'emperères jadis

M'ot en covent quant il fu à Senlis,

Quant à Bégon la Gascongne rendit..., etc. (Id., p. 149.)

Il existe encore aujourd'hui, au-dessous des forêts d'Ermenonville et de Chantilly, un petit bois de *Montmelian*, près d'un hameau nommé Notre-Dame de Montmelian. C'est là qu'étoit le château fermé par le roi Phillippe Ier.

Note 388:
Muet

est mouvante.

Note 389: De là l'opinion à tort soutenue par Ducange et autres savans illustres, que nos rois auroient adopté l'oriflamme de Saint-Denis seulement depuis la réunion du Vexin à la couronne. Mais ce passage bien compris, et la charte de Louis-le-Gros sur laquelle on s'est appuyé, prouvent justement le contraire. Voyez une note de *Garin-le-Loherain*, tome 2, page 121. Voyez aussi le précieux ouvrage de M. Rey sur le *Drapeau et les insignes de la monarchie françoise*. Paris, 1836.

Incidence.
--Sept jours devant les kalendes de may, apparurent comètes au ciel, près de cinq jours, et donnoient grant clarté contre occident.

En cest an meisme, avint que Guillaume, duc de Normandie, passa en Angleterre; (le roy occist) et saisi le roiaume.

En cest an meisme, osta le roy Phelippe les chanoines lui estoient à Saint-Martin-des-Champs, delez Paris, ainsi comme par divine inspiration, pour ce qu'il vivoient déshonnestement et faisoient mauvaisement le service. L'églyse donna à Saint-Pierre-de-Clugny et fist laiens venir les moines de l'abbaïe, au temps l'abbé Huon.

[390]En l'an de l'Incarnation Nostre-Seigneur mil quatre vingt et quinze, vint en France le pape Urbain; homme estoit plain de bonnes meurs et de grant dévocion. Son concile assembla en la contée de Clermont en Auvergne.

Et quant le concile fu assemblé qui fu de trois cent et vint, que évesque que abbés, il se leva au concile et commença à parler comme cil qui estoit bien enparlé et de parfonde loquence. Lors les commença à enseigner et amonester comment il se devoient maintenir et gouverner eulx et le peuple de leur éveschié et de leurs diocèses par les provinces. Lors descendi en plourant sur la povre terre d'oultre-mer où nostre Sauveur avoit esté mort et vif et crucifié pour nos péchiés, que la gent sarrazine destruisoient, si comme il avoit oï dire certainement; si amonestoit, à grans soupirs, le peuple et les barons que elle fust secourue.

Note 390:
Aimoini continuatio, lib. V, cap. 48.

Sa parole, qui volentiers fu reçue ès cuers des bons crestiens par la vertu u Saint-Esperit, fist grant fruit: car le très-vaillant Aimars, évesque du Pui, se croisa tantost, embrasé de l'amour Nostre-Seigneur, comme cil qui tant bien fist et tant fust sage et preux en secourre et en aidier en toute manière la chevalerie de la crestienté; si comme il est apparent, ès fais que le barnage[391] de France fist en celle voie.

Note 391:
Barnage.
Baronnage.

Après luy, se croisèrent les haulx hommes Hues-le-Grant[392], frère le roy Phelippe; Raymont, le conte de saint Gile; Estienne, le conte de Blois; Robert, conte de Flandres; Paiens de Kaneleu[393], Rogier de Rosoy et maint autres princes du roiaume de France, outre chevalerie et gens de pié sans nombre. Par la renommée de ceste croiserie, se croisèrent maint autres nobles et princes en autres régions.

Note 392
Hues-le-Grant.
«Hugo magnus.» Cette finale du nom de plusieurs membres de la famille capetienne ne doit-elle pas être considérée comme analogue à celle des Charles de la seconde race.

Carlomannus
ou
Carlomagnus
,
Hugomagnus
, etc.

Note 393:
Paiens de Kaneleu.
Le latin du continuateur ne porte pas ce nom ni le suivant.

En Sezile Buiaumons, le prince de Puille qui fu fils Robert Guichart, estrait de la nacion des Normans; et le vaillant Tancrès, ses niés et maint autres vaillans chevaliers de celle contrée; en Lorraine, le vaillant Godefroy de Bouillon, Baudouyn et Eustace, ses frères, et maint autres nobles princes de celle région. Et Nostre-Seigneur, qui vit leur intention et leur bonne volenté, leur donna si grans graces que, après tant de paines et de travaux que il souffrirent pour l'amour de Nostre-Seigneur, prinstrent-il la grant cité de Nice et la noble cité d'Antioche, et puis après la sainte cité de Jhérusalem et aultres plusieurs cités et chasteaux sans nombre; et délivrèrent le saint sépulcre des paiens et de leurs ordures, et les occistrent et destruirent, et orent tousjours victoire par la vertu du Saint-Esperit. Et quant il orent ainsi esploicté, aucuns retournèrent en leurs contrées et aucuns démourèrent au pays pour la terre et le peuple deffendre, si comme Godeffroy de Bouillon, qui puis fu roy de Jhérusalem, Baudouin et Eustace ses frères et maint autres barons.

II.

ANNEES: 1100/1101.

Coment le roy Phelippe refusa la royne Berthe sa femme et la mist en prison. Et coment l'apostole l'escomenia et son roiaume. Et de Loys, son fils, coment il deffendi viguereusement le roiaume contre le roy d'Angleterre.

(Atant nous tairons de ceste matière qui pas n'appartient à nostre propos; si parlerons du roy Phelippe et de son fils Loys qui, avec son père, gouverna le roiaume, ains qu'il fust couronné jusques à ce qu'il alast de vie à mort: et puis se fist couronner et régna tout seul; comme roy fier et vertueux, si comme nous racompterons en ses propres fais.)

[394]Grant temps après refusa le roy Phelippe la royne Berthe, sa femme, par l'amonestement du deable; du tout se retrait d'ele et la mist en un fort chastel qui a nom Montrueil sur la mer, dont il l'avoit, devant ce, douée, et s'abandonna à la luxure et avoultire, qui parestoit trop honteuse chose à si hault homme. A Foulques Rechin, conte d'Angiers, tolli-il Bertrade sa première femme; par plusieurs ans fu avec ele en avoultire et la dame eut trois enfans de luy, deux fils et une fille. Les deux fils furent Phelippe et Floire, et la fille fu puis contesse de Triple. Longuement vesqui ainsi en avoultire, né oster ne s'en vouloit pour nul

amonnestement; mais l'apostoile, qui vouloit pourveoir au salut de s'ame, et qui se doubtoit que Dieu ne l'en méist à raison par son deffaut, au jour du jugement, escoménia luy et son roiaume; et le roy qui toutefois douta la sentence par la grace que Nostre-Seigneur lui fist, laissa celle dame qu'il avoit longuement tenue es avoultire, et reprist la royne Berthe, sa loyale espouse. [395]Le damoiseau Loys, qui encore estoit en l'aage de douze ans ou de treize ans, estoit tant beau et tant doulx et tant preux et tant bien affaitié en toutes choses et plain de bonnes meurs, et tant amandoit toujours en proesce et en courage que il donnoit bonne exemple de soy, aux barons et au peuple, de son roiaume maintenir et gouverner, et des églyses deffendre merveilleusement. Dont tous ceulx qui bien et paix aimoient en estoient en grant désirier.

Note 394:
Aimoini continuatio, lib. V, cap. 49.

Note 395: A compter d'ici commence la traduction de la
Vita Ludovici
regis Philippi filii
, par le célèbre abbé de Saint-Denis, Suger.

Icil noble damoiseau s'accoustumoit à amer et à honnorer l'églyse de Saint-Denys de France, selon la coustume de France ancienne et de long-temps; et selon ce que ses ancesseurs la maintindrent, il la maintint tousjours à grant chierté et à grant révérence, pour l'onneur des martyrs desquels il estoit soustenu et aidié en ceste mortelle vie et par quelles prières il attendoit à estre secouru quant à l'ame, après la mort; et si pensoit à estre moine de léans, sé ce fust que estre péust. Mais tandis comme il estoit encore en l'aage de douze ou de treize ans, se penoit-il moult de venir à valeur et à proesce de grant homme, non pas à chacier né à autres jeux enfantins à qui tel aage s'abandonne légièrement; ains apprenoit et usoit des armes par qui l'on vient à proesce et à valeur; et, sans faille, faire luy convenoit par force, sé il ne voulsist perdre son roiaume par mauvaiseté et par paresse; car les plus grans et les plus puissans des barons du roiaume le commencièrent à assaillir: et meismement

le puissant et le couragieux roy d'Angleterre, fils Guillaume, duc de Normandie, qui Angleterre conquist et fust appelé Guillaume le bastart. Et pour ce que il commença à estre assailli si jeune, fu il preux, par les grans besoingnes qui luy sourdoient de toutes pars: car vertu et proesce croit par us et par travail endurer, et en devient on sage et pourveus aux grant besoingnes, et en vient-on souvent à grans emprises. Et par ce s'enfuit paresse et oisiveté, qui trop font de maus à ceus qui les maintiennent; car ainsi comme dit le sage: «Oisiveté et paresse admenistrent nourrissement aux vices.»

Cil roy Guillaume d'Angleterre estoit chevalier merveilleus aux armes et sur tous hommes estoit convoiteux et désirant d'acquerre los et renommée.

Quant il eut deshireté son ainsné frère, Robert, le duc de Normandie, de toute la duchée, si comme elle s'estent, après ce qu'il s'en fust alé oultre-mer, si se commença à approchier des marches du roiaume de France et à assaillir le noble damoisel Loys, en toutes les manières qu'il povoit. Semblablement et dessemblablement guerroioient l'un l'autre: semblablement en ce que l'un né l'autre ne se tenoit maté né vaincu; dessemblablement en ce que le roy Guillaume estoit fort et aduré et parcréur d'aage, comblé d'avoir et large despendeur, et que merveilleusement savoit atraire à luy chevaliers et soudoiers; et que le jouvenceau Loys estoit povre d'avoir et jeune d'aage, et se gardoit de grever le roiaume que son père tenoit encore en sa main: et si, osoit maintenir guerre et contrester à si puissant homme et si riche, par proesce de chevalerie et par hardement de cuer tant seulement. Dont véissiez le noble damoisel chevauchier par le païs, à tant de chevaliers comme il povoit avoir, une heure ès marches de Berri, autre heure ès marches d'Auvergne: né jà, pour ce, ne le véist on moins tost en Vauquessin, quant mestier en estoit. Et assembloit souvent au roy Guillaume d'Angleterre, à trois cens chevaliers ou à cinq cens ou à moins, encontre dix mille chevaliers. Si avenoit souvent selon la doubteuse avanture de bataille, que il desconfisoit ses ennemis et tel fois qu'il restoit desconfi. Et en tels poingnéis prenoit-on souvent des plus nobles barons, d'une part et d'autre. Une heure en prist, le damoiseau Loys, des plus nobles que le roy d'Angleterre eust, comme le noble conte Simon, Gilebert, seigneur de l'Aigle, qui, à ce temps estoit le plus prisié chevalier de toute Normandie et Angleterre[396], et Paiens, le seigneur de Gisors, à qui le roy d'Angleterre ferma lors premièrement le chastel de Gisors[397], et d'autre part reprist, le roy d Angleterre, des plus vaillans chevaliers de France, comme le vaillant conte Mathieu de Beaumont, le noble conte Simon de Montfort[398], et Paiens, le seigneur de Montjay. Mais l'angoisse et la destresse d'avoir, pour les soubdoiers paier, fist tost venir à raençon les prisonniers au roy Anglais; mais les prisonniers de France ne peurent pas estre si tost délivrés; ains furent en prison longuement, n'oncques par mille raençon n'en porent eschapper jusques à tant qu'il eurent fait hommage au roy d'Angleterre et qu'il eurent juré sur sains qu'il luy seroient en aide à leur povoir contre le roy et contre le roiaume de France.

Note 396:
Gilebert de Laigle
est honorablement mentionné par le poète Geoffroi Gaimard. Voyez les fragmens de ce poète, publiés par M. Fr. Michel. (Rouen, 1830, p. 56.) Il étoit à côté du roi Guillaume le Roux, quand celui-ci fu mortellement frappé par Tyrrel, à la

chasse.

Note 397: Le sens est ici mal rendu; c'est
Paiens
que Suger indique

comme ayant fermé ce chateau: «Paganum de Gisortio, qui castrum idem

primo munivit.»

Note 398: Simon Ier, fils d'
Amauri
Ier, celui qui fortifia

Montfort-l'Amauri
.

III.

ANNEE: 1106.

Coment le roy Guillaume d'Angleterre, desiroit à avoir le roiaume de France, et coment il grevoit povres gens et l'Églyse, et ravissoit leurs biens; et coment il fu occis soudainement d'une saiete, par la divine vengeance.

Lors disoit-on que cil roy Guillaume d'Angleterre, qui trop estoit fier et orgueilleux, béoit à avoir le roiaume de France. Car le noble damoiseau Loys estoit tout seul demouré droit hoir du roy Phelippe et de la royne Berthe, qui sereur estoit Robert, le conte de Flandres. Si avoit-il deulx autres fils, Phelippe et Floire, de Bertrade, la contesse d'Angiers, qu'il avoit louguement maintenue par-dessus sa femme espousée; mais nul ne s'attendoit que nul en deust régner, pour ce qu'il estoient nés en avoultire, sé il avenist par ayanture que le noble Loys mourut. A ce s'atendoit le roy Guillaume, si comme l'on cuidoit. Mais pour ce que ce n'est pas droit né chose naturele que François soient en la subjeccion d'Anglois, ains est droit que Anglois soient en la subjeccion françoise[399], avint tout autrement qu'il ne cuidoit; si luy tolli s'espérance la fin de la guerre. Car celle guerre eut jà duré trois ans et plus; et le roy Guillaume vit qu'il n'en pourroit venir à chief, né par ses Anglois né par ses Normans, si comme il cuidoit premièrement, né par les

François meisme qu'il avoit à luy alié par serement et par fiance. Si laissa la guerre tout de son gré, et passa en Angleterre.

Note 399: Notre traducteur commet ici un contre-sens qui n'est peut-être pas complètement involontaire. Suger dit: «Parce qu'il n'est pas permis que les François soient soumis aux Anglois, ni même les Anglois aux François.»
Quia nec fas nec naturale est Francos Anglis, imò Anglos Francis subjici, etc.

Après ce avint, un jour qu'il chaçoit en une forest qui avoit nom Neuveselve, que il fu soudainement occis d'une saiete, si que pluseurs cuidèrent qu'il eust esté occis par la divine vengeance et à bon droit, car il guerroioit povres, gens cruellement et essilloit les églyses et trop angoisseusement ravissoit leurs biens quant les prélas mouroient. Ce cas fu mis de pluseurs gens sur un hault homme d'Angleterre qui avoit nom Gautier Thirel; mais il jura puis, sur sains, devant pluseurs, non pas pour ce qu'il en doubtast rien, comme cil qui coupe n'y avoit[400], que oncques, celuy jour que le roy avoit esté occis, n'avoit-il esté en la forest, celle part, né veu ne l'avoit en celle journée. Dont il est bien apparissant que la cruauté de si puissant homme fu abatue et chastoiée par la divine puissance; en manière que cil qui les autres travailloit à tort fu travaillié sans fin, et cil qui tout convoitoit fu du tout despouillié. A

Dieu tant seulement qui desceint les baudrès[2] des roys quant il luy plaist sont soubmis les roys et les roiaumes.

Note 400: La traduction est obscure et incomplète. Ici Suger se met en scène, et dit avoir lui-même entendu Gautier Tirrel jurer de son innocence. «Quem cum nec timeret nec speraret, jurejurando sæpius audivimus, et quasi sacrosanctum asserere, etc.» Mais, ce témoignage de Suger ne me satisfait pas complètement; lu désir de fonder une onjecture édifiante y paroît trop. D'ailleurs tous les historiens anglois s'accordent à accuser de la mort du roi, non pas la vengeance, mais la maladresse de Geoffroi Tirrel. (Voyez Orderic Vital, Gaimar, Wace; Eadmer et les autres.).

Note 401:
Les baudrés.
Aujourd'hui
baudriers
, du latin

baltheum
, dont se sert Suger. De même dans Garin le Loherain:

Aubris fu biaus, eschevis et molés,

Gros par espaules, graisles par le
baudré
.

(T. I, p. 85.)

Après ce roy Guillaume, vint au roiaume son mendre frère, Henri, qui tant fu sage et puissant: sa grant valeur et son grant sens fu puis sceu et cogneu, comme nous dirons cy-après. Si avint ainsi qu'il fu roy d'Angleterre, pour ce que son aisné frère, le vaillant Robert, estoit au temps de lors au grant ost des nobles barons qui estoient meus au saint sépulcre. Et pour ce que nous n'avons pas en propos de retraire les fais des Anglois, fors de tant comme il appartient à nostre matière, nous en convient taire, jusques à tant que l'istoire en fera mencion.

IV.

ANNEE: 1106.

Coment le noble jouvencel Loys amoit les églyses et les povres, et combatoit noblement pour metre pais entre les barons qui guerroioient les uns les autres.

Loys, le noble jouvenceau, estoit jà grant et parcréu; et de tant comme il estoit tenu à simple de pluseurs[402], de tant se penoit-il plus de pourveoir le profit des églyses; et comme courageux et defendeur du siècle et du règne de son père, se traveilloit pour la paix du clergié, et des gaigneurs et des povres gens: car la paix et le repos avoient jà esté si longuement en desaccoustumance au roiaume de France, et tant avoient-il esté troublés, que nul ne savoit mais que estoit joie né paix.

Note 402: Suger dit: «Ludovicus itaque famosus juveuis, jocundus, gratus et benevolus (quo etiam à quibusdam simplex reputebatur), etc.

Si avint en ce temps que entre l'abbé Adam de Saint-Denys et Bouchart, le seigneur de Montmorency, sourdi contens pour aucunes besoingnes et coustumes de leurs terres qui ensemble marchissoient. Et à ce montèrent les paroles que cil Bouchart rompi son hommage, et s'entredeffièrent et s'entrecoururent sus, à armes et à bataille, et ardi l'un à l'autre sa terre. Mais ceste nouvelle vint tantost au vaillant roy Loys qui moult en eut grant desdaing. Cestui Bouchart fist tantost semondre de droit par devant le roy Phelippe, son père, à Poissy le chastel. Cil se défailli du tout de droit oïr et de obéir au jugement; et s'emparti de court ainsi. Né, pour ce, ne fu-il pas retenu, car ce n'est pas coustume en France; mais il apprist, assez tost après, quelle paine doit porter le subgiet orgueilleux vers son seigneur. Semondre fist ses osts Loys et ala sur luy à armes, et sur ses aides; c'est sur le conte Mathieu de Beaumont et sur Droon, le seigneur de Moncy[403], qui estoient ses jurés de ceste entreprise, et chevaliers merveilleux. En la terre Bouchart entra premièrement et gasta tout par feu et par glaive, fors son chastel. Si mist le siège entour, que de ses propres gens que des gens Robert, son oncle, le conte de Flandres; et, tant le destraint qu'il vint à luy à mercy, et se mist sur luy, hault et bas, de toute la querelle.

Note 403:
Moncy.
«Monciacensem.» C'est aujourd'hui

Mouchy-le-chatel
, village de Picardie (département de l'Oise), à 4

lieues de Beauvais.

Après, rassailli de guerre, Droon de Moncy, pour ce meisme et pour autres griefs qu'il faisoit à l'églyse Saint-Pierre de Beauvais. Devant son chastel vint à grant plenté de chevaliers et d'arbalestriers. Cil Droon issi hors et assembla ses gens assez près de son chastel; mais cil qui le règne deffendoit le fist assez tost flatir ens[404] parmy les portes, luy et sa gent. Mais ce ne fu pas sans luy, car il les suivoit au dos de si près qu'il se féri en eulx de vive force jusques au milieu dn chastel, comme preux et hardi. Maint grans cops y feri le preux Loys et maint en reçut, n'oncques issir n'en daigna jusques à tant que il eust tout le chastel ars, jusques à la maistre tour. Si esloit de si grant cuer et de si fière proesce qu'oncques ne daigna eschiver le grant embrasement du chastel, tout fust-ce grant péril à luy et à son ost. Et tant y souffri qu'il luy prist un grant enroueure qui longuement luy dura. En telle manière les soubmist et humilia à la volenté Nostre-Seigneur à qui la cause de la guerre estoit.

Note 404:
Flatir ens.
Se précipiter au travers.

En ces entrefaites mut contens entre Huon, le seigneur de Clermont qui home

estoit simple et sans malice, et Mathieu, le conte de Beaumont; pour ce que le conte Mathieu, qui sa fille avoit espousée, luy tolloit à force la moitié du chastel de Lusarches; car l'autre moitié tenoit-il pour raison de sa femme. Si l'avoit tout saisi et bien garni; au damoisel Loys s'en ala clamer et s'en laissa chéoir à ses piés. En pleurant fist sa complainte par telles paroles: «Sire, ayés pitié de moy qui suis vielx et desbrisié: si me secourrés contre mon gendre qui me veult deshireter. Si vueil mieux que vous ayés toute ma terre de qui je la tiens, que mon gendre l'ayt.» Grant pitié eut de luy le deffendeur du règne, et luy promist son ayde: et ainsi le renvoia tout asseuré de sa promesse.

Tantost manda au conte Mathieu que il revestist Huon de sa partie du chastel; puis les adjourna ambedeulx à sa court. Mais le conte Mathieu refusa tout né, à sa court ne daigna venir né contremander. Et le damoisel assembla son ost et ala assaillir le chastel qu'il avoit garni contre son seigneur. Tant y assailli par armes et par feu et par engin qu'il le prist à force. La tour garni de chevaliers et la rendi à Huon, si comme il l'i avoit promis. De là se parti et ala assiéger un chastel le conte, qui a nom Chambely[405]. Ses engins fist entour drecier; mais autrement avint de ce siége qu'il ne cuida. Une nuit eut fait clair tems et seri; si avint que le temps se couvri soudainement et commença un fort temps de tonnoire et de

pluye si horrible que le plus des gens de l'ost estoient en désespérance de leur vie et cuidoient bien mourir. Quant ce vint vers le jour que le noble Loys se dormoit en son paveillon, plusieurs s'appareillèrent, pour le fort temps, à despartir de l'ost. Si fu bouté le feu en l'une des parties des loges, par desloiauté et par traïson, et pour ce que c'est signe de despartir ost du siége. Si avint ainsi que le ost s'estormi et issirent des tentes folement et confusément, et commencièrent à fuyr comme ceulx qui cuidoient estre pris pour la tumulte et pour la noise; et se mistrent à la fuite. De ce fu moult esbabi le damoiseau Loys, et demanda que ce estoit. Lors s'arma et sailli au destrier, et couru après l'ost pour faire retourner; mais pour chose qu'il sceust né dire né faire, ne les pot metre au retour, pour ce, meismement, qu'il estoient tous espandus et espartis çà et là. Lors assembla tant de gens comme il pot avoir, et pour les autres garantir qui s'en fuioient se mist il pour mur et pour deffense contre ses ennemis qui luy coururent sus. Souvent y feri et souvent y fu feru; bien et seurement s'en porent fuyr ceulx à qui il estoit deffense; mais assez en y eut de pris de ceulx qui estoient loing de luy et s'en fuyoient espandus par troupeaux. La furent pris cil Hue de Clermont, le plus haus home et le plus puissant, et Guy de Senlis, Heloyn de Paris, sans les autres, que chevaliers que sergens, qui pas n'estoient de grant nom, et des gens à pié dont il n'est nul compte.

Note 405:
Chambely.
C'est Chambly, en Beauvaisis, à une lieue de

Beaumont, et à six de Senlis: aujourd'hui petite ville du département de l'Oise.

Moult fu le gentil damoiseau embrasé de grant yre. A Paris retourna, et de tant luy engroissa plus le cuer de fierté et d'ogueil, comme il n'avoit pas appris à receveoir telle honte et tel meschéance. A Paris ne demoura guères pour séjourner; mais pour sa honte vengier assembla gens de toutes pars, trois fois tant qu'il n'avoit fait devant; et souvent disoit en son cuer que c'estoit greigneur honneur de mourir en proesce que honteusement vivre.

Ceste assemblée sceut le conte Mathieu, par ses amis de la court; si se doubta moult, comme cil qui sage homme estoit, que la meschéançe que son sire avoit eue ne retournast sur luy. Lors prist de ses privés amis et leur pria de parler de la paix par moult grant doulceur, et par, moult grant blandissement; et moult se pena d'amollier le cuer et l'ire du noble damoisel. Et se purgeoit en telle manière que par luy né par son pourchas ne luy estoit telle meschéance avenue, sé par aventure non. Et coment qu'il fust avenu, il s'en mettoit du tout à sa volenté et à son esgart.

Mais avant qu'il s'en voulsist de rien amollier en eut maintes prières, que du roy Phelippe, son père, que d'autruy; mais touteffois, à la parfin, refrena son mautalent, et si fut à tart et à envis: le tort qu'il avoit fait luy fist amender et rendre ce qu'il pot rendre, de ce qu'il avoit dommagié; et luy fist rendre les prisons, et après fist la paix de luy et de Huon de Clermont, son seigneur, et luy fist rendre sa partie du chastel de Lusarches qu'il luy vouloit tollir.

V.

ANNEE: 1102.

Coment il deffendi les églyses contre Eblon, le conte de Rouci, et son fils, qui les persécutoit; et coment il les contraint par glaive et occisions à faire satisfactions.

En ce meisme temps estoit en grant tribulacion l'églyse de Nostre-Dame de Rains, par la cruauté Eblon, le conte de Roucy, et de sou fils Guichart qui souvent la grevoit et couroit sus; et non mie tant seulement à ele, mais aux autres églyses qui estoient soubz ele: et si estoit-il si bon chevalier de sa main et si entrenenant que il ala aucune fois à ost banie[406] en Espaigne contre les Sarrazins; ce que nul ne déust oser entreprendre sé il ne fust roy ou empereur. Maintes clameurs et maintes plaintes en avoient esté faites aucunes fois devant le roy Phelippe où il ne mettoit pas grant conseil; mais tant ala puis la besoingne que ceste clameur vint bien deulx fois ou trois jusques à son fils Loys; et tantost, comme il fu certain des griefs que cil tirant faisoit aux églyses, il assembla un ost de bien cinc cens[407] chevaliers, des meilleurs que il pot trouver au royaume son père. A Rains s'en ala hastivement, où il avoit esté attendu deulx mois, pour prendre vengeance de la bonte et du dommage que le tirant avoit fait aux églyses. Lors entra en sa terre où il mist tout en feu et en flambe, et la sienne et celle à ses aydes, et à proier quanqu'il trouvèrent. Si furent robés qui les autres souloient rober, pris et tourmentés qui les autres souloient tourmenter. Moult y souffri travail le noble jouvenceau, car tant avoit en luy et en ses chevaliers vigueur et proesce, que oncques tant comme il y furent ne séjournèrent jour, s'il ne fust vendredi ou diemenche, qu'il ne tourmentassent leurs ennemis, ou par assaut de navie[408] ou de lancier ou de traire, ou par courre sur leurs terres. Si n'estoit mie celle guerre tant seulement contre celuy Eblon, ains estoit aussi contre les autres barons du pays. Si leur faisoit grant secours la force des chevaliers de Lorraine qui leur aydoient pour ce qu'il estoient de leur parenté. Entre ces choses y eut parlé de paix en plusieurs manières: si fu plus légièrement accordée, de la partie au jouvencel de France, pour ce qu'il avoit ailleurs maint grans afaires qui requeroient sa présence. Au tirant commanda qu'il féist paix et satisfaction aux églyses; et il si fist et asseura par bons hostages. Ainsi abati et defoula celuy Eblon, et si ardi et gasta sa terre. Et ce que luy requeroit et demandoit du Nuef-chastel[409] mist en sa souffrance jusques à un autre jour.

Note 406:
A ost banie
, et non pas
banié
, comme on lit dans le

texte de dom Brial. A armée convoquée.

Note 407:
Cinc cens.
Le latin dit:
sept cents
.

Note 408:
De navie.
Il y a dans le latin
manuali congressione
, et

l'auteur aura lu
navali
au lieu de
manuali
. La rédaction du temps

de Philippe-le-Bel traduit mieux:
d'envaïr
. (Msc. 8396. 2.)

Note 409:
Nuef-chastel.
Château situé sur l'Aisne, aujourd'hui

chef-lieu d'un canton duquel dépend Rouci.
Sic transit gloria
mundi.

Un autel[410] ost de chevaliers assembla une autre fois pour secourre

l'église d'Orléans, contre Lion, le seigneur de Meun, qui home estoit

l'évesque, et si tolloit à l'églyse la greigneur partie de ce chastel

meisme et la seigneurie d'un autre. En pou de temps le mata et abati, car

il mist siége devant le chastel et l'enclost dedens, luy et tous ceulx qui en son ayde estoient; et prist le chastel par vive force. Mais cil se féri en l'églyse du chastel qui près estoit de sa maison, et se pensoit là à deffendre; mais ne li valu, car par la force d'armes et par le feu qui laiens fu bouté, il fu mors et estaint; et non pas luy tant seulement, mais jusques à soixante personnes qui, par la force du feu, trébuchèrent de la tour en haut et furent recueillis et tresperciés au fer des lances. Et ainsi fenirent leurs vie, et descendirent leurs ame en enfer comme ceulx qui généraument estoient escomeniés de leur évesque.

Note 410:
Autel.
Semblable.

VI.

ANNEE: 1104.

Coment un cruel tyrant appellé Thomas de Malle, qui tenoit le chastel de Montagu, fu assis laiens; et coment il issi par nuit et vint au noble Loys qui fu deceu par son conseil, tant qu'il li restabli son chastel.

En Loonois est un chastel qui a nom Montagu[411]. Fondé est de grant ancienneté et fors de grant manière, car il est assis sor une haute roche ronde de toutes pars. Ce chastel tenoit en ce point, par raison de mariage, Thomas de Malle, home desloiaus oultre mesure, et que Dieu et tout le monde haioit pour sa grant cruauté. Si le redoubtoient toutes les gens du pays environ, comme lyon enragié et le haioient de haine mortelle, et chascun jour ne faisoit s'empirer non pour la force de son chastel. Si avint que Enguerrant de Boves, qui son père estoit, le béoit à geter hors du chastel, pour la desloiauté dont tout le monde se plaingnoit. Si estoit cil Enguerrant, plain de grant valour et de grant renommée en son temps. Entre luy et Eblon, le conte de Roucy, qui en ceste emprise se mist, assemblèrent tant de gens comme il porent avoir, par prière ou aultrement, et dévisèrent à assiéger le chastel et le tyrant dedans, et à aceindre de fors palis; et béoient à tenir leur siége si longuement qu'il feust dedens affamé et pris par force et tenu en prison toute sa vie. Et si béoient à abatre le chastel sé il le pouvoient prendre: ainsi le firent comme il avoient devisé. Et quant le desloiaux se vit assis et les bretesches de fust entour le chastel, si eut moult grant paour et s'en issi par nuit, avant que les deulx chiefs de la cloisture fussent joins ensemble. Au plutost qu'il pot s'en ala au roy Loys, et fist tant, par don et par promesse, que il corrompi ses conseillers et qu'il luy promist son aide, comme cil qui encore estoit flechissable, que par meurs que par aage. Tantost assembla un ost de huit cens chevaliers, sans autres gent, et chevaucha celle part hastivement. Quant les barons qui tenoient le siège soient que il approchoit, si envoièrent messages contre luy, et luy mandèrent en priant et en requérant, comme à leur seigneur, en toutes manières, que il se souffrist et que il ne les levast pas du siège, car il leur feroit trop grant honte; et que, pour un trayteur et desloial homme, ne perdist pas l'amour et le service d'eulx et de tant preud'hommes comme il avoient en leur ost: et bien scéust-il que luy-meisme y pourroit avoir grant honte et plus grant dommage que eus, sé le trayteur eschappoit ou sé il remanoit au pays. Et quant il virent qu'il ne le pourraient fléchir de son propos né par blandir né par menacier, si se levèrent du siège pour ce qu'il se doubtèrent à mesprendre vers luy; et se trairent arrière, eulx et leurs gens, entalentés de retourner au siège, sitost quant il s'en seroit retourné. Et ainsi souffrirent à faire sa volonté sans contredit, tout leur genast-il moult. En telle manière se retrairent arrière tous courouciés. Et le sire du règne leur destruist et despeça tous leurs chasteaux et leurs forteresses et tout leur autre appareil, et délivra le chastel, en telle manière, du siége et le garni assez richement d'armes et de viandes. Et quant les barons qui, par honneur et par paour de luy, s'estoient partis du siège, virent qu'il ne les avoit de rien espargnés, si en eurent grant despit et grant dueil; adont s'entredirent, ainsi comme par aatine[412], qu'il ne le déporteroient plus né de rien ne le seigneuriroient, et le menacèrent moult durement. Et sitost comme il le virent partir, si issirent de leurs herberges et chevauchèrent après luy, tous armés, à bataille rangiée et ordenée, et bien monstroient semblant qu'il voulsissent assembler à luy; mais un ruissel, qui entre les deulx osts couroit, destournoit celle assemblée, parquoy les uns ne pouvoient légièrement venir aux autres pour assembler. En telle manière furent les deulx osts deulx jours, et menaçoient les uns les autres, et tant que un chevalier trop fort gabeur[413], qui estoit de l'autre part, s'en vint à l'ost des François et leur fist entendant que sans faille ceulx de là assembleroient à eulx, tout entalentés de prendre vengeance de la honte et du tort que il leur avoient faite, aux fers des lances et aux espées tranchans; et pour ce que il savoit ce, estoit il venu par devers eulx pour sa partie deffendre et pour aidier sou droit seigneur. Assez tost fu ceste nouvelle espandue parmy l'ost des François; dont véissiez chevaliers liés et esbaudis, eulx armer et appareiller de toutes beautés d'armeures, hyaumes lacier, chevaux covrir et très-noblement acesmer[414], et faire très-grant semblant de requerre leurs adversaires, si tres-tost comme il poroient trouver passage pour trespasser le ru. Et se hastèrent tant d'aler qu'il trouvèrent passage ainsi comme par aatine l'un de l'autre; et disoient entre eulx que mieulx valoit qu'il assemblassent avant, qu'il attendissent tant qu'il fussent assaillis. Et quant ce virent les barons de l'autre part, c'est assavoir Enguerrant de Boves et Eblon, le conte de Roucy, et le conte Andris de Rameru, Hue-le-Blanc de la Ferté, Robert de Capi[415] et les autres sages homes de leur ost, et il orent apperçu la hardiesse et la contenance du seigneur du règne et de sa gent, si s'émerveillèrent moult et esbahirent. Adont se conseillèrent et trouvèrent en leur conseil que mieulx leur valoit honnorer leur seigneur par soy retraire, que follement assembler à luy à bataille dont il leur pouvoit assez légièrement meschéoir. Lors s'en vindrent à luy à paix et l'honnorèrent moult et luy firent ilecques meisme fiances et seureté d'amour et d'alliance et luy offrirent leurs corps et leurs choses, abandonnéement à tous besoings et contre tous homes; et atant

se despartirent en bonne paix.

Note 411:
Montagu.
Ce château étoit entre Laon et Neufchatel; il

fut détruit en 1441, par ordre de Charles VII. Thomas de Marle

l'avoit eu en dot de sa seconde femme et cousine, fille de
*Roger de
Montaigu*
.

Note 412:
Aatine.
Défi, irritation, colère.

Note 413:
Trop fort gabeur.
Suger dit: «Un jongleur, preu

chevalier.» Quidam joculator, probus miles.»

Note 414:
Acesmer.
Orner.

Note 415:
De Capi. De Capiaco.
C'est
Chépoix
, en Picardie, non

loin de
Breteuil

Après ce, ne demoura pas moult que cil Thomas de Malle perdi, tout

ensemble, et le chastel et le mariage qu'il avoit corrompu et conchié par

affinité de lignage: car la dame par cui il tenoit le chastel fu de luy

desseurée par l'esgart de sainte églyse.

VII.

ANNEE: 1104.

Coment le chastel de Montlehéry eschéi en la main du roy par mariage, lequel avoit moult grevé le roy et le royaume.

Par teles emprises et par teles proesses dont le noble Loys venoit si bien à chief, montoit en pris et amendoit de jour en jour le noble damoiseau; et pour son règne accroistre et amender se penoit par grant pourvéance de soubsmettre et humilier ceulx qui se révéloient contre luy et qui esmouvoient les guerres et les contens par le royaume; et abatoit ou prenoit leurs chasteaux par quoy il cuidoient la terre essillier, et grever les povres gens. Dont il avint que Gautier[416] Troussel, le fils Millon de Montlehéry, qui moult avoit grevé le royaume par maintes fois, prist moult à affebloier et deffaillir par griefs maladies, après qu'il se fu retourné du saint sépulcre, pour le travail de la longue voie où il fist mauvaisement son preu et s'onneur: car il s'en embla de la cité d'Antioche pour paour de Corbaran et des Sarrasins qui entour estoient, par dessus les murs s'en issi, et laissa l'ost enclos dedens la cité[417]. Quant il se vit ainsi affebloier, si se doubta que par deffault de luy ne fust une sienne fille deshéritée qu'il avoit. Pour ce, la donna-il, par mariage, à un fils de bast[418] le roy Phelippe, que il avoit engendré en la contesse d'Angiers, et ce fist-il par la volenté et par le pourchas le roy meisme et son fils Loys qui moult convoitoit à avoir le chastel; et pour ce que messire Loys peust mieulx lier à luy son frère en paix et en amour, lui donna-il, par dessus ce, le chastel de Meun[419], et s'acorda à la prière du père.

Note 416:
Gautier Troussel.
Il falloil
Guy
, comme dans le latin,

et d'après la généalogie donnée à la fin du règne de Robert.

M. Guizot le nomme
Guy de Truxel
, bien que la position de cette

seigneurie de
Truxel
dût l'embarrasser.
Troussel
étoit un

sobriquet.

Note 417: Les historiens du siége d'Antioche ont rappelé la honte de Guy Troussel. (Voyez entre les autres Tudebode, collection de Duchesne tome IV, p. 796.)

Note 418:
De bast.
Bâtard.

Note 419
Meun.
Il falloit
Mantes
.
Castrum Meduntense
.

Et quant il eut ainsi receu en garde le chastel de Montlehéry, si en furent moult liés tous ceulx du pays d'entour, ainsi comme qui leur eust traite la boise[420] de l'œil qui trop les destrainsist, ou ainsi comme qui leur eust desbarré les huis d'une fort tour où il fussent en estroite prison. Et bien tesmoingnoit le roy Phelippe à son fils Loys, devant tous, que trop l'avoit cil chastel lassé et grévé par plusieurs fois. Et puis luy disoit: «Beau fils Loys, garde bien celle tour qui tant de fois m'a traveillié et en cui combattre et essilier sui presque tout envielli, et par laquelle desloiauté je ne péus oncques avoir bonne paix né bonne santé. Laquelle desloiauté faisoit des preud'hommes et des loiaux, traytres et mauvais; car laiens s'attropeloient et de près et de loing les traytres et les desloiaux; né en tout le royaume n'estoient maux fais né traysons, sans leur assentement né sans leur ayde; si que du chastel de Corbeil qui est mi voie de Montlehéry, à destre jusques à Chasteaufort, estoit Paris et la terre si atainte, et si grant confusion entre ceulx de Paris et ceulx d'Orlenois, que les uns ne povoient aler dans la terre de l'autre pour marchéandise né pour autre chose, sans la volenté à ces trayteurs, se n'estoit à trop grant force de gent.»

Note 420:
La boise.
Le fétu de paille. «Festucam.»

Teles paroles disoit le roy à son fils, et l'amonestoit de bien garder la tour et le chastel qui pour ce mariage estoit venue en sa main; dont tout le pays estoit en paix et en repos et pouvoient les Parisiens et les Orlénois repairier ensemble si comme il désiroient.

VIII.

ANNEE: 1104.

Coment le seigneur de Montlehéry et son lignage se vouldrent retourner en leur desloiauté acoustumée et assaillirent Montlehéry. Et coment le conte Gui de Rochefort, qui estoit sénéchal de France, le secourut.

En ce temps revint d'oultre-mer le conte Gui de Rochefort, à grant renommée

et à grans richesses. Sage homme estoit et de grant chevalerie; et si

estoit oncle le devant dit Gautier Troussel. Moult luy fist le roy Phelippe

belle feste, pour ce que moult avoit esté son familier et son ami, avant

qu'il allast oultre-mer, comme cil qui son sénéchal avoit esté. Et lors le

retindrent à leur service le roy Phelippe et mesme Loys, son fils, pour

tenir les affaires du règne; et luy rendirent la sénéchaussée, pour ce,

meismement, qu'il peussent plus en paix tenir le devant dit chastel de

Montlehéry, et que, par ce, acquéissent paix et services de sa contée, qui

à eulx marchissoit; c'est assavoir de Rochefort,[421] de Chasteaufort et

des autres prochains chasteaux. Et tant moutéplia puis, en eulx, amour et

familiarité, que Loys, sire du roiaume, dut espouser la fille de celuy

Guion, qui lors n'estoit pas encore en aage. Mais avant qu'il parvenissent

ensemble, il furent desseurés par lignage qui fu trouvé en eulx. En telle

manière dura celle amour entre eulx bien trois ans, si que le roy et son fils se fioient du tout en luy et s'atendoient en luy de toutes les besoingnes du roiaume. Et cil conte Gui et un sien fils qui avoit nom Hues de Crecy entendoient loiaument aux besoingnes du roiaume et au proffit; mais ainsi comme le vieux pot retient tousjours à luy la saveur qu'il a prise en sa nouveleté[422], ainsi le sire de Montlehéry et son lignage[423] retournèrent à leur acoustumée traïson et à leur desloiauté; et pourchacièrent, par traïson et par [424]les deulx frères Gallandois qui lors estoient mal du roy et de son fils, coment Miles[425], le viconte de Troies, le mendre frère Gui Troussel, vint à sa mère, la vicontesse, à grant compaingnie de chevaliers, et vint à ce chastel où il fu liement receu. Lors, parla à Gui Troussel[426] et luy commença à retraire, en plourant, les biens et les honneurs que son père luy avoit fais, la grant noblesse et le grant sens de leur lignage et la loiauté qu'il avoient tousjours eue. Et moult le mercia de son rappellement, et le pria à genoulx de parfaire ce qu'il avoit piéçà commencié. Par teles paroles et par tels humiliemens, les fléchit et les mena si que tous ceulx de laiens coururent aux armes et alèrent à la tour, tous armés, pour assaillir ceulx qui la gardoient de par le roy. Lors commença l'assaut fors et périlleux, aux espées et aux lances, à feu et à grant pieus agus et à grosses pierres, si qu'il effondrèrent le mur devant la tour en plusieurs lieux, et navrèrent à mort plusieurs qui la deffendoient. Et lors estoit en celle tour la fille

Gui, le conte de Rochefort, que Loys, le sire du règne, devoit espouser; et
quant cil conte Gui, qui sénéchaux estoit le roy, sçeut ces nouvelles, si
mut là, à tant de chevaliers qu'il pot avoir, comme cil qui trop estoit
fors et couragieux, et envoia messages isnellement aux chevaliers et aux
gens d'environ, pour dire qu'il venissent hastivement, et ainsi approcha
hardiement le chastel. Ceulx qui la tour assailloient et qui encore ne la
povoient prendre né ceulx dedens surmonter les aperceurent venir dès les
montaingnes; lors se trairent arrière et guerpirent l'assaut comme ceulx
qui la mort doubtoient, et que le deffendeur du règne ne venist sor eulx
despourveuement. Lors commencèrent à pourpenser lequel feroient, ou de fuyr
ou de l'attendre. Adont, vint le conte Gui, et connue sage et bien apeusé,
fist à soy venir les Gallandois qui estoient au chastel, et par grant
conseil parla à eulx et fist la paix d'eulx et du roy et de son fils Loys,
et puis la fist affermer par serement. Et ainsi fist retraire ceulx et les
leurs de leur emprise; et quant Miles vit que cil luy furent faillis, si
s'enfui hastivement, grant dueil menant de ce que il n'avoit sa traïson
traite à fin. Mais quant le noble Loys oï ces nouvelles, si vint au chastel
isnellement. Si fu moult courroucié, quant il eut la vérité sceue, de ce que
il n'ot trouvé les traiteurs; que il les eust tous pendus aux fourches s'il
les péust avoir tenus. Et à ceulx qui remés furent tint la paix que le
conte Gui avoit faite, pour ce qu'il l'avoit jurée à tenir; et pour ce

qu'il ne peussent autretel faire une autrefois, fist-il abattre toute la forteresse du chastel, sans la tour[427].

Note 421: *Rochefort.* Aujourd'hui petite ville à dix lieues de Paris, vers Chartres. Il reste quelques débris du vieux château de Guy-le-Rouge.--*Chateaufort* est à cinq lieues de Paris. On voit encore deux des tours des anciennes fortifications.

Note 422: Ce passage est la traduction d'un vers de l'épître d'Horace *ad Lollium* et non pas *de Arte poëtica*, comme le disent dom Brial et M. Guizot.

«Quo semel est imbuta recens servabit odorem»

Testa diù.

Note 423: *Le sire de Montlehéry.* C'est je crois une faute. Il s'agit ici des habitans de Montlehéry. Suger dit seulement: *Viri de Monte-Leherii*, et c'est à eux que Miles va s'adresser tout-à-l'heure, non pas à Gui Troussel, qui sans doute n'étoit pas dans le château.

Note 424:
Gallandois.
Les frères de *Garlande*.

Note 425:
Coment, etc. C'est-à-dire: De manière à ce que, etc., ou:

Ils firent tant que, etc.

Note 426:
A Guy Troussel.
Cela est ajouté, et mal à propos.

Note 427:
Sans la tour.
Cette tour chancelante, noire et sourcilleuse, subsiste toujours et nous rappelle encore le XIIème siècle et les guerres du baronnage de l'Ile de France avec la royauté.

IX.

ANNEE: 1106.

Coment Buiaumont, le prince d'Antioche, et Robert Guichart son père, eurent, tout en un jour, victoire sur l'empereur d'Allemaigne et l'empereur de Grèce. Et coment cil Buiaumont eut à femme Constance, la seur le noble Loys.

En ce temps vint en France Buiaumont, le noble prince d'Antioche. A celuy espéciaument fu rendue la forteresse et la seigneurie de la noble cité d'Antioche, au temps que le grant siège y fu mis de celle très-puissant baronnie de France et d'autres terres, que Pierre le hermite esmut. Cil Buiaumont estoit adont un des plus nobles et des plus puissans barons de la terre d'Orient, de cui proesce il estoit grant renommée par tout le monde, meismement par un merveilleux fait qu'il fist en sa vie, qui ne pot estre fait sans la divine aide; dont il fu grant parole démenée néis entre les Sarrazins. Si le vous compterons briefment.

Cil puissant prince Buiaumont et son père Robert Guichart avoient une fois assise la cité de Duras, dont la grant richesse de Thessalle[428] né le grant trésor de Constantinoble né la force de toute Grèce ne les peurent oncques par force lever de ce siège où il sistrent longuement. Si avint que les messages le pape Alexandre passèrent la mer et alèrent jusques à eulx, et leur requistrent et semondrent en la charité Nostre-Seigneur et par l'ommage qu'il devoient à saint Pierre de Rome et à son vicaire, que il secourussent à l'églyse de Rome et l'apostoile que l'empereur de Rome avoit assis dedens la tour de Crescence; et les prièrent humblement et par l'ommage que il avoient à l'églyse de Rome, qu'il ne laissassent pas périllier l'églyse de Rome né son vicaire, qui en grant péril estoit sé il n'estoit secouru.

Note 428:
De Thessale.
Suger dit:
Thessalonicenses Gazæ
.

En grant doubte furent cil deus riches princes de ces nouvelles; lequel il feroient avant ou s'il lairoient ce grant siège qui tant leur avoit cousté ou il ne peussent jamais recouvrer sé à grant paine non, né à ce venir qu'il en estoient jà; ou sé il nostre saint père de Rome laisseraient périllier et asservir, pour le siège maintenir. Si comme il orent grant pièce demouré sur ceste affaire terminer, si prisrent un trop haut conseil; ce fu qu'il feroient et l'un et l'autre, et le siège maintenir et secourre l'apostoile. Ainsi le firent et remest Buiaumont au siège; et Robert Guichart, son père, passa la mer en Pouille et tantost comme il fu armé, assembla à grant plenté de chevaliers, que de Puille que de Sezille que de Kalabre que de terre de Labour, et de sergens à riches armes, et puis chevaucha hardiement vers la cité de Rome. Et vint une aventure dont tout le monde se doit esmerveillier; que tantost comme l'empereur des Griex sceut que Robert Guichart se fu parti du siège devant Duras, si assembla merveilleux ost de Griex, et vint contre Buiaumont à bataille, et par mer et par terre, pour le lever du siège. Si avint que luy et son père se combattirent tout en un jour aux deulx empereurs: Robert Guichart à l'empereur d'Allemaingne, et son fils Buiaumont à l'empereur de Grèce: et orent ambedeulx victoire des deulx empereurs, par l'aide Nostre-Seigueur[429].

Note 429: Ce récit de la double victoire des princes Normans sur les deux empereurs semble avoir été emprunté par Suger à
l'Historia Sicula
éditée par Muratori, et dont M. Champollion vient de publier une très-ancienne traduction. (Voy. la suite de l'
Istoire de li Normant,
par Aimé moine du Mont-Cassin
. Paris, 1835, page 308 et suiv.) Seulement Suger a eu tort de nommer le pape Alexandre II; c'est Grégoire VII que Robert Guiscart fit sortir de la tour de Crescence, en 1084.

La raison pourquoi cil Buiaumont estoit venu en France, c'estoit pour demander à femme la gentille dame Constance, la sereur le noble Loys, qui moult estoit belle et vaillant et sage, et bien enseingnée sor toutes autres damoiselles. Et pour ce, en toutes manières, essaya s'il la porroit avoir. De si grant renommée et de si grant noblesse estoit le royaume de France et cil qui sire en devoit estre, que néis[430] les Sarrazins avoient grant paour de ce mariage. Sans seigneur estoit la dame et avoit refusé le conte Huon de Troies, et n'avoit cuer de se marier. Et tout ce savoit bien le prince Buiaumont qui tant fist, touteffois, que par dons que par promesses que par proiéres, que la dame luy fu ottroiée du roy Phelippe et de Loys, son fils. Et ce fu fait en la cité de Chartres par devant mains barons du règne, que arcevesques que évesques que princes que abbés. Et si fu présent aux espousailles dans Bruns, évesque de Seigne[431] qui, de par l'apostoile, estoit légat en France. Si estoit venu avec le prince Buiaumont pour prescier la voie du saint sépulcre. Et de ce tint il grant concile à Poitiers, et là eut traitié de plusieurs establissemens, et meismement de la terre d'oultre-mer. Et tant firent-il et le prince Buiaumont qu'il encouragièrent maint preud'hommes d'aler en ce voiage. En

celle compaingnie s'en retournèrent en leur pays le légat et cil Buiaumont et madame Constance, sa femme, à grant joie et à grant compaingnie de chevaliers de France et d'ailleurs, qui pour eulx avoient emprise la voie.

Note 430:

Néis.
Même.

Note 431:
Seigne
, Seigni.
Dans
, «Dominus.»

De celuy prince Buiaumont eut puis la dame deulx fils: Jehan et Buiaumont; mais cil Jehan morut en Puille, ains qu'il fust chevalier, et cil Buiaumont qui fu prince d'Antioche après son père et chevalier merveilleux eut un jour desconfi les Sarrasins: si comme il les enchaussoit, luy centiesme de chevaliers tant seulement, si fu entrepris par leurs agais, comme cil qui follement les enchaussoit et plus qu'il ne déust se fioit en sa proesce. Là luy fu le chief copé, et tous ses chevaliers pris et mors; et ainsi perdi Antioche, et Puille et la vie.

X.

ANNEE: 1107.

Coment l'apostole Pascase se conseilla au roy Phelippe et à son fils, contre l'empereur Henri, qui contrainst son père à metre jus tous les aournemens royaux; et persécutoit saincte églyse.

Au second an que le prince Buiaumont s'en fu retourné et eut enmenée madame

Constance, sa femme, si comme vous avez oï, avint que l'apostole Paschaise

s'en vint vers les parties d'Occident à grand compaingnie de ses hommes,

que cardinaux que évesques que sages hommes de Rome, pour soy conseillier

au roy Phelippe et à Loys son fils et à l'églyse de France, d'une nouvelle

querelle, d'endroit une manière de revesteure[432], de quoy l'empereur de

Rome le travailloit et le béoit encore plus à travailler et luy et l'églyse

de Rome. Bien faisoit à croire, car il estoit homme sans pitié et sans

amour, et vers luy et vers tous autres hommes; et si cruel et si desloiaux

que il avoit déshérité son père meisme et tenu en sa propre prison, et

contraint à ce qu'il luy fist rendre ses roiaux aournemens à force, c'est

assavoir: la couronne et le septre et la lance saint Maurice; et que il ne

tendroit rien en propre de son héritage. Et pour ce que l'apostole et tous

ses consaulx se doubtoient de sa desloiauté et de la convoitise des Romains qui, partout, sont ardens et convoiteux, leur fu-il avis que plus seure chose seroit d'eulx conseillier au roy Phelippe et à Loys son fils et à l'églyse de France, que à ceulx de la cité de Rome. Droit à Clugny s'en vint, et de là à la Charité-sur-Loire. Là dédia et sacra l'églyse d'iceluy priouré, à grant compaingnie d'évesques et d'autre clergie, et y furent plusieurs barons de France, et le conte Guy de Rochefort, séneschaux de France, qui, de la part le roy Phelippe et Loys, son fils, y fu envoié; et de par eulx, luy offri et abandonna le roiaume à sa volenté, comme à leur père spirituel[433]. Et à ce dediement fu un cler le roy, qui Sugier avoit nom[434]: (moine estoit de Saint-Denis en France, et puis fu-il abbé de léans et fist tant de bien au roiaume et à l'églyse; car il eut tout le roiaume en sa garde, au temps que le roy Loys, fils Loys-le-Gros et père au roy Phelippe, fu oultre-mer; et ce fust cil meisme qui fist ceste istoire si certainement comme cil qui, tousjours, fu nourri au palais et au service le roy.) Là estoit alé, si comme nous l'avons dit, contre l'évesque de Paris, Galon, qui l'églyse de Saint-Denis avoit traite en cause pour une grant querelle qu'il clamoit sur elle. Et cil Sugier allégua, devant l'apostole meisme, pour l'églyse, et deffendi sa querelle par droit et par appertes raisons.

Note 432: Suger dit: «
Super.... novis investituræ ecclesiasticæ querelis
.»

Note 433: Le sens du latin est moins large: «
Missus occurrit, ut ei,
tanquam patri spirituali, per totum regnum, ejus beneplacito,
deserviret.
»

Note 434: Suger dit seulement: «
Cui consecrationi et nos ipsi
interfuimus.
»

De la Charité se parti l'apostole et s'en ala à Saint-Martin de Tours. Là, chanta la messe solempnellement, le jour de la mi-caresme, et porta mitre sur son chief[435], à la guise de Rome. De là desparti et s'en ala droitement à Saint-Denis en France, humblement et dévotement ainsi comme à l'églyse Saint-Pierre de Rome. Là fu assez haultement et honorablement receu, comme si haute personne. Mais un exemple merveilleux et remembrable laissa aux Romains et à ceulx qui à venir estoient; car de chose quelconque, né or né argent né garnement de pierres précieuses qui en ceste abbaïe fust, dont l'en se doubtoit moult, ne daigna regarder, par semblant de convoitise: tant seulement devant les corps sains se coucha et estendi devotement, tout dégoutant de larmes, comme cil qui tout s'offroit de corps en sacrefice à Dieu et à ses sains; et prioit à l'abbé et au couvent que aucune partie de vestement entaint de son sanc luy fu donnée et ottroiée;

et disoit telles paroles: «Ne vous doit pas déplaire sé vous rendez aucunes parties petites des vestemens de celuy que nous vous envoiasmes jadis en France, de nos grés et sans murmure, pour estre apostre de France.» Là luy vindrent à l'encontre à grant joie, le roy Phelippe et son fils Loys, et s'inclinèrent dévotement à ses piés, en la manière que les roys seulent faire devant le sépulcre et l'autel Saint-Pierre, les couronnes ostées et les chiefs enclins. Et l'apostole les prist par les mains, comme les dévos fils des apostoles, et les fist ambesdeulx séoir devant luy.

Note 435:
La mitre.
«Frygium.» C'est la
Thiare
, et non pas la

mitre que tous les évêques de France portoient. Suger affecte deux fois de rappeler que la coiffure pontificale ne différoit de cette

des prélats françois qu'en raison de la différence de la
mode
en

deçà et au-delà des monts.

Après parla à eulx, comme sage et par grant familiarité, de l'estat de sainte églyse, et les pria moult qu'il aidassent à saint Pierre et à son vicaire, si comme les roys de France leurs devanciers avoient fait, comme les roys Pepin et Charles-le-Grant et Loys, son fils, et les autres qui après vindrent; et qu'il contrastassent aux ennemis de sainte églyse et meismement à l'empereur Henri.

Moult volentiers reçurent ces paroles, et luy offrirent et promistrent leur conseil et leur aide, par tous lieux et contre tous hommes mortels, et luy abandonnèrent tout le roiaume à sa volenté. Après, luy baillèrent grant compaingnie d'archevesques et d'évesques, et l'abbé Adam de Saint-Denis, pour aler à l'encontre des messages de l'empereur Henri, qui à Chaalons devoient venir à luy.

XI.

ANNÉE: 1107.

Des messages l'empereur Henri et de leur légation à l'apostole. Après, de la réponse l'apostole aux messages; et coment les messages l'empereur s'empartirent à mautalent.

Quant l'apostole eut jà demouré à Chaalons, ne sçai quans jours, si vindrent les messages l'empereur Henri, et pristrent leur hostel à Saint-Mange[436], dehors de la cité, et laissèrent illecques Almaubert, le chancelier, par cui conseil l'empereur ouvroit le plus. Et tous les autres vindrent à la court de l'apostole à grant compaingnie et à grant bobant; et arneischiés et atournés à merveilles orgueilleusement de lorains[437] et d'autres appareils. Ces messages furent l'archevesque de Trèves, l'évesque d'Antatense,[438] l'évesque de Moustier[439] et plusieurs contes, tous d'Allemaingne; et avec eulx, le duc Welphons, devant qui l'en portoit une espée toute nue. Si estoient à merveille corsus, gros et gras, curieux et noiseux en paroles. Si sembloit mieux que eulx tous fussent venus pour tencier et pour menacier, que pour besoingne desrenier[440] par mesure et par raison. L'archevesque de Trèves conta leur parole; home sage et amesuré

et qui savoit bien langue françoise. Sagement conta la besoingne pourquoy il estoient là envoié de par l'empereur; et de par luy, aporta à l'apostole

- 368 -

et à toute la court salus et services, sauve la droiture de l'empire. Après commença la parole si comme ele luy eut esté enchargiée.

Note 436:
Saint-Mange
ou
Saint-Memmie
, faubourg de Châlons. De là

les noms propres de
Mangin
,
Mangeart
et
Magineau
si communs en

Champagne.

Note 437:
Lorains.
Harnois de chevaux.

Note 438:
Antatense.
Halberstadt.

Note 439:
Moustier.
Munster.

Note 440:
Desrenier.
Exposer par raisons. Discuter.

Lors commença à parler en tele manière: «Cogneue chose est que ce appartient à l'empire dès le temps à nos ancessors et nos sains pères, qui ont esté au lieu monsieur Saint-Père, au siège de Rome, si comme dès le temps le grant Grégoire et les autres après jusques à ore, que en toutes élections soit gardé et tenu cil ordre: que ainçois que l'élection soit espandue né magnifestée, qu'il soit fait assavoir à l'empereur; et sé il voit que la personne soit convenable à ce, l'en doit prendre de luy asseurement et ottroy. Après ce, doit estre mené en la congrégacion des évesques et du clergié où il doit estre esleu selon les sains canons, et à la requeste du peuple, et par l'élection du clergié, et par l'assentement de l'empereur. Et puis quant il sera sacré franchement, non pas par simonie, si doit estre ramené à l'empereur pour revestir-le du régale, si comme de l'anel et de la croce, et pour luy faire hommage et féauté; et si n'est mie merveilles, car autrement ne se peust-il saisir de chastel né de cité né des marches né d'autres dignités qui soient de l'empire, et sé monsieur l'apostole se veult ainsi souffrir, si tienne sainte églyse en paix et en prospérité à l'onneur de Dieu, et de ses droitures telles comme il doit avoir en l'empire et au règne.»

A ce respondi l'apostole sagement, par la parole l'évesque de Plaisance qui parla en telle manière: «Sainte églyse, qui est rachetée et franchie du précieux sanc Nostre-Seigneur Jésus-Christ, ne convient mie de rechief ramener à servage, en ce que elle ne puisse eslire prélat, sans le conseil de l'empereur et que elle se mette en servitude; mise arrière et oubliée la précieuse mort de Jésus-Christ, par cui elle fu franchie de toutes subjeccions et de tous servages. Que ce serait jà avenu sé il convenoit qu'il fust par luy revestu de la croce et de l'anel, comme ces choses appartiennent à l'autel plus que à luy qui d'eulx se veult saisir et entremettre contre Dieu; et plus, que ses mains, qui sont sacrées au corps et au sanc Nostre-Seigneur proprement, sé par ce lien les convenoit sousmettre aux mains qui sont soilliées et ensanglantées et pecheresses de glaive et de bataille; par teles mesprison abaisseroit trop ses ordres et sa sainte unction.»

Quant les messages oïrent ceste response, si commencèrent à frémyr de mautalent et dire contre l'apostole; et en manière de Tyois[441] noisier et faire grant tumulte: et s'il osassent, il eussent dict et faicte violence à luy et à sa gent; si dirent à la parfin: «Ne sera or pas ci terminée ceste querelle, mais à Rome aux espées tranchans.» Si s'en partirent à tant.

Note 441:
Tyois.
Allemands.

Tout maintenant envoia l'apostole aucuns sages hommes et esprouvés, à Almaubert, le chancelier, pour le prier et requerre que ses messages fussent oïs et qu'il se penassent d'abaissier ce couroux et de mettre paix au règne et à l'empire; et quant les messages qui ces paroles oïrent les lui eurent portées, si s'en partirent, et tantost l'apostole s'en ala à Troies et là assembla un grant concile qu'il avoit fait semondre grant pièce devant. Après ce concile retourna à Rome en prospérité, à grant amour et à grant grace des François, qui moult l'avoient servi et honnoré; et à grant paour et à grant haine des Tyois qui moult l'avoient grevé et traveillié.

XII.

ANNEE: 1111.

Coment l'empereur assembla grant ost et entra en la cité de Rome, comme ami, faintement. Et coment il prist l'apostole en chantant sa messe et les cardinaux, et comme icel tirant et anemi desloyal mist main à l'apostole et le traitta vilainement.

Entour un an après ce que l'apostole s'en fust retourné, assembla l'empereur un merveilleux ost, bien de trente mil chevaliers, et chevaucha à Rome par grant force et par grant cruauté, comme cil qui en celle voie ne s'esjoïssoit fors que quant il véoit occision et sanc espandre. Quant il fu là venu, si faint son cuer par grant traïson et par grant guile, et fist semblant paisible, né oncques ne parla de la querelle de revesteure qu'il clamoit devant seur l'apostoile, et commença à prometre à faire moult de bien à l'églyse et à la cité; et puis si blandi moult et pria que on le laissast entrer en la cité, car autrement n'i pouvoit-il entrer. Et le desloiaux qui ne béoit fors à la traïson, ne doubta pas à décevoir le souverain du monde et toute saincte églyse, et le roi des rois à qui la querelle estoit toute.

Taudis, s'espandi la renommée par la cité que l'empereur vouloit clamer quitte cette grant querelle qu'il clamoit sur l'apostole, qui si estoit contraire à Dieu et à saincte églyse. Lors commencièrent tous à faire plus grant joie que nul ne pourroit cuider; et le clergié et les chevaliers de Rome s'efforcièrent tous comment il le pourroient plus honorablement recevoir. L'apostole et les cardinaux montèrent à grant compagnie d'évesques et de prélas, tous couvers leurs chevaux de blanches couvertures et tous parés et acesmés de riches aournemens, et luy alèrent à l'encontre et grant suite de peuple de Rome. Adonc, prist l'apostole aucuns de ses cardinaux et les envoia devant soy pour prendre le serement de l'empereur qu'il rendroit paix à l'églyse Saint-Père, et à son vicaire et à la cité, et qu'il clamoit quitte tout le contens de celle revesteure. Ainsi s'entrencontrèrent l'apostole et l'empereur en un lieu que l'en dit la Monjoie de Rome, et de ce lieu voit-on l'églyse des apostres. Et ilecques de rechief furent fais cil seremens, et après ce le jura tierce fois, et porche de l'églyse, de sa main nue et une partie de ses plus hauts barons. Lors fu mené jusques à l'églyse des apostres à grant procession du clergié, assés plus noblement et à plus grant joie que Rome ne fist jadis de la victoire d'Afrique.

Tous rendoient loanges à Dieu: et crioient cil Allemans en leur Tyois, si espouventablement et si hault, qu'il sembloit qu'il déussent les cieux trespercer. Là fu couronné solempnellement, par les mains de l'apostole, selon la manière des anciens empereurs. Après se revesti l'apostole pour la messe chanter; et quant ce vint en ce point qu'il eut sacré le vrai corps Dieu et son précieux sanc, si en coménia l'empereur d'une partie en alliance de paix et d'amour pardurable, et en plege et en ostage de tenir les convenances qu'il avoit vers saincte églyse. Quant l'apostole eut la messe chantée, et ains que il fust du tout devestu, avint que les Tyois descouvrirent la desmésurée traïson que il avoient jusques à ce point célée; et traisrent, comme forcenés, les espées, et coururent sus aux Romains qui, en ce lieu et en ce point, estoient désarmés; et commencièrent haultement à crier à haulte voix que tout le clergié de Rome, et cardinaux et évesques, fussent prins et destranchiés.

Après, firent une desverie à qui nul forfait ne se prent, né nul outrage ne se puet comparer: car il pristrent l'apostole et mirent la main au vicaire Nostre-Seigneur et de saint Père. Tantost fu la cité esmeue et troublée et plaine de dolour et d'angoisses plus que l'en ne pourroit dire. Et lors primes apperçurent la traïson des Tyois, mais ce fu trop tart. Lors commencèrent les uns à courre aux armes, et les autres à fuir comme gent seurprise et esbahie; mais il ne porent si légièrement fuir à l'assaut de leur ennemis qui, soudainement, les avoient seurpris et desceus, qu'il n'y en eust assez de blessiés. Et touteffois montèrent-il sor les trefs[442] du porche de l'églyse qu'il firent verser et trébuchier sor ceulx qui les chaçoient, et, par ce firent-il d'eulx leur deffence. L'empereur, qui de son desloial fait et de s'orde conscience estoit forment espouvanté, issi hastivement de la cité et emmena avec luy la plus merveilleuse proie qui oneques-mais eust esté faicte, contre crestiens né ailleurs: ce fu le corps de l'apostole meisme, et tant des cardinaux et des évesques comme il peust tenir aux poins, et se mist dedens la cité Chastelle[443] qui trop estoit fort de grant siège naturel et de grant forteresse. Laiens fist despoillier et laidement traictier les cardinaux et les évesques; puis fist une si très-grant cruauté que néis du dire est-ce grant félonnie; car il mist main el Crist dame-Dieu, et le despoilla orgueilleusement de sa chappe et de sa mitre et de tous les autres aournemens qui à sa dignité appartenoient; et après ce, lui fist moult d'ennuis et de honte: né oncques, né luy né les siens ne voult laissier aler, jusques à tant qu'il les eust contrains à ce que il le quitteroient de la convenance dont le contens estoit, et qu'il en eurent fait privilège. Un autre privilège leur estordist[444] aussi à force, qu'il avoit devant ce quassé, par le jugement de l'églyse, au grant concile qu'il tint de trois cens évesques et de plus. Ce fu que l'empereur le revestiroit, d'ore en avant, des devant dictes choses. Et sé aucun demande pourquoy l'apostole le fist ainsi laschement, sache-il que saincte églyse estoit en langueur par deffaut de pasteur et de collatéraux, et que le tirant qui l'avoit ramenée à servitude la tenoit en sa main comme sienne propre, pour ce que nul n'estoit qui l'osast contredire. Après ces choses, quant l'apostole eut reformé l'estat de saincte églyse au mieux qu'il pot, et mise paix quelle que ce fu, si s'en fui en un désert, et fist un hermitage; là eust demouré le remenant de sa vie, sé saincte églyse et la force des Romains ne l'eussent contraint de revenir à son siège. Mais Nostre-Seigneur Jésus-Christ, qui saincte églyse racheta de son précieux sanc, ne le laissa pas longuement défouler, né ne volt souffrir que l'empereur s'esjoïst longuement du grief et de l'outrage qu'il eut fait; car ceulx qui de noient n'estoient tenus à l'empire par foy et par serement né autrement, pristrent sur eulx la besoingne. Par le conseil et par l'aide le noble damoisel de France, assemblèrent un grant concile en son règne, et par le commun jugement de saincte églyse, escommenièrent l'empereur et le férirent du glaive saint Père, puis s'en retournèrent vers le règne d'Allemaingne, et pourchacièrent tant qu'il esmeurent contre luy grant partie de ce règne, et le plus des barons du païs et ceulx qui à luy se tenoient. Et déposèrent Richart le Roux, évesque de Moustier, né oncques ne finèrent jusques à ce qu'il eurent à leur povoir destruit et deshérité ses aideurs, en vengeance de sa pesme vie et de la desloiauté par quoy il guerroia saincte églyse. Et par son péchié fu l'empire transporté en autrui main, par le droit jugement Nostre-Seigneur. Après son décès, furent ses hoirs déshérités par son péchié, et vint pu la main Lohier le duc de Saissoingne, un chevalier merveilleux et moult prudomme et fort deffendeur de l'empire, qui, après ce qu'il eut soubmis à l'empire Puille et Kalabre et Lombardie et Campaigne jusques à la mer Adrienne et tout dégasté devant soy, voiant le roy Rogier qui de Puille s'estoit fait roy par force, s'en revint en son règne à grant victoire, et puis morut. Ces fais et autres que ses gens firent mistrent en istoire leurs maistres et les istoriographes; et nous, dès ore mais, retournerons aux fais des François qui sont de nostre propos.

Note 442:
Trefs.
Les poutres.

Note 443:
Chastelle.
Le château Saint-Ange.

Note 444:
Estordist.
Arracha.
Qu'il avoit;
que le pape avoit.

XIII.

ANNEE: 1107.

Coment Huc de Ponponne, chastelain de Gornay-sur-Marne, ravist chevaus à marchéans au chemin le roy et mena en son chastel. Et coment le sire du règne l'asségia séant à grant ost et coment il le prist à moult grant paine.

Le conte Guy de Rochefort, duquel l'istoire a parlé dessus, se forcenoit tout de couroux et de mautalent, pour ce que le mariage de sa fille et du damoisel Loys de France avoit esté despécié, en la présence l'apostole, pour la raison du lignage qui prouvé y fu par l'engin et par le pourchas de ses ennemis qui envie luy portoient; et la rancune qu'il en avoit en son cuer reçu béoit bien à monstrer par envie contre eulx, en lieu et en temps; et nonpourquant le devant dit sire ne le béoit mie à oster de son service pour le mariage qui despécié estoit. Tant qu'il avint que les Gallandois s'i entremeslèrent qui l'amour et la familiarité d'eulx deux despécièrent et i semèrent discorde. Si sourdi une ochoison qui au seigneur du règne donna matière de guerroier; si fu pour ce que un chevalier merveilleux, qui avoit nom Hues de Ponponne, et estoit chastelain de Gournay sur la Marne[445], eut une fois pris chevaux à marchéans au chemin le roy et mené

en son chastel. Mais le sire du règne qui, pour ceste outrage, estoit forcené, assembla son ost hastivement et ala assiéger ce chastel au plutost qu'il pot, pour que il ne péust estre garni de viandes né d'autre garnison[446]. Devant ce chastel estoit une isle merveilleusement belle et délitable qui, à ceux de la ville, donnoit trop grant aaisement de leurs bestes pasturer, et grant déduit et grant esbatement pour la beauté de la rivière et pour le grant déduit de la riche praerie. Si amande moult le lieu ce qu'il est enclos de la parfonde rivière, qui grant seureté leur donne. De ceste isle prendre et saisir se péna moult l'avoué du règne; et si tost qu'il eut sa navie appareilliée, si fist une partie de ses chevaliers et moult de ses gens à pié despoillier tous nus, pour passer plus légièrement et plus tost relever et saillir sus, s'il avenist que il chéissent: les uns fist passer à noe[447], et les autres à cheval parmy les parfons flos, jaçoit que ce fu trop périlleuse chose, et il meisme passa avec eulx, monté sur son destrier pour donner à sa gent cuer et hardement. Lors commença à envahir l'isle en telle manière. Mais ceulx du chastel qui s'estoient garnis au mieux qu'il povoient leur deffendoient moult forment la terre dessus les haultes rives où il estoient assemblés; et à ceux qui estoient ès flos et en la navie lançoient menu et souvent grosses pierres et lances et pieus agus, par quoi il les firent guenchir et réuser de la rive. Mais tost se rallièrent les royaus et retournèrent sus de rechief aux chastelains par grant force, tous encouragiés de bien faire. Dont firent traire leurs arbalestriers et leurs archiers, et les chastelains se combattaient de maintenant, si comme il povoient mieux venir à eulx. Et les roiaux de la navie, qui leurs haubers avoient vestus et leurs heaumes laciés, les rassailloient vertueusement à guise de galios[448]; et tant dura les assaus, que les royaus qui avant avoient esté réusés, firent ressortir par force ceulx du chastel, et par vertu et par proesce qui n'a pas appris à avoir honte né deshonneur, conquistrent et pourpristrent celle isle, et leurs ennemis firent flatir par vive force en leur chastel. Mais quant le sire du règne et les royaus virent que ceulx du chastel ne se rendroient pas ainsi (et il eut jà tenu le siège ne sais quans jours), si ne pot plus souffrir, comme cil à qui le lonc siège ennuioit inoult. Lors fist son ost assembler et armer, et puis fist assaillir le chastel qui trop estoit fors et de parfons fossés et de glant haut et fort, d'eaue bruiante et parfonde qui au pié luy courroit; et par ce estoit-il tel que, à bien près, n'avoit-il garde[449] d'escu né de lance. Et tout ainsi, passa parmy le ruissel qui près des fossés estoit où il eut de l'eaue jusques au braier[450], tout atalenté d'aler jusques au fossé et d'assaillir au glant[451] et sa gent après luy. Lors leur commanda à assaillir fièrement, et eulx si firent par grant force, à moult grant grévance et à moult grant meschief.

Note 445:
Gournay
, à trois lieues et demie de Parie. C'est

aujourd'hui un petit bourg.

Note 446: Celle aventure de Hue de Pomponne a contribué beaucoup à justifier les déclamations que nos écrivains modernes se font une religion politique de répéter contre l'ancienne baronnie françoise. Tous les chevaliers, du Xème au XVème siècle, sont ainsi devenus des détrousseurs de passans, des voleurs de grands chemins. Mais si telle avoit été la coutume des seigneurs châtelains, Suger n'auroit pas remarqué la grande colère de Louis-le-Gros contre Hue de Pomponne et la guerre qui en fut la conséquence. Nous conviendrons volontiers que la lutte une fois déclarée entre barons, les routes dévoient être moins assurées qu'au milieu d'une paix complète. Tant que Hue du Puiset, Bouchard de Montmorency ou Guy de Rochefort soutinrent la guerre contre Louis VI, les bourgeois et les artisans du voisinage durent tomber souvent victimes des dissensions qu'ils n'avoient pas allumées. Mais il y a loin de là à l'usage chevaleresque du

détrousser les passans
ou de les
épier sur les grandes routes
: en

un mot, les
Mandrin
étoient dans le moyen-âge tout aussi rares, et

les
Cartouche

plus sévèrement punis qui de nos jours.

Note 447:
Noe
. Nage.

Note 448:
De galios.
De pirates. Suger dit:
Piratarum more
. J'ai

déjà remarqué ailleurs cette expression, à laquelle on ne trouve pas

la même acception dans le glossaire de Ducange.

Note 449:
N'avoit-il garde.
N'avoit-il besoin, pour se défendre.

N'avoir garde
étoit toujours pris dans le même sens.

Note 450:
Braier.
La ceinture. «Usquè ad baltheum.» Dom Brial a eu

tort d'expliquer ce mot par celui de
braies
.--
Atalenté
, désireux.

Note 451:
Glant
, partie supérieure des murs. On ne trouve guères le

mot de

glandis avec ce sens ailleurs que dans Suger.

D'autre part furent ceulx du chastel qui hardiement et vigoureusement se misrent avant et s'abandonnèrent moult à eulx deffendre, si que il n'espargnoient à nulluy, néis au seigneur du règne; et vindrent à armes à l'assault contre leurs ennemis, si qu'il les firent ressortir, et le plus d'eulx trébuchier ès fossés, si qu'il délivrèrent et rendirent à leur bataille tout le ru[452] dont il estoient enclos de celle part. Si avint ore ainsi, à celle fois, que ceulx du chastel en eurent l'onneur et la victoire, et les royaus la honte et le dommage, si le convint ainsi souffrir. Lors fist le sire du règne les engins appareiller, et en fist un à trois estages, et le fist drecier plus haut que le chasteau n'estoit et au plus haut mist archiers et arbalestriers qui véoient tout l'estre et le couvine du chastel, et deffendoient à ceulx dedens l'aler et le venir parmi les rues. Si avint que ceulx dedens qui sans repos et sans entrelaissier estoient constraint et engoissiés par eulx, ne s'osoient apparoir à leur deffenses; mais se deffendoient en terraces et sousterrains sagement, et faisoient traire en agait à leurs archiers et à leurs arbalestriers aux royaus qui estoient au premier estage de l'engin, et plusieurs en occioient.

Note 452:
Le ru.

Le ruisseau.

Près de cel engin[453] avoit un pont de fust qui s'estendoit d'en hault et s'abaissoit un petit sur le glant, si qu'il donnoit légière entrée à passer oultre à ceulx qui, par le pont, voulsissent assaillir la ville. Mais encontre ce, refirent ceulx du chastel un trébuchet et apoiaux de fust, l'un un petit loing de l'autre, si que le pont et ceulx qui dessus montassent chéissent de dessus le glant ès fosses que ceulx du chastel avoient faites, années de fors pieus agus et ferrés, et bien couvertes d'estrain et de paille, que elle ne fussent apperceues; si que ceulx qui là chéissent mourussent de tel mort, à giant hachiée.

Note 453:
Près de cel engin, ou plutôt *sur cette engin;* le latin

dit: «Hærebat machinæ eminenti pons ligneus.»

En ce point estoit le conte Guy en grant pourchas de gent assembler et requerrait d'ayde et parens et cousins et seigneurs pour secourre ceulx qui au chastel estoient aségiés. Et tant se pourchasça que, entre les autres aides, eut tant fait vers le conte Thibault de Champaingne qui estoit conte du palais et homme si puissant et si riche et si merveilleux chevalier, que il l'eut asseuré d'aidier à jour nommé et hastivement, et luy eut promis que il lèveroit le siège du chastel et délivreroit ceulx qui estoient dedens enclos, qui jà estoient en tel point que la vitaille leur alloit moult apetissant. Et le conte Guy fu entredeulx ententis à proier et à ardoir le règne, pour le seigneur faire lever du siège. Au jour nommé que le conte Thibaut deust venir pour le siège lever, eut le sire du règne fait mander son arrière ban, et les gens voisines semonses[454], car il n'eut pas loisir de mander loing souldoiers. Et à tant de gens comme il pot lors avoir issi de ses herberges fervestu et apparcillié luy et les siens, hardi et courageux, et remembrant en son cuer de haulte prouesce; et vint liement contre ceulx que il ooit contre luy venir. Mais avant envoia contre eulx tel qui luy séut noncier leur estre et leur affaire; et luy, tandis, manda ses barons; si les amonesta de bien faire, et commença à rengier et à ordener ses batailles, chevaliers et sergens, arbalestriers et archiers et sergens à glaives, et ordena chascun à son droit et en sou lieu. Après chevauchièrent tous rangiés contre leurs ennemis qui, contre eulx, appareilliés venoient; et si tost comme il les choisirent, si firent sonner trompes et buisines parquoy les chevaliers et les chevaux s'esbaudirent et pristrent hardement. Dont laissièrent chevaux aler et s'entreférirent des fers des lances. Là, peust-on véoir grant bruit et grant esclatéis de glaives. Si fu moult grand l'estour à l'assembler et fort et pesant d'ambedeulx pars; mais les Briois[455] ne peurent pas longuement endurer les royaus qui estoient fors et adurés de continuelles guerres; et cil qui n'avoient appris sé repos non et séjour se desconfirent et tournèrent les dos; et les royaus les assailloient vertueusement aux roides lances et aux brans fourbis dont il leur donnoient de grans cops et les faisoient trébuchier des destriers comme cil qui sur toutes choses desiroient la victoire. Né oncques ne cessèrent, né cil à pié né ceulx à cheval, jusques à tant que il les eurent tous tournés à desconfiture.

Note 454:
semonces
, Averties.

Note 455:
Les Briois.
Les gens de Thibaut, comte de Brie.

Le conte Thibaut, qui à desconfiture estoit tourné, voult mieulx estre le premier de la fuyte que le derrenier. Si s'entourna fuyant à force de cheval, et laissa son ost tout desbareté et s'en ala en sa terre à grant perte et à grant confusion. Moult y eut occis de gens par devers les barons, et plus de navrés et de pris. Après celle victoire retourna le sire du règne liement à ses herberges. Ceulx du chastel bouta hors et le prist en sa main et le bailla à garder aux Gallandois.

XIV.

ANNEE: 1107.

Coment le noble sire du règne courut sus un chastelain Hombaus par nom, pour la plainte qu'il ooit de luy. Et coment il prist luy et son chastel appelé Sainte-Sevère. Et coment il le mist en prison en la tour de Estampes.

En ce temps avint que le noble sire du règne fu moult prié et requis de plusieurs que il alast sor un chevalier qui Hombaus avoit nom. Si tenoit le chastel de Saincte-Sevère[456] et siet en ceste terre de Bourges par devers Limozin, pour luy constraindre et chastoier des tors et des oultrages qu'il faisoit aux gens du pays dont il avoit oïes les clameurs et les plaintes plusieurs fois; ou s'il ne le povoit constraindre de venir à droit, au moins qu'il le déshéritast, par droit, de son chastel qui estoit de moult grant noblesse. Et moult estoit à ce temps renommé de grant chevalerie et moult bien garni de bonne gent à pié et à cheval; et, d'ancienneté y avoit toujours eu bons chevaliers.

Note 456:
Sainte-Sevère
, aujourd'hui petite ville du département de
l'Indre, sur la rivière d'Indre, à trois lieues de La Châtre.

Là mut à aler par les prières que il eut eues, et non mie à moult grant ost. Si comme il fu entré en ces marches et il approcha de ce chastel, le chastelain Hombaus qui moult estoit hault homme et de grant pourvoiance, luy vint à l'encontre à grant chevalerie, et fist fremer et bien garnir de fors barres et de gros pieux un ru par où les François devoient passer, car il ne pouvoient eschever ce pas né passer par ailleurs: et il meisme se mist à l'encontre du pas, à toute sa gent; ainsi furent sor le pas assemblés d'une part et d'autre part et se doubtoient à passer d'ambedeulx pars. Si avint ainsi que le sire du règne vit un de ceulx de là qui, devant tous les autres, estoit hors issu des lices contre sa gent. Lors hurta le destrier par grant desdaing et sacha l'espée, l'escu avant, la lance au poing. Si comme il estoit tout armé, et voiant tous ses barons, ala assembler à celuy, comme cil qui sor tous les autres estoit fier et courageux: si le féri si noblement de la lance que il l'abati jus du destrier; et non mie seulement celuy, mais un autre, (comme je treuve vraiement escript,) si que il en abati deux en un seul poindre et les fit baingnier au gué jusques au heaume; et ne s'en tint pas à tant, ains se feri tout maintenant parmy le pas où le premier estoit passé, et s'adressa vers ses ennemis qui tous estoient esbahis de ce que luy voioient faire. Lors les assailli fièrement à s'espée tranchant si qu'il en fist plusieurs réuser et resortir. Et les François, qui ce regardoient, prirent cuer par son bien faire; adont tressaillirent le ru qui mieux mieux et se ferirent en leurs ennemis trop aigrement et les convoièrent chassant aux roides lances, jusques en leur chastel.

Renommée, qui tost vole, s'espandi par le chaslel et par le pays que le sire du règne et les siens estoient venus ce chastel prendre, et si ne s'en partiroient jusques à tant qu'il fust pris et ceulx dedens pendus et les yeulx sachiés, et tout le chastet ars et destruit. Moult eurent grant paour ceulx du chastel et de toute la contrée, de ceste nouvelle. Si eut cil chastelain tel conseil que il rendi soy et le chastel et toute sa terre, en la manière et à la volenté du sire du règne. Et ainsi s'en retourna à victoire et enmena avec soy ce chastelain et le mist en prison en la tour d'Estampes.

XV.

ANNEE: 1108.

Coment le roy Phelippe trespassa, et coment son noble fils Loys le fist enterrer en l'abbaye Saint-Benoist-sur-Loire, où il avoit élu sépulture.

Autresi comme le damoisel amendoit et croissoit de jour en jour de valeur et de proesce, aussi defailloit et descroissoit de jour en jour le roy Phelippe, son père, comme cil qui, oncques puis qu'il eut prise et ravie la contesse d'Angiers et maintenue pardessus sa loiale épouse, ne fist chose qui soit digne de mémoire; et tant avoit esté espris de l'amour de ceste dame, avant que il la laissast, que il n'avoit nulle autre cure, fors d'acomplir son délit, né du roiaume gouverner ne s'entremetoit-il de rien. Par une seule personne estoit le roiaume gouverné et conforté, ce estoit l'atendue et l'abaiance du noble damoisel Loys, qui après luy devoit règner, car à luy s'atendoit toute la menue gent du roiaume.

Le roy Phelippe, qui moult estoit affebloié, acoucha du tout au lit, à Melun-sur-Saine, et mourut (en l'an soixante de son aage et de l'Incarnation Nostre-Seigneur mil cent six,[457]) en la présence son fils Loys. Aux obsèques fuient présens Gales, l'évesque de Paris, l'évesque de Senlis, l'évesque d'Orléans et l'abbé Adam de Saint-Denis et maint autres religieux preud'hommes. Le corps du roy portèrent en l'églyse Nostre-Dame.

Là veillé fu toute nuit à grand luminaire. L'en demain le fist atourner son noble fils Loys richement, et mettre en une litière couverte de riches dras de soie, si comme il convient à tel prince, et puis le chargea aux cols de ses maistres sergens; et ainsi atourné le fist porter en l'abbaïe Saint-Benoist-sur-Loire où il avoit esleu sa sépulture. Et tous jours, comme bon fils, aloit après, une heure à pié, autre heure à cheval, plourant et demenant grand dueil, avec tant de barons comme il avoit avec luy. Si fu tous jours de si grant noblesse et de si grant franchise de cuer, mesmement envers son père, que onques, en toute sa vie, troubler né courouscier ne le voult, néis pour le desseurement de sa mère pour la contesse d'Angiers; né boisier né fortraire le royaume par mauvais engin, si comme seulent faire, aucunes fois, aucuns jouvenciaux.

Note 457: Il falloit:
mil cent et huit

.

Quant il fu là venu et sa compaingnie, si le fist enterrer devant le maistre autel, au mieulx et au plus noblement que il pot deviser. Ainsi comme ceulx disoient que luy avoient oï dire en son vivant, il ne vouloit pas être enterré en la sépulture de ses ancesseurs les roys de France qui ainsi comme par nature et par droit doivent gésir en l'églyse Saint-Denis en France. Pour ce disoit par humilité que il n'en estoit pas digne. Et pour ce qu'il n'avoit pas fait à celle églyse né aux autres, tant de biens comme il deust, pour ce ne devoit pas être mis entre tant de nobles roys et empereurs comme il en gist léans.

Ci fine l'istoire du roy Phelippe, premier du nom.

CI COMMENCE L'ISTOIRE

DU GROS ROY

LOYS.

I.

ANNEE: 1108.

Coment les prélas et les barons assemblèrent à Orléans pour le coroner, et coment les messages de Rains vindrent pour contredire le coronement, mais ce fu trop tart.

Le noble damoiseau Loys qui, en sa jouvente, avoit desservi l'amour et la grace de sainte églyse par la grant cure et par la grant peine qu'il avoit mise en luy deffendre; et aussi comme il avoit soustenue la cause des povres et des orphelins et domté et plaissié par ses vertus les tyrans et les ennemis du règne, autressi, par la volenté de Dieu, fu-il appelé à la hautesce et à la seigneurie du royaume, par le commun accort et désirier des preud'hommes et des bonnes gens. Et moult volentiers en eust esté forsmis et bouté arrière, sé il peust estre par le pourchas et par l'engin aux félons trayteurs qui le royaume béoient à troubler; mais par le commun esgart aux preud'hommes et mesmement le sage Yvon, l'évesque de Chartres,

fu ordené que contre l'engin et la force aux malfaiteurs du royaume, s'assembleroient à Orléans pour le couronner hastivement. Là fu semons Daimbert l'archevesque de Sens et les evesques de sa province, c'est assavoir: Gales, l'évesque de Paris; Manessier, l'évesque de Meux; Jehans, l'évesque d'Orléans; Guyon, l'évesque de Chartres; Hues, l'évesque de

Nevers, et cil d'Aucerre droitement. Le jour de l'Invencion sainct Étienne, au mois d'aoust, furent assembles en la cité d'Orléans; là fu sacré et couronne à roy (par la main Daimbert, l'archevesque de Sens;) la couronne luy mistrent au chief et luy cindrent l'espée de justice, à prendre vengeance des malfaiteurs du règne, et du revestement du septre et des autres aournemens, à la deffense de saincte églyse, du clergié et des povres gens, par la voix et par la requeste du clergié et du commun peuple.

Encore n'estoit pas l'archevesque devestu des vestemens où il eut la messe chantée, quant les messages de la ville de Rains seurvindrent qui portèrent lettres de contradiction, parquoy il eussent destourbé le couronnement le roy, se il féussent à temps venu: et disoient que la droiture du couronnement au roy de France appartient à l'églyse de Rains tant seulement, et ceste seigneurie et ce privilège en avoit dès le temps le fort roy Clodovée que sainct Remy baptisa, et ceste droiture vouloit tousjours avoir franchement et sans nulle fraccion; et sé nul l'en vouloit faire tort et de rien contredire, si fust escommenié pardurablement. Et par ceste achoison cuidèrent faire la paix de Dam Raoul lor arcevesque à cui le roy estoit courroucié durement, pour ce que, sans son assentement, avoit esté esleu et mis au siège l'arcevesque: et béoit à ce que, sé il n'en peussent faire paix né accort, que, par ce, luy contredéissent et destourbassent au couronnement. Mais, pour ce qu'il vindrent trop tart, furent illec taisans et mués, et s'en retournèrent courouciés de leur faute; né de rien qu'il éussent dit né fait ne reportèrent à leur seigneur chose où il éust nul profict.

II.

ANNEE: 1108.

Coment Gui Troussel et Hues de Crecy, son fils, pristrent le conte de Corbueil, son frère, pour ce que il ne leur vouloit aidier de la guerre contre le roy. Et coment le roy le délivra et prist le chasteau.

Loys, le roy de France, par la grace de Dieu, ne pot pas oublier ne désacoustumer ce qu'il avoit tous jours apris et acoustumé en enfance; c'est à soustenir les églyses et deffendre les povres gens et à garder et maintenir le roiaume en paix sé il péust estre. Mais tant y avoit de destourbiers et d'ennemis que trop estoit fort chose à faire. Entre les autres fu Gui le Roux[458], et son fils Hues de Crecy qui jeune bacheler estoit et preux aux armes; mais moult estoit sage et malicieux à mal faire, comme à proier et à rober et à ardoir et à troubler le roiaume. Et, pour la honte de son cuer esclairier, et pour la honte du chastel de Gournay que il avoit perdu, ne cessoit du roy et du règne assaillir et troubler, si que néis au conte Odon de Corbueil, qui son frère estait, ne voult-il pas espargner, pour ce que il ne luy vouloit aidier de sa guerre contre le roy. Si avint que il le gaita un jour que il estoit alé chascier privément, si ne cuidoit avoir garde de nulluy; si le prist et le mist en fors buies[459] en prison, en la Ferté-Baudouin[460]; et pour cest oultrage désacoustumé, les barons et les chevaliers de la chastellerie de Corbueil, qui d'ancienneté est renommée de grant noblesse et de grant chevalerie[461], furent moult courouciés. Au roy s'en alèrent clamer et luy distrent que le conte estoit pris en telle manière, et la cause pour quoy; et moult le prièrent que il y méist hastif conseil; et le roy leur promist s'aide, dont il furent moult liés, et dès lors commencièrent à traitier coment il porroient leur seigneur délivrer. Et tant pourchascièrent puis, que ne sçay lesquels de la Ferté-Baudouin parlèrent à eulx, et leur jurèrent sur sains que il les recevroient et les mettroient privément dedens le chastel. Cil chastel n'appartenoit par nul héritage à celuy Gui; ains le tenoit ainsi comme à force et par tolte, par la raison du mariage la contesse Aalis[462] que il avoit eue à femme. Si avint que le roy vint là à privée mesnie des gens de sa court, pour ce que il ne fust pas apperceu. Si fu avant envoié Anseaux de Gallande qui sénéchaux estoit le roy et chevalier preux et hardi, soy quarantiesme d'hommes armés, à l'une des portes où le plais estoit mis d'eulx recevoir dedens; il et sa compaingnie furent dedens receus; mais ceulx du chastel qui, à celle heure, séoient encore à leurs feus et fabloient ensemble, oïrent soudainement la frainte des chevaux et le murmure des chevaliers; si s'émerveillèrent moult que ce estoit, et issirent hors encontre eulx; et ceci avint ainsi comme après sousper en droite heure de couchier. Si estoit le meschief trop grant à ceulx de dehors, pour ce que la voie estoit trop étroite pour les huis qui estoient encontre mis, et qui ne laissoient aler né venir délivrément ceulx qui entrés estoient dedens la ville. Et, pour ce, ceulx dedens les heurtoient de leurs huis et de leurs portes, et donnoient de grans cops comme ceulx qui bien estoient garnis de leurs armes et qui bien savoient les estres du chastel. Au derrenier, les forains, pour l'oscurté de la noire nuit et pour la meschéance de l'estroit lieu, ne porent longuement souffrir; ains retournèrent à leurs portes, fors que Anseaux, qui trop estoit bon chevalier et seur, qui pas n'y pot à temps venir, pour ce qu'il entendoit à deffendre ses compaingnons, comme chevalier preux et vaillant: pris fu et retenu et emprisonné en la tour, avec le conte de Corbueil. Si eurent, ces deux, moult grant paour l'un de la mort, et l'autre de deshéritement. Quant ceste nouvelle fu au roy comptée, qui moult se hastoit de venir pour ceulx qui eschapés estoient, si luy pesa de la demourée qu'il avoit faite pour l'oscurté de la nuit attendre. Tantost sailli sor son destrier par grant desdaing, et vint jusques à la porte du chastel à espérons brochant; à force cuida ens entrer pour aidier aux siens; mais il la trouva bien fermée et barrée et en fu durement reusé[463] par ceulx dedens qui grant planté de quarreaux et de lances et de pierres luy lançoient. Mais moult orent grant paour les frères et les amis au sénéchal qui pris estoit. Tous vindrent auprès le roy et luy commencièrent à crier mercy moult durement, par telles paroles: «Gentil roy, aies mercy de nous en tel point, car saches-tu que cil desloial escommenié Hues de Crecy, homme traitre et désirant d'espandre

sanc humain comme homicide, puet ça venir; et sé il puet ens entrer et nostre frère tenir aux poings, il n'en prendroit nulle raençon, ains le pendra ou le fera mourir de male mort.» Pour paour de ceste chose, assist le roy le chastel et le fist fortement enclorre et estouper les entrées de toutes les portes: et ceint et avironna la ville de cinq bretesches bien garnies de bons sergens, et ainsi mettoit grant cure et grant entente de son corps et de son royaume à prendre le chastel et à ses hommes délivrer qui laiens estoient en prison. Mais Hues de Crecy, qui avant eut grant joie des deux prisons, eut moult grant paour de perdre le chastel et les prisons, quant il sceut que le roy l'eut ainsi assegié; et, pour ce, fu en grant angoisse et en grant paine coment il peust entrer dedens; et, en maintes semblances se mist comme cil qui en maintes manières s'en déguisa,

une fois à pié et l'autre à cheval, une fois en manière de Jugleresse et de meschine de vie[464]. Un jour avint qu'il eut mise toute s'entencion à parfaire ce à quoy il béoit, quant il fu apperceu de ceulx de l'ost; et quant il vit que il fu cognéu, si monta au destrier qui appareillié lui fu, et tourna en fuye; car bien savoit que là ne povoit durer; et entre les autres qui l'aperçurent fu Guillaume (de Gallande), frère au sénéchal qui pris estoit, un chevalier bien afaitié et preux aux armes, qui devant tous les autres le chaçoit de volenté de cuer et par isnelleté de cheval, tout entalenté de luy retenir se il péust. Si retourna vers luy souvent, la lance abaissée; mais pour ce que il avoit paour de ceulx qui après luy venoient, n'i osoit pas faire longue demeure, ains reprenoit la fuite, et s'en retournoit atant fuyant. Mais bien affichoit en son cuer que sé il osast tant demourer que il peust à luy assembler, que il montrast la hardiesce de son cuer, ou par victoire, ou par soy abandonner à péril de mort. Et par maintes fois luy avint que il ne povoit eschiver les villes que il trouvoit en sa voie[465], né eschapper de l'enchaux de ses ennemis qui au dos le suivoient, sé ne fust par guille et par barat[466]; car il fainst que il fust Guillaume le Gallandois et Guillaume Huon, et crioit à haulte voix, par le roy, que il le prissent et arrestassent comme son mortel ennemy. En telle manière eschappa et escharni, par son barat, tous ceulx qui le suivoient. Mais oncques le roy, né pour ce né pour autre chose, ne volt le siège entrelaissier, ains prist à destraindre plus et plus les assiégés et à assaillir le chastel; né oncques ceulx dedens ne fini d'angoissier en toutes manières, tant que il eust le chastel pris par force et que le bourg fust pris par une partie de ceulx dedens meismes. Et quant les chevaliers qui en la garnison estoient oïrent la tumulte aval, si apperceurent bien que la ville estoit prise. Lors s'enfuirent grant erre pour leurs vies garantir, vers la tour; et quant il furent dedens enclos, si ne se peurent pas bien deffendre né couvrir né hors issir, jusques à tant que pluseurs en furent navrés et les aucuns occis; et au derrenier fu le remenant à ce mené que il abandonnèrent leur corps et leur avoir à la mercy le roy, et non mie sans le conseil leur seigneur. En telle manière le débonnaire roy et le desloyaux Hues délivrèrent les prisons. Si eut le roy son sénéchal, et les Gallandois leur frère et les Corbueillois leur seigneur, par la vigueur et par le sens le roy. Une partie des chevaliers ui dedens furent pris déshérita et leur tolli leur biens; l'autre partie tint en longue prison et destroite où il les fist pourrir[467] longuement et tout pour les autres espouvanter qu'il ne féissent autel. Par celle victoire que le roy eut contre la cuidance de ses ennemis, enobly et enlumina le commencement de sa couronne, à la louange de celuy qui règne et régnera sans fin.

Note 458: Suger dit en effet:
Guido Rubeus
. Mais le père de Hues de

Crecy étoit
Gui Troussel
, dont on a déjà parlé, et non pas Gui de

Rochefort.

Note 459:
Buies.
Chaînes.

Note 460: Sur la marge du manuscrit 8395, Charles V, qui l'avoit fait

exécuter, a écrit de sa propre main ici:
Aalez
. C'est qu'en effet

La Ferté Baudouin
est le même lieu que
La Ferté Aalès
ou

Aalis
, que nous écrivons à tort aujourd'hui
Aleps
. C'est une

petite ville à quatre lieues d'Etampes. Remarquons que cette

correction de Charles V justifie complètement Adrien de Valois, qui

avoit seulement soupçonné l'identité de
La Ferté Baudouin
et de

La Ferté Alais
.

Note 461: Le texte latin n'est pas exactement rendu. Sugper dit qu'un

grand nombre de vieux et illustres guerriers assiègeoient le château

de Corbeil. «Oppidani Curboilenses multi (oppugnabat enim castellum

veterana militum multorum nobilitas).»

Note 462: Voilà la raison du nom qui a prévalu.

Note 463:
Reusé.
Repoussé.

Note 464: La traduction n'est pas satisfaisante: «Et quomodo castrum ingredi posset, modò eques, modò pedes, multiformi joculatoris et meretricis mentito simulachro, machinatur.»

Note 465:
Les villes.
«Ut villas in viâ sitas... evadere non posset.»

Note 466:
Par guille et par barat.
Par fraude et tromperie. «Nisi, cum simulatâ fraude seipsum Garlendensem Guillelmum fallendo, Guillelmum autem Hugonem se sequentem conclamaret.»

Note 467:
Pourrir.
«Quosdam diuturni carceris maceratione, ut terreret con similes, aflligens durissimè puniri instituit.»

III.

ANNEE: 1109.

Du grant roy Henry d'Angleterre, et des prophécies Mellin; et du contens des deus roys pour le chastel de Gisors. Après, du parlement et des barons de France qui là vindrent. Et coment les François requistrent les Normans et les Anglois.

En ce termine avint que le fort roy d'Angleterre Henry, qui si fu renommé et de guerre et de paix, vint ès parties de Normandie. Cil par puissance et par hautesse, estoit renommé à bien près par tout le monde, et si fu cil dont Mellin le merveilleux devin parla, qui les merveilleuses avantures d'Angleterre dont le monde parle tant vit par prophécie; et retraist merveilleusement maintes manières d'estranges paroles à la louange de celuy Henry, maint ans avant qu'il feust né et tout despourveuement, en la manière que les sains prophètes souloient parler, qui annonçoient dépourvuement ce que le Saint-Esprit leur enseignoit. Or, oez doncques les merveilles que il dit de ce roy Henry: «Un roy[468] de justice naistra, à cui cry les tours de France et les dragons des isles trembleront. A son temps sera l'or estrait du lis et de l'ortie, et l'argent découra des ungles des chevaulx[469]; les crespis vestiront diverses toisons, car l'abit de par dehors monstrera l'estre dedens; les piés aux abaians seront destranchiés; les bestes sauvages seront en paix, et l'umanité des souples se deuldra[470]; la fourme des marchandises sera fendue et la moienneté sera roonde[471]. Le ravissement des escoufles[472] périra, et les dens des loux reboucheront. Les chaiaulx[473] aux lyons seront mués en poissons de mer, l'aigle signera sur le mont aux Arabiens[474].»

Note 468:
Un roy.
Le latin dit:
Leo
.

Note 469:
Des chevaulx.
«Mugientium.»

Note 470: Notre traducteur a rendu sans comprendre. «Humanitas supplicium dolebit.»

Note 471: Cela n'est pas clair, même dans le texte latin. «Findetur forma commercii, dimidium rotondum erit.»

Note 472:
Escoufles.
Milans.

Note 473:
Chaiaux.
Latinè:
Catuli
.

Note 474: «Aquila ejus super montes Aravium nidificabit.» Ce qu'on rendroit peut-être mieux par:
L'aigle posera son aire sur les monts.

Toute ceste ancienne prophécie et ce merveilleux devinement s'accordent à la noblesse de ce roy, si que néis une toute seule sillabe né une toute seule lettre ne s'en discorde; par ce que il dit en la fin de ces paroles, d'endroit les chaiaulx de lyon, nous fait à entendre les fils et la fille de ce roy Henry qu'il appelle lyon qui en la mer périllèrent, et furent dévourés et mengiés des poissons.

Quant ce roy Henry eut receu le royaulme d'Angleterre après son frère le roy Guillaume, et il eut mis en paix la terre par le conseil aus preudes hommes, et il eut juré à tenir les loix et les coustumes anciennes que ceulx de devant luy y avoient mises, pour acquerre la bonne voulenté des barons et des gens de la terre; si passa la mer par decà et arriva en Normandie, et par la force le roy de France mist toute la terre en paix, et concorde entre les discordans, et mist loix et establissemens, et aux gens du pays promist à traire les yeulx et à pendre aux fourches sé l'ung ostoit ou roboit à l'autre ainsi comme il faisoient devant; et bien leur rendit ce que il avoit promis, quant il forfaisoient; et pour ce fu la terre en bonne paix; et convint paix tenir aux Normans qui avant ne savoient que paix fust; et ceste chose leur mouvoit des Danois dont il estoient extrais; et pour ce fu acomplie la prophécie Mellin que nous avons avant touchié, qui dit que le ravissement des escoufles périroit et les dens des loups reboucheroient: car gentil né villain n'osa oncques tollir né embler né rober en son temps; et pour ce qu'il dit après que au cry et à la voix du lion de justice les tors de France et les dragons des ysles trembleront[475], quar nul des barons d'Angleterre n'osa sonner né dire mot en tout le temps qu'il régna. Et ce que il dist après que l'or seroit extraict du lis et de l'ortie, c'est-à-dire des religieus, qui sont comparés au lis, pour odeur de bonnes œuvres, et de l'ortie[476], c'est des gens séculiers qui poingnent par leur malice; car ainsi comme il proffitoit à tous, ainsi estoit-il de tous servi. Si est plus seure chose d'avoir un seul seigneur qui les deffende de tous[477]; et l'argent decourroit les ongles aux jumens, c'est à entendre pour la paix et la seurté qui estoit au pays. Si estoient les labours fais et la terre bien labourée; et habondoient les granches de blés et de biens; et la plenté des granches faisoit la plenté de l'argent ès escrins et ès trésors.

Note 475: Le traducteur passe la première partite de l'explication latine: «Huc accedit quod ferè omnes turres ot quæcumque fortissima castra Normanniæ, quæ pars est Galliæ, aut eversum iri fecit, aut.... propriæ voluntati subjugavit.»

Note 476: «Aurum ex lilio, quod ut ex Religiosis boni odoris, et ex urtica, quod est ex sæcularibus pungentibus, ab eo extorquebatur.»

Note 477: Le latin, qui résume parfaitement le système de nos gouvernemens modernes, est encore ici mal rendu: «Tutius est enim unum, ut omnes deffendat, ab omnibus habere, quam non habendo, per unum omnes deperire.»

Si advint que ce roy Henry tollit à Payen le chasteau de Gisors et par losanges et par menaces. Si est ce chasteau à merveilles fort que de siège que d'autre garnison, et est ès marches de France et de Normandie, et court entre deux la rivière d'Epte qui est droicte borne qui jadis fut mise entre les François et les Danois au temps le duc Rollo, etdonne apperte entrée aux Normans de venir en France, et aux François[478] d'entrer en Normandie.

Si n'appartenoit pas moins par siège de lieu au roy de France que au roy d'Angleterre; et par droit en deust estre aussi saisi le roy Loys comme le roy Henry.

Note 478:
Et aux François
. Il falloit:
Et empêche les François
,

comme dans Suger.

Si advint que pour la requeste de ce chasteau sourdit soudainement guerre entre les deux roys. Et envoya le roy Loys messagiers au roy Henry qu'il lui rendist cellui chasteau ou qu'il l'abatist. Et quant il vit qu'il n'en vouloit rien faire, si luy nomma lieu et jour de parlement pour les trèves qui failloient. Et y eut tandis entre eulx maintes parolles semées de discorde par les felons qui tousjours ont de coustume de mesler les preudes hommes. Et jasoit ce qu'il ne fussent point encores moult entremeslés, si se penoit chascun de plus orgueilleusement venir au parlement. De la partie au roy de France s'assemblèrent mains barons, entre lesquels vint Robert, conte de Flandres, à tout près de quatre mille chevaliers, et Thibaut, le conte palaisin de Champaigne et le conte de Nevers et le duc de Bourgogne et mains autres barons. Et si y furent mains archevesques et évesques.

Et quant le jour du parlement approcha, si s'en allèrent au lieu à grant chevalerie, et passèrent parmy la terre au conte de Meulant qui estoit en la partie au roy anglois et l'ardirent et confondirent toute. Et ainsi l'eut en grand despit le roy d'Angleterre: et s'en allèrent au lieu assigné où le parlement devoit estre qui est appellé Planches[479] sur une eaue. Et en ce lieu est un chasteau mauvaisement adventuré et de malle fortune, car les anciens du pays tesmoingnent que nul n'y assemble qui paix y puisse faire sé ce n'est moult par grant adventure.

Note 479:
Planches sur une eau.
Suger dit:
Plancas Nimpheoli.

C'est
Néaufle
, près de la rive occidentale de l'Epte, à une petite

lieue de Gisors.

Sur celle rivière où il n'avoit nul gué où nul peust passer se logèrent les osts d'une part l'un, et d'aultre part l'autre. Par grant conseil furent esleus les plus haus hommes et les plus sages de France qui au roy anglois furent envoyés et passèrent par dessus ung pont qui près d'illec estoit et estoit si foible et de si grant vieillesse qu'il croulloit. Si estoit merveille que ceulx qui par dessus passoient à haste ne trébuchoient aval.

Quant là furent venus ceulx qui la parolle du roy devoient porter, pour la querelle dont le contens estoit, l'un commença à parler sans le roy saluer, moult saigement par la bouche de tous[480], et dit en telle manière.

Note 480:
Par la bouche de tous.
Suger dit:
ore comitum;

c'est-à-dire à peu près, il me semble,
au nom des pairs de France
,

juges entre les deux rois. Ce passage est important. Pour le mot

- 412 -

insalutato rege, dom Brial propose de corriger: *Salutato*. «Vix enim credibile est,» ajoute-t-il, «adeò incomptos fuisse mores illorum temporum, ut regem orator nulla prævia salutatione, ausus fuerit alloqui.» Cette observation n'est pas judicieuse. L'usage parfaitement établi étoit alors que les envoyés du roi de France près d'un vassal rebelle ne le saluassent pas et lui tinssent de la part de leur maître les plus insolens discours du monde. Tous les romans de chevalerie composés à cette époque en font foi. Dans ce temps-là, le *salut* étoit un acte de sincère et loyale amitié, il avoit pour but d'appeler la protection de Dieu sur celui auquel on l'adressoit. Comment donc deux ennemis se seroient-ils mutuellement salués?

«Cogneue chose est, sire roy, que quant vous éustes receue la duché de Normandie de la main du roy de France, comme celle qui est de son propre fief, que entre les aultres choses et par dessus toutes les aultres convenances fust ce espéciallement fait, accordé et juré du chasteau de Bray et de Gisors, que par quelque marché ou convenance qu'il advenist, le quelque soit de vous deux eust de l'ung de ces deux chasteaux la saisine, et que dedens les quarante jours qu'il l'aurait receu, il seroit tenu à abattre le chasteau pour l'attirement des convenances qui avoient esté jurées. Et pour ce que vous ne l'avez ainsi fait, veut le roy de France et commande que vous le faciez. Et ce que vous ne luy avez fait veut que vous luy amendiez par convenable loy. Et comme roy et loy convegnent une mesme

seigneurie, grant deshonneur est au roy quant il trespasse loy. Et s'aucun des vostres est tel qu'il l'ose nyer né dire contre, nous sommes près du prouver et de l'attendre par loi de bataille et par le tesmoingnage de deux barons ou de trois.»

Après ces paroles s'en retournèrent les messagiers. Mais il n'estoient encores guères que retournés quant ne scay combien de Normans vindrent devant le roy de France et commencèrent vergongneusement à nier ces convenances et à dire quanqu'il peurent pour malmetre et laidir la cause, et requéroient que la querelle fust menée par droit; mais ne requéroient aultre chose que la besongne délayer et mettre en respit, si que la vérité ne fust descouverte et manifestée à tant de barons et de preudes hommes qu'il avoit là assemblés. Avec ces messagiers furent autres envoyés au roy anglois de par le roy de France, qui offrirent au dernier celle querelle par loy de bataille, par la main Robert, conte de Flandres, qui depuis fut roy de Jhérusalem[481]; si estoit merveilleux chevalier et moult noble aux armes.

Note 481: Le latin est mal rendu: «Robertum Hyerosolimitanum, palaestritam egregium.» Robert II ne fut jamais roi de Jérusalem.

Quant le roy anglois et ses gens eurent oye celle offre, il ne l'ottroyèrent né ne contredirent en aucune manière; et les messages furent retournés pour dire ce qu'il avoient trouvé. Si renvoya tantost arrières le roy Loys, comme cellui qui moult estoit courageux et hardy, grant et vertueux de corsage; et partoit un tel jou[482] au roy anglois, qu'il abattist le chastel, ou il se combattist à lui cors à cors, pour la foy deffendre qu'il avoit vers luy faussée et mentie comme son homme lige. Et si luy dist et fist dire par dessus que à celui devoit estre la paine et le travail de la bataille à qui la gloire et le mérite devoit estre de la victoire. Et disoit: «Traient soy arrière vos gens du rivage du fleuve tant que nous puissons passer, afin que le lieu seur donne à chascun plus seurté: ou, sé mieulx lui plaist, donne chascun de nous hostaiges des plus haulx barons de son ost de combatre corps à corps sans avoir ayde de ses gens. Et se tirent arrière vos gens seulement tant que nous soyons passés, car aultrement nous ne pourrions passer l'un à l'autre.» Si en y eut aucuns de nostre ost qui par seule ventance crioientet disoient que la bataille des deux roys fust sur le pont qui à paine se soustenoit, tant estoit viel et croullant. Et ce mesme requéroit et vouloit le roy Loys par la légèreté et la hardiesse de son cuer.

Note 482:
Partoit un tel jou.
Ancienne façon de parler que Dom

Brial n'a pas comprise. Elle est empruntée aux *Jeux-partis*,

chansons dialoguées dans lesquelles on soutenoit deux manières de

résoudre la même question. *Partir un jeu*, c'étoit précisément

poser un dilemme.

A ce respondi le roy Henry: «Je ne prens mie la chose si en gros que je perde pour telles parolles mon chasteau qui tant me vault et qui si bien siet, et me mette en telle adventure.» Toutes ces choses refusa et debouta et dist encore: «Quant je verray que je me doive deffendre du roy de France je ne l'eschiveray pas, comme cil qu'il offre et qui ne peut ores advenir, pour le grief du lieu.»

Pour ceste responce du roy Henry furent moult esmeus les François, si qu'il coururent aux armes et le roy d'aultre part et aussi les Normans d'aultre. Et commencièrent à courre l'ung à l'autre jusques aux deux fleuves qui l'ost départoient. Si que ce tant seullement qu'il ne peurent passer le fleuve destourna grant dommaige et grant occision qui à ce jour fust advenue. Et quant la nuit approcha si s'en départirent et s'en allèrent les

Anglois à Gisors et les François à Chaumont. Mais si tres-tost comme le jour

parut les François qui pas n'oublièrent la honte du jour de devant, et pour

l'ardeur de chevalerie dont il estoient esprins, s'armèrent et montèrent

sur leurs coursiers et s'en allèrent devant Gisors et se pénèrent moult de

monstrer aux fers des lances lesquels valent mieulx et de combien sont

mieulx prisés les adurés d'armes[483] de ceulx qui ont apris le repos. Car

les Normans qui alors issirent contre eulx furent arrière reboutés parmi la

porte moult honteusement.

Note 483:
Les adurés d'armes.
Les guerriers vieillis sous le

harnois. L'expression de Suger est moins pittoresque. «Quantum

præstent multo marte exercitati, longâ pace solutis.»

En ceste manière commença la guerre entre les deux roys qui dura près de

deux ans. Si en fu le roy anglois plus grévé que celluy de France pour ce

qu'il luy convenoit garnir les marches de Normandie de grant plenté de

chevaliers et de sergens, pour la terre deffendre. Et le roy Loys ardoit

tandis la terre et la destruisoit, et gastoit tout le pays sans

entrelaissier; et par l'ayde des Flamens et des Pohiers[484], et des

Voquessinois et des aultres contrées qui marchissoient à la Normandie[485].

Si avint depuis que Guillaume fils au roy Henry fist hommaige au roy Loys, et le roy luy augmenta son fief de cellui chasteau, par paix et par amour espécial; et par raison de ce revindrent depuis en leur ancienne amour. Mais avant que ce peust estre y eut mains mors et destruis qui coulpe n'y avoient[486].

Note 484:
Pohiers.
C'est-à-dire des habitans de Ponthieu. Suger

dit: «Flandrensium, Pontivorum, Vilcassinorum et aliorum

collimitantium.....» Voilà le sens du mot Pohier bien déterminé.

Note 485: Le manuscrit du roi, n° 8305.5-5 ajoute ici:
*Et quant li
rois Henris vit qu'il ne la porroit deffendre, si eut conseil qu'il
la laissast à Guillaume son fils. Si avint, etc.*
Cela n'est pas dans

le latin, comme Dam Brial l'a remarqué.

Note 486: Cette réflexion du traducteur vaut mieux que celle de

Suger: «Quod antequam fieret, mirabilis ejusdem contentionis

occasione, et execrabilis hominum perditio mirabili punita est

ultione.»

IV.

ANNEE: 1109.

Coment Guy, sire de la Roche Guyon, fu murtri en traïson en son chastel. Et coment les barons de Vouquessin prisrent le chastel et les traitres dedens, et coment illec furent justiciés.

Sur le rivage de Saine est ung tertre merveilleux sur cui fu jadis fermé ung chasteau trop fort et trop orgueilleux[487], et est appellé la Roche Guyon, en si haulte entrée et ferme que à peine peut-on voir jusques au soumet du tertre. Le sens de celluy qui le chasteau compassa premièrement fist au pendant du tertre et au trenchant de la roche une cave à la semblance d'une maison, qui avoit esté faicte par destinée, si comme les anciens disoient, et illec, si comme les fables dient, souloient anciennement prendre les respons de Appolin par une petite entrée, ainsi comme par un petit huisset[488].

Note 487: Le latin dit:
Horridum et ignobile castrum
.

Note 488: Notre traducteur est ici la dupe des souvenirs classiques de Suger, qui ne manque guère de citer les poètes anciens quand l'occasion ou le prétexte s'en présente. «Antrum, ut putatur, fatidicum in quo Apollinis oracula sumantur, aut de quo dicit Lucanus:

«............. Nam quamvis Thessalas vates
Vim faciat fatis, dubium est quid traxerit illuc,
Aspiciat Stygias, an quod descenderit umbras.»

Le sire de ce chasteau avoit nom Guy, jeune bachelier estoit et preux aux armes. Si avoit laissée et mise jus toute la traïson de ses prédécesseurs, comme cellui qui honnestement et comme preud'homme prétendoit à vivre sans tollir et sans embler. Et si eust-il fait par adventure s'il eust vescu longuement. Mais par l'euvre et la traïson du félon des félons fut désavancié; si vous diray coment. Il avoit un serourge[489] qui Guillaume avoit nom, Normant estoit de nation et l'un des plus desloyaux traictres que l'on sceust; moult estoit son amy et son famillier si comme celluy Guy cuidoit; mais il estoit moult aultrement. Car celuy traitre le cuidoit surprendre en son chasteau par traïson, si comme il fist depuis. Il advint ung dimenche au soir, si comme il avoit gardé son point, qu'il entra en une église à grant compagnie d'autres traitres qu'il avoit amenés avec luy tous armés de haubers dessous les chappes[490]. Celle église où ceulx entrèrent avec les premiers qui là alloient pour Dieu prier estoit bien près de la maison d'icelluy Guyon par la Roche qui trenchée estoit. Et le traitre si armé comme il estoit sous sa chappe faisoit aucunesfois semblant d'aourer et toutesvoyes regardoit par où il pourroit entrer à celluy Guyon, tant qu'il apparceut un huys par où celluy Guyon venoit en l'églyse. Si s'adressa incontinent vers luy et entra dedens à force luy et sa desloyalle compaignie. Si tost comme il furent dedens sachièrent les espées et courut ce traitre à icelluy Guyon et frappe et refrappe forment sur celluy qui garde ne cuidoit avoir de nullui et l'occist.

Note 489:
Serourge.
C'est une faute; il falloit *gendre*
.

Note 490:
Dessous les chappes.
«Loricatus sed cappatus.» La *cappa*

est ici un manteau.

Et quant sa femme, qui tant estoit preude et saige, vit ce, si se traist par les cheveux comme esbahie et se prist à esgratigner et à despécier son visaige comme femme hors du sens. Après couru à son mary sans paour de mort et sur luy se laissa cheoir et le couvrit de soy-mesme encontre les coups des espées et commença à crier en telle manière: «Moy,» dist elle «très desloyal murtrier occis, qui l'ay desservi et laisse monseigneur.» Les coups et les plaies que les traitres donnoient à son mary recevoit elle-mesme, et disoit: «Doulx amy, doulx espoux, que as-tu fait à ces gens? dont n'estiez-vous pas bons amis ensemble, comme gendre doit estre vers son seigneur, et sire vers son gendre? Quelle forsennerie est-ce? Vous estes tous enragiés et hors du sens.» Et les traitres la prisrent par les cheveux et l'arrachèrent de dessus son mary toute navrée et detrenchiée de glaives, et la laissèrent toute enverse ainsi comme morte. Après, retournèrent à son seigneur et le occirent tout incontinent et le firent mourir de cruelle mort; et aussi tous les enfans qu'il peurent léans trouver escervellèrent à la roche.

Quant il curent ce fait, si cerchèrent partout leans s'il trouveroient plus nullui. Lors leva la tête la povre dame qui à une part gisoit toute estendue; et quant elle congneut son seigneur qui jà estoit mort et gisoit tout despécié parmi la salle, si s'efforça tant pour la seue[491] amour qu'elle avoit vers luy, qu'elle vint à luy si despéciée comme elle estoit tout rampant à guise de serpent: et si sanglant comme il estoit le commença à baiser ainsi comme sé il eust esté vif. Et à ploureuse chançon luy commença à rendre ses obsèques en telle manière: «Mon chier amy, mon chier espoux, qu'est-ce que je voy de vous? avez-vous ce desservi par la merveilleuse continence que vous meniez avec moy et en ma compaignie, ou parce que vous aviez délaissée et mise jus la félonnie et la desloyauté vostre père et vostre ayeul et vostre besayeul?» Autant dist seulement et puis chéi pasmée comme morte. Si n'estoit nul qui l'un de l'autre sceust despartir, tant estoient touilliez en leur sang.

Note 491:
Seue.
Sienne; de
sua
.

Au dernier, quant le desloyal murtrier les eut gettés et habandonnés comme porceaux et se fu saoullé de sang humain à guise de beste sauvage, si se refrena atant. Adont commença à regarder et à louer le chasteau plus qu'il n'avoit oncques mais fait, et à remirer le siège et la force de la Roche et se conseilloit à luy-mesme coment il pourroit grever et espoventer les François et les Normans. Son chief mist hors par une fenestre et appella les nais[492] du pays et leur promist à faire moult de biens s'il luy vouloient faire hommaige et luy tenir foy. Mais oncques n'y eut nul qui dedens voulsist entrer avec luy.

Note 492:
Nais.
Natifs.

Assez tost fut oïe la nouvelle de cest horrible fait, et le lendemain espandue par tout Vouquessin, dont les barons et chevaliers du pays furent tous esmeus de ire et de mautalent; et pour ce qu'il se doubtoient que le roy Henry d'Angleterre ne fist secours aux traitres et se garnist de la forteresse, assemblèrent chevaliers et sergens chascun selon son pouvoir et s'en allèrent devant la Roche hastivement, que nul n'en peust issir né ens entrer. Et le chemin devers Normandie garnirent de leur autre ost pour les Normans que il ne leur envoiassent secours, et mirent grant garnison de sergens et de gens à pié au pié de la Roche: et quant il eurent ce fait, si mandèrent la besongne au roy Loys et luy mandèrent qu'il leur mandast sa volenté qu'il feroient des traitres. Et le roy leur manda qu'il fussent fais mourir de laide et villaine mort. Quant l'ost eut jà sis devant le chasteau ne scay quans jours, et le traitre vit qu'il ne faisoient se croistre non de jour en jour, si se doubta moult et mesmement quant il apperceut l'orrible cas qu'il avoit fait. Lors fist tant qu'il parla à aucuns des barons de l'ost et leur commença à promettre moult grans dons en

telle manière qu'il fissent paix à luy et que il demourast au chastel par aucune manière de paix, et tousjours mais seroit en leur service et au service le roy de France. Mais il refusèrent du tout en tout ses parolles et ses promesses et luy reprochèrent sa desloyalle traïson et que tantost en seroit vengence prinse.

Quant il oï ce, si fu tout abattu et vaincu de paour et leur dist que s'il vouloient luy assigner terre en aucun lieu et luy donner seurté tant qu'il s'en fust allé, il leur livreroit le chasteau. Asseuré fu par serment de ce et luy jurèrent plusieurs; mais peu y eut de François qui jurassent ce. Pourloignée fu l'issue du traitre pour l'achoison de la terre asseoir et pour veoir où il la pourroient trouver[493]. Et quant ce vint au lendemain que les jurés entrèrent au chastel, si les suivirent plusieurs de ceulx de l'ost les uns après et les aultres par tropeaux; et tant y en entra en telle manière qu'il furent presque tous léans. Lors commencièrent à crier les derniers qu'il leur livrassent les murtriers pour les mettre à mort, où il mourroient avecques eulx comme consentens de leur traïson. Lors commencièrent les jurés à contrester moult durement pour leurs sermens acquitter. Mais ceulx qui bien avoient la force sur eulx leur coururent sus, les espées traites, et commencièrent à occire et à despécer les traitres, si que à plusieurs chéoient les entrailles hors; et parmi les fenestres de la salle furent plusieurs gettés tous vifs contre val tout hérissés de pilles et de sayettes, et furent receus de ceulx d'aval aux poinctes des espées et de lances agues et detenus en l'air, ainsi comme sé la terre les refusast à recevoir. Du maistre traitre firent désacoustumée vengeance pour sa desmesurée traïson; car il luy tirèrent des entrailles le cuer gros et enflé de traïson et de desloyaulté, et l'enhastèrent[494] en une perche et puis le mistrent en ung lieu où il fu depuis mains jours pour démonstrer sa mortelle traïson. Les charoingnes de luy et d'une partie de ses compaignons prindrent, et les lièrent sur cloyes et puis les gettèrent en Saine. Pour ce le firent qu'il s'en allassent contreval flottant jusques à Rouen et que ilec fust démonstrée la vengeance de leur mortelle traïson, et que ceulx qui France avoient un peu de temps ordoiée, d'une desmesurée pueur conchiassent Normandie leur naturel pays[495].

Note 493:
Pourloignée
, etc. On retarda le moment de la sortie du

traitre, sous prétexte de la nécessité de déterminer le lieu de son

refuge.

Note 494:
L'enhastèrent.
L'embrochèrent.

Note 495: «Et qui Franciam momentaneo fœtore fœdaverant, mortui

Normanniam deinceps, tanquam natale solum, fœdare non desistant.»

Notre traducteur a rendu ce passage au moins aussi bien que

M. Guizot: «Et afin aussi que ces
criminels
, qui vivans avoient un

moment souillé la France de
leur présence corrompue
, morts en

infectassent
à tout jamais

la Normandie,
comme la terre natale de
telles gens
.»

V.

ANNEE: 1109.

Coment Phelippe, frère le roy de bast, fils la contesse d'Angiers, se révéla contre luy par la force de son lignage; et coment il l'assist au chastel de Meung, et coment il se rendi et coment le roy luy sousplanta Montlehéry qu'il cuidoit avoir.

Souvent advient que pour bien faire est, encontre, mal rendu par la mauvaistié et par la perversité du monde. De celle mauvaistié estoit entachié Phelippe le fils de la contesse d'Angiers, frère de bast du roy Loys, de par son père le roy Phelippe, qui l'avoit engendré en icelle contesse qu'il avoit longuement maintenue par-dessus sa loyalle espouse. Et luy avoit le roy donné la seigneurie du chasteau de Montlehéry et de Meun-sur-Loire[496], qui sont au cuer du royaume, par la requeste de son père le roy Phelippe qu'il ne voulut oncques en rien courroucer. Celluy Phelippe mist arrière tous les bénéfices qu'il avoit receus du roy son père, et se prist à rebeller contre luy par la fiance de son lignage; car Amaury de Montfort estoit son oncle qui trop estoit noble chevalier et hault homme et puissant, et son frère Fouques, le conte d'Angiers, qui depuis fu roy de Jhérusalem, et sa mère, la contesse, qui à merveille estoit vaillante et saige, et assez plus puissante que nul de ceulx, et qui tant avoit fait par l'art et par l'engin dont telles femmes sont aprises, qu'elle avoit si déceu son premier seigneur, le conte d'Angiers, qu'il la servoit et n'osoit contredire chose qui fust contre sa volenté, comme celluy qui estoit ensorcelle, si comme l'en disoit. Une seule chose souslevoit moult la mère et le fils et toute leur lignée et les mettoit en vaine espérance; c'estoit sé il mésavenist au roy Loys par aucun trébuchement, si que l'autre frère Phelippe fust appelle au royaulme gouverner, et ainsi fust toute leur progénie appellée à la dignité du royaulme de France.

Note 496:
Meun-sur-Loire.
Le latin dit
Meduntensis
, Mantes.

Plusieurs fois fut semons celluy Phelippe de par le roy qu'il venist à court pour faire ce qu'il devoit; mais oncques venir ne daingna, ains refusa moult orgueilleusement le jugement de la court. Né pas ne se tenoit, tandis, de praer[497], né de tollir aux bonnes gens né d'assaillir les églyses. De ce fu le roy moult courroucié. Et jà soit ce qu'il le fist envis, il assembla grans gens et s'en alla hastivement l'assiéger au chasteau de Meun. Si luy avoit jà mandé celluy Phelippe et les siens moult orgueilleusement qu'il le feroient lever du siège à force et qu'il n'entreroit jà en la ville; mais de ce mentirent-il, car il s'en yssirent tous avant et se destournèrent contre sa venue: et le roy entra dedens délivréement et chevaucha avec sa compagnie parmy le chasteau jusques à la tour et l'assiégea. Et quant il eut commencé à dresser les engins et ceulx de la tour l'apperceurent, si eurent moult grant paour et furent tous désespérés de leurs vies. Et quant il eut forment le siège tenu, si se rendirent à sa mercy.

Note 497:
Praer.
Piller; de
prædari
.

Entredeux advint que la contesse sa mère et le conte Amaury de Montfort, pour la paour qu'il avoient de perdre l'autre chasteau de Montlehéry, en donnèrent la seigneurie à Huon de Crecy, par un mariage qu'il firent de luy et de la fille le conte Amaury de Montfort. Et par ce cuidèrent faire un tel encombrement au roy que la voye de Normandie lui fust tollue, par la force de celluy Huon et par la force Guyon de Rochefort, son frère, et par la force le conte Amaury de Montfort, sans aultres griefs et dommaiges qu'il li povoient faire chascun jour jusques à la cité de Paris, si que néis ne poroit il aller en nule manière jusques à Dreues.

Tantost comme celluy Hues de Crecy eut sa femme espousée, si s'en alla hastivement pour soy mettre en saisine du chasteau. Mais le roy, qui bien sceut ce complot, fut là venu aussi tost ou plus comme celluy qui en toutes manières s'en estoit hasté. Ceulx de la terre manda et attira à luy par espérance de sa débonnaireté et de sa franchise, et pour ce mesmement que il avoient espérance que il les mist hors la cruaulté de celluy Huon et du servage qu'il leur convenoit dessous luy souffrir qu'il redoubtoient moult. Ainsi furent ne scay quans jours l'un contre l'autre à grans assaux, Huon pour avoir le chasteau et la forteresse, et le roy pour contredire. Mais, tandis, advint que Hues fu conchié[498] par ung trop beau barat; que Milles de Bray, le fils au grain Millon, fu illec amené par conseil. Aux pieds du roy se mist et luy pria que celluy chastel, qui sien devoit estre par héritage, luy fust rendu; et prioit moult doulcement le roy et son conseil qu'il ne revestit nulluy de son héritage; mais luy rendist comme le sien par descendue de son père, par telle convenance que tousjours mais féist de son chasteau et de luy comme de son serf et de la sienne chose.

Note 498:
Conchié.
Dupé, trompé.

Le roy, qui à toutes gens vouloit faire droit, oï sa prière. Adont manda les bourgois de la ville par-devant luy et leur offry Millon, leur seigneur; et par ce présent les appaisa de tous les courroux qu'il avoient avant eus. Tantost mandèrent à Huon qu'il s'en issist hors du chasteau ou sé non sceut-il qu'il mourroit, car encontre leur seigneur naturel ne tendroient né foy né serment. Quant Hue oï ce, si fut moult esbahi; tantost s'en fouyt et se tint moult à guery et eschappé quant il n'y perdi fors que les siennes choses, comme celluy qui grant paour avoit de perdre le corps; et pour la petite joye qu'il avoit eue du mariage souffrit-il puis longue honte du deshéritement et du mariage que de sa chevalerie et de son aultre harnois. Et apperceut au dernier, comme hors chacié et dégetté laydement, quelle honte dessert celluy qui contre son seigneur revelle orgueilleusement.

VI.

ANNEE: 1110.

Coment Hue du Puisat deshérita le conte de Chartres, et coment le roj li aida, et de la plainte de celui Huon au roy de par les églyses, et coment le roy fist garnir le chastel de Thouri.

Ainsi comme le mauvais arbre retrait à la racine et à l'écorce dont il est issu, ainsi faisoit Hue du Puisat, homme cruel et desloyal et entachié de la mauvaistié et de la traïson de ses antécesseurs et de la sienne propre. Qui, après ce qu'il eust receu la seigneurie de Puisat, après Guyon, son oncle et son père mesme[499], qui trop desmésuréement fu orgueilleux, reprist aussi les armes, au commencement de la voye du sépulcre, et se pénoit en toutes manières de retraire à la malice son père, si que ceulx à qui son père avoit fait honte et dommaige si leur en faisoit-il encore plus. Et ce le mettoit en trop grant orgueil de ce qu'il avoit trop fait de maulx aux abbayes et aux povres églyses; et n'estoit nul qui l'osast contredire. Mais à la parfin tresbucha-il par son orgueil si comme vous orrez cy-après.

Note 499: «Hugues du Puiset, dont il s'agit ici, étoit petit-fils d'Evrard, par Hugues le vieux, son père, le même qui sur la fin de l'année 1092 fit emprisonner Yves de Chartres son évêque, et qui en

partant en 1106 pour la terre sainte, laissa la régie de ses terres à
Gui son frère. Celui-ci étant mort vers l'an 1108, eut pour
successeur Hugues, son neveu, dans la châtellenie du Puiset et la
vicomté de Chartres. Le lignage d'outremer nous apprend que Evrard et
Hugues le vieux devinrent successivement comtes de Jaffa.»
(Note de dom Brial.)

A ce fu son orgueil mené que ne craignoit né le roy des cieulx né le roy de
France. Si assailli de guerre la noble contesse de Chartres et son fils
Thibaut, qui moult estoit jeune d'aage et preux aux armes; et leur roba,
ardi et gasta leurs terres jusques à Chartres; et la contesse et son fils
se deffendoient de luy au mieulx qu'il povoient, mais lentement et
laschement, né oncques n'osèrent approcher de Puisat pour fourfaire de plus
près que huit lieues ou de plus, car de trop grant hardiesse et de trop
grant fierté estoit ycelluy Hue au temps de lors et si craint que plusieurs
le servoient qui bien peu l'amoient et lui aidoient à sa guerre maintenir
là où il voulsist. Et quant la contesse et le conte Thibaut virent qu'il ne
pourroient longuement durer contre lui, si s'en allèrent au roy et luy
commença la contesse à prier et requerra moult humblement qu'il la voulsist
secourre et luy représenta et mist devant les services qu'elle luy avoit
aultres fois fais, par quoy il estoit tenu de luy ayder. Après luy compta

illec mesmes mains grans dommaiges et maintes grans hontes que ycellui Hue

et son père, son ayeul et son besayeul, avoient fait aucunes fois au royaulme. Et parla la saige dame en telle manière:

«Remembrez vous, sire, de la honte que l'ayeul de Hue fist jadis à vostre père Phelippe contre son serment et contre la loy de son hommaige qu'il rompit; pour quoy vostre père ala assiéger le Puisat son chasteau, pour celle honte venger et pour aultres tors qu'il luy avoit fais; dont il le fist lever à force trop laydement. Et par la force de son desloyal lignaige et l'emprise qu'il avoit contre luy faicte chacèrent luy et son ost jusques à Orléans et pridrent en celle desconfiture le conte de Nevers et Lancelin de Baugenci, et avecques ceulx plus de cent de ses chevaliers; et fist encore plus grant et plus desmesurée honte qui oncques mais n'avoit esté oïe; car il emprisonna aucuns des évesques et leur fist assez de laidure et de honte.» Après disoit la dame, en reprochant, pourquoy ce chasteau avoit esté fermé premièrement enmy la terre aux sains[500], par la royne Constance, pour estre garde et défence de celle terre. Si n'estoit pas fait né fondé d'ancien temps; et coment icelluy l'avoit retenu tout à luy, de quoi il ne servoit de rien fors que de faire honte et laidure à luy et aux siens. «Or maintenant, s'il vous plaist, pourrez venger là vostre honte et celle de votre père pour ce que les Chartains et les Blesois et les Dunois par la cui force il souloit guerroyer luy sont du tout faillis, entalentés de luy nuyre et de le déshériter et d'abattre le chasteau. Et sé vous, sire, vos tors, vos hontes et les aultrui dont il a bien desservy à estre puny et chastié ne voulez amender, si voullez les tors et les travaux qu'il a fais aux églyses en la terre aux Sains et les déshéritemens qu'il a fais aux vefves, aux orphelins et à ceulx qui à lui marchissent prenre sur vous et en faictes comme de vous.» Par telles plaintes et par aultres fu le roy si esmeu qu'il respondi qu'il se conseilleroit.

Note 500: «In medio terræ sanctorum.» Suger.

Après ce, fist le roy assembler ung parlement à Melun: là vindrent mains archevesques et clers et maintes gens de religion auxquels iceluy Hue avoit biens et possessions ravi et dévoré comme loup enragié, et destruisoit encores tous les jours. Tous chéirent aux piés du roy et luy crièrent mercy à une voix, si comme il gisoient à ses piés contre son gré, car moult le grevoit qu'il ne se levoient, et luy prioient qu'il mist à mesure et délivrast leurs provendes[501] de la terre de Beauce que il tenoient franchement par le don de ses prédécesseurs. Et puis luy supplioient en plourant qu'il délivrast la terre de ses povres provaires et les ramenast en franchise que icelluy tirant avoit amenés en servage, et qu'il reformast en sa première franchise la partie de l'églyse que luy et les aultres roys sont tenus à deffendre. De bonne volenté receut le roy leurs prières et tantost comme le parlement fu départi et l'archevesque de Sens, l'évesque d'Orléans et le vaillant Yves, évesque de Chartres s'en furent partis, si envoya le roy le moyne Sugier de Saint-Denys, qui depuis fu abbé, au chasteau de Thoury en Beaulce qui est de celle églyse mesme, et que celuy Sugier tenoit lors en sa main et luy commanda qu'il fist ce chasteau bien garnir et enforcer et bien garder, que icelluy Hue ne l'ardist, tandis comme il le feroit semondre pour venir à sa court. Car par ce chasteau tendoit à assaillir le chasteau de Puisat ainsi comme son père avoit jadis fait.

Note 501:
Provendes
ou prébendes. Bénéfices ecclésiastiques.

VII.

ANNEE: 1110.

Coment le roy assiégea le chasteau de Puisat, et puis du merveilleus assaut d'ambedeus pars. Et coment le chastel fu pris par force, et Hue emprisonné en la tour de Chasteau-Landon, et le chastel abattu.

Quant le chasteau de Thoury fu bien garni et le roy eut fait juger Hue de Puisat pour son deffault, car il ne daingna venir à sa semonce, si meut à grant ost et vint jusques à Thoury. Le chasteau de Puisat fist requerre à celluy Huon dont il estoit forclos par droit jugement. Et quant il vit qu'il n'en feroit rien si se hasta du chasteau assiéger, et les sergens dont il y avoit grant plenté aussi. Là péust-on véoir fier assault et périlleux lancéis d'arcs et d'arbalestres d'une part et d'aultre qui chéoient aussi espessement comme pluye, et les escus perçoient soudainement; si faisoient saillir les estincelles des clers heaulmes des grands coups que il s'entredonnoient. Et si comme les royaulx les eurent reboutés par force dedens la porte du chasteau, et les enclos furent montés aux deffenses, si véissiez merveilleus assaux et périlleux aux plus hardis gens du monde de saiettes et de quarreaux et de gros fusts et grans lancéis de pieux agus. Et ceux de dedens lançoient sur les royaulx et par force les firent reuser. Mais assés recouvrèrent cuer et force et se couvrirent des escus et des huys et de quanqu'il povoient trouver. Et ainsi recommencèrent l'assault à la porte périlleux et fort. Et firent les royaulx amener charrios tous chargés de busche sèche et bien ointe de sain et de gresse pour le feu boutter dedens et eulx ardoir. Et ainsi les empoindrent à la porte et pour ce mesmement qu'il leur fissent deffence pour les grans coups recevoir pour les grans monceaux de busche qui dessus estoient. Et tandis comme les uns entendoient à alumer et les aultres à estaindre par grant contens, vint le conte Thibaut qui pas n'avoit oublié les hontes et les domaiges que il avoit eus par luy. Si se hastoit moult d'assaillir le chasteau par ses bacheliers et par ses sergens de celle part que l'en vient devers Chartres. Et tandis comme il hastoit ses gens de monter contre mont le pendant des fossés, si ne garda l'euvre qu'il les vit tresbucher contreval à trop grant meschief au parfont du fossé et se doubta moult qu'il ne fussent mors ou occis; car les chevaliers qui par dedens avironnoient la deffence du chasteau sur les grans destriers venoient jusques aux murs et feroient ceulx qui montoient amont les fossés et les faisoient tresbuchier jusques au font des fossés. Et jà estoient les royaulx presque tous mas et faillis et ceux de dedens avoient jà presque tout laissé l'assault et fait retraire, quant la divine puissance, à qui la cause estoit et la vengence vouloit du tout traire à soy, suscita et esmeut l'esperit d'un chanu prouvaire du pays qui avecques la communaulté de ses paroisses estoit venu en l'ost, à qui Dieu donna faire, contre toute opinion, ce que le conte Thibaut armé et toutes ses gens ne peurent faire. Isnellement alla celluy prestre montant jusques à la suef[502], une escu devant son pis dont il estoit couvert et mussé. Là commença à despecer petit à petit la cloison et mettre jus; et quant il vit qu'il faisoit ce si légèrement si commença à appeller ceulx qui emmy le champ estoient encore

tous armés, à la cloison despecer; et luy coururent aider à bonnes haches trenchans et commencèrent à dérompre et à despecer tout; et advint une grant merveille ainsi comme il advint jadis à Jhérico qui fu droit signe de jugement Nostre-Seigneur; car ainsi comme sé tres-tous les murs fussent chéus à un seul coup entrèrent dedens et l'ost du roy et les gens du conte; dont il advint qu'il y eut moult grant plenté de ceux dedens mal mis et blécés et entreprins, pour ce qu'il ne peurent eschiver la force de leurs ennemis qui de toutes pars accouroient; et les aultres et Hue mesme qui virent qu'il n'estoient pas bien asseur, dedens la forteresse des murs se férirent en une tour de bois qui séoit dessus la mote. Et quant il apperceut la force des gens qui de toutes pars acouroient à la tour et lançoient dars et quarreaux, si se doubta moult et se rendi tantost et fui pris et tous les siens et mis en bonnes prisons.

Note 502:
Suef.
Palissade. De

Sepes
.

Et quant le roy eut eu celle victoire et il eut mis en prison mains haus hommes et riches, si habandonna l'avoir de la ville et fist bouter le feu partout et ardoir tout le chasteau. Mais il commanda touteffois que la tour demourast en estant, jusques à un terme qu'il mist: pour ce le fist qu'il oï dire que le conte Thibaut tendoit à acroistre et eslargir ses marches pour un chasteau qu'il vouloit fermer en la chastellenie du Puisat, en une ville qui a nom Alonne[503]. Si avoit jà oublié et mis arrière le grant bénéfice que le roy luy avoit fait. Car jà n'eust peu advenir né attaindre là où il estoit de sa besongne sé par lui n'eust esté. Du tout en tout luy deffendoit le roy à fermer ce chasteau; et le conte luy offroit à desrainier par droit de bataille par la main de Andry de Baudemont le maistre de sa terre[504], que le roy luy avoit eu ce en convenance. Et le roy encontre ce offroit à deffendre par gaige de bataille là où il voudroit par la main Anseaux de Gallande son sénéschal que oncques ne luy avoit eu ce en convenance. Si demandèrent ces deux barons maintes cours à faire celle bataille, mais oncques n'en peurent nulle trouver.

Note 503:
Alonne.
Aujourd'hui petit village de Beauce, au diocèse
de Chartres.

Note 504:
Le maistre de sa terre.
«Terræ suæ procuratorem.»

Après ce que le chasteau fut abattu et Hue emprisonné en la tour du chasteau Landon, le conte Thibaut ne voulut pus la besongne atant laisser, ains esmut grant guerre contre le roy par l'aide du roy Henry d'Angleterre son oncle et de ses aultres parens. Et commença à gaster sa terre et à fortraire ses barons par dons et par promesses; et du pis qu'il povoit faisoit et pourchacioit à luy et à son royaume. Et le roy d'aultre part qui tousjours fu preux et vigoureux aux armes luy recouroit sus et luy gastoit et habandonnoit sa terre par l'aide de ses aultres barons et mesmement par l'aide de Robert le conte de Flandres son oncle, un merveilleux chevalier et renommé d'armes entre Crestiens et Sarrasins, dès le commencement de la

voye du saint sépulcre.

VIII

ANNEE: 1111.

Coment le conte Thibaut commença guerre contre le roy, et coment le roy lui mist le siège à Meaux; et coment le roy desconfist sa chevalerie de lès Laigni, et coment le conte ralia à luy les riches hommes contre le roy.

Un jour avint que le roy eut mené son ost devant la cité de Meaulx sus le conte Thibaut. Le conte qui dedens estoit issi hors à bataille ordonnée. Et le roy qui ce vit luy couru sus par grant desroy, ainsi comme tout forsené de maltalent et de yre, et le fist ressortir par droicte force vers la cité, et luy et les siens; né pas tant ne les redoubta qu'il ne les chassast à force de cheval très parmy les pons, et le conte Robert de Flandres et les aultres barons avecques luy. Et les contraignirent si ès brans d'acier qu'il en firent plusieurs tresbuchier et noyer en l'eaue qui de leur gré s'i gettoient et laissoient chiéoir, tant craignoient les cous des espées. Merveille vous semblast se vous véissiés le roy demener, l'espée au poing, mouvoir les bras et enchanteller[505] l'escu. Car avis vous fust que Hector[506] fust revenu. Sur le pont tremblant luy véissiés faire les assaus et les envaïes en guise de géant et soy efforcier de passer parmy tous ses ennemis et là où il avoit greigneur péril et plus grant presse, et vouloit prendre la ville à force malgré tous ses ennemis.

Et si eust-il fait sans doubte sé ses ennemis ne se fussent dedens reboutés et les portes fermées. D'une aussi grant victoire escreut-il son nom et sa louenge une aultre fois qu'il vint devant Laigny sur Marne à tout son ost. En la praierie dessus Pomponne encontra la chevalerie le conte Thibaut; assés tost la desconfit et fist tourner en fuite. Et quant il s'en vinrent fuiant jusques à un pont qui est assés près de celle place, si en y eut de tels qui pas ne se doubtèrent à mettre en plus grant péril pour l'entrée du pont qui moult estoit estroite qu'il redoubtoient moult; si se misrent en plus grant péril de mort que se il feussent en terre seiche, car il se mettoient ès flos de la parfonde rivière où il périlloient et noyoient et gettoient leurs armes et défouloient l'un l'autre. Et pis s'entrefaisoient que leurs ennemis meisme ne faisoient, pource qu'il vouloient tous ensemble
monter sur le pont et il n'y povoit entrer que un seul. Et de tant comme il s'entr'angoissoient plus, de tant se retardoient il plus. Dont il avint que ceux qui les derniers estoient en furent les premiers et les premiers les derniers. Si estoit l'entrée du pont açainte d'un fossé qui leur donnoit grant force et grant avantaige. Car les royaulx qui forment les estraignoient ne povoient entrer sé non les uns après les autres. Si estoit à leur domaige, car plusieurs s'efforçoient d'entrer sur le pont. Et ceulx qui en aucune manière y povoient entier trébuchoient pour la presse des royaux ou des leurs. Et quant il se relevoient si faisoient ce mesme à

aultre faire. Et le roy qui à sa bataille les chaçoit à espérons destraignoit à l'espée ceulx qu'il ataignoit et les faisoit tresbucher au flot de Marne à la force du cheval. Et ainsi comme les désarmés flotoient légèrement pardessus l'eau, ainsi les armés afondoient, pour la pesanteur des armes, et en y eut il assez de noyés; et pluseurs en y eut qui après la première fois qu'il furent plungé furent retrais[507] avant qu'il eussent trois fois plungé. Par telles manières d'assaux et de poignéis destraignoit le roy le conte et souvent le desconfisoit et ardoit sa terre et gastoit, en Chartrain et en Brie, comme celluy qui autant prisoit sa deffence comme sa paresse et sa présence comme son absence. Mais le conte qui redoubtoit trop la paresse et la mauvaistié de ses hommes auxquels peu se fioit, prist à fortraire les barons du roy par dons et par promesses et les alia à luy par une espérance où il les mettoit, de ne scay quelles querelles dont il se plaignoient du roy qu'elles leur seroient rendues avant qu'il fist au roy nulle paix. Si en furent ces deux, Lancelin le conte de Dampmartin et Payen le sire de Montjai, et estoit leur terre assise aussi comme en un quarrefour qui donnoit seur trespas d'aller et de venir à Paris. Par telle ochoison enlaça il Huon[508] le sire de Baugency qui avoit espousé la ousine germaine le roy qui avoit esté fille Hue-le-Grant son oncle. Plus fist-il, que par angoisse et par détresse mist son proufit avant son honneur, pour le roy grever, car il donna en mariage la noble seur du conte de Vermendois[509] à Millon le seigneur de Montlehéry, celluy à qui le roy rendit le chasteau, si comme nous avons devant dit. Et par ce rompi l'amour et l'aliance de luy et du roy, et empescha le chemin de Paris à Orléans, et mist trouble au cuer et en la chambre du royaume de France et le destourbier aux trespassans qui jadis y avoit esté; et après ce qu'il eut à soi trait ses cousins, c'est assavoir: Hue de Crécy et le seigneur de Chasteaufort, adont par-eut il si estoupé Paris et Estampois et si grans guerres mis partout que nul ne povoit passer de l'un lieu à l'antre se par bonne chevalerie ne fust gardée et deffendue la voye. Et puis que le conte Thibaut et les Briois et Hue de Troyes son oncle si eurent délivre pas[510] de venir et aller contre les Parisiens et les Senlicois par decà le fleuve de Saine, et Mile de Montlehéry par delà, adont fu trop laidement la voye tollue, et au païs le conseil et l'aide qu'il cuidoient avoir de ceus qui aidier leur pouvoient. Tout ainsi estoit des Orléannois que les Chartrains et Dunois tenoient trop de court et en destroit par la force Raoul de Baugency. Mais le roy qui trop estoit vertueux de cuer et de corps se deffendoit au fer et à la lance, et leur couroit sus vertueusement et leur faisoit moult grant dommaige en leurs terres par un peu de bonnes gens qu'il avoit. Si n'estoient pas espargnés à son nuisement les trésors d'Angleterre né les richesses de Normandie, car le noble roy Henry d'Angleterre se pénoit de le grever de toute sa force et sa terre destruire. Mais le noble lyon ne se plaissoit[511] pour luy né pour tous es aultres, né ne s'esmoioit né que la mer feroit, sé tous les fleuves la menaçoient à soustraire et à tollir toutes leurs iaues et leurs fontaines.

Note 505:
Enchanteller.
Mettre l'escu en chantel; c'est-à-dire le relever sur le côté gauche. En terme de blason, on place encore *l'ecu en chantel*. C'est le même mot que l'italien *canto*, côté.

--Les éditions imprimées, toujours horriblement fautives, et celle de dom Bouquet ont mis *chanceller l'escu*.

Note 506:
Hector.
Dans le moyen-âge, Hector étoit bien plus renommé qu'Achille; parce qu'on connoissoit mieux le siège de Troyes par Darès que par Homère.

Note 507: Suger dit: «Loricati pondere suo semel mersi, antè trinam demersionem, comitum suffragio retrahuntur, rebaptizatorum opprobrium, si talis esset occasio, referentes.»

Note 508:
Huon.
Il fallolt
Raoul

, qui espousa Mathilde, fille

d'Hugues-le-Grand, lequel étoit frère de Philippe Ier.

Note 509: C'est la leçon de la plupart des mss. du texte de Suger.

Mais il eut fallu préférer celle qui porte
sororem suam
.

Note 510:
Délivre pas.
Chemin libre.

Note 511:
Plaissoit.
Ne s'infligeoit de plaies.

IX.

ANNEES: 1111/1112.

Coment Hue du Puisat fu hors de prison, en espérance d'avoir le chastel de Corbueil, et coment cil Hue referma le Puisat, coment il assiégea le chastel de Thory, et coment le roy le secouru.

En ce point avint que le conte Eudes de Corbueil morut qui avoit esté fils à l'orgueilleux Bouchart, conte de Corbueil[512] qui en son temps fu maistre des desloyaulx et des excommuniés. (Duquel Bouchart l'abbé Sugier de Saint-Denys racompte qui escript ceste histoire), que à un jour qu'il eut pris guerre et bataille contre le roy et qu'il fu armé de toutes armeures sur son destrier, ne daigna prendre son glaive de la main à l'un des siens qui la luy tendoit, ains dit à sa femme la contesse qui devant luy estoit, par vantance et par boban: «Gentile contesse, baillez ça mon glaive liement, car le conte qui de vostre main le prent le vous rendra huy en ce jour roy couronné.» Mais aultrement luy avint si comme Dieu l'avoit ordonné: car il ne put ce jour passer, ains fu feru à mort d'une lance, par la main le conte Estienne qui devers le roy estoit; et par ce coup fist le royaume demorer en paix, et luy et sa guerre descendre au puis d'enfer.

Note 512:
Bouchart
, sire de Montmorenci; le moine de Saint-Denis ne

pardonne pas à Bouchart ses démêlés avec l'abbaye. Suger, qui traite indignement Eudes, dit seulement de Bouchart: «Qui tumultuosus, miræ magnanimitatis, caput sceleratorum.» Ce mélange d'éloges excessifs et d'injures grossières est familier à Suger.

Quant le conte Eudes[513] fu ainsi mort, le conte Thibaut et sa mère se prisrent forment à entremettre, et par promesses et par dons, par Huon et par Millon, coment il pourroient ce chasteau traire à leur partie, car il leur estoit bien advis que sé il povoient ce faire, qu'il auroient le roy du tout mis au dessoubz et tollu le cuer et la vertu de soy deffendre. Mais le roy et les siens qui ceulx béoient reuser du tout, mettoient grans paines et grans despens à ce qu'il en fussent saisis. Mais il ne peurent sans le sceu et sans le sens d'icelluy Huon qui neveu estoit du conte et s'en faisoit hoir.

Note 513: Suger ajouta:
Filio
, son fils.

Pour ceste chose mettre à fin fu jourpris et assigné à Moissi[514] une ville qui est à l'évesque de Paris. Si fu trait Hue de la prison de la tour de Chasteau Landon. Et si comme le conseil du roy fu sur la partie qui luy aydoit et sur celle qui luy nuysoit, pour ce convint faire ce que l'en put non mie ce que l'en voult. Et fu à ce mené que Hue quitta le chasteau de

Corbueil dont il se faisoit hoir et donna bons hostages et quittance de toltes et de tailles et de tous efforcemens d'églyses et d'abbayes; et après, qu'il ne refermeroit le Puisat sans la volenté le roy. Atant se départi le roy. Si fu plus deceu et engigné par tricherie et par desloyaulté que par art.

Note 514:
Moissiacum.
Mousseaux. Suger eut grande part à ce traité,
à la conclusion duquel il ne dit pas que le roi ait assisté.

Ne demoura pas après moult longuement que celluy Hue, combien qu'il eust
fait le serment nouvellement, pour la longue prison où il avoit esté entra en grant ire, ainsi comme le chien qui longuement a esté enchainé. Et la forcennerie qu'il avoit conceue béoit bien à descouvrir et mettre à euvre sa desloyaulté accoutumée. Car il fist paix et aliances aux ennemis le roy; c'est assavoir: au conte Thibaut qui son ennemy estoit et au roy Henry d'Angleterre. Et tantost comme il sceut que le roy devoit aller en Flandres pour aucunes besongnes, assembla tant de gens comme il put avoir pour refermer le Puisat. Et tantost comme il sceut que le roy fu meu là où il devoit aller, il mut d'aultre part à sa gent qu'il avoit priveement assemblée et vint un samedi matin par devant le chastel abattu où il avoit un marchié que le roy y avoit establi, par l'ottroy, et par l'assentement

d'icelluy Huon. Mais il ne l'avoit fait que par traïson si comme il apparut après: car tous ceulx qu'il povoit illec trouver, entre ceulx qu'il scavoit qui plus riches estoient prenoit et mettoit, en estroicte prison et soudainement comme forcenné tolloit et roboit quanqu'il encontroit. D'illec s'en alla vers le chasteau de Thoury, une ville qui est de Saint-Denys, qui bien estoit jà garnie, entre luy et le conte Thibaut, pour tout abattre et destruire. Mais deux jours ou trois avant qu'il y vint, avoit prié humblement Sugier qui ce chasteau tenoit (et qui ceste histoire escript,) qu'il allast au roy prier pour luy. Et ce faisoit il par traïson, car il pensoit bien qu'il péust assez légèrement entrer dedens sé celluy qui en estoit garde n'estoit présent. Et celluy qui cuida qu'il le priast de bonne volenté s'i accorda et partit à aller au roy. Devant ce chasteau vint Hue et le conte Thibaut à moult grans gens. Mais ceulx qui pour la partie Dieu et Saint-Denys défendre estoient jà venus en la ville, avoient bien garni les creniaux et leur deffence et leur deffendoient hardiement l'entrée. Et celluy Sugier qui au roy s'en alloit rencontra en Corbeillois qui jà savoit bien celle nouvelle de Normandie où elle luy avoit esté comptée. Et si tost comme il sceut pour quoy celluy y alloit, si s'en rist moult et gaba de sa simplesse[515] et luy descouvri lors par grant desdain la desloyaulté de celluy Huon, et l'envoya tantost arrière pour la ville secourir, tandis comme il assembleroit ses osts au chemin Estampois. Sugier qui retouinoit estoit en moult grant paour que la ville ne fust prise avant qu'il y venist et regardoit souvent à une bretesche qui en la tour estoit par quoy il eust bien sceu la prise de la ville; et estoit celle bretesche veue de moult loing. Et pour ce que les ennemis du roy avoient tout le pays d'entour robé et roboient encore chascun jour, ne put Sugier mener avec luy nul de ceulx qui encontre luy[516] venoient; dont il avint que de tant comme il estoient moins, de tant estoient il plus seurement et moins tost eussent esté apperceus. Ainsi chevauchièrent jusques vers le soleil couchant qu'il approchièrent de Thoury. Si avoient forment ce jour assailli la ville les ennemis du roy. Mais, là Dieu mercy, n'y avoient riens meffait fors que eulx lasser. Et s'estoient trais en sus de la ville un petit, et ceulx[517] se tirèrent vers la ville comme s'il fussent de leurs gens, et quant il virent lieu et point, si se férirent parmy eulx: et ceulx du chasteau qui bien les avoient apperceus leur ouvrirent une porte et ceulx se férirent dedens par l'ayde de Dieu et de saint Denys.

Note 515: Suger dit:
Simplicitatem nostram derisit
.

Note 516:
Encontre lui.
Vers lui.

Note 517: Suger ici ne parle que de lui seul.

Lors furent moult alégés et réconfortés ceulx dedens de leur venue, et gaboient le séjour et le repos de ceulx de dehors et leur disoient de grans hontes et de grans reproches par quoy il les rappelloient à l'assault, contre la volenté de Sugier qui moult les en blasmoit et reprenoit. Peu de ceulx dedens et mains de ceulx dehors y eut de navrés à celluy assault, dont les uns se pasmoient et deffailloient pour la douleur de leurs playes et estoient emportés en litière; et les aultres estoient mis à une part jusques au tiers jour à mourir et à habandonner aux morseures des loups et des chiens. Et n'estoient pas bien encore retournés au Puisat quant Guillaume le Gallendois vint à tout une partie des plus nobles de la mesnie le voy, à riches armeures et à destriers courans, qui moult désiroient qu'il les trouvassent au siége de la ville, pour monstrer leur prouesse. Et le roy les suivit par matin: lié et désirant s'appareilla, ainsi comme seur de victoire. Si se merveillèrent durement ses ennemis quant il sceurent la nouvelle de sa venue et coment il avoit sceue leur emprise et leur traïson qu'il cuidoient si bien avoir cellée, et coment il avoit entrelaissée la voye de Flandres et estoit acouru si tost au secours de la ville. Et pour ce qu'il n'en osoient aultre chose faire, si entendirent au chasteau de Puisat fermer et restorer. Et le roy assembloit tandis son ost, si comme il povoit, et attendoit comme celluy que guerres destraignoient en pluseurs lieux. Et quant ce vint à un mardi matin qu'il eut ses osts amenés, si ordenna ses batailles et mist en chascune chevetains et connestables, et ordenna archiers et arbalestriers et mist chascun en son lieu. Ainsi approucha du chasteau pié à pié qui encores n'estoit pas parfait. Et pour ce vint ainsi à batailles ordonnées, que il avoit oï dire que le conte Thibaut s'estoit vanté qu'il se combatroit à luy en champ. Et par sa grant hardiesse descendit à pié, armé de toutes pièces, et commanda à ses chevaliers à oster les chevaulx. Et ceulx qu'il avoit fait descendre admonestoit et semonnoit chascun de bien faire, et disoit à chascun: «Or y parra[518] qui chevalier sera au jour d'huy.»

Note 518:
Or y parra.
«Or va paroître.» On retrouve cette phrase

d'encouragement dans toutes les anciennes *chansons de geste*
.

X.

ANNEE: 1112.

Coment le roy assailli le chastel de Puisat, et coment les gens le roy furent desconfis par leur folie. Des merveilleuses proesses le roy, et coment il les secouru tout seul et rescoust assez de sa gent, et coment il rassembla son ost.

Quant ses ennemis virent le roy ainsi venir, si le redoubtèrent moult né n'osèrent contre luy yssir hors de l'açaincte du chastel, ains devisèrent leur batailles par sens, jasoit qu'il le fissent moult couardement, et les mirent dedens un vieux fossé d'un chastel abattu et les firent illec attendre, pour ce que quant les batailles le roy s'efforceraient de monter le fossé qu'il les fissent légièrement reuser, et les conroys ordonnés percer, et après, légièrement branler et ressortir. Si leur en advint presque ainsi comme il avoient devisé. Car à la première assemblée que les chevaliers du roy les eurent gettés du fossé par merveilleuse hardiesse, dont il en y eut assez de blessés et d'occis, si les commencèrent à suivre confusément et sans conroy et çà et là, et trop laidement à laidir et à demener. Lors advint que Raoul de Baugency, merveilleux chevalier et saige,

eust mussé en une partie du chasteau la plus grant partie de leur ost que les royaulx ne povoient appercevoir, pour une haulte églyse et pour

- 456 -

l'oscureté des maisons où il s'estoient mussés. Et quant il vit ces gens fouyr et yssir parmy la porte du chasteau tous desconfis (si escria son ensaingne:
Baugency, Baugency!
deux mos moult hault), et se mist

droictement en son agait tout frès contre les chevaliers du roy et leur courut sus moult efforcément. Et les royaulx qui les desconfis chaçoient tous à pié, chargés d'armeures, ne peurent pas de léger souffrir les conroys ordonnés de leur ennemis qui leur couroient tous sus, mais tournèrent les dos parmy le fossé et le roy après, tout à pié. Mais avant eurent féru mains grans coups sur leur ennemis. Si apperceurent bien, mais ce fut trop tart, combien vault mieulx sens et pourvéance que folle hardiesse; car s'il les eussent attendus au champ ordonné il les eussent sousmis à leur volenté. Et si comme il s'en fuioient ainsi confusément, si furent tous esbahis comme ceulx qui ne povoient avoir leur destriers né ne sçavoient qu'il devoient faire. Mais le roy sur lequel tout l'affaire pendoit retourna premier et fu monté sur un destrier non mie le sien propre, mais sur un aultre que on luy avoit amené. Lors commença fièrement

à donner estal[519] à ceulx qui le chaçoient, et rappelloit ses chevaliers qui fuioient et semonnoit chascun par son nom, ceulx mesmement qu'il sentoit les plus hardis, et leur crioit qu'il retournassent à la bataille. Et luy qui estoit entre les conroys de ses ennemis le brant d'acier tout nu au poing dont il férit celluy jour mains roides coups et pesans, aidoit et secouroit de toute sa vertu à ceulx qu'il povoit, et ceulx qui fuioient se pénoit de faire retourner sur leur ennemis. Et plus qu'il n'appartient à haultesse de roy se combatoit tout seul contre ses ennemis comme chevalier preux et esleu et non mie comme roy qui doit estre avironné de grans routes

de chevaliers, mais tout seul sans ayde de nulluy fors de Dieu. Tant comme le cheval rendre povoit se plungeoit ès grans flos de ses ennemis, né de ce ne doubtoit nul que il fust ainsi, car ses gens estoient si tournés à desconfiture que nul n'i prenoit garde de soy. Et si comme il estoit en celle angoisse et en celle paine de son ost faire retourner dont il ne povoit à chief venir, comme celluy qui seul estoit et sans ayde, si luy recreut[520] son destrier soubs luy. Mais à ce besoing luy vint son escuier qui luy amena le sien propre et il saillit sus isnellement ainsi comme s'il fust frès, et retourna à peu de gens qui luy furent demourés, et s'adressa vers ses ennemis, son enseigne devant luy, que un chevalier portoit[521].

Note 519:
Donner estal.
Proprement
accorder le champ
, soutenir

l'attaque.

Note 520:
Recreut.
Manqua, défaillit.

Note 521: Suger dit qu'il la portoit lui-même:
Vexillum præferens
.

Lors se férirent entre eulx, tout fussent-il peu de gens et par merveilleuse prouesse. Et si arrestèrent et prisrent des plus cointes de leur adversaires et firent leur ennemis ressortir, si qu'il ne peurent né n'osèrent avant aller, ainsi come s'il eussent trouvées les bones Artu[522] ou la grant mer qui leur fust au devant venue. Tout ainsi les firent-il ressortir pour la venue du roy et pour sa fière vertu. Et ainçois qu'il fussent retournés au Puisat leur furent venus au secours plus de cinq cens chevaliers de Normandie; et s'il fussent plus tost venus, bien péust estre qu'il eussent fait plus grant dommaige à l'ost de France.

Note 522:
es bones Artu.
Suger:
Ac si Gades Herculis offendant
.
Les bones Arlu, sont les colonnes d'Hercule, et l'on peut trouver ici la preuve de ce que j'ai avancé ailleurs (Histoire des Manuscrits François, tome Ier), que le personnage d'
Artus
avoit été souvent confondu avec celui d'Hercule.

En telle manière fu l'ost du roy desconfit en celle journée. Dont l'une partie s'enfouy à Orléans et l'autre à Estampes et l'autre à Peviers[523]. Et le roy qui moult estoit las et débattu de celle journée s'en vint à Thoury à tant peu de gens comme il luy estoit demouré. Si ne fu de rien esperdu de sa perte, mais en fu plus fier, à la guise du thoreau qui se est combattu, à qui sa fièreté double quant il a esté deffoullé et dégetté du fouc[524] aux vaches par les aultres thoreaux. Ainsi prist-il force et vigueur de soy-mesmes, et moult désiroit à courre sus ses ennemis aux fers de lances tranchans, tout seur d'avoir victoire. Adont manda et rassembla ses gens et moult les reconforta pour les ramener à prouesse par parolles et par promesses; et leur disoit que leur desconfiture avoit esté par follie et par mauvaise pourvéance, né ne povoit estre, si comme il leur disoit, que aucunes fois ne meschéist aux preudommes qui guerre maintenoient. Et de tant comme il avoient esté plus défoullés par leur orgueil de leur ennemis, de tant se devoient-il plus travailler de leur honte vengier, en lieu et en tems, aux roules lances et aux espieus trenchans.

Note 523:
Peviers.
Pithiviers.

Note 524:
Fouc.
Troupeau.

XI.

ANNEE: 1112.

Coment le conte Thibaut referma le Puisat par l'aide des Normans, et coment le conte issi hors à bataille contre le roy et coment il fu desconfi; et coment le conte cria merci au roy et fit fin de la guerre.

Endementres que les François et les Normans entendoient à refermer le chasteau de Puisat, assembla le roy ses osts. Si estoit avec le conte Thibaut et avec l'ost des Normans, Miles de Montlehéry et Hue de Crecy et Guy de Rochefort ses frères qui bien estoient treize cens chevaliers à belles armes. Si mirent presque toute la semaine à refermer le Puisat et moult menaçoient le roy de mettre le siège devant Thoury. Pour ce le roy ne se fléchissoit, né pour leurs menaces ne laissoit de leur faire en toutes manières du pis que il povoit et s'efforçoil de leur nuire et par nuit et par jour et de les destourber, que il ne quéissent[525] loing vitailles.

Note 525:
Quéissent.
Cherchassent.

Et quant le chasteau fu presque refait où il avoient mis toute la semaine, et une partie des Normans s'en fu rallée en son pays, si demoura le conte Thibaut à moult grant ost. Et le roy qui toutes ses gens avoit assemblés chevaucha à grant force vers le Puisat. Ses ennemis encontra qui lors furent issus contre luy à bataille; et le roy et ses gens s'assemblèrent à eulx et en vengeance de la laidure qu'il leur avoient devant faicte les menèrent battant jusques au chasteau. Par vive force les firent flatir ens la porte. Et le roy les enclouyt dedens et mist autour bonne garnison de chevaliers esleus afin qu'il ne peussent issir; et prist une ancienne motte qui estoit près du chasteau ainsi comme à un ject de pierre, si avoit esté à ses ancesseurs; et dressa en assez peu de temps un chasteau dessus à grant paine et à grant travail que il leur convint souffrir pour les archiers et les arbalestriers et les fondeurs de ceulx dedens qui tiroient et fondoient seurement. Moult y avoit périlleux estrif et aux uns et aux aultres, car l'une partie et l'autre mettoit grant cure et grant contens à avoir l'honneur et la victoire. Et les chevaliers du roy qui moult estoient en esmay d'eulx vengier des griefs que ceulx dedens leur avoient fais aucuneffois ne finèrent oneques jusques à tant qu'il eurent bien garnye leur forteresse de riches armeures et fière chevalerie: seurs et certains que tantost comme le roy s'en seroit parti il leur convendroit deffendre hardiment, où il seroient tous occis par les cruelles armes de leurs ennemis.

Après ce, retourna le roy à Thoury, pour recouvrer illec sa force. Et d'illec amenoit et conduisoit la vitaille à ceulx qui estoient demourés en la garnison de la motte; une fois à peu de gens et privéement, et aucunes fois appertement et à force, parmy tous ses ennemis: si n'estoit mie sans grant péril, et pour ce que ceux du chasteau les destraignoient, car le lieu estoit près, et les menaçoient à mettre le siège entour. Et le roy esmeut ses herberges et les amena plus près. Ce fut à Janville[526] qui est ainsi comme à une petite lieue du Puisat. Et fist la tour clorre et ceindre de fors pieus agus. Et si comme l'ost se fu logié par dehors, le conte Thibaut qui de partout avoit ses gens semons et assemblés vint sur eux à grant force de gens, que des siens que des Normans, et leur courut sus soudainement; et les trouva auques[527] désarmés et désappareillés, tout entallentés d'eux découper ou faire lever du siège. Et le roy leur saillit sus tout armé, luy et ses gens. Lors commença la bataille aux champs et le poignéis fier et aigre des lances et des espées d'une part et d'autre. Si entendoient plus à avoir victoire que à leur vies sauver, comme ceulx qui de riens ne s'espargnoient et qui mieulx amoient à mourir en chump que faillir à victoire. Nul ne vous pourroit compter la fierté des uns et des aultres qui bien fu celluy jour veue en l'estour où l'en povoit véoir grans prouesses et merveilleuses hardiesses. Si n'estoit pas le jeu à droit parti, car le conte Thibaut avoit bien trois tans que le roy; dont il avoit assis les chevaliers du roy dedens la ville. Et le roy qui à moult petite compaignie estoit issu ne daigna fouir né ressortir pour paour de ses gens. Si n'avoit avec luy fors que Raoul le conte de Vermendois son cousin, et

- 463 -

Droon de Mons[528] et ne scay quels autres trois nobles hommes; ains ama mieux souffrir les durs assaus de ses ennemis qu'il véoit venir à grans flotes, que rentrer en la ille pour paour et pour couardise. Et si comme le conte Thibaut fu venu jusques devant les tentes du conte de Vermendois en espérance de le détrenchier s'il éust pu, si luy saillit au devant le conte Raoul moult hardiment, et par ramposnes commença à dire que oncques mais

les Briois, jusques à ce jour, n'avoient osé emprendre hardiesse contre les Vermendois, (et que mieux leur venist à faire leur fromages qui sont de grant los). Lors luy courut sus de si grant vertu comme il put trouver au destrier, entalenté de soy vengier du tort et de la honte qu'il luy avoit faicte. Si commença si haut à crier son enseingne que les chevaliers de la bataille le roy l'oïrent. Lors reprindrent cuer et se rallièrent ensemble et leur coururent sus et tant les destraignirent au brant d'acier et aux roides lances qu'il les firent tous tourner en fuite. Et ainsi les menèrent fuiant et chassant jusques au Puisat, et moult en occirent et prisrent. Et les aultres qui eschapper purent que il avoient travaillés et demenés par les boues enfermèrent en leur chasteau. Et ainsi avint, selon la doubteuse fortune de bataille, que ceux qui cuidoient estre vainqueurs furent vaincus, doulans et mats de leur occis et de leur prisons[529] et de leurs aultres dommaiges.

Note 526:
Janville.
Aujourd'hui petite ville à onze lieues de Chartres, entre Toury et le Puiset.

Note 527:
Auquel.
Presque.

Note 528:
Mons.
Le latin dit:
Montiacensis; Monchy
.

Note 529:
Prisons.
Prisonniers.

Quant le roy eut du tout eue la victoire de ses ennemis, le conte Thibaut qui du tout deffailloit et tournoit à declin ainsi comme celuy qui commence à chéoir de la roe de fortune, pour ce qu'il véoit de jour en jour croistre la force du roy, et les barons du royaume prendre en grief et en desdaing ce que il avoit prins guerre contre le roy son seigneur, si eut occasion de laisser la guerre après les grans pertes que luy et les siens avoient receues, et mesmement de celle qu'il avoit receue le jour devant.

Adont envoya ses messages au roy et si luy pria moult humblement qu'il l'asseurast et que il l'en laissast aller seurement jusques à Chartres sa cité. Et le roy qui trop estoit doux et débonnaire receut ses prières oultre ce que nul n'eust osé cuider, et si luy desconseilloient le plus de ses gens et luy disoient qu'il ne laissast pas ainsi aller né eschapper son ennemy qu'il tenoit jà ainsi comme prins, et mais n'avoit nulle viande; que il ne luy fist une aultre fois tel domage. Ainsi s'en alla le conte Thibaut, et laissa le chasteau et Hue en la volenté le roy. Et ce qu'il avoit commencé par bon commencement fina par mauvais définement. Et le roy vint du tout au desore,[530] par la volenté de Nostre-Seigneur et ne déshérita pas tant seullement celluy Hue, mais abatti le chasteau du Puisat et tous les murs; et tout le lieu rasa comme sé la divine malédiction l'eust interdit et asorbi[531].

Note 530:
Au desore.
Au-dessus.

Note 531:
Asorbi.
Absorbé.

XII.

ANNEES: 1113/1114.

Coment ceus qui se tenoient au roy d'Angleterre et au conte Thibaut furent déshérités. Et coment le roy mut sur Thomas de Malle. Et coment il restora les villes aus églyses. Et coment fist pendre les traictres. De Haimon de Germegni qu'il fist venir à merci.

Long-temps après ce que celuy Hue fu revenu en l'amour et en la grace le roy, par moult d'ostaiges et de sermens qu'il luy eut fais, il se rebella contre luy de rechief et, pour ce, fu-il du roy de rechief assiégé et de rechief deshérité. Mais avant eut-il les costés tresperciés d'une roide lance, par la main Anseau le Gallendois[532] un merveilleux chevalier et sénéschal de France. Né oncques ne voulut désaprendre son acoustumée traïson; tant que la voye d'oultre-mer où il mourut mist fin en sa vie.

Note 532: C'est un contre-sens. Suger, au contraire, dit que ce fut Anseau de Garlande qui fut percé de la lance du Hue du Puiset.

Après ces guerres et ces contens qui tant avoient duré, mains barons et mains hommes de religion misrent grant paine à mettre paix entre le conte Thibaut et le roy d'Angleterre d'une part, et le roy de France de l'autre. Si avint que par le jugement de Dieu, ceux qui contre leur seigneur et contre le royaulme de France s'estoient tournés et aliés au roy d'Angleterre et au conte Thibaut furent tous destruis par la guerre et perdirent leurs querelles qu'il cuidoient recouvrer; comme Lancelin, le conte de Dampmartin, perdit la querelle qu'il clamoit sur la cité de Beauvais[533], et pour ne scay quelles raisons; Payen de Montjay sur le chasteau de Livry[534] que le roy d'Angleterre luy avoit fermé à ses deniers, dont il fu tout esragié de duel; et Milles de Montlehéry le mariage de luy et de la seur Raoul le conte de Vermendois, dont il fu tout esragié de duel, par la raison de ne scay quel lignage qui trouvé y fu. Né oncques n'eut tant d'onneur né de joye de l'assemblement comme il eut de la

honte et de l'ire du dessevrement. Si fu fait celluy jugement par preudes hommes et discrès; et fu pris ès loix et ès décrès qui dient que les obligacions et les aliemens qui sont fais contre paix soient du tout ramenés à néant.

Note 533:
Sur la cité de Beauvais.
Suger dit: Sur la
conduite
de

Beauvais. «Querelam Belvacensis conductûs.» C'étoit ou le droit de conduire dans l'armée du roi les communes, ou celui de délivrer les sauf-conduits dont avoient besoin les personnes qui voyageoient dans le Beauvoisis. On sait que
conduire

quelqu'un signifioit autrefois

lui
servir de sauf-conduit
.

Note 534:
Livry
est un petit village sur la route de Meaux et à

égale distance de Paris et de Ville-Parisis. Près de Livry sont les

ruines d'un vieux château, sans doute celui que réclamoit Payen de

Montjay. Quant à
Montjay
, aujourd'hui surnommé
La Tour
, il est

situé au-dessous de Ville-Parisis.

En ce temps régnoit celluy Thomas de Malle dont l'ystoire à cy dessus

parlé, homme très desloyal et fol et traitre oultre mesure, qui moult greva

et assaillit la contrée de Noonois et d'Aminois et de Rancien[535]. Tandis

comme le roy estoit à ses guerres ententif, si cruellement avoit ses

contrées destruites et mal menées que né au clergié né à l'églyse

n'espargnoit-il pas, pour paour de la vengence de Dieu, comme celluy qui

tout roboit et destruisoit. Si que à l'abbaye Saint-Jéhan de Laon avoit

tollu deux bonnes villes, Crécy et Nogent[536], et les fist fermer de grans

fossés et de grans tours, ainsi comme se elles eussent esté siennes

propres; et en avoit fait fosse à dragons et repaire à larrons. Et avec ce destruisoit et roboit toutes les contrées d'environ. Pour les cruaultés qu'il faisoit fist l'églyse de France un concilie à Biauvais, en la présence Cuene, évesque Prenestin[537] et légat de la court de Rome. Et pour les plaintes des églyses et des extorsions de femmes veuves et des orphelins le férit du glaive de saincte églyse, c'est de la sentence d'excommuniement général, et luy desceint le baudré de chevalerie, combien qu'il ne fust pas présent; et par le jugement de tous, le desmist de tout honneur comme excommunié et comme ennemy commun de la crestienté. Par les prières de ce grant concilie assembla le roy son ost et s'en alla sur luy. Et moult y eut de clergié et de prélas du royaume à qui le roy estoit moult dévost et fu tousjours, tant comme il vesqui. Son chemin adressa droit à Crécy et l'assiégea et le prist, et la fort tour du chasteau conquist aussi légèrement comme le bordel[538] d'un vilain; ses ennemis destruist tous sans en avoir mercy, comme ceulx qui sans mercy estoient. Et quant il eut fait de ce chasteau à sa volenté et tout destruit, si s'en parti. Mais il n'eust pas sa volenté accomplie s'il n'en eust fait autant de l'autre qui a nom Nogent. Si s'en y alla tout droit, et si comme il approchoit du chasteau, si luy fu dit que dedens estoit ces excommuniés dignes d'estre au pui d'enfer sans fin, qui pour occasion du roy avoient la commune de Laon despeciée et brisiée[539] et les bourgeois pris et occis, pour ce qu'il aidoient loyaulment à leur évesque, et la noble églyse de Notre-Dame arse et maintes autres avec, et l'évesque Gauldri martirié et le corps tout nu getté aux champs pour habandonner aux oyseaux. Mais avant, luy détrenchèrent le doy à tout l'aneau, et en déshéritement du roy avoient sa tour assise et prise.

Note 535:
Noonois, Aminois et Rancien.
Ce sont les contrées de

Noyon, d'Amiens et de
Rains
ou Reims. Mais Suger, au lieu de

Noonois
, met
Laudunensis
, Laonois.

Note 536:
Nogent.
«Novigentium.» C'est
Nouvion-l'Abbesse
, à cinq

lieues de Laon, et près de Marle et Crécy.

Note 537:
Prenestin.
De Preneste.

Note 538:
Bordel.
Grange ou chaumière. Suger dit: «Ac si rusticanum

tugurinum.»

Note 539: Il y a ici faute du traducteur, qui auroit dû mettre:
Qui
pour occasion de la suppression de la commune par le roi.

«
Occasione jussu vestro amissæ communiæ.
»

Et quant ces choses furent au roy contées, si fu doublement encouragié et eschauffé d'ire. Lors envahi ce chasteau, les bailes[540] desrompi et prist le chasteau et tous ceux qui dedens estoient. Tous ceux qui coulpes ou consentement n'avoient des desloyaux espargna et laissa aller tous quittes; et les desloyaux homicides et tous ceulx de leur complot pendi à haultes fourches et habandonna leur corps aux escoufles[541] et aux corbeaux. Et par ceste justice aprist que desservent ceux qui mettent main ès Crist[542] Nostre-Seigneur.

Note 540:
Les bailes.
Les pieux (bajuli) serrés qui servoient de

barrières.

Note 541:
Escoufles.
Milans.

Note 542:
Crist.

Consacré à.

Quant il eut ces chasteaux abattus et rendus à l'églyse de Saint-Jéhan-de-Laon à qui il les avoient tollus, si s'en vint à Beauvais[543] et assiégea la cité qui lors estoit à un Adam, un desloyal tirant qui les églyses et le pays d'illec entour guerroioit et faisoit moult de maulx, et y fist tenir le siège près de deux ans. Et au derrenier la prist et l'abatti jusques aux fondemens et ceulx de dedens pendi. Et pour ceste raison rendit paix et seureté au pays, et celluy desloyal deshérita de celle seigneurie qu'il avoit en la cité.

Note 543:
Beauvais.
Erreur: il falloit Amiens.

En ce temps vint au roy un moult saige homme et bien parlant des parties de Bourgoigne[544]; Allart Guillebaut avoit nom. Et moult saigement fist une complainte devant le roy d'un noble homme qui avoit nom Haymon-Noire-Vache, qui estoit sire de Bourbon, et un sien nepveu qui avoit nom Archambault deshéritoit et refusoit à faire droit. Si estoit son droit nepveu, fils de son ainsné frère. Pour ce luy supplioit icelluy Guillebault qu'il fist faire droit à son oncle et l'abaissast des oultraiges et des forfais qu'il faisoit non pas à luy tant seulement, mais aux povres et aux églyses, et que par le jugement aux barons déterminast de ceste querelle et rendist à chascun droit. Le roy pour l'amour de justice et pour la pitié des églyses et des povres gens, et pour ce mesmement qu'il se doubtoit que aucune guerre ne sourdist pour occasion de ce dont les povres gens fussent grévés et essillés, fist semondre celluy Haymon Noire-Vache à droit par devant luy. Mais celluy n'y osa venir pour ce qu'il sentoit bien qu'il avoit tort de celle querelle. Mais le roy qui pas ne laissa pour despens né pour travail de la longue voye, fist semondre son ost et s'en alla en Bourgogne[545] droit au chasteau de celluy Haymon qui Germegny[546] avoit nom. Si estoit celluy chasteau de grant force et moult bien garni. Le roy le fist forment assaillir. Et celluy Haymon qui forment fu désespéré de sa personne et de son chasteau, vit bien qu'il ne se pourroit longuement deffendre contre la force du roy. Lors trouva en luy-mesme ceste voye que il s'en vint au roy; à ses pieds se laissa cheoir et longuement y fu en luy priant humblement qu'il eust de luy mercy et luy rendit le chasteau et son corps à sa volenté. Et de tant comme il s'estoit plus orgueilleusement deffendu, de tant se humilia plus. Le roy retint le chasteau en sa main et Haymon ramena en France et par le jugement de sa court rendit à chascun son droit et mist paix entre l'oncle et le nepveu. Telles chevauchées fist maintes fois en ces parties pour mettre les églyses et les povres gens en paix; et pour ce les avons entrelaissées qu'elles ne tournassent à ennuy sé elles eussent esté toutes racomptées.

Note 544:
Bourgoigne.
Il falloit
Berry
.

Note 545:
En Bourgogne.
«Ad partes Bituricensium.»

Note 546:
Germegny
, ou Germigny, aujourd'hui village de

Bourbonnois.

XIII.

ANNEE: 1118.

Coment la guerre des deux roys recommença et coment le roy se défendi vertueusement, et du conte Thibaut et du roy d'Angleterre, et coment le roy prist une ville qui a nom Le Gué Nichaise, et coment le roy prist Malassis, que le roy d'Angleterre avoit fermé.

Ainsi comme il est escript de Julius César et de Pompée, que Julius ne put souffrir seigneur par dessus lui, né Pompée pareil, né ne peut nule poesté compaignon souffrir en sa seigneurie; pour ce, Loys le roy de France par celle haultesse dont il avoit tousjours esté par dessus Henry, le roy d'Angleterre et duc de Normandie, estoit de luy et devoit estre tousjours comme de son homme fievé, et de plus grant seigneurie par droit que celluy Henry. D'aultre part, celluy Henry, pour la grant noblesse de son règne et pour les grans trésors dont il avoit tant, ne daignoit né ne povoit souffrir qu'il eust mendre seigneurie que le roy Loys; mais s'efforçoit en toutes manières de le troubler de guerre et de l'assaillir pour sa seigneurie et son honneur abaisser, par l'aide le conte Thibaut, son nepveu, et des autres ennemis du roy. Adont commença entre eulx deux la guerre qui jà y avoit esté. De celle guerre estoit le conte Thibaut contre le roy Loys son lige seigneur; si estoit la raison pourquoy le conte

Thibaut et le roy Henry estoient bien ensemble et d'un accord, pour la duchié de Normandie et la conté de Chartres qui ensemble marchissent. Lors

commencèrent à assaillir le roy en la plus prochaine marche. Et pour le enir plus de court envoyèrent le conte Estienne de Moretueil[547], qui frère estoit à l'ung et nepveu à l'autre, en Brie à tout grant ost, pour ce que trop se doubtoient que le roy ne saisist celle terre par le deffaut du conte Thibaut. Et le roy qui emmy eux estoit enclos, se deffendoit par force au fer de lance et de l'espée, et couroit souvent en leurs terres, une fois en Normandie et une aultre fois vers Chartres. Et aucune fois avenoit qu'il se combatoit à eulx comme celluy qui de rien ne les épargnoit. Et par ce démonstroit à tout le monde la noblesse et la fiereté de son cuer, mais trop bien estoit çainte et avironnée la terre de Normandie, pour les fors chasteaux que les rois d'Angleterre et les ducs des Normans y avoient fermés nouvellement, et, d'autre part, pour les grans fleuves courans où l'en ne pouvoit trouver passaige. Et le roy Loys qui tout ce scavoit bien, tachoit moult durement à passer et à entrer en celle terre. Là s'en alla à assés peu de gens, pour plus privéement faire ce qu'il avoit en propos; vers celle marche se tira et envoya avant soy aucuns de ses gens, les haubers vestus dessous les chappes[548] et les espées çaintes, et descendirent au commun chemin ainsi comme sé feussent passans,

vers une ville qui a nom le gué Nicaise: si est çainte et avironnée de

l'eaue d'Epte, et donne entrée et passage aux François d'entrer en celle terre. Si donne, le lieu et le siège de celle ville, grant seureté à ceux qui dedens sont, et par dehors bien en loing deffent le pays et le passage. Quant les gens le roy furent venus et entrés, si gettèrent jus les chappes et tirèrent les espées et coururent sus à ceulx du lieu qui jà se estoient presque apperceus et avoient leur armes prises et deffendoient viguereusement leur ville, et par force les avoient presque hors jettés, quant il virent le roy descendre moult périlleusement du pendant d'un tertre; si se hastoit moult durement de faire secours à ses gens qui jà estoient las et presque tous conquis. Et quant il fu venu, si prist la ville et l'églyse qui bien estoit garnie d'une forte porte, si ne fu pas sans grant perte de ses gens. Et quant il oï dire que le roy d'Angleterre estoit près de là à grant ost, si comme il avoit tousjours accoustumé et comme celluy qui bien le povoit faire, si manda ses barons et moult les requist et pria qu'ils venissent. Tautost se mist à la voye le conte Baudouin de Flandres, jeune chevalier pieux et hardi aux armes, et le conte Foucques d'Angiers après luy, et puis les autres barons du royaume après luy; et tous ensemble rompirent les clostures de Normandie. Et tandis comme
une partie des gens le roy entendoient à fermer et garnir la ville, les autres entrèrent en la terre qui estoit garnie et remplie de biens, pour la longue paix où il avoient esté longuement; tout robèrent et confondirent

tout, et mettoient tout à feu et à flambe et assez près du roy d'Angleterre et de tout son ost. Et entre deux, s'appareilla moult le roy d'Angleterre de fermer un chasteau près d'illec. Et quant le roy Loys eut le sien fermé et garny de ses chevaliers, si s'en partit atant. Et le roy d'Angleterre ferma le sien près d'un mont qui illec estoit et fut appelé Malassis. En celle entencion le fist que quant il auroit dedans sa garnison mise de chevaliers, d'archiers et d'arbalestriers, que il rencontrast ceus de la garnison le roy de France et rescousist les proyes et les viandes qu'ils prendroient par la terre, et leur deffendissent à dégaster le pays. Mais le roy de France qui taschoit à mener à fin ce qu'il cuidoit faire, luy rendit incontinent ses souldées. Car si tost comme il eut ses osts assemblés, revint hastivement devant ce chasteau à une matinée, et le fist assaillir par grant vertu, et y eut grans coups donnés et receus d'une part et d'autre. A la parfin fu pris par force; et puis l'abatti et craventa, et dépeça tout quanques le roy anglois y avoit fait faire.

Note 547:
Moretueil.
Mortain.

Note 548:
Chappes
ou cappes, manteaux. Orderic Vital dit que

Vadum Nigasii
s'appeloit vulgairement

Vani
. C'est aujourd'hui

Gasny
, sur la rive occidentale de l'Epte, à une demi-lieue de

Laroche-Guyon.

XIV.

ANNEE: 1118.

Coment le roy Henry deschéi de sa bonne fortune, et coment le roy Loys entra en Normandie et fu desconfi par sa male prévoyance; et coment il rassembla ses osts pour soy vengier et retorna pour gaster Normandie, et s'en retorna par Chartres en dégastant la terre le conte Thibaut.

Fortune, la puissant, qui tost abat celluy qu'elle a monté, et quant elle veult monte eu hault celluy qui oncques n'y fut, ouvra en telle manière au roy Henry d'Angleterre. Après ce qu'il eut eu tous honneurs et toutes bonnes prospérités, commença à dévaler du sommet de la roe de fortune où il avoit longuement esté, et à decheoir par la muableté de cest monde; car le roy l'assailli par-deçà, de guerre aigre et fellonneuse; et par devers Pontif[549] le conte de Flandres, et par devers le Mans Foucques, le conte d'Angiers, qui tous l'assaillirent de tous leurs pouvoirs. Né ceulx ne l'assaillirent mie qui dehors de sa terre estoient tant seullement; mais ses hommes mesmes, si comme Hue de Gournay, le conte d'Eu et le conte d'Aubemalle, et mains autres qui trop durement luy coururent sus. Et par-dessus encore tout ce estoit-il en presse d'un aultre mal. Car ses chambellains mêmes et ses autres privés sergens le haioient moult durement de trop mortelle hayne, dont il estoit eu telle paour et en tel effroy, qu'il en changeoit souvent son lit, et pour crainte d'eux faisoit chacune nuit gesir devant luy moult de gens armés, et son escu et son espée faisoit ettre chascune nuyt au chevet de son lit.

Note 549:
Pontif.
Ponthieu.

Entre ses familliers sergens en y eut un qui Hue avoit nom. A merveilles estoit bien de luy et de son conseil, si comme il cuidoit et se fioit moult en luy comme en celluy à qui il avoit fait moult de bien et qui pour sa grant amour estoit moult enrichi et renommé et puissant entre les aultres de sa cour. Si fu ataint et convaincu de desloyalle trahison dont il fu damné à perdre les yeux et les génitoires, jà soit ce qu'il eust deservi la hart[550] on pis encore.

Note 550:
La hart ou pis encore.
Notre traducteur ajoute les

derniers mots, pour n'avoir pas bien rendu ceux de Suger: «Cum laqueum suffocantem meruisset.»

Pour paour de ces choses et de semblables estoit le roy si estonné qu'il n'estoit asseur[551] en nul lieu. Mais ainsi comme homme de grant sens et de grant pourvéance, alloit tousjours l'espée çainte, néis en sa salle et à l'issue de son hostel, né ne vouloit souffrir que nul de ses loyaulx sergens issist de son hostel sans espée.

Note 551:
Asseur,
assuré. On n'en faisoit qu'un seul mot, mais on

l'entendoit
à sûr
.

En ce temps avint que Enguerrant de Chaumont[552], riche homme et chevalier de grant prouesse, s'en alla au chasteau d'Andeli à grant compaignie de chevaliers; et par la traïson d'aucuns de léans le prist et le garnit richement par l'ayde du roy Loys. Et par la force de ce chasteau juscitioit-il toute la terre d'environ et metoit du tout à sa volenté. Si s'estent celle contrée dès le fleuve d'Epte jusques au fleuve d'Andelle et jusques au pont Saint-Pierre[553]; et par la force et par l'ayde d'aucuns plus riches hommes de luy, couroit souvent en plain champ à bataille contre le roy Henry et par plusieurs fois le chassa et desconfist. Et d'aultre part, devers le Mans, si comme le roy Henry eut un jour proposé à secourre ses gens qui estoient assiégés en la tour d'Allencon, entre luy et le conte Thibaut, si fu desconfi par Foucques le conte d'Angiers en telle manière qu'il perdit en celle journée le chasteau et la tour et moult de ses gens par grant meschéance. Mais après ce qu'il eut ainsi esté défoullé par long-temps et par teles aventures et presque tout décheu, et la divine puissance l'eut ainsi flaellé et chascié, si eut pitié de luy toutefois comme celluy qui moult estoit libéral aumosnier et riche. Si avint que l'adversité et la tribulacion où il avoit longuement esté luy tourna en prospérité soudainement, pour ce que le conte Baudouin de Flandres qui moult l'avoit grevé et par plusieurs fois enchacié et couru en sa terre fu un jour devant un chasteau qu'il avoit assis. Là fu soudainement féru en la face d'une lance; si n'en tint conte pource que le coup de la playe estoit petit; dont il avint que pour occasion de ce coup morut avant ses jours et ainsi fist fin de toutes guerres. Et celluy Enguerrant de Chaumont dont nous avons dessus parlé, chevalier merveilleux et entreprenant qui durement

l'avoit grevé et sa terre gastée, estoit un jour entré en la terre

Nostre-Dame-de-Rouen pour rober et pour destruire; si avint que une maladie

le prist soudainement, dont il morut: mais avant fu longuement destraint et

angoissié. Et jà soit ce que ce fust à tart, si aprist-il quel honneur l'en

doit porter à la royne des cieulx. Le conte mesme Foucques d'Angiers qui au

roy de France s'estoit allié et asseuré par bons hostaiges brisa sa foy par

sa convoitise et par son avarice. Et sans son conseil donna sa fille, comme

tricheur et desloyal, à Guillaume le fils du roy Henry; et parce mariage

s'accorda à luy et laissa à aydier au roy de France.

Note 552:
Chaumont.
En Normandie; à quelques lieues de Gisors et

de Gasni.

Note 553: C'est le Vexin normand.

Tandis comme ce advint estoit le roy Loys moult ententif d'assaillir Normandie dont il avoit conquis grant partie et plaissié devant soy, comme celluy qui souvent y couroit à peu de gens et aucunes fois à plus; et petit redoubtoit le roy d'Angleterre et sa force. Un jour l'eut fait espier que il couroit parmy sa terre, sans point de pourvéance de soy et des siens. Et celluy qui grant plenté de bonnes gens avoit assemblé luy envoya à l'encontre grant plenté de bons chevaliers tous ordennés en conroy, et si en avoit tant qu'il firent plusieurs batailles bien ordennées de sergens et de gens à pié. Mais quant le roy Loys vit ces grans gens approchier, ne daigna oncques faire nul conroy de ses gens né nul appareil de bataille; ains se féri en eulx follement et confusément; mais ce fu vaillamment et par grant fièreté. Et noblement les requisrent les Vouquecinois qui premier assemblèrent à ceulx de delà. Avecques eulx fu Bouchart de Montmorency et

Guy de Clermont qui chacièrent du champ de bataille les Normans qui moult

estoient grans gens et pesans et les firent ressortir jusques sur

l'eschièle des gens de pié armés. Mais les François qui les devoient suivie chevauchièrent après confusément et sans conroy et s'embatirent follement sur eux et sur leur grans conroys ordonnés. Dont il avint qu'il ne les peurent souffrir, ains tournèrent les dos tous desconfis. Le roy qui moult se merveilla de ses gens qui ainsi furent desconfis, se parti de la place si comme il put, et si comme il avoit de tousjours accoustumé de soy esbaudir et reconforter en adversité, secouroit souvent la gent qu'il véoit souvent chacer, et retournoit souvent arrière la lance au poing contre ses ennemis; et assez des siens rescout en celle journée par sa proesse et par sa hardiesse. Et ainsi s'en vint jusques à Andely au plus honnorablement qu'il put, mais ce ne fu mie sans grant dommaige de ses gens qui en ce jour furent trop esgarées. Trop fu courroucié de ceste meschéance qui ainsi lui fu advenue soudainement et ainsi comme par sa coulpe, et pour ce que[554] ses ennemis ne se mocquassent longuement de luy et cuidassent qu'il n'osast jamais entrer en Normandie pour forfaire, pour ceste meschéance qui par eux luy fu avenue. Mais ne fu pas ainsi comme il cuidèrent; car lors s'eschauffa-il trop durement, et enhardi et endoubla sa fierté si comme il est coustume à preud'homme qui pas ne se doit esmayer au besoing, ains se doit ravigorer et reconforter, et prendre aux dens le frain de vigueur et de vertu, ainsi comme fist celluy noble roy qui tantost rappella ses osts qui loing estoient et semonst sa baronnie et puis manda au roy Henry qu'il se combatroit à luy à jour nommé emmy sa terre. Et ce qu'il luy manda se hasta d'acomplir ainsi comme s'il l'éust juré sur sains. Et si tost comme il eut ses osts assemblés, si entra en Normandie gastant et destruiant tout le pays où il passoit. Le chasteau d'Ivry prist et le fist ardoir et puis s'en alla à Breteuil. Et ainsi demoura en Normandie ne scay combien de temps, toute sa volenté faisant sans contredit de nulluy; et moult estoit en engrant de trouver le roy anglois ou aultrui où il peust sa honte vengier.

Note 554:
Et pour ce que.
Et aussi par la crainte que, etc.

Et quant il vit qu'il ne trouveroit nulluy où il peust son cuer esclarier, si s'en vint par la terre au conte Thibault, car il vouloit que le mal s'en venist par luy. Devant la cité de Chartres s'en vint et commença forment à assaillir et commanda à bouter le feu par tout pour la ville ardoir; et eust esté fait quant le clergié et les bourgois yssirent hors, la chemise Nostre-Dame devant eux, et luy commencièrent à crier mercy à pleurs et à larmes, qu'il ne souffrist que la noble églyse de Nostre-Dame et sa cité fust arse et destruite qu'elle avoit prise en avourie né ne vengast pas aultruy forfait en eulx qui siens propres estoient. Et le roy qui pitié en eut, pour l'amour de la glorieuse vierge Marie, oï leur prières et commanda à Charlon le conte de Flandres qu'il féist ses gens retraire en sus. Ce fist-il pour l'amour et pour la révérence à la haulte royne des cieulx. A tant retourna en France luy et ses gens, né oncques pour ce ne cessa à prendre vengeance là où il povoit de la desconfiture qu'il avoit eue en Normandie.

XV.

ANNEE: 1118.

Coment l'apostole Paschase[555] s'en fui de Rome et s'en vint en France; et coment le roy ala encontre luy à Vézelai, quant il oï nouvelles de sa mort. Après luy fu au siège Guy, archevesque de Vienne, que les Romains receurent honorablement, et déposèrent Bardin, que l'empereur y avoit mis à force.

Note 555:
Paschase.
Il falloit
Gelase
.

En ce temps trespassa le pape Paschase; en son lieu fu assis par saincte élection Jehan de Gaiete, chancelier de l'églyse de Rome[556]; mais quant il vit qu'il ne povoit souffrir les enchaux et les griefs de Bardin, l'archevesque de Bracque[557], que l'empereur y avoit mis ainsi comme par force contre raison, par la desloyauté des Romains qui tant est accoustumée à prendre[558]; si laissa son siège et s'en fouyt en France, sous la garde et sous la deffence au noble roy Loys, si comme ses antécesseurs souloient faire jadis. De laquelle déjection le roy eut grant compassion. Par navie vint jusques à l'isle de Magalonne[559], comme celluy que grant povreté destraignoit. Celle terre si est une petite ysle et estroicte et ne contient que une petite cité tant seullement qui souffist à l'évesque et à son clergié et à leur petite mesnie. Et touteffois, est-elle enclose de murs pour les assaux des Sarrasins qui par mer courent. Le roy, qui jà savoit sa venue, envoya contre luy pour luy et pour son royaulme deffendre et le luy offrit à sa volenté faire. Les messages qui là furent envoyés luy apportèrent jour et lieu certain à Vezelay et que là s'entretrouveroient et parleroient ensemble; et quant le jour approcha et le roy fu jà parti, on luy apporta nouvelles qu'il estoit trespassé et mort d'une maladie que on ppelle podagre[560]. Aux obsèques de luy assemblèrent mains prélas et mains

hommes de religion. Là fu Guy, archevesque de Vienne, moult hault homme et

noble descendu de la lignée des empereurs et assez plus de noble saincteté et de bonne vie. Dont il advint que le soir de devant luy fut monstrée une advision bien démonstrant ce qui après avint; mais il n'apperceut oncques la segnifiance jusques atant que la chose luy fust avenue. Si luy estoit avis que une très-noble personne qui venoit au-devant de luy, lui bailloit à garder la lune mussée soubs un mantel, afin que la cause de saincte églyse ne périllast par le defaut du pape. Et un petit après fu esleu à l'églyse de Rome; et par ce apperçut appertement la vérité de l'avision. Et quant il fu esleu à si grant hautesse, si commença moult noblement et moult humblement à traicter et ordonner des droitures de sainte églyse. Pour l'amour et pour le service du gentil roy Loys et de la royne sa mère[561] pourveoit-il plus ententivement aux besongnes des églyses de France. En la cité de Rains vint et illec tint grant concile; d'illec alla à l'encontre des messagiers l'empereur Henry en la marche[562] vers Mouson, pour mettre paix en saincte églyse, si comme il cuidoit et désiroit, mais il ne put pour le défault d'eulx: si les excommunia et interdist en plain concile des François et des Lorrains. Après ce qu'il eut esté servi et honnouré et enrichi moult des églyses, si s'en retourna à Rome; là fu receu du clergié et des Romains moult honnorablement. Et dès ce jour en avant commença à amenistrer moult ententivement la dignité qu'il avoit receue plus que nul de ses prédécesseurs. N'avoit encore guères demouré au siège, quant les Romains, pour la libéralité et la noblesse qu'il véoient eu luy, prisrent damp Bardin, que l'empereur avoit fait pape aussi comme par force, si avoit mis son siège en la cité de Sutre[563] et faisoit prendre le clergié et l'autre menu peuple qui alloit aux apostres en pélerinage, et les faisoit aller à son pié et encliner aussi comme s'il fust droit pape. Et quant il l'eurent ainsi pris, si le montèrent sur un chamel qui est beste tortue et boçue, ainsi comme il estoit tortueux antipape et antecrit, et le firent seoir le visage devers la queue et couvrir et vestir de peaulx de chièvres toutes sanglantes; et ainsi paré et atourné, le menèrent tout le chemin royal pour luy faire plus de honte, en vengeance de la honte de saincte églyse et de l'esclandre qu'elle avoit receue par luy. Et puis par le commandement le pape Calixte le condampnèrent en perdurable prison ès montaignes de la Campaigne, près de l'abbaye Saint-Benoist du Mont de Cassin. En remembrance de ceste vengeance, afin que les aultres s'en gardassent, le firent paindre en la chambre du palais dessoubs les piés l'apostole, ainsi comme s'il le deffoulast. Ainsi remest en paix saincte église et l'apostole Calixte en son siège où il se contenoit assez noblement et viguereusement, comme celluy qui par grant vertu domptoit les

robeurs de Lombardie et de Puille et les refrenoit de leur oultraiges; et, comme droicte lumière clere, resplendissoit sur le mont pour les aultres enluminer et nom mie occultement soubs le muid, aussi comme dit l'évangile.

Au tems de ce preudhomme recouvra l'église de Rome maintes choses et maintes rentes qu'elle avoit perdues, ça en arrière.

Note 556: Lequel prit le nom de Gelase II.

Note 557: «Bracarensis archiepiscopus.» Braga, en Portugal. M. Guizot traduit ici fort mal
Prague
.

Note 558: Le manuscrit de Charles V porte: «
Qui tant est looice et
acoustumée à prendre.
» Ce qui n'a pas beaucoup de sens. Suger porte:

- 492 -

«Cum... populi romani conductitia infestatione, intolerabiliter fatigaretur.»

Note 559: L'
île de Magalonne
, près de Montpellier.

Note 560:
Podagre.
Goutte.

Note 561:
Sa mère.
Il falloit
sa nièce
.

Note 562:
En la marche.
In marchiam. Vers la frontière.

Note 563:
Sutre
ou
Sutri
, dans la Toscane.

XVI.

ANNEES: 1121/1122.

Coment le roy Loys envoya Sugier, moine de Saint-Denys, à l'apostole, et coment cil Sugier fu esleu à abbé du couvent, tandis comme il estoit en celle voie; et coment puis il retraist le prioré d'Argentueil à l'églyse.

En ce termine envoya le roy ses messages à l'apostole de Rome pour les besongnes du royaume. De ces messages fu principal Sugier, (qui ceste histoire escript, moyne fu de Saint-Denys, vaillant homme, saige et honneste; et fu tousjours famillier du roy et nourry au palais royal;) et les autres messagiers furent à l'apostole, si le trouvèrent en Puille en une cité qui a nom Vitonde[564]. Moult les receupt à belle chière, en l'onneur et en la révérence de monseigneur saint Denys. Et trop volentiers les eust lonctems retenus en sa compaignie, sé ne fust pour l'amour de saint Denys qu'il doubtoit courroucier, et pour l'abbé de Saint-Germain-des-Prés qui avec eux estoit et pour les aultres compaignons qui moult se hastoient de retourner.

Note 564:
Vitonde.
Bitonto.

Et quant il eurent faictes leur besongnes à leur volenté, si se mirent au retour. Si n'eurent pas faictes trois journées quant un messagier les encontra qui à Sugier estoit envoyé de par le convent de Saint-Denys, qui luy noncia la mort de l'abbé Adam et l'élection que le convent avoit faicte de sa personne; et puis luy conta coment les meilleurs et les plus religieus moynes de léans et les chevaliers meisme haulx hommes estoient allés au roy[565] pour monstrer ce qu'il avoient fait et pour recevoir son ottroy; et coment le roy s'estoit courroucié et pour ce les avoit mis en prison en la tour d'Orléans.

Note 565: Il falloit ajouter ici avec Suger: «Sed quia inconsulto rege factum fuerat.»

Lors commença damp Sugier à faire grant duel pour l'amour de son père espirituel qui nourry l'avoit et fu moult angoisseux et en grant mésayse pour deux choses: l'une fu pour sçavoir s'il recevroit celle dignité contre la volenté du roy; car pour ce avoit il mis les moynes en prison qui l'avoient esleu par la force de Rome et par l'ayde l'apostole Calixte qui l'amoit moult. Et l'autre si fu s'il lairroit troubler et travailler l'églyse qui nourry l'avoit dès les mamelles sa mère, et laisseroit gésir en prison ses compaignons qui, pour l'amour de luy, avoient esté mal menés.

Ensi comme il estoit en telle angoisse et il pensoit en son cuer à envoyer aucuns de sa meisnie au pape, pour soy conseiller à luy de ceste besongne, si vint soudainement à luy un clerc romain moult noble homme et moult son

acointe qui ce qu'il prétendoit à faire par ses gens à grans despens, receupt à faire par soy mesmes pour l'amour de luy. Après envoya au roy un de sa meisnie avec celluy qui venu y estoit, pour luy venir redire la fin de ceste besongne qui confusément estoit commenciée; car il ne se présentast pas volentiers ainsi despourveuement devant le roy qui courroucié estoit. Ainsi chevaucha troublé et desconforté, comme cellui qui estoit en grand doubte coment son affaire prendront fin.

Si avint si bien que ne scay quans jours après revindrent les messages à rencontre de luy, qui luy apportèrent nouvelles de la paix du roy et de la délivrance de ses compaignons, et de la confirmacion de l'élection. Mais lors en estoit le roy liés, et là[566] luy estoit venu à l'encontre avec l'archevesque de Bourges et l'évesque de Senlis, et pluseurs autres prélas. Là le receupt en grant amour et en grant révérence le convent; et fu ordonné prestre le samedi après: c'est assavoir le samedi devant la my-caresme, et le dimanche après fu sacré abbé devant l'autel des corps saints. En pièce[567] ne seroient extrais les biens espirituels et temporels que il fist à l'églyse: coment il se retrait et recouvra les rentes et les possessions qui estoient perdues, si comme la prioré d'Argentueil et assez d'aultres; et coment il fu saige et pourveu ès choses temporelles; et coment il gouverna saigeinent le royaume, tandis que le roy

Loys fu oultre-mer; et coment il réforma léans l'ordre et la religion, et coment elle y fu bien gardée; et mains autres biens qui en pièce ne seroient racomptés. L'an après son ordonnement mut à Rome pour visiter l'apostole, et pour le regracier de tous ses bénéfices, car tousjours, à Rome et ailleurs, l'avoit soustenu et en ces besongnes et en celles d'aultruy. Quant il fu là venu, si fut moult noblement receu de l'apostole et de toute la court, et y demoura six mois entiers. Et avant qu'il s'en partist, il fu au grant concile que le pape Calixte tint au palais du Latren, qui fu de troi cens évesques et de plus. Et là fu faite la paix de luy et de l'empereur Henry, de la querelle des revesteures dont vous avez oï ci-dessus. Et quant il eut visité les sains lieux, si comme Saint-Benoit-du-Mont-de-Cassin, Saint-Barthelemieu-de-Bonivent, Saint-Macy[568]-de-Salerne, Saint-Nicolas-de-Bar, si retourna en France.

Note 566:
Là.
A Saint-Denis. Notre traducteur abrège sagement dans tout ceci le texte de Suger; plus bas encore il arrange ce que Suger raconte des bienfaits de son administration.

Note 567:
En pièce.
En un sommaire.

Note 568:

Macy.
Mathieu.

Depuis avint que l'apostole le manda pour le plus honnourer; si comme il fu parti et fu allé jusques à Lucques, une cité de Touscane, il oï la nouvelle de la mort de l'apostole. Et pour ce qu'il doubtoit la convoitise des Romains, se mist au retour sans plus aller avant. Après l'apostole Calixte, fu mis au siège Honnouré, et fu pris et esleu en l'églyse d'Oiste, dont il estoit évesque; homme de grant sens et de très-haut conseil et fier. Et quant il eut puis apris la droiture de l'églyse Saint-Denys, en droit la prioré d'Argentueil, qui moult estoit lors blasmée et diffamée de mauvaise conversacion, et il eut leue la chartre du don des anciens roys, comme de Pepin, de Charles-le-Grant et de Loys, si la restora et conferma par l'ottroy de toute la court à l'abbaye de Saint-Denis. Mais avant, par-dessus tout ce, en eut-il aultre tesmoignage de Dam Macie, l'évesque d'Albe,[569] son légat, et de l'évesque de Paris et de Chartres; et mesmement de Regnault, l'archevesque de Rains, et de mains aultres.

Note 569: «Mathæi Albanensis episcopi.»

XVII.

ANNEE: 1124.

Coment l'empereur Henri assembla un ost merveilleus pour la haine qu'il avoit au roy; et coment les barons ordenèrent leur bataille au palais meisme avant que il ississent hors.

A nostre matière nous convient retourner que nous avons un peu entrelaissiée, qui parle du gros roy Loys, qui tant valut de soy, et qui tant souffri de travail et de paine, pour son règne deffendre des griefs assaus qui luy sourdirent en son temps. Né nul qui ores vive ne pourroit sçavoir de come grant cuer et de come grant valleur et come chevallier fier il fu, s'il n'avoit oï ses fais.

Si avint, quant l'apostole Calixte fu mort[570], que l'empereur n'oblia pas la longue hayne qn'il avoit conceue contre luy[571] de long-temps, pour ce que il avoit esté excommunié et interdit en son règne, au grant concile que l'apostole Calixte avoit tenu en la cité de Rains, si comme l'hystoire a dessus dit. Mais assembla un merveilleux ost de toutes les parties qu'il put oncques avoir, comme Allemans, Lorrains, Baviers, Saissongnois, et de ceus de Suabe, jà soit ce que pluseurs des barons de ces contrées fussent mal de luy. Et combien qu'il fist semblant d'ostoyer ailleurs, si tachoit-il à mettre le siège devant la cité de Rains, par le conseil et par l'ayde de Henry, le roy d'Angleterre, la fille duquel il avoit espousée. Et avoit l'empereur proposé à tenir si longuement le siège devant la cité, qu'elle fust prise; et puis à ardoir et destruire tout le pays entour, pour ce que l'apostole qui excommunié l'avoit, avoit sis et séjourné dedens. Tout celle affaire fu faite assavoir au roy Loys, par ses privés amis qu'il avoit à la cour l'empereur. Et tantost comme il sceut ce, il fist escripre ses briefs et les envoya à ses barons et à ses haux hommes, par quoy il les semonnoit de venir en sa présence et leur mandoit la raison pour quoy.

Note 570: Suger dit: «Ante Calixti decessum.»

Note 571:
Luy.
Le roi.

Et pour ce qu'il sçavoit bien que Saint-Denys estoit, après Dieu, espécial deffendeur des roys et du règne, si comme il avoit oï dire à pluseurs et esprouvé en soy-mesme plusieurs fois, si s'en vint à son églyse et le commença à déprier de tout son cuer qu'il deffendist et gardast sa personne et son royaume, et contrestast à ses ennemis. Et si comme il avoit toujours accoustumé que sé aucun royaume osast assaillir le royaume de France de guerre, ou venir sur luy, que celluy martir Saint-Denys et ses compagnons sont mis hors de la fort voulte où il gisent et sont mis ensemble sur l'autel; ainsi fu lors fait humblement et dévotement en la présence le roy.

Adont prist l'enseigne Saint-Denys que l'en appelle l'oriflambe, sur l'autel dévotement, qui appartient à la conté de Vouquessin[572] que le roy tient en fief de Saint-Denys, comme de son lige seigneur. Après mut à peu de gens contre ses ennemis, pour son règne pourveoir, et manda par grant banissement,[573] que toute France le suyvist à grant effort. Grant desdain[574] et grant despit eut toute la baronnie de France quant elle oï la désaccoustumée hardiesse de cette gent barbarine. Adont s'esmeurent tous communément de toutes les parties du royaume, encouragiés d'un cuer et d'une volenté de contrester à leur ennemis. Et quant il furent tous venus à Rains avec le roy qui jà y estoit pour attendre ses osts qui de toutes pars venoient, si assembla si très grant peuple de chevaliers, de sergens et de gens à pié que ce fu merveilles. Né nul ne pourroit compter né dire le peuple qui là fu. La terre pourprenoient et couvroient, et non mie tant seulement sur les rivières, mais en plains et en vallées, en manière de langoustes. Des destriers courans et des clers heaulmes né de l'autre riche appareil ne faisons nous aucune mencion. Car il n'est nul homme vivant qui discerner le vous péust, tant vindrent-il richement appareillés pour le roy leur seigneur ayder et pour son règne deffendre. Mais tant vous en peut-on bien dire que dedens une sepmaine toute entière que le roy séjourna en la cité de Rains où il attendoit ses ennemis, fu tel l'ordonnement et l'atirement de nos barons qu'il disoient entre eulx: «Chevauchons hardiment contre eulx, qu'il ne s'en puissent aler sans chièrement comparoir ce qu'il ont orgueilleusement osé entreprendre contre France, la dame des terres. Droit est qu'il sentent et esprouvent la desserte de leur orgueil non mie en notre terre, mais en la leur mesme qui de tousjours est subgiete à France et souvent a esté domptée par la force des roys de France et des François. Ce que il taschent à nous faire couvertement et en larrecin, que nous leur rendons aux fers des lances appertement devant tous.» Mais encontre ce disoit l'autre partie des plus saiges barons que on attendist encore tant qu'il fussent entrés ès marches du royaume; et lors quant il ne sauroient où eulx mettre né fouir si leur courroient sus et les détrencheroient cruellement et sans mercy, comme Sarrasins et mescréans. Et

leur charongnes toutes nues habandonneroient aux bestes et aux corbeaux sans avoir sépulture, en remembrance de leur reproche et de leur perdurable honte.

Note 572:
Qui appartient.
C'est seulement le droit de
porter

cette enseigne de Saint-Denis dans les armées du roi de France, qu'avoient les comtes de Vexin, et auquel Louis-le-Gros consentit à succéder, quand le Vexin fut réuni à la couronne. Il ne faut donc pas croire que l'oriflamme ait jamais été la bannière particulière du comté de Vexin; et la preuve, c'est que son cri fut toujours

Montjoie!
château bâti sur la butte de St-Denis.

Note 573:
Bannissement.
Convocation de ban et arrière-ban.

Note 574:
Desdain.
Indignation.

Après commencièrent à ordenner leur batailles au palais mesme, par devant le roy, et coment il iroient et coment seroient au premier conroy. Et ainsi ordonnèrent que ceulx de la contrée de Rains et de Chaalons que l'en estimoit bien à soissante mille ou plus, que à pié que à cheval, feroient la première bataille; et ceulx de Laonnois et de Soissonnois que l'en ne prisoit pas moins feroient la seconde; et la tierce ceulx d'Orléannois et d'Estampois et de Paris et ceulx de la terre de Saint-Denys et de la contrée d'entour qui tous estoient près de mourir et de la contrée deffendre aux espées trenchans, et qui plus y estoient tenus que aultres. Le roy conduist la quarte[575] de ceulx d'entour Paris, et s'en fist ducteur et chevetain le roy mesme pour les conduire et guider. Et dit ainsi: «Avec ceulx,» dist il, «qui sont mes nourris et je le leur, me combatray-je par l'ayde de Dieu et de Saint-Denys, mon seigneur après Dieu.

Car je scay bien qu'il ne me lairoient mie en champ, né mort né vif, entre mes ennemis.»

Note 575:
La quarte.
Suger compte les Parisiens dans la troisième

bataille.

Après ceulx fist la quinte[576] bataille le conte Thibaut de Champaigne, avec son oncle le noble conte Huon de Troyes qui avec le roy Henry d'Angleterre maintenoit la guerre contre le roy Loys, et touteffois estoit-il là venu[577] pour la besongne du royaume contre les estranges nacions. Et le duc d'Acquittaine[578] et le conte de Nevers la sixiesme, et ceulx furent establis en l'avangarde. Après ceulx revint Raoul, le noble conte de Vermendois qui estoit cousin le roy et moult estoit renommé et prisé en armes[579]. Moult amena noble chevalérie de la terre Saint-Quentin appareilliée de toutes manières d'armeures; et à celluy fu livré le dextre costé des batailles, et aux Poictevins[580] le senestre. Après cestuy revint le noble conte de Flandres à tout dix mille chevaliers combatans, et à celluy fu l'arrière garde commandée. Et eust amené trois fois autant de gens qu'il fist, s'il l'éust plus tost sceu. D'autre part vint le duc Guillaume d'Aquitaine et le noble duc de Bretaigne; et Foucques le conte d'Anjou qui tant estoit renommé et prisié aux armes; et à peu qu'il ne mouroient tous de duel de ce qu'il n'avoient eu temps de leurs gens assembler, car le petit terme et la longue voye leur avoit ce tollu à faire.

Note 576:
La quinte.
La quatrième de Suger.

Note 577:
Estoit-il là venu.
«Sur l'adjuration des François.»--Ex adjuratione Franciæ. (Suger.)

Note 578: Le latin dit
de Bourgoigne
.

Note 579: C'est celui dont les poètes ont exalté la gloire, l'audace et la malheureuse fin dans la chanson de geste de
Raoul de Cambrai
.

Note 580:
Poictevins.
Il falloit
Pohiers
, ceux du Ponthieu.

«Pontivos et Ambianenses et Belvacenses in sinistre constitui approbavit.»

XVIII.

ANNEE: 1124.

Coment les barons firent forteresces des chars et des charettes de l'ost, et coment l'empereur et tous les Allemans s'enfuirent quant il sceurent leur hardiesce et leur atirement. Et coment le roy anglois fu seur François en ce point, et coment il fu chacié par la chevalerie du Vouquessin.

Après ce fu ordonné et atiré par grant conseil et par grant pourvéance de nos barons que desoresmais en quelque lieu que ce fust, mais que le lieu fust convenable, il assembleroient aux Allemans; et que les charrios et les charrettes qui amèneroient le vin et l'eaue à nos gens lassés et navrés seroient atirés et mis en ront ainsi comme en un parc, en lieu de chasteau et de forteresse, affin que ceulx qui viendroient de la bataille las et navrés refroidissent illec leur playes et raffrechissent leur corps et estanchaissent leur soif en buvant vin ou eaue ou qui mieulx leur plairoit; et après ce raffrechissement retournassent tantost en l'estour leurs compagnons ayder et conquerre la victoire.

Tantost fu sceu et espandu ce noble atirement qui tant faisoit à redoubler à leur ennemis, et le fier appareil que le roy avoit fait pour son règne deffendre; tant que la renommée en vint à l'empereur qui par faulte de cuer se retira en sa terre, luy et ses grans osts, quant il sceut ceste nouvelle et fist semblant d'aller ailleurs pour sa honte couvrir. Et aima mieulx avoir honte et déshonneur par deffaut de soy et se garentir, que sa personne et son empire mettre en péril né soy habandonner à la vengeance des François qui plus désiroient la guerre que la paix.

Quant François sceurent qu'il leur furent ainsi eschappés, si furent moult courroucés, si que à grant paine furent détenus, par les prières aux évesques et aux archevesques, qu'il n'entrassent en l'empire pour ce que les povres gens n'en fussent destruis.

Quant François s'en furent retournés en leurs pays, à la victoire[581] qui autant valut ou plus comme s'il les eussent desconfis ou gettés de la place, le roy qui tout voloit de joye s'en vint à ses seigneurs et vengeurs Saint-Denys et ses compaignons, en rendant grâces à Dieu et à eulx de l'onneur qu'il luy avoient fait. Et la couronne son père qu'il avoit tenue jusques à ce jour à tort leur rendit incontinent humblement et dévotement. Car bien sachent tous que la couronne aux roys de France est leur par droit, après leur décès, et qui tort leur en fait il mesprent et mesfait envers eulx. Les corps des martyrs qui sur l'autel estoient et avoient tousjours esté, tant comme il avoit esté à celluy ost, à grant luminaire et à grans chans porta le roy à ses espaulles, moult dévotement, à grant plenté de larmes; et leur donna grans dons et grans présens, que en terre que en autres choses, en guerdon de cest honneur et de mains autres qu'il avoit eues par eulx. Et l'empereur d'Allemaigne qui receut celle honte, dès ce jour en après, chéu en grant viltance, né oncques puis ne fina de déchéoir et de venir à déclin et fina honteusement sa vie dedens l'an mesme. Et par ce apparu la sentence vraye des anciens qui dit que nul, né povre né riche, né villain né gentil qui l'églyse ou le règne vueille troubler, n'istra de l'an, sé par occasion de luy convient mettre hors le corps des glorieus sains[582].

Note 581:
A la victoire.
Avec la victoire.

Note 582: On voit, et j'en demande pardon à Suger, que nous sommes au temps de la relation du pseudonyme Turpin,
de vitâ Caroli magni
.

D'aultre part le roy d'Angleterre qui bien sçavoit tout l'atirement et la traïson de l'empereur, et pour ce mesmement que la guerre d'entre luy et le conte Thibaut qu'il avoient emprise contre le roy long-temps devant n'estoit pas encore finée, assembla son ost quant il sceut le règne vuide du roy et de la chevalerie, et s'en vint vers les marches du royaume à moult grant ost. Bien les cuida prendre et mettre à destruction par le deffault du roy et des barons; mais fièrement fu fait ressortir et reculer arrière par un tout seul baron du royaulme; ce fu le bon conte Amaury de

Montfort le bon chevalier et prouvé en bataille, et par la prouesse des Vouquessinois qui pas n'estoient en celluy ost[583], mais estoient demeurés pour le royaume garder. Arrière retourna né au royaume ne fist sé petit non. Et pour ce merveilleux fait ne firent oncques François, grant temps devant, chose où il eussent plus grant honneur, dont France fust mieux renommée. Car en un mesme temps eut victoire de l'empereur d'Allemaigne et du roy d'Angleterre, jà soit ce qu'il ne fust pas présent, et par ce décheut moult et abaissa l'orgueil des ennemis du royaume et en fu la terre plus en paix. Long-temps après ce, les ennemis du royaume à qui la renommée de ces nobles fais estoit venue vindrent à son amour, et firent paix à luy pluseurs, de leur volenté mesme.

Note 583:
Qui pas n'estoient.
Suger ne dit pas cela. «Et strenuitate Vilcassinensis exercitùs repulsus, aut parum aut nihil proficiens, vana spe frustratus retrocessit.»

XIX.

ANNEES: 1124/1126.

Coment l'évesque de Clermont se plaint au roy du conte d'Auvergne, coment le roy conduisit là ses osts, et prist la cité de Clermont et la rendi à l'évesque. Et coment cil méféist de rechief, et coment le roy rassembla plus grant ost et prist le chastel de Montferrant, et coment le conte luy donna ostages de sa volenté faire.

En ce temps avint que l'évesque de Clermont en Auvergne fu contraint à issir de sa terre par les Auvergnas qui de viel et de nouvel ont ceste tesche[584] qu'il sont orgueilleux. Moult estoit celluy évesque saige homme et honnorable et fort deffenseur de saincte églyse. Quant il ne put en avant aller, il s'en fouy en France ainsi comme tout déshérité. Au roy monstra sa complainte tout en plourant et se plaignit du conte d'Auvergne qui sa cité luy avoit tollue et la grant églyse de l'éveschié saisie et garnie, par la malice d'un sien doyen. Pour ce luy prioit, tout estendu devant ses piés, dont il luy grevoit moult, que il luy ramenast à franchise son églyse qui estoit tournée en telle servitude, et mist à mesure par sa force le tirant desmesuré. Et le roy qui tousjours avoit accoustumé à deffendre les églyses emprist dévotement la besongne de l'églyse, jà soit ce que il ne peust estre sans grant ost et sans grant travail. Et quant il vit que ce tirant ne se vouloit chastier, né par mandement né par lettres, si partit à grant ost et s'en alla droit à Bourges. Là s'assemblèrent les barons du royaume fors que[585] le conte d'Anjou. Là vint le duc de Bretaigne et le conte de Nevers, et les autres barons à moult grant chevalerie.

Note 584:
Tesche
. coutume. Suger cite à ce propos le vers de Lucain:

«Avernique ausi Latio se fingere fratres.»

Note 585:
Fors que.
Cela n'est pas dans Suger, qui nomme au contraire Foulques d'Anjou le premier des barons qui se réunirent à Bourges à l'armée du roi.

Quant il furent tous assemblés, si chevauchèrent vers Auvergne, tout entallentés de prendre vengence des forfais de sainte églyse. Et ainsi entrèrent en la terre de leur ennemis tout destruiant devant eulx. Et si comme il approchoient de Clermont, les Auvergnas laissièrent tous les chasteaux des montaignes et se misrent en la cité pour ce qu'il l'avoient trop bien garnie. Et les François qui de leur folie et simplesse se gabèrent, laissièrent à asseoir la cité, pour ce qu'il ne perdissent les chasteaux dont les citoiens gastassent tandis les viandes[586]. Lors tornèrent à un chasteau qui Pons a nom et siet sur l'eau de Hylerin[587]. Entour se logèrent et pourprisrent les plains et les haus tertres et sembloit qu'il voulsissent aller au ciel, pour ce qu'il montoient les montagnes et les puis[588] agus où les bonnes villes estoient. Si ardoient, roboient et prenoient tout à force et amenoient les proyes en l'ost et non mie tant seulement les bestes, mais les hommes bestiaux de la terre[589]. Après drescièrent les engins pour la tour prendre et abattre. Et quant les perrierres et les mangonneaux lancèrent, si commença l'assaut fort et périlleux; et tant y eut de trait getté que ceulx de dedens se rendirent eu la mercy du roy. Ceulx qui la cité tenoient furent moult espoventés de celle nouvelle comme ceulx qui autant ou pis s'attendoient à avoir; si s'en fouirent et laissièrent la cité en la main du roy. Et il rendi tantost l'églyse à Dieu, et au clergié leur droit, et à l'évesque sa cité. Après fist la paix de luy et du conte si qu'il l'asseura par bons hostages. Et atant retourna le roy en France.

Note 586: Cela est mal rendu. Il falloit: Pour laisser les citoyens de Clermont consumer leurs provisions, tandis qu'ils seroient occupés au siège des châteaux.

Note 587:
Pons
, etc. C'est
Pont du Chasteau

, sur l'<
Allier
, à

quelques lieues de Clermont.

Note 588:
Puis.
Tertres, pics.

Note 589: Il falloit:
Les hommes gardiens des bestes.

Entour cinq ans après, avint par la desloyaulté des contes et des Auvergnas qui par nature sont de cuer légier et faux qu'il revelèrent de rechief et prisrent contens contre le devant dit évesque et contre l'églyse. Et pour ce luy convint de rechief aller au roy pour soy complaindre du conte. Et le roy qui eut grant despit de ce qu'il s'estoit travaillié en vain, assembla plus grant ost que devant et entra à grant force en Auvergne. Jà estoit le roy en ce temps moult pesant pour la pesanteur de son corps et par la grossesse de luy. Et sé un autre riche ou povre eust esté aussi pesant comme il estoit et eust peu aussi bien demourer comme il demourast, s'il eust voulu, en nulle manière n'eust chevauchié à tel travail. Contre le désloement[590] de ses barons et de ses amis emprist-il celle voye. Mais il avoit un cuer si fier, si courageux et si entreprenant de grans choses que la chaleur du mois d'aoust et de juignet que les jeunes chevaliers redoubtoient il souffroit trop légèrement par semblant. Et à aucuns trespas de marois le convenoit porter et soustenir entre bras par ses sergens.

Note 590:
Desloement.
Conseil contraire.
Desloer
, c'est

déconseiller.

En celle ost qu'il mena à celle fois estoit Charles le conte de Flandres et le conte de Bretaigne et Foucques le conte d'Anjou et l'ost des Normans tributaires au roy d'Angleterre, et mains autres barons du royaume qui eussent pu souffire à Espaigne conquerre. A tout son riche barnage passa le roy les griefs passaiges de la terre d'Auvergne et les fors chasteaux que il trouvèrent, tant qu'il vindrent à Clermont. Et quant il eut fait assiéger Montferrant, un fort chasteau qui est près de la cité, les chevaliers et ceulx de la garnison qui le chasteau devoient deffendre s'esbahirent tous du merveilleux ost du royaume de France qui moult estoit différent du leur, et furent tous esperdus de la clarté des heaulmes, des escus et de l'autre noble atour qu'il virent resplendir contre le soleil; si que par fine paour n'osèrent tenir le baile dehors le chastel; ains se férirent tous en la tour et en l'açainte d'environ, à grant paine, si comme il povoient mieulx. Tant fu getté le feu par les maistres des engins ès maisons de la garnison qu'il eurent laissiées que tout fu ars et ramené en cendre fors que la tour et le baile d'environ; et convint que l'ost se retirast arrière à ses héberges pour le feu, qui soudainement esprist et embrasa toute la ville, jusques au lendemain que le feu fu estaint. Et quant vint au lendemain le roy ordonna une affaire dont ceulx de dehors furent liés et ceulx de dedens courroucés. Car une partie de l'ost du roy, qui plus près de la tour estoit assise, estoit assaillie trop souvent et par jour et par nuit de grans lancéis de dars et de quarreaux que ceulx de dedens lançoient; si que il convenoit assiduement mettre garnison de gens d'armes entre deux et par dessus tout ce les convenoit-il encore couvrir de leur escus. Pour ce manda le roy au preux conte Amaury de Montfort qu'il leur bastist un agait de bons chevaliers en aucun lieu près d'illec, de leur saillie, si que s'il s'en issoient par adventure il ne peussent pas rentrer dedens sans dommaige de leur gens. Et le preux conte Amaury qui autre chose ne queroit fois soy mesler à eulx s'arma privéement en sa tente et ne sçay quans de ses chevaliers. Et se mirent avant le jour en un agait où il attendirent tant que ceulx du chastel ississent pour hordoyer en l'ost si comme il souloient. Adont saillit de son agait le conte Amaury sur un destrier courant comme cerf en lande, et, ainsi comme le lyon sault à sa proye, les surprinst, tandis comme ceulx de l'ost les faisoient à eulx entendre, une partie en prist et tantost les envoya au roy. Et quant il furent devant luy, prièrent moult que il les prist à rençon telle comme il luy plairoit. Mais il n'en voulut rien faire et commanda que on leur coppast les poings, et ainsi amoignonnés que on les renvoyast arrières à leur compaignons au chasteau. Quant il les virent ainsi atournés, si en furent moult esbahis, né oncques puis n'osèrent issir né faire assalie.

Et quant ce lu fait et que presque toute Auvergne obéissoit au roy sans contredit, que par force que par la demeure qu'il avoit faite, si advint que le duc Guillaume d'Aquitaine survint à tout l'ost des Auvergnas. Et quant il fu monté sur une haulte montaigne pour véoir l'ost de France et pour soy loger, et il le vit si grant et les trefs et les pavillons tendus parmy les grans plaines, si se merveilla moult dont si grant ost venoit et se repentit moult durement de ce qu'il estoit venu ayder aux Auvergnas. Ses messagiers envoya tantost au roy pour paix requerre. Et quant il furent en la présence du roy leur seigneur si parlèrent ainsi: «Sire roy, nostre sire le duc d'Aquitaine te salue moult, comme celuy qui veult ton salut et ton honneur et ta vie; et te mande par nous telles parolles: N'ait pas desdaing ta haultesse de prendre le service au duc Guillaume d'Aquitaine et de luy garder sa droicture; car aussi comme elle requiert service aussi requiert-elle droicture et seigneurie. Sé le conte de Clermont qui de moy tient la conté d'Auvergne que je tiens de vous a riens mesprins vers vostre court, moy qui suys son seigneur le doy présenter en vostre court et advouer par devant vous. Né ce ne refusasmes-nous oncques à faire, et encore le vous offronsnous et requérons que vous ne le refusez. Et affin que vous ne soyez en doubte que nous ne le façons ainsi, nous sommes près de livrer bons ostaiges et souffisans: et sé les pers et les barons du royaume jugent que on le doie ensi faire, si soit fait[591], si esgarderons et attendrons vostre plaisir.» Et sur ce se conseilla le roy à ses barons qui à droit le conseillèrent que il avoit à en prendre foy et seureté de bons ostaiges. Le roy le fist ainsi par le conseil des barons; et par ce mist paix en la terre et aux églyses. Et mist un jour de parlement à Orléans où le duc devoit estre pour faire ce qu'il avoit promis et ce que les Auvergnas avoient refusé jusques alors. Et atant s'en retourna en France.

Note 591:
Si soit fait.
Les termes de Suger sont clairs et sans doute rappeloient une formule de la cour des pairs. «Si sic judicaverint regni optimates, fiat; sin aliter, sicut.» N'est-ce pas là notre *soit fait ainsi qu'il est requis?* Et viendra-t-on encore soutenir que la cour des pairs date seulement de Philippe-Auguste? Certes, d'après notre texte, elle est même antérieure à Louis-le-Gros; ce n'est pas un prince aussi inquiet de son autorité que l'on doit soupçonner d'avoir tant fait pour le gouvernement féodal.

XX.

ANNEES: 1126/1127.

Coment Charles, le conte de Flandres, fu murtri en l'églyse de Bruges par les parens au prévot de l'églyse; et coment le roy vint là et les prist et pendi aux fourches.

L'un des plus nobles fais que le roy fist oncques avons cy proposé à mettre brievement, jà soit ce qu'il conviegne grant loysir au traire, pour la merveilleuse aventure qui avint. Il avint que le noble conte Charles qui fu fils de la seur à l'aieule du roy Loys receut la conté de Flandres après la mort le conte Baudouin, fils le conte Robert[592] qui fu roy de Jhérusalem (si luy escheut par ne sçay quel lignage dont estoit tenu vers le conte Baudouin qui morut sans hoir de son corps, si comme il nous est avis).

Note 592: Voy. plus haut, note 481.

Quant il eut la conté receue, si se contint moult bien et moult noblement et droicturièrement, comme celuy qui bien deffendoit les églyses et estoit large aumosnier et droit justicier. Si avoit fait semondre à sa court ne scay quans riches hommes, riches mais orgueilleux et de bas lignage qui sa seigneurie blasmoient et avoient en despit par leur orgueil; et disoient qu'il avoit saisi à tort la conté comme celluy qui droit hoir n'estoit pas.

A sa semonse ne daignoient venir, ains l'espioient et se pénoient de le prendre en tel point qu'il le péussent occire. Et cil estoit le prévost de Bruges qui prévost estoit de l'églyse, et son lignage qui tous estoient estrais de vilains serfs et de liniée fausse et desloyale. Si advint que celuy noble conte Charles estoit venu à Bruges. Si se leva au matin pour aller à l'églyse Dieu prier, tenant un livre d'oroison en sa main. Et ainsi comme il estoit estendu en oroison dessus le pavement, si avint que Bouchart neveu au devant dit prévost et desloyal meurtrier et plusieurs autres de ce desloyal lignage et compaignons de la traïson vindrent à l'églyse où il avoit fait espier le conte, et vint par derrière si comme le conte estoit acoudé et à genoulx sur le pavement; avant le toucha un petit d'une espée trenchant et acérée toute nue, qu'il eut traite privéement pour ce que le conte dressast un petit la teste et estendist le col, pour luy mieulx assener. Et si comme le conte dressast la teste, le traitre qui son coup avoit entendu lui fist au premier coup voller la teste. Et ainsi le meurtrier occist son seigneur si comme il parloit à Dieu en oroison. Et les autres qui compaignons estoient de la traïson et du meurtre s'esjoyssoient et glorifioient en son sang espandre et en lui despécier. Et pour ce qu'il estoient venus à chief de leur forsennerie démenoient grant joye, car leur iniquité mesmes les avoit aveuglés. Et plus encore faisoient les desloyaulx: car tous les chastelains et les nobles barons le conte qu'il povoient encontrer occioient-il et faisoient mourir de mort trop cruelle;

et mesmement ceulx qu'il trouvoient désarmés et desgarnis.

Quant les murtriers se furent saoullés de sanc humain espandre, si revindrent au conte et l'enterrèrent dedens l'églyse mesme, pour ce qu'il ne fust plus honnorablement enterré né ploré, et que pour sa noblesse et sa glorieuse mort le menu peuple qui tout s'en enrageoit, ne fust encore plus encouragié de luy vengier; et ainsi firent saincte église fosse et repaire de larrons et garnirent l'église et la maison du conte qui au moustier tenoit, et tirèrent et amenèrent tant de garnison et de vitaille comme il peurent pour eux garnir et deffendre, et pour la terre mettre souz eux par force et par orgueil. Les barons de Flandres, qui ceste traïson n'avoient de riens consentie, firent moult grant duel quant il sceurent ce merveilleux et horrible fait, et luy rendirent son obsèque de pleurs et de larmes. Après, le mandèrent au roy qui jà le sçavoit bien par renommée qui en maintes contrées l'avoit jà espandue. Et quant le roy le sceut, si fu moult esmeu pour l'amour de pitié et de justice et pour l'affinité du lignage que le conte avoit à luy: et pour prendre vengence de si mortelle traïson s'en entra en Flandres; né oncques pour parece né pour la guerre qu'il avoit au roy d'Angleterre et au conte Thibaut n'en laissa. Et tout premièrement fist conte de Flandres Guillaume qui avoit esté fils au conte Robert de Normandie et qui depuis fu roy de Jhérusalem; car elle[593] lui appartenoit par droit de héritage, après la mort d'icelluy Charles qui ainsi fu murtri comme vous avez oï; et quant il fu venu à Bruges par moult sauvage terre et estrange, il assiégea les traitres en l'églyse et en la tour qu'il avoient garnie et leur tolli toutes vitailles fors celles qui estoient en leur garnison qui jà estoient malmises et corrompues par la vengeance Nostre-Seigneur.

Note 593:
Elle.
La comté de Flandres. Les droits de Guillaume, d'ailleurs contestés par Thierry d'Alsace, étoient fondés sur l'alliance de son grand oncle Guillaume-le-Conquérant avec Mathilde de Flandres, fille de Baudouin V.

Et quant il les eut jà destrains et justiciés, il laissièrent l'églyse et retindrent la tour pour eulx garantir. Un peu après commencièrent à se désespérer de leurs vies. Lors avint que le desloyal Bouchart s'en fouit et eschappa de léans par le consentement de ses compaignons; en talent[594] avoit de fouir hors du pays, mais il ne put pour son desloyal peché qui l'encombroit. Et en la fin se mist-il en la fermeté d'un sien famillier où il fu entreprins par le commandement du roy: prins fu et amené devant luy et lors lui fu quise[595] une chétive manière de mort pour sa lasse vie finer. Ce fu que il eust les yeux trais et la face toute despéciée, et fust tout trespercié de fleiches et de dars et si fust encore lié tout envers sur une haulte roe et habandonné aux corbeaux et aux aultres oyseaux; et ainsi fina sa doulente vie. Et au dernier, pour vengeance de luy, fu getté en un lieu puant et ort, né oncques n'eut aultre sépulture. Un aultre traitre, qui chief estoit de celle traïson, et Bertoux avoit nom, s'en voulut aussi fouyr; et touteffois combien qu'il allast par le pays à sa volenté, retourna-il au dernier par sa male aventure; et disoit teles paroles par orgueil: «Qui suys-je né qui me osera prendre né que ay-je forfait pour quoy on me doye prendre?» Touteffois fu-il prins par les siens mesmes et présenté au roy, et fu incontinent jugié de telle mort comme il avoit desservie. Pendu fu à une haulte fourche et un mastin en près luy: en telle manière que le mastin li desmachoit et demangeoit tout le visiage; toutes les fois que l'en feroit le chien, il se aïroit et s'en prenoit à luy et le dérompoit tout. Et aucune fois avenoit, ce qui est honte à dire, qu'il le conchioit tout. Ainsi morut le desloyal. Les aultres, qu'il avoit assiégés dedens la tour, contraignit par maintes angoisses tant qu'il les prist et les fist getter jus de la haulte tour l'un après l'aultre, voyant toute leur parenté; et tous se rompirent les cols et espandirent les cervelles. Un en y eut de ce complot qui avoit nom Ysaac, qui se bouta en une abbaye et se fist tondre comme moyne; mais tantost qu'il fu sceu il en fu trais hors et pendu à une fourche.

Note 594:
Talent.

Désir.

Note 595:
Quise.
Cherchée.

Quant le roy eut ainsi fait justice des murtriers, il s'en alla à Ypre le chastel, contre Guillaume le bastard qui ceste traïson avoit pourparlée et bastie, pour prendre vengeance de luy comme des aultres; et celluy Guillaume avoit jà tant fait qu'il avoit alié et atraict à luy par menaces et par losenges ceulx de Bruges. Et si comme le roy approcha d'Ypre, celluy Guillaume vint contre luy à trois cens chevaliers, les heaulmes vestus. Adont se mist une partie des gens le roy en conroy et se tournèrent vers les gens Guillaume et l'autre partie se fery au chasteau par une des portes; et ainsi le prindrent et furent les gens de Guillaume desconfis et prins et menés devant le roy. Et pour ce qu'il avoit tendu à avoir la conté de Flandres par traïson et par murtre, aussi en fu-il déshérité et bouté hors par jugement droicturier. Par ces manières de vengeance fu Flandres toute lavée et ainsi comme baptizée. Et quant le roy eut ainsi mis en la conté de Flandres Guillaume le Normant, si comme vous avez oï, si s'en retourna en France.

XXI.

ANNEE: 1130.

Coment le roy alla assegier Thomas de Malle au chasteau de Couci, et coment le conte Raoul de Vermendois le navra à mort, et coment le desloyal escommenié mourut sans recongnoistre son Sauveur. Et puis, coment le roy prist le chasteau de Livri sus le conte Amaury de Montfort.

Une aultre vengeance auques[596] semblable à ceste fist une aultre fois le roy, dont Dieu luy sceut bon gré, si comme nous cuidons, quant il destruist et attainst soudainement, ainsi comme un tison fumant, un desloyal, Thomas de Malle, qui l'églyse de Dieu grevoit et destruisoit de tout son povoir né ne craignoit né Dieu né homme.

Note 596:
Auques.
Presque.

Par maintes grans plaintes que le roy eut de luy plusieurs fois, fu meu d'aller à Laon pour vengier les églyses du cruel tirant. Là luy fu conseillié et loé des évesques et des barons du royaume et mesmement du conte Raoul de Vermendois, qui après le roy estoit le plus puissant de celle contrée, qu'il mist le siège entour le chasteau de Coucy. Et si comme le roy chevauchoit vers ce chasteau, si luy vindrent à l'encontre les espies qu'il avoit devant envoyés pour espier de quelle part le chasteau estoit plus légier à assiéger, qui pour voir luy firent entendant que ne povoitestre assiégé sé ce n'estoit de trop loing. Lors luy commencièrent plusieurs à desloer et à prendre aultre conseil[597]; et il leur respondit selon la noblesse de son cuer: «A Laon, dist-il, est ce conseil remés; car pour mort né pour vie ne peut estre le conseil changié qui là nous a esté donné: trop en seroit abaissié nostre honneur sé pour un excommenié nous en retournions vaincus.» Itant respondit et puis se mist en la voie, jà soit ce qu'il fust jà moult pesant et moult chargié de chair. Parmy forets et parmy désers sans chemin et sans voie (qui estoient estouppées par ceux de la partie d'icelluy Thomas) se mist, et tant erra deçà et delà qu'il approcha du chasteau à grant travail de luy et de tout son ost. Et quant il en fu bien près, on vint noncier au conte Raoul que l'en avoit basti un grant agait de l'autre part du chemin pour l'ost du roy destourber et desconfire. Tantost s'arma le conte et s'en alla celle part luy et un peu de ses chevaliers, par une voye couverte et occulte. Avant envoya de ses chevaliers et il les suivit tantost à pointe d'esperon; et quant il fu là si trouva jà cellui Thomas chéu et abattu. Tantost luy couru sus l'espée traicte et le navra à mort, et tantost l'eust occis s'il n'eust esté destourbé. Prins fu et à mort navré présenté au roy, et par le conseil de tous et des royaulx et des siens mesmes fu emporté à Laon. Le jour après habandonna le roy sa terre[598] et fist rompre ses estans, et par tant voulut espargner au pays et à la terre dont il tenoit le seigneur. Et quant il[599] fu amené à Laon, si ne voulut accorder, né par menacier, né par blandir né sermoner qu'il voulsist rendre les marchéans qu'il avoit prins au conduit du roy et mis en prison par trop fière traïson; et quant il eut fait venir sa femme par l'ottroy du roy, si faisoit le desloyal plus grant semblant d'estre dolant et courroucié de ce qu'il luy demandoit les marchéans que de ce qu'il se mouroit. Et quant il approcha de la mort, pour la douleur de ses playes qui par trop le destraignoient, si luy conseillèrent plusieurs qu'il se fist confesser et qu'il receust son Sauveur, lequel moult envis leur ottroya; et tout ainsi comme le précieux corps de Jhésuchrist fu apporté dedens la chambre où le chétif gisoit, si advint, ainsi comme sé Nostre-Seigneur Jhésucrist ne voulsist entrer au corps de ce chétif vaissel, si tost comme le felon leva le chief, tantost cheut arrière le col brisé tout mort; et ainsi rendi l'esperit sans recevoir le vray corps Nostre-Seigneur Jhésucrist.

Note 597: Cette traduction est embarrassée. Suger est plus net: «Festinante autem rege ad castrum, quum qui missi fuerant opportunum explorare accessum, importunum omnino et inaccessibile renunciassent, et à multis angariaretur, juxta audita, consilium mutare debere; rex ipsa indignatus animositate:
Lauduni

, inquil, etc.»

Note 598: Le texte de Suger offre ici quelques difficultés. «Publicata terra plana ejus, ruptisque stagnis, quia dominum terræ habebat terræ parcens, etc.» M. Guizot traduit: «Les champs qu'il possédoit furent vendus au profit du fisc, on rompit ses étangs, etc.» Ne seroit-ce pas plutôt:
Ce que Thomas possédoit dans la plaine fut confisqué?
Et quant aux étangs, ne s'agiroit-il pas des eaux que Thomas auroit fait couler de la rivière dans les plaines, pour embarrasser la marche du roi?

Note 599:
Il.
Thomas de Marle.

Le roy, qui plus ne voulut déchacier né le mort né sa terre, osta les marchéans de la main à la dame et de ses fils, et prist grant partie de ses trésors; et mist paix au pays et aux églyses par la mort au tirant, et puis retourna à Paris.

Une aultre fois avint que un grant contens sourdi entre le roy et Amaury de Montfort, par la hayne Estienne le Gallendois, pour la raison de la séneschaucie de France; et combien que le conte eust grant ayde et grant secours du roy Henry d'Angleterre et du conte Thibaut, si ne laissa-il aincques qu'il n'allast assiéger le chasteau de Livry; et tant y fist lancier pierres et mangonneaux, qu'il le prist par force et l'abattit à terre jusques aux fondemens. Là eut le conte Raoul de Vermendois l'ueil crevé d'un quarreau, à un assault où il se portoit moult vaillamment; et tant les mena par force de guerre, qu'il lui quittèrent la séneschaucie et l'éritaige qui y appartenoit.

En celle guerre meisme fut le roy durement navré d'un quarreau, parmy la cuisse; comme celuy qui tousjours fu prest et alègre de sa main à courre sus ses ennemis; et combien qu'il fust trop durement blessié si s'en déportoit-il moult bien, et par trop grant vigueur souffroit et prisoit peu sa playe.

XXII.

ANNEE: 1130.

Du descort de l'églyse de Rome par l'eslection de deux apostoles; desquels l'un, qui Innocent fu appelé, s'en vint en France, et le roy le reçut honnorablement, et à l'exemple de luy, l'empereur et plusieurs autres princes. Et coment il célébra la Résurrection à Saint-Denys.

En ce point avint que l'églyse de Rome fu en grant trouble par un descort qui sourdi entre les cardinaux. Car il avint que l'apostole Honnoré trespassa de ce siècle; et les plus saiges et les plus preudommes de la court de Rome s'accordèrent à ce qu'il s'assembleroient à Saint-Marc et non mie ailleurs; et pour oster toute noise et tout trouble esliroient et

feroient commune élection, si comme il est de coustume en l'églyse de Rome.
Et ces preudommes estoient ceux qui plus privés et plus familliers avoient esté de l'apostole. Et avant que son trespassement fust publié né manifesté esleurent une honorable personne: ce fu Grégoire, diacre cardinal de l'églyse de Rome. Et les autres qui la partie Pierre Léon soustenoient s'assemblèrent ailleurs[600] et les aultres semondrent d'assembler avec eux, par le commun accord qu'il avoient entre eulx mis. Et quant il sceurent le décès du pape, si esleurent Pierre Léon, un prestre cardinal, par l'assentement du plus des cardinaulx, des évesques et des haux hommes

de Rome. Et ainsi par ce cisme qui entre eux sourdit decoppèrent la robe sans cousture de Nostre-Seigneur Jhésucrist et firent partison de saincte églyse qui est une mesme chose en Dieu.

Note 600:
Ailleurs.
Suger dit au contraire que ce fut dans

Saint-Marc, suivant la convention précédente. «Apud S. Marcum pro pacto alios imitantes, convenerant.»

Et tandis comme chascun se deffendoit, les uns admonestoient les aultres et enlaçoieut, et les autres excommunioient comme ceux qui jugement n'attendoient fors le leur. Quant le devant dit Grégoire, qui Innocent fu appellé, vit que la partie Pierre Léon surmontoit la sienne, par la force de son grant lignage et par l'ayde des Romains, si ordonna à issir de la cité, pour ce qu'il peust mieulx avoir ayde à conquerre la seigneurie de tout le monde après Dieu. Et ainsi s'en vint par navie vers la terre de France pour avoir ayde et refuge au noble royaume de France. Avant envoya
ses messages au roy Loys et lui requist son ayde et secours et à sa personne et à l'églyse de Rome. Et le roy, qui tousjours fu ententif et dévost à saincte églyse deffendre, assembla tantost un concile d'évesques, d'archevesques, d'abbés et d'autres religieux. Là enchercha et enquist de la personne et de l'élection; car maintes fois avient que l'élection de

l'églyse de Rome est moins ordonnéement faite qu'elle ne devroit, pour le tumulte et le triboul des Romains. Et lors le roy, par le conseil du concile, s'assenti à l'élection et promist à la maintenir et deffendre.

Quant ce fu fait si envoya à luy ses messages à l'abbaye de Clugny et par eux luy offri soy, son royaume et son conseil. Et quant il sceut qu'il approchoit, si luy alla à l'encontre jusques à Saint-Julien-sur-Loire[601], avec luy, sa femme et ses enfans. Et quant il vint à luy, si luy alla au pié, son chef dénué[602] qui tant de fois avoit esté couronné et s'enclina aussi doulcement comme il eust fait au sépulcre Saint-Pierre duquel il estoit vicaire, et luy promist de rechief soy et son règne et son conseil, de bon cuer et de loyal.

Note 601:
Saint-Julien.
Il falloit:
Saint-Benoît
, avec Suger.

Note 602:
Denué.
Découvert.

A l'exemple de luy vint aussi à l'encontre de luy jusques à Chartres le roy d'Angleterre. Lequel enclin à ses piés luy offrit aussi son service et son règne. Ainsi s'en alla jusques en Lorraine visitant l'églyse de France. Au Liège luy vint à l'encontre l'empereur Henry à grant tourbe d'archevesques, d'évesques, d'abbés et de barons d'Allemaigne, et descendi humblement devant la grant églyse et luy vint à l'encontre tout à pie parmy la saincte procession en guise de varlet. En l'une des mains tenoit une verge ainsi comme pour le deffendre, et en l'autre main tenoit le frain du blanc cheval sur quoy l'apostole séoit; et ainsi le mena et conduit comme son seigneur. Et puis qu'il fu descendu le porta en soustenant tant comme la procession dura, et pour ce manifesta aux privés et aux estranges la haultesse qui en luy estoit.

Après ce, quant l'apostole eut confermée paix entre l'églyse de Rome et l'empire, si luy pleut à retourner en France et tenir court en l'églyse Saint-Denys, comme en sa propre fille, à la Pasque qui approchoit. Là fu receu à procession deux jours devant la cène et moult fist-on grant joye de sa venue. Léans célébra la sollennité de Pasques.

Mais cy voulons-nous racompter coment et en quelle manière il vint à l'églyse. Entour luy estoient ceulx de sa privée mesnie, comme chambellans, clercs et chapellains qui l'eurent appareillé à la guise de Rome et luy avoient mis au chief sa mitre avironnée d'un cercle d'or, et l'avoient vestu d'un moult riche ornement. Et ainsi paré l'amenèrent sur un cheval couvert d'une couverture blanche et vindrent chevauchant deux à deux devant

luy aussi comme à procession. Et les barons fievés de l'églyse et les chastellains le menoient et conduisoient à pié, comme noble sergent, parmy le frain, et les autres alloient à pié devant qui gettoient grans poignées d'argent et grant plenté de monnoye, pour la grant tourbe du peuple departir. Le chemin resplendissoit tout de parement et de draps de soye et de pailes qui estoient pourtendus aux lances et aux perches que on avoit fichées en terre: avec la chevalerie et le grant peuple qui là assembla y acouru la synagogue des Juifs de Paris; et apportèrent avec eux leurs rolles où les dix commandemens de la loy sont escris. Et quant il les vit, si dist de la pitié qu'il eut d'eux telles parolles: «Dieu tout puissant, oste de vos cuers par vous sa pitié la couverture qui goutte ne laisse véoir[603].» Ainsi s'en vint en l'églyse des corps sains qui resplendissoit toutes de couronnes d'or et d'autres riches paremens. Et lors en remembrance et en signifiance du vray aignel, célébra le sacrement du vray corps Nostre-Seigneur. Quant la messe et le service furent chantés, si allèrent mengier et furent les tables mises parmy le cloistre. Là furent servis de divers mez largement et moult honnorablement, pour l'onneur de luy et de la haulte feste. Trois jours après le jour de Pasques se départi de l'églyse, à grant grace et à grant promesses de son conseil et de son ayde. Ainsi s'en alla par Paris visitant les églyses de France et relevant sa disete et sa povreté de leur trésors et de leur richesses. Et quant il eut esté et visité là par terre tant comme il voulut, si luy pleut à demourer à Compiègne.

Note 603: Voici un exemple de tolérance et de charité qui ne pourroit être aujourd'hui surpassé. «Ab ore ejus hanc misericordiæ et pietatis obtinet supplicationem:
auferat Deus omnipotens velamen à cordibus vestris!
»

XXIII.

ANNEE: 1131.

Coment Phelippe, l'ainsné fils le roy, fu mort à Paris par un pourcel. Et coment le roy fist coroner son autre fils Loys a Rains. Après, de la pesanteur le roy et de la fierté de son cuer. Après, coment il destruist le chastel de Saint-Briçon, pour la roberie du seigneur.

En ce point avint une meschéance qui oncques n'avoit esté oïe au royaume de

France. Phelippe l'ainsné fils du roy chevauchoit un jour en une rue dehors

les murs de Paris avec sa compaingnie. Si luy vint à l'encontre un déable

de porc, par quoy son cheval s'eschauffa par dure destinée; chéoir le fist

sur une dure roche si que tout fu défoulé et acoré[604], du pié du cheval.

Si fu trop grant douleur, car il estoit damoyseau de trop grant beaulté et

entachié de toutes bonnes meurs, confort et espérance aux bons et crainte

et paour aux mauvais. Pour ceste meschéance fu toute la cité et tous ceux

qui là estoient ainsi comme mors et abattus.

Note 604:
Acoré.
C'est-à-dire il eut le cœur brisé.

A ce jour que ce avint avoit le roy son père semont ses osts pour ostoier.

Tous crioient et urloient pour la douleur qu'il avoient du tendre damoysel;

lors le prirent ceux qui près estoient, et estoit jà près que tout mort, et l'emportèrent en la plus prochaine maison d'illec; si morut ainsi comme à la mienuyt. Le deul et la douleur que le père et la mère et les barons menoient ne pourroit nul racompter né retraire. Porté fu en l'églyse Saint-Denys en la sépulture aux roys, à grant compaignie d'archevesques, d'évesques et de barons. Et fu enterré comme roy moult honnorablement en la
sénestre partie de l'autel de la Trinité. Et son père qui trop estoit de grant sens et de grant confort, après le grant deul qu'il avoit eu, receupt le conseil et le confort de ses amis; après luy conseillèrent ses privés amys qu'il fist couronner et enoindre de saincte onction Loys son beau fils et le fist en son vivant compaignon de son règne, pour plus plaissier ses ennemis et abaissier les envieux et mesmement pour la foiblesse de son corps qui tant avoit esté péné et travaillié et débrisié pour les longues guerres, dont il estoit si malade devenu que ses privés amis estoient en grant doubte de le perdre soudainement. Au conseil de ses amis ouvra le roy, à Rains fist assembler ses barons; son fils Loys et sa femme la royne mena en ce général concile que pape Innocent y avoit fait assembler. Là fist son fils enoindre et couronner, et sembla bien à aucuns que son povoir et sa seigneurie en deust accroistre et multiplier, pour ce que il receut illec la bénédiction de tant d'archevesques et d'évesques que de France que d'Espaigne que de Lorraine que d'Angleterre.

Après ce que le roy fu presque allégié du deul de son fils mort, pour la joye du vif, et il s'en fu revenu à Paris, le pape Innocent esleut à demourer en la cité d'Aucerre pour faire illec son estaige et sa demeure. Mais après ce eut occasion de retourner à Rome, pour le conduit l'empereur Lothaire qui luy avoit promis qu'il le conduiroit à Rome à force et qu'il déposeroit Pierre Léon.

Et quant il furent là allés ensemble et il eut couronné l'empereur, si ne peut oncques avoir paix durant la vie dudit pape Léon pour le contredit de Romains. Mais quant il fu mort si revint saincte églyse en paix, après les grans adversités et les grans tribulacions qu'elle avoit si longuement souffert qui trop longuement l'avoient travailliée et dégastée. Et l'apostole qui longuement avoit esté travaillié, séist en son siège qu'il amenda moult et ennobli, par mérite d'office et par honnesteté de bonne vie.

Jà estoit le roy Loys moult affoibly et débrisié pour la pesanteur et pour le fais de son corps, et pour les grans travaus qu'il avoit longuement souffers et pour les longues guerres qu'il avoit menées; et défailloit jà moult du corps et non mie de cuer. Car de si grant noblesse et de si grant cuer estoit en l'aage de soixante ans, que pour rien il ne souffrist chose qui luy tournast à déshonneur né au déshéritement de son règne. Et sé la grosseur et la pesanteur ne l'eust empeschié, assez plus légièrement eust surmonté ses ennemis. Et pour ce qu'il se sentoit agregié[605] se plaignoit-il souvent, et disoit telles parolles: «Las comme sommes de fèble nature et chétive qui oncques ne povons avoir nul scavoir et povoir ensemble. Sé je eusse sceu en ma jeunesse ce que je scay et peusse ores ainsi comme je povois lors, je conquisse grans terres et grans règnes[606]»

Note 605:
Agrégié.
Appesanti.

Note 606: On retrouve ici le proverbe:
Si jeunesse savoit et
vieillesse pouvoit.
«Si enim juvenis scissem, aut modo senex

possem.»

En celle mesme foiblesse, où il gisoit presque du tout au lit, se maintenoit-il si fièrement et si vertueusement qu'il contrestoit au roy d'Angleterre et au conte Thibaut qui toute sa vie le guerroièrent, et à tous ses aultres ennemis: si que tous ceux qui le véoient et oyoient parler de ses merveilleux fais louoient sa grant valleur et sa grant noblesse de cuer et ploroient la foiblesse de son corps. En celle mesme angoisse et si blessié comme il estoit en la cuisse que à paine se povoit il porter, alla contre le conte Thibaut au chasteau de Bonneval[607], qu'il fist ardoir, fors que le cloistre aux moynes qu'il commanda à garder. Après il destruist aussi Chasteau-Renart[608] qui mouvoit aussi du conte Thibaut. Et ce fist-il faire par ses gens et par ses barons, car il n'y povoit estre présent pour sa maladie.

Note 607:
Bonneval.
Aujourd'hui ville du diocèse de Chartres, à quatre lieues de Chateaudun.

Note 608:
Chasteau-Renart
, dans le Gâtinois, à quatre lieues de Montargis.

Après ce un peu de temps, mena-il le dernier ost qu'il put oncques mener à St-Briçon-sur-Loire[609]. Le chasteau ardit et destruist et prinst la tour et le seigneur pour sa roberie et pour ce qu'il brisoit les chemins et desroboit les marchéans. Si comme il fu retourné de cest ost, luy prist une maladie au neuf chasteau de Montrichier[610] et une menoison[611] forte dont il estoit coustumier. Et celluy qui trop estoit de hault conseil et de grant pourvéance commença à mettre conseil en soy-mesme pour son ame, car souvent estoit en oroison. Et une seule chose désiroit en son cuer, c'estoit qu'il péust estre apporté aux glorieux martirs Saint-Denys et ses compaignons, ses maistres et ses seigneurs; car son intencion estoit qu'il se desmist en leur présence de la couronne et du règne et des royaulx garnemens, et prist l'abit Saint-Benoist et devinst moyne de léans. Si peuvent regarder ceulx qui seullent blasmer la povreté de religion[612] coment les archevesques et les évesques s'en fuient à la deffence et à la seurté de religion qui meine et conduit ceulx qui tenir la veullent à la vie perdurable[613].

Note 609:
Saint-Briçon
ou
Saint-Brisson
, village du Gâtinois, à

une lieue de Gyen.

Note 610:
Montrichier.
Montrichard; ou peut-être
Trechier
,

village du Vendomois. Suger l'appelle
Monstrecherius
.

Note 611:
Menoison.
Dyssenterie, diarrhée.

Note 612:
Religion.
Etat monastique.

Note 613 La phrase de Suger n'est pas rendue: «Videant qui monasticæ paupertati derogant, quomodò non solum archiepiscopi, sed et ipsi reges, transitoriæ vitam æternam præferentes, ad singularem monastici ordinis tutelam securissimè confugiunt.»

XXIV.

ANNEE: 1137.

De la confession le roy et coment il s'appareilla à son trespassement. Et puis après, parle de ses lez. Et coment il se maintint vertueusement en sa glorieuse confession, au recevoir son Sauveur.

En ceste manière estoit le roy troublé de jour en jour, et buvoit tant de manières de beuverages et de poudres par les phisiciens et par les mires que trop le travailloient si que c'estoit merveille comme il le povoit souffrir. Car néis les sains et les vertueux ne l'eussent peu endurer. Et entre ces angoisses et ces destresses estoit-il moult doulx et amiable à tous par sa débonnaire nature, comme celuy qui à tous faisoit beau samblant

et les recevoit tout aussi comme s'il ne sentist nul mal.

Et quant il se senti si attaint et si affoibly de celle maladie, si eut desdaing de mourir vilement et soudainement ainsi comme mains hommes font.

Si assembla les religieux hommes de son royaulme, archevesques, évesques, abbés et mains aultres prélas de saincte église et leur requist à estre confés pour la révérence de la divinité et pour l'amour aux sains angles, tout en appert, mise arrière toute honte et toute vergoigne. Et se voulut garnir du corps et du précieux sang Jhésucrist. Et si comme il se hastoient de ce faire, le roy se leva soudainement et s'appareilla et vesti, et yssi de la chambre où il gisoit, dont il se merveillèrent tous. Et vint moult doulcement contre le précieux corps Jhésucrist, voyans tous clercs et lays, et se desvesti du règne en confessant et en régéhyssant que mauvaisement l'avoit gouverné. Et après revesti son fils Loys de l'annel, et luy commanda illec et le conjura, sur sa foy et sur son serment, qu'il gardast et deffendist de son povoir toute sa vie saincte églyse et luy gardast sa roicture, et deffendist les povres gens et les orphelins et gardast à chacun son droit. Et qu'il ne prist nul homme en sa court s'il ne forfaisoit illec présentement[614].

Note 614: «Neminem in curiâ suâ capere, si non præsentialiter ibidem delinquat.»

Après départi tout son trésor aux églyses et aux povres gens, et toute sa vaissellemente d'or et d'argent et toutes ses coutes pointes et son riche atour de ses garde-robes et tout son meuble et quanqu'il avoit, pour l'amour de Dieu; né oncques rien n'y laissa, né ses riches manteaux né ses riches garnemens jusques à la chemise, qu'il ne départist. En ses lais qu'il faisoit ainsi, n'oublia pas ses seigneurs les martirs glorieux et ses compaignons; mais leur donna sa riche chappelle, c'est assavoir son précieux texte d'or et de pierres précieuses[615], un encensier d'or de quarante onces, et les chandelliers de fin or, du poids de cent et soixante onces, et une précieuse jacinte qui avoit esté à son ayolle la royne de Roussie qu'il bailla de sa propre main à l'abbé Sugier qui là estoit présent et luy commanda qu'elle fust mise et assise en la précieuse couronne des saintes espines. Ces choses envoya à l'églyse par celluy Sugier qui son clerc estoit et l'avoit nourri; et promist qu'il iroit là au plus tost qu'il pourrait.

Note 615: «Textum preciosissimum auro et gemmis.» J'ai déjà dit que
le mot
texte
s'appliquoit à tous les livres saints recouverts de

lames d'ivoire ou de métal.

Et quant il se fu ainsi déchargié de tout quanqu'il avoit au monde, comme celluy qui de la grace de Dieu estoit enluminé, si s'agenouilla très-dévotement devant son Sauveur que celluy qui présentement avoit la messe chantée lui avoit apporté à procession. Et quant il se fu agenouillé, si commença à dire parolle de vray confession comme vray crestien de cuer et de corps, et dit telles parolles non mie comme lay mais comme tres saige devin[616] en regehissant sa créance.

Note 616: «Non tanqam illitteratus, sed tanqam litteratissimus
theologus erumpit » (Suger.)--
Regehissant

, confessant.

«Je pécheur Loys, regehis de vray cuer et croy en Dieu le Père, le Fis et le Saint Esperit, en trois personnes un seul Dieu, et Nostre-Seigneur Jhésucrist croy fils de Dieu le père, égal en toutes choses à luy, qui pour le salut des ames descendi du ciel, par l'ordonnement de Dieu le père et s'enombra au sacré ventre de la vierge Marie, où il prist vraye chair et vraye forme d'homme, et qui en celle chair mesme mourut selon l'umanité, en la sainte vraye croix, pour les hommes délivrer de la mort d'enfer, qui fu au sépulcre mis dont il ressuscita au tiers jour; et monta ès cieulx où il siet à la dextre de Dieu le père et qui vendra au grant jugement, au dernier jour du siècle, jugier les mors et les vifs: yceste précieuse hostie du vray corps de Dieu croy-je estre ycetui précieux corps qu'il prist au ventre de la vierge Marie, et qu'il donna à ses disciples en la cène, pour quoi il fissent une mesme chose en luy, et qu'il vesquissent en luy. Et croy icelui vin ce mesme sang glorieux qui de son costé decourut en la vraye croix sans nul doubte, et le confesse de cuer et de bouche: et par ce hault viaticque croy-je que mon ame sera garnie et deffendue, quant elle sera issue de mon corps, de la puissance des deables.»

XXV.

ANNEE: 1137.

Coment il s'en vint à quelque paine à Saint-Denys pour graces rendre aux martirs. Et puis, coment il envoia son fils Loys en Aquitaine pour espouser la fille le duc qui mort estoit, et pour la terre saisir. Et puis parle de son glorieux trespassement et de sa sépulture.

Après ce qu'il eut ainsi dictée la confession devant tous qui moult se merveilloient de sa repentance, et il eut receu son Sauveur, si s'en retourna en la chambre où il gisoit et fu ainsi comme s'il retournast à garison; et se coucha sur une coute de lin et eut mis jus tout boban et tout orgueil séculier. Et quant il apperceut que l'abbé Sugier, (qui tousjours avoit esté son nourry), pleuroit de si grant si petit et si humble[617], se tourna devers luy, et luy dist: «Beau chier amy, ne plourés mie pour moy; mais faites feste de ce que la miséricorde Nostre-Seigneur m'a donné povoir, si comme vous povez véoir, de me appareiller contre sa venue.» Après ce allégea un petit et puis s'en vint si comme il put à Meleun; moult eut grans tourbes de gens après luy qui le suivoient et qui contre luy venoient des villes, des chasteaux et des charrues, qui courroient à luy emmy les champs et plouroient tendrement pour l'amour qu'il avoient à luy et pour la paix que il leur avoit tousjours gardée et tenue; et s'en vint à Saint-Denys pour visiter les glorieux martyrs à grant dévocion. Là fu receu du couvent et presque de tous ceulx de la terre qui là s'estoient assemblés contre sa venue; moult débonnairement le receurent tous, comme le débonnaire deffendeur de l'églyse et du royaume: devant les corps saints descendit dévotement et leur rendi graces et mercy, en plourant, des biens et des honneurs et des victoires qu'il avoit tousjours eues, et leur prioit que désoresmais il eussent le royaume en leur pourvéance. Et si comme il fu départi de l'églyse et il fu venu à Bethisy[618], si vindrent à luy les messagiers au duc Guillaume d'Acquitaine, qui luy noncièrent que le duc estoit mort en pellerinage en la voye de saint Jacques, et avant qu'il se mist au chemin il avoit laissiée sa terre à une sienne fille à marier qui avoit nom Alienor. Lors se conseilla à ses princes et receut la terre et la fille et la promist à donner à Loys son fils. Dont commença à faire appareil et à envoyer là, et fist semondre jusques à cinq cens chevaliers et plus, tous les meilleurs de son royaume et fist d'eulx seigneur et connestable le noble conte Thibaut, et son cousin le vaillant conte Raoul de Vermendois et l'abbé Sugier de Saint-Denis ettous ceulx de son conseil où il se fioit le plus. Et les baisa tous et son fils Loys; et luy dist au départir telles parolles: «Beau très-chier fils, la dextre de Dieu, par qui les roys règnent, vous ait en sa sainte garde! car sé je vous perdoye et ceux qui avec vous sont par aucune meschéance, je ne priseroie rien né moy né chose qui soit au royaulme.» Grant plenté de ses trésors luy fist livrer entrevoyes, affin qu'il n'eussent raison de rien tollir né de rappiner aux bonnes gens et qu'il ne fist de ses amis ses ennemis. Tout ce luy commanda à faire et que la chevalerie qu'il luy avoit baillée vesquit du sien toute la voye. Atant se misrent au chemin et passèrent parmy Limosin; et quant il furent ès marches de Bourdeaux, si tendirent leurs pavillons devant la cité, si que le fleuve de Gironde estoit entre eulx deux, et furent illec tant qu'il passèrent à nefs jusques à la cité. Là attendirent jusques au dimenche que les barons de Gascongne et de Poictou furent assemblés.

Note 617: «Cumque eum de tanto tantillum, et de tam alto tam humilem, humano more, me deflere conspiceretur....»

Note 618:
Bethisy
, en Picardie, à deux lieues du Crépy. On reconnoît encore les restes de l'ancien château.

Quant il furent venus, le jeune Loys espousa la demoiselle Alienor en leur présence et la fist couronner de la couronne du royaulme de France; après s'en retournèrent par la terre de Saintes en destruisant leur ennemis et ceux qu'il trouvèrent; ainsi vindrent jusques à Poitiers à la joye de tous ceux de la terre. Grant chaleur faisoit en ce temps, pour quoy il furent plus retardés de venir.

Le roy Loys, qui à Paris estoit, commença moult à empirier et du tout à deffaillir de sa maladie qui le rassailli pour la grant chaleur qu'il faisoit, né oncques pour la maladie ne fu moins pourveu de soy. Car tantost comme il se sentit ainsi agrégié, il manda Estienne, l'évesque de Paris, et Gildon, l'abbé de Saint-Victor, à qui il se confessoit plus privéement et le plus souvent pour ce qu'il avoit l'abbaye fondée et faicte dès les fondemens. Adont se confessa de rechief et regarni l'issue de sa vie pour recevoir le vray corps Jhésucrist. Après commanda que il fust porté à l'églyse des martirs, pour rendre son veu qu'il avoit voué et de cuer et de bouche; mais pour ce que sa maladie luy agrégea si durement, il accomplit son veu de cuer et de volenté. Lors commanda à estendre un tapis par terre et espandre par-dessus cendre en croix, et puis fu couché dessus par les mains de ses gens qui se occioient de deul. Après seigna et garny son front et son pis du signe de la saincte croix; et ainsi rendi l'ame à son Créateur dignement et sainctement, après qu'il eut régné trente ans et de son aage entour soixante ans; le premier jour d'aoust trespassa en l'an de l'Incarnacion mil cent trente-sept.

Quant le corps de luy fu lavé et ensevely honnestement, si comme il appartenoit à tel prince, si le misrent en riches dras de soye et l'emportèrent en l'églyse Saint-Denys pour l'enterrer. Si y avoit jà devant esleu sa sépulture. Si avint une chose qui pas ne fait à oublier: car celluy noble roy dont nous parlons avoit maintes fois tenu parolles de la sépulture aux roys, quant il parloit privéement à ses gens et souloit dire entre ses autres parolles que celluy seroit beneuré qui pourroit avoir sépulture entre l'autel de la Trinité et l'autel des Martirs et des autres corps sains qui léans sont; car par la prière aux pelerins et aux passans auroit de léger pardon de ses péchés; et pour ces parolles leur monstroit-il la volenté de son cuer et désiroit à estre illec enterré. Et avant que l'abbé Sugier allast avec son fils Loys en Acquitaine, avoit-il jà pourveu où il gerroit, entre luy et le prieur Hervy de celle églyse, et c'estoit devant l'autel de la Trinité contre la sépulture Charles-le-Chauve, l'autel entre deux. Mais celluy lieu fu si estroit et fu trouvé si encombré de la sépulture du roy Charles, que ce ne put estre fait qu'il avoit proposé à faire, car il n'est né droit né coustume de remuer né desherbergier les roys né les empereurs de là où il ont esleues leur sépultures.

Après ce firent essaier, oultre la cuidance de tous, où il avoit convoitié à estre mis, si comme il avoient plusieurs fois entendu à ses parolles: et cuidoient bien que celluy lieu fust empeschié d'aucun roy ou d'aucun hault prince. Mais ceulx qui cerchèrent trouvèrent autant de lieu vuyde, né plus né moins comme il convenoit, aussi comme sé l'en l'eust proprement fait pour luy. Là fu mis et enterré dévotement à grans oroisons et à grans obsèques, où il attend la compagnie de la commune résurrection des sains. Et de tant est-il plus prochain en esperit en la compaignie des sains, comme il est plus près en terre de corps des martirs, en attente d'avoir leur ayde; duquel l'ame dévote par les mérites aux sains peut estre mise en la joye de paradis, pour le mérite de la passion Jhésucrist qui mist son ame et son corps en la croix pour le salut du siècle, et qui vit et règne sans fin par tous les siècles des siècles. Amen.

Ci fenist la via et les fais du gros roy Loys.

CI COMENCENT LES FAIS LE ROY LOYS, PÈRE AU ROY PHELIPPE.

I.

ANNEE: 1137.

Coment le jeune roy Loys vint d'Aquitaine à Paris pour ordener le royaume et sainte églyse, après le décès de son père. Et coment tout le royaume se tint bien apayé de luy.

[619]Dès ores mais, puis que nous nous sommes acquittés de retraire en françois la vie et les fais du bon roy Loys-le-Gros, qui tante paine souffri en son temps et tantes batailles fourni contre ses ennemis, et tant de durs assaux souffri pour son règne deffendre, si nous convient entendre à poursuivre les fais de son bon fils le roy Loys, celuy qui, par la divine inspiration, fonda l'abbaye de Saint-Port, qui ores est appellée Barbéel[620], où il repose corporellement.

Note 619: Les *Chroniques de Saint-Denis* présentent, pour la vie de

Louis-le-Jeune, le texte traduit du latin des *Gesta Ludovici regis, filii Ludovici Grossi*, que je crois pouvoir attribuer à Suger, contre l'opinion de dom Brial, des auteurs de l'histoire littéraire et de M. Guizot. Les passages évidemment écrits après la mort de Suger peuvent être considérés comme autant d'interpolations.

Note 620: L'abbaye de *Barbeaux* fut construite en 1164, non pas sur

l'emplacement de *Saint-Port*, mais à trois lieues au-dessus.

Louis VII, qui d'abord avoit choisi *Saint-Port*, en 1147, consentit

ensuite à la translation de l'abbaye bénédictine à Barbelle ou

Barbeaux. L'auteur de ses *Gestes* dit que le mausolée de Louis VII

étoit *mirifici operis* ; il fut brisé dans le temps des guerres de

religion. Le cardinal de Furstemberg l'avoit fait rétablir dans le

XVIIème siècle; mais sans doute il fut de nouveau brisé en 1792.

Atant commencerons l'istoire qui dit ainsi, que le jeune roy Loys, qui au

temps son père eut esté couronné, si comme l'istoire a ci-dessus compté,

sceust assez tost par plusieurs messagiers le trespassement de son père;

après que il eut oï ces nouvelles et il eut garnie la duché d'Acquitaine

par le conseil de ses barons, si se hasta de revenir vers son royaume pour

désavancier les roberies et les guerres qui légièrement soulent sourdre ès

deviemens des roys; et s'en vint hastivement jusques à Orléans. Là appaisa

l'orgueil et la forsennerie d'aucuns musars de la cité qui pour la raison

de la commune faisoient semblant de soy reveler et descier contre la couronne. Mais moult en y eut de ceux qui chier le comparèrent. D'Orléans s'en vint à Paris, qui est siège royal; car là souloient les anciens faire leur assemblées et leur parlemens, pour traicter de l'ordonnance du royaume et de l'églyse, si comme l'en trouve ès anciennes histoires. Et ce nouveau roy le fist ainsi, selon ce que le temps et son nouvel aage le requerroient. Tout le royaume se tenoit à bien payé de ce qu'il avoient tel remanant de son bon seigneur le bon roy Loys-le-Gros, et tel qui les preudhommes soustendroit et norriroit, et les mauvais felons abattroit et destruiroit; et de tant avoient-il plus grant joie et plus grant délit de ce qu'il avoient droit hoir, pour le royaume gouverner de quoy paix et honneur leur venoit, quant il regardoient l'empire de Rome et le royaume des Anglois qui pour deffaut de droit hoir avoient receu moult grant dommaige et maint grant destourbier et qui estoient ainsi comme decheus de
leur noble estat, au temps de lors. Car vérité fu que après la mort l'empereur Henry qui morut sans hoir, vint un grant contens en la grant court qui fut tenue à Mayence, où il eut, si comme l'en tesmoigne, près de soixante mille hommes que chevaliers que autres[621]. Par ce que Ferry le duc d'Allemaigne qui nepveu estoit à l'empereur Henry voulut avoir le règne et l'empire après son oncle. Mais l'archevesque de Mayence et celluy de Coulongne et la plus grant partie des princes du royaume le refusèrent du

tout, et se tournèrent à Lohier le duc de Saissongne et le couronnèrent à Ays-la-Chappelle par l'accord du clergié et du peuple. Mais ce ne fu pas sans grant dommaige et sans grans maulx qui après en avindrent. Car celluy Ferry et un sien frère qui Conras avoit nom, qui après Lohier fu depuis saisi du règne par l'ayde de leurs parens, maintes roueries et maintes batailles firent en la terre d'icelluy Lohier, pour l'envie de ce que il avoit esté esleu. Si fu atourné à celluy Lohier à grant los et grant honneur de ce qu'il fu esleu au royaume d'Allemaigne gouverner, combien qu'il n'y eust nul droit par raison de héritaige; si le tint-il et deffendi noblement, et non mie celluy tant seullement, mais le royaume de Lombardie
et la couronne de l'empire qu'il receupt à Rome par la main du pape Innocent; jà soit ce que les Romains en allassent à l'encontre de tout leur povoir. Après passa par force par la province de Cappes[622] et de Bonivent
jusques en Puille qu'il conquist par force d'armes, et chassa Siculle[623] le roy de la terre, et se saisit de la cité de Bar et de toute la terre d'environ. Depuis avint, si comme il s'en retournoit de celle guerre à grant victoire, qu'il morut de la mort commune qui nulluy n'espargne. Si fu son cors porté en Sassoingne son pays dont il estoit sire et duc; et par ces travaux qu'il souffrit pour honneur conquerre mist-il si noble fin en sa vie[624]. Né moins maleureusement n'avint-il pas au royaume

d'Angleterre. Car après le décès du roy Henry qui fu si fier homme et de grant renommée qui trespassa sans hoir masle, le conte Estienne de Bouloigne son nepveu et frère au conte Thibault entra soudainement au royaume d'Angleterre né oncques ne se prist garde à ce que le conte d'Angiers avoit eu à femme la fille celluy Henry son oncle et enfans en avoit eus et avoit esté emperière; ains parmi tout ce se fist couronner à roy d'Angleterre. Ceste manière de discort qui sourdit en la terre pour l'envie et par l'aatine[625] des princes et des barons du règne et pour la malice des habitans du pays empira si durement celle terre qui tant avoit esté riche et habondant, par roberies et par occisions, que plus du tiers du royaume fu gasté et destruit. Icelle manière de péril et de meschéance estoit grant soulas aux François, quant il véoient que les gens de ces deux royaumes souffroient ces maulx et ces angoisses par deffault de droit hoir, et il estoient en paix et en joye pour ce que Dieu leur avoit donné lignée et tel remanant de leur bon seigneur.

Note 621:
Que chevaliers que autres gens.
J'ai suivi la leçon du

manuscrit de Philippe-le-Bel, n° 8396. Les leçons postérieures rendent exactement le texte latin, dont le sens est ridicule:

Feruntur fuisse sexaginta millia militum, exceptis personis aliis et multitudine populari.

Note 622:
Cappes.
Capoue.

Note 623: Le latin dit: Le roi Sicilien: *Siculoque fugato rege.*

C'étoit Roger.

Note 624: Cette incidence sur Lothaire est déjà racontée de même par Suger dans la vie de Louis-le-Gros. (Voyez-en la traduction, vie de Philippe I, ch. XIII.)

Note 625:
L'aatine
, l'ambition.

[626] Atant repairerons à dire ce que nous avons proposé à dire des fais cestuy Loys selon l'ystoire, qui dit ainsi qu'il estoit de l'aage entour quatorze ans ou de quinze et croissoit chascun jour en sens et en proesce par la grace Nostre-Seigneur.

Note 626:
Gesta Ludovici junioris.
§ 11. Ces gestes reviennent, comme on le voit, au temps de la vie de Louis-le-Gros. Suger en avoit agi de même en commençant l'histoire du père.

II.

ANNEES: 1137/1145.

Coment le roy Loys fist parlement à Vezelay et fist preschier la croiserie de la sainte terre. Et coment il prist la croix et à l'exemple de luy la prisrent plusieurs barons et prélas, et mains autres.

En ce termine avint que le duc Guillaume d'Aquitaine alla en voyage à monseigneur Saint-Jacques, et si comme Dieu voult mourut au chemin. Icelluy Guillaume duc d'Aquitaine n'avoit de tous hoirs que deux filles dont l'une avoit nom Aliénor et la mainsnée Aalis. Et pour ce que la duchié estoit demourée sans hoir masle, la tint le roy en sa main; et l'ainsnée des filles qui avoit nom Aliénor espousa par mariage, si comme l'ystoire a dessus dit. Et l'autre mainsnée qui Aalis avoit nom donna par mariage au conte Raoul de Vermendois. De celle Aliénor eut le roy une fille qui Marie eut nom et depuis fu contesse de Champaigne. Et ne demoura pas longuement après que Gauchier, le sire de Monjai, se prist à reveler contre le roy par son orgueil et commença à travaillier et à assaillir les gens de sa terre. Mais ce fu par sa meschéance; car le roy assembla son ost et assiégea Monjai et le prist en peu de temps et abatti tout, et destruit jusques en terre la forteresse qu'il trouva[627].

Note 627: Le latin des *Gesta* ajoute: *Excepta magna turri*. Ce village se nomme aujourd'hui *Montjai-la-Tour*.

En celluy an mesme avint trop grant meschief à toute crestienté, en la terre d'oultre-mer[628], au royaume de Jhérusalem; car les Turs s'esmeurent à trop grant force et prisrent une noble cité qui a nom Roches[629] qui estoit en la main des crestiens. Mais ce ne fu pas sans grant perte et sans grant dommaige et occision de leur gens. Et pour la prise de celle cité s'enorgueillirent à merveilles et menacièrent à occire tous les crestiens de celle contrée. La nouvelle de celle douleur vint en France jusques au roy Loys. Et pour l'amour du saint Esperit dont il estoit inspiré eut moult grant douleur de ceste mésaventure, si comme il monstra depuis; car pour ceste besongne assembla-il en cest an grant parlement au chasteau de Vezelay. Là fist venir les archevesques, les évesques et les abbés et grant partie des barons de son royaume; là fu saint Bernard abbé de Clervaux et prescha-il, luy et les évesques, de la croiserie de la saincte terre de promission où Jhésucrist conversa corporellement, tant comme il fu en ce monde et y receupt mort au gibet de la croix pour la rédemption de son peuple.

Note 628:
Gesta Lud. jun.,
§ 3.

Note 629:
Roches.
Latinè:
Rohes
. C'est
Edesse
.

Lors se croisa le roy tout le premier et après luy la royne Aliénor sa femme. Et quant les barons qui là estoient assemblés virent ce, si se croisèrent tous ceulx qui cy sont nommés: Alphons le conte de Saint-Gille, Thierry le conte de Flandres, Henry fils le conte Thibault de Blois qui lors vivoit, le conte Guy de Nevers, Regnault son frère, le conte de Tonnoire, le conte Robert frère du roy, Yves le conte de Soissons, Guillaume le conte de Pontieu, et Guillaume le conte de Garente[630]; Archambault de Bourbon, Enguerrant de Coucy, Geuffroy de Rencon, Hue de Lisignien, Guillaume de Courtenay, Régnault de Montargis, Ytier de Toucy, Ganchier de Monjay, Erard de Bretueil, Dreue de Moncy, Manassiers de Buglies[631], Anseau du Tresnel, Garin son frère, Guillaume le Bouteiller, Guillaume Agillons de Trie, et pluseurs autres chevaliers et merveilles de menues gens. Des prélas se croisèrent Symon évesque de Noyon, Godeffroy évesque de Lengres, Arnoul évesque de Lisieux, Hébert l'abbé de

Saint-Père-le-Vif-de-Sens, Thibault l'abbé de Saincte-Coulombe et maintes

autres personnes de saincte églyse.

Note 630:
Garente.
L'Historia qloriosa regin Ludovici VII dit

Garennæ
, au lieu du
Guarentiæ
des
Gesta
. C'est
Varennes
.

Note 631:
De Buglies.
Sans doute
De Bueil
.

En ce mesme termine se croisa Conrat l'empereur d'Allemaigne et son nepveu

Ferry duc de Saissongne qui depuis fu empereur, quant il oïrent la

mésaventure de la terre d'oultre-mer. Et Amés se croisa le conte de

Morienne, oncle du roy Loys, et pluseurs autres nobles barons de grant

renommée.

Après ces choses ainsi faites, Ponce l'honnorable abbé de Vezelay fonda une église en l'onneur de saincte croix au lieu de celle saincte prédicacion, pour l'honneur et pour la révérence de la croix que le roy et les barons avoient illec prise, tout droit au pendant du tertre, entre Ecuen et Vezelay, en laquelle Nostre-Seigneur a depuis monstré mains appers miracles. Tout l'an entier porta le roy la croix, de l'une Pasques jusques à l'autre et oultre jusques à la Penthecouste, ains qu'il meust oultre-mer[632].

Note 632: Une chose que l'on n'a pas encore remarquée et qui pourtant méritoit de l'être, c'est qu'à compter du chapitre suivant jusqu'au retour de Louis VII en France, *les Chroniques de St-Denis* copient littéralement l'ancien texte françois des *Histoires d'outre mer* par Guillaume de Tyr. Celles-ci avoient été répandues en France, à peu près dans le même temps, c'est-à-dire vers 1200, en latin et en françois. Quant au compilateur des *Gesta Lud. jun.*, il n'a pas transcrit le texte latin assez correct de Guillaume de Tyr, mais il a calqué sur le texte françois une traduction latine remplie de gallicismes et d'incorrections grammaticales.

Tandis, avint que les bourgois de Sens se courroucièrent à Hébert, abbé de Saint-Pierre-le-Vif, pour ce qu'il avoit fait despecier leur commune, et pour ce fait le firent mourir de cruelle mort. En vengence de ce fait fist le roy tresbuchier de la tour une partie des homicides et l'autre partie descoller à Paris.

III.

ANNEE: 1146.

De la muete qui fu faite outre mer sur les mescréans, dont il firent moult petit.

[633]En l'an de l'Incarnacion mil cent quarante-six, la sepmaine après la Penthecouste, meut le roy et se mist au chemin à grant compaignie de prélas et de barons[634]. En ce point mesme meut l'empereur Conrat de sa terre à grant chevalerie, si comme il avoient accordé ensemble[635]. Mais Nostre-Seigneur qui bien voit cler en toutes besoignes, ne voult pas prendre en gré leur pellerinage, si comme il apparut à la veue du siècle. Et, non pour ce, tous ceulx qui bonne entencion avoient en cest affaire ne perdirent oncques rien de leur service quant aux ames; mais l'estat de la terre d'oultre-mer pour quoy il se murent n'amenda oncques guères pour leur

muete, si comme vous orrez cy après.

Note 633:
Gesta Lud. jun.,
§ 4.

Note 634: Notre traducteur n'ajoute pas ici, comme les *Gesta*
, une

phrase relative à l'oriflamme: «Venit rex, ut moris est, ad ecclesiam

B. Dyonisii, à martyribus licentiam accepturus: et ibi post

celebrationem missarum, baculum peregrinationis et vexillum

B. Dyonisii, quod
Oriflambe
gallicè dicitur, valdè reverenter

accepit, sicut moris est antiquorum regum, quando debent ad bella

procedere, vel votum peregrinationis adimplere.»

Ce passage peut encore appuyer l'antiquité de l'oriflamme; et notre traducteur l'a omis sans doute pour ne pas rappeler que l'oriflamme avoit pu conduire les François dans une guerre désastreuse.

Note 635:
Guillaume de Tyr,
liv.
XVI, § 19.

[636]Ces deux grans seigneurs devisèrent qu'il n'iroient mie ensemble pour ce qu'il avoient trop grant plenté de gens, car grant contens pourroit sourdre en leur osts et ne pourroient mie assés trouver viandes aux hommes et aux chevaulx. Pour ce voulurent que les uns allassent devant les autres. Tous s'adressèrent vers une terre qui a nom Bavière et passèrent la Dinoe[637] qui est moult grant eaue et courant, à senestre la laissèrent et puis descendirent en Ostriche; d'illec entrèrent en Hongrie. Le roy de la

terre les receut moult honnestement, grant honneur leur fist et maint bel

présent leur envoya. Après s'en allèrent oultre et passèrent parmy

Pannonnie où monseigneur saint Martin fu né. Si entrèrent en Bulgrie, Rippe

laissèrent à senestre. Tant allèrent qu'il allèrent par deux terres de quoy

chascune a nom Trace. Deux cités moult renommées passèrent; l'une si à nom

Finepople et l'autre Andrenoble[638].

Note 636: Tout ce qui suit, jusqu'à la fin du XXIème chapitre, n'a

été publié ni en latin ni en françois, dans les
*Historiens de
France*
. Dont Brial a remis le soin de combler cette lacune aux

éditeurs des
Historiens des Croisades
, dont le premier volume,

confié par l'Académie des Inscriptions et Belles-Lettres à la

judicieuse érudition de M. le comte Arthur Beugnot, est en ce moment

sous presse. Pour la comparaison du texte latin avec notre

traduction, nous allons donc suivre maintenant l'édition que Duchesne

a donnée des
Gesta Ludovici junioris
, t. 4, p. 390 et suiv.

Note 637:
La Dinoe.
Le Danube.

Note 638: Philippopolis et Andrinople.

Après mains travaux et maintes journées qu'il eurent faictes par estranges terres, vindrent à la riche cité de Constantinoble. Là séjournèrent ne scay quans jours, pour ce qu'il estoient las et se garnirent des choses qui leur failloient, à l'empereur Manuel parlèrent de maintes choses assez privéement. Après ce jour passèrent le bras Saint-George qui divise les deux parties du monde Europe et Aise. Lors entrèrent en Bithinie qui est la première partie d'Aise, toutes les compagnies ensemble se logièrent devant la cité de Calcidoine. C'est une moult ancienne cité où jadis fu l'un des quatre grans conciles; là furent assemblés six cens trente-cinq prélas, au temps de Marcien empereur et de Léon pape de Rome. En ce concile fu dampnée
l'érésie d'un abbé qui avoit nom Eutices, car il disoit que Jésucrist n'avoit que une seule nature; mais la foy crestienne est telle qu'il fu vrayement Dieu et homme.

[639]Le soudant du Coine[640] qui moult estoit puissant en Turquie avoit assez oï parler avant de ces haulx princes et moult en fu en grant esmay. Bien savoit que s'il ne s'en prenoit garde grant dommaige pourroit avenir à ses hommes et à sa terre. Pour ce si tost comme il put envoya par toutes les parties d'Orient, et manda que tous ceux qui armes pourroient porter venissent à luy. Luy-mesme cerchoit[641] les cités et les chasteaux, ce qui

estoit cheu ès forteresses faisoit redrescier et les fossés réparer, nouvelles trenchiées faire. Tous ceulx du pays prenoit et mettoit chascun jour en ses œuvres; trop se doubtoit et ce n'estoit pas de merveille. Car une renommée couroit moult grant par tout le pays que si grant plenté de gens venoient avecques ces deux grans princes que là où il se logeoient sur une grant eaue courant, tantost tarissoit si qu'elle ne povoit pas souffire au boire des chevaulx et des hommes. Bien disoit-on que à paine les pourroit paistre un grant royaume de toutes les viandes qui là croissoient. Vray est que de telles choses en seult-on dire plus qu'il n'en est. Mais la vérité estoit, si comme tesmoignèrent les preud'hommes qui furent là, que seullement en l'ost de l'empereur Conrat avoit bien soixante-dix mille hommes à haubers et à chevaus, sans les gens à pié et sans les autres à cheval qui estoient plus légièrement armés. En l'ost le roy de France en avoit autant et trop bonnes gens; de ceulx de pié n'est nul nombre, car par là où il passoient estoit toute la terre couverte. Bien sembloit qu'il deussent toutes les terres conquerre que les mescréans tenoient jusques à la fin du monde. Et sans faille si eussent-il pu sé pour ce non[642] que Nostre-Seigneur, ou pour leur orgueil ou pour les autres péchiés qui en eulx estoient, ne voulut mie prendre en gré leurs services né souffrir qu'il fissent chose qui honnorable fust à la veue du siècle. Nous ne savons pour quoy ce fu; mais bien scavons qu'il le fist à droit.

Note 639:
Gesta Lud. jun.
, § 5.

Note 640:
Du Coine.
On traduisoit toujours ainsi le nom du

territoire d'
Iconium
.

Note 641:
Cerchoit.
Parcouroit. Le latin dit:
Circuibat
.

Note 642:
Sé pour ce non.
Si non pour ce.

IV.

ANNEE: 1146.

Coment l'empereur, quant il fu oultre mer, fu tray de ses ducteurs, et mené ès destrois où il n'avoit point de vitaille.

[643]Quant l'empereur Conrat eut passé celle mer que on appelle le bras Saint-George, si voulut aller par soy, et fist ses batailles à la guise de son pays. Chevetaines[644] mist en chascune des plus haux hommes qu'il avoit; à senestre laissa la terre de Galacie et de Plaphagonne et deux terres de quoy chascune a nom Ponthe: à dextre mist Frige et Lide et Aise la petite et il s'en vindrent de lez Nichomède et passèrent la bonne cité de Nice et puis entrèrent en une terre qui a nom Lichaonne dont la meilleure cité est Icoine. Il alloient par un adresse[645] et avoient laissié le grant chemin. Le soudan du Coine qui avoit assemblé grant plenté de Turs attendoit coment il peust avoir temps et lieu coment il empescheroit ces grans compaignies de crestiens qui par sa terre passoient, car tous les roys et les grans hommes de la loy payenne estoient esmeus et tous effrenés de ces grans gens qui venoient. Bien leur avoit-on mandé de maintes parties que sé il passoient délivréement parmy ces terres il avoient povoir de destruire tous les hommes et conquerre tous les pays; si que en peu de temps toute la terre d'Orient seroit de crestiens. Par ceste

paour estoient venus en l'ayde du soudan les Turs des contrées des deux Hermenies, de Capadoce, de Ysaure[646], de Silice et de Mede. Tant y avoit de gens qui estoient si bien garnis de chevaux et d'armes que le soudant emprinst hardiment qu'il pourroit assembler front à front à tous les crestiens qui venoient.

Note 643:
Gesta Lud. jun.
, § 6.--
Guillaume de Tyr,
liv.
XVI, § 20.

Note 644:
Chevetaines.
Aujourd'hui: capitaines.

Note 645:
Adresse.
Route de traverse. Le latin dit:
Inconsultè
ibant
.

Note 646:
Ysaure
. Partie de la Cilicie.

L'empereur Conrat avoit demandé et prié à l'empereur de Constantinoble que

luy baillast de ses gens qui luy enseignassent les meilleures voyes et les plus courtes. Si luy en bailla. Mais ceulx qui conduire les devoient estoient de moult grant desloyaulté. Car si tost comme il entrèrent en la terre aux Turs il vindrent aux chevetaines qui menoient les compaignies de l'ost et leur dirent qu'il ne fissent chargier viandes que jusques à un certain nombre de jours; et bien leur promisrent fermement que dedens ce temps il les aroient menés en tel pays où il trouveroient grant plenté de toutes viandes qui mestier aroient à hommes et à chevaux. Ceux les creurent

et firent chargier viandes selon la mesue que ceux avoient dicte sur chevaux et sur charrettes. Mais les Gréjois desloyaux qui de tous jours heent notre gent, ce ne scay-je s'il le firent par le commandement de leur seigneur ou pour ce qu'il prisrent avoir des Turs pour ce faire, menèrent l'ost de l'empereur par les plus aspres voyes et par les plus grans destrois. Si les embatirent en tels lieux où les Turs leur povoient plus légièrement faire mal. Car les pas[647] estoient si fors et si périlleux qu'il estoient là ainsi comme enclos et enserrés.

Note 647:
Les pas
. Les passages.

V.

ANNEE: 1146.

Coment les conduiseurs l'empereur, quant il l'eurent mené ès desers, s'enfuirent par nuit. Et lors s'apperçut l'empereur qu'il l'avoient trahy.

[648]Bien s'apperceut l'empereur que ceulx qui guier[649] les devoient ne le faisoient mie en bonne foy, car le nombre des jours estoit jà passé dedens lequel il les devoient avoir mené en terre plentureuse et il n'i estoient pas venus: pour ce les fist mander devant soy et leur demanda, voyans ses barons, pour quoy c'estoit qu'il luy avoient menti du terme qu'il luy avoient nommé. Il respondirent par malice qu'il cuidoient que l'ost deust plus tost errer[650] et faire plus grans journées qu'il ne faisoit. Mais moult luy jurèrent sans faille que dedens trois jours seroient à la cité du Coine qui estoit si plentureuse que rien ne leur fauldroit qu'il voulsissent avoir.

Note 648:
Gesta Lud. jun.
, § 7.--
Guillaume de Tyr, liv.
XVI, § 21.

Note 649:
Guier
. Conduire.

Note 650:
Errer
. Marcher.

L'empereur qui estoit simple homme ne s'apperceut pas de leur desloyaulté, mais les creut et dist qu'il attendroit encore ces trois jours pour savoir s'il disoient vray. La nuyt entour le prime somme quant ces bonnes gens se dormoient pour la lasseté, les traitres de l'ost se partirent tout coiement. L'en demain quant il fu ajourné il voulurent mouvoir pour aller si comme il souloient; mais ceulx qui guider les devoient ne se misrent mie devant. Les chevetaines se merveillèrent et les firent querre; mais il ne les peurent trouver. Lors s'apperceurent de la traïson et vinrent à l'empereur. La chose luy comptèrent si comme elle estoit: ceulx qui par malice avoient ainsi guerpi l'ost ne se tindrent pas apayés du mal qu'il avoient fait, ainçois en voulurent plus faire, car il vindrent tout droit à l'ost du roy de France qui chevauchoit après, non mie guères loing d'illec, et disrent au roy qu'il avoient l'empereur bien et sauvement conduit jusques à la cité du Coine qu'il avoit prinse par force et vaincu tous les Turs qui contre luy se misrent et trop grant richesses y avoient gaignées. Ce luy firent entendant pour celle entencion qu'il vouloient mener le roy celle mesme voye où l'empereur s'estoit embatu périlleusement, car sé les François eussent sceu le meschief de l'empereur et de ses gens il luy fussent couru aidier hastivement, et ce n'eussent pas voulu les traitres. Bien peut estre qu'il luy mentirent pour ce que sé le roy eust sceu la vérité de la desloyauté qu'il avoient faite il les eust tantost pendu parmy les gorges.

[651]Quant l'empereur vit qu'il estoit ainsi deceu et qu'il n'avoit en tout son ost homme qui luy sceust enseigner la droicte voye, il manda ses barons et leur demanda conseil qu'il feroit. Il ne s'acordèrent pas tous à une voye, car une partie s'accorda qu'il s'en retournassent la voye qu'il estoient venus jusques à tant qu'il peusseut trouver viandes qui du tout estoient faillies aux hommes et aux chevaux; les autres vouloient que on allast avant, car il avoient espérance que plus tost peussent trouver viandes en passer avant, que en retourner.

Note 651:
Gesta Lud. jun.
, § 8.

[652]Tandis comme il estoient en ce contens et en doubte, que il ne scavoient que faire, aucunes gens de leur ost qui s'estoient esloignés en coste d'eux et puis revenus arrière leur firent assavoir que assez près d'illec estoient assemblés grant plenté de Turs qui estoient tous armés. Bien est voir que les Grecs qui fouys s'en estoient les menèrent au pis qu'il peurent à leur escient, car il les embatirent en un désert où il

n'avoit oncques esté aré ne semé, et il les deussent avoir mené par Licaonne qu'il avoient laissiée à destre, et adont eussent trouvé la voye plus petite et terre guaingnable et plentureuse de bonne viandes, mais il les avoient mis ès désers de Capadoce pour eux esloigner du Coine. L'en disoit communément, et je croy qu'il fu voir, que ces Gréjois avoient ce fait par la volenté et par le commandement l'empereur Manuel qui pas ne voulut que les gens l'empereur d'Allemaigne venissent à bon chief de leur emprise; car les Gréjois ont toujours envie sur eux né ne vouldroient pas que leur povoir creust né amendast, car trop ont grant desdaing de ce que l'empereur d'Allemaigne se clame empereur des Romains ainsi comme le leur,

pour ce que il dient que l'empereur de Constantinoble doit avoir tout seul la seigneurie sus tout le monde.

Note 652:
Guill. de Tyr, lib. XVI, § 22.

VI.

ANNEE: 1146.

Coment les Turs qui estoient assés près de l'ost l'empereur muciés li corurent sus et trouvèrent son ost las et défaillans, par defaute de vitaille; et fu en telle desconfiture demené que il ne li remest de son grant ost que la dixiesme partie que tout ne fust mors que pris.

Tandis comme l'ost l'empereur estoit à si grant mésaise, car il estoient esgaré premièrement des voyes, après il estoient las et débrisiés de longuement venir par vaus et par tertres roides et périlleux, et si avoient fain et soif trop grant et les chevaux leur failloient du long travail et par la faulte des viandes. Les Turcs qui bien seurent leur couvine[653] parlèrent entre eux. Si comme les chevetaines l'avoient devisé il vindrent soudainement à grant routes et se férirent en l'ost de l'empereur qui garde ne s'en prenoit, ains estoient encores ses gens parmy les tentes. Ceux avoient leurs chevaux bien séjournés comme ceux à qui rien ne failloit, si les trouvèrent fors et isneaux, et il furent légièrement armés, car la plus part ne portoit que leur arcs et leur saiectes. Quant il se férirent en l'ost, moult grant noise firent et glatissoient comme chiens et faisoient sonner tabours et timbres. La gent l'empereur estoit pesamment armée de haubers et de chausces, d'escus et de heaumes, leur chevaus estoient maigres et las et mors de fain, si que les Turs les approuchoient pour traire de près puis s'en retournoient arrière. Ceulx n'avoient povoir de les ensuivir, pour ce les avironnèrent de toutes pars et tiroient contre eux et navroient chevaux et hommes. Quant les nostres poingnoient contre eux il se appareilloient tantost et s'en fuioient arrière; et quant il se retournoient vers leurs pavillons, les Turs leur estoient tantost aux talons tous ensemble.

Note 653:
Couvine.
Position, état.

En telle manière dura toute jour celluy assault et trop y eurent grant perte les crestiens. Les Turs n'y eurent oncques né perte né dommaige. Grant chose avoit esté de l'ost de l'empereur jusques à ce jour, moult y avoit haulx princes et riches hommes et bons chevaliers; mais par la volenté Nostre-Seigneur ou par sa souffrance fu lors si amenuisiée et sa grant valleur abattue que sans tenir point de proffit à la crestienté d'outre mer pour qui il estoient venus furent illec presque tous dégastés. Car si comme il dirent, ceulx qui en eschappèrent de soixante-dix mille chevaulx et à haubers et de si grant compaignie de gens à pié comme il y avoit n'en eschappa mie par tout la dixiesme partie. Les uns morurent de fain et les autres d'armes. Assez en prisrent leur ennemis tous vifs qu'il emmenèrent liés. Toutesvoies l'empereur eschappa et aucuns de ses barons; à moult grant paine s'en retournèrent arrière vers la cité de Nique.

Les Sarrasins furent moult liés de la victoire qu'il eurent: assez gaignèrent dedens les tentes aux Thiois, comme or et argent, robes, chevaulx et armes. Tous enrichis s'en retournèrent dedens leurs forteresses. Leurs espies envoyèrent par toute celle terre et contre attendirent l'ost du roy de France de qui il avoient oï dire qu'il venoit après et n'estoit guères loing. Bien leur sembloit que puisqu'il estoient venus à chief des gens l'empereur qui plus riche et plus grant povoir avoit que le roy de France, que légièrement pourroient destruire les François, et il leur en advint presque si comme il cuidoient. A celle grant desconfiture n'avoit pas esté le soudant du Coine, ainsois y fu chevetaine à celle desconfiture un moult puissant Turc qui Pharamon avoit nom. Ceste chose avint l'an de l'Incarnation Nostre-Seigneur, mil cent quarante-six, au mois de novembre.

VII.

ANNEE: 1147.

Coment l'empereur se desconforta moult de sa perte, et retorna en arrière li et ses gens, et laissa le roy de France; et coment il vint à Constantinoble.

[654]Quant le roy de France qui après venoit se fu trais en Bithinie et il eut avironné un regort[655] de mer qui est près de la cité de Nichomédie, il prist conseil à sa gent quel chemin il tendroit. Lors commença-l'en à dire une nouvelle par l'ost que l'empereur avoit esté desconfit et perdue sa gent et s'en fuioit tapissant par bois et par montaignes à petite compaignie. Premièrement pour ce que on ne sçavoit mie qui teles nouvelles avoit apportées ne sçavoit-on sé c'estoit voir ou non. Mais ne demoura guères après qu'il en sceurent la vérité. Car Ferry le duc de Souave un jeune homme et de trop grant affaire qui nepveu estoit de l'empereur de son ainsné frère et qui, après son oncle, fu empereur sage et viguereus, s'en vint en l'ost du roy de France: car l'empereur après celle grant desconfiture l'envoyoit parler au roy pour prendre un parlement entre eux deux, si qu'il se conseillassent qu'il pourroient faire. Voir est que le conseil eust mieux valu avant; mais encore avoit l'empereur son corps à garantir et le demourant de ses hommes. Pour ce vouloit avoir du roy de

France qui son amy estoit conseil et ayde; et icelluy Ferry conta bien, quant il vint, la honte et le dommaige que les Turs leur avoient fait.

Note 654:
Gesta Lud. jun.
, § 9.--
Guill. de Tyr
, § 23.

Note 655:
Regort.
Petit gouffre. «Et cum quasi quemdam gurgitem maris, qui est propè civitatem Nicomediæ, circuisset.»

Quant le roy et les barons de France l'oïrent, grant deul en eurent et grant pitié. Le roy, pour reconforter l'empereur, prist avec luy de ses plus saiges barons, chevaliers et sergens mena assez et s'en issi, et vint là où l'empereur estoit logié, si comme le duc Ferry le mena, car ce n'estoit pas loing.

Quant ces deux haux hommes s'entrevirent, de bon cuer se saluèrent et baissèrent l'un l'autre. Le roy le reconforta de celle meschéance: finance et gens luy promist tout à sa volenté et luy promist bons services et loyale compagnie. Longuement parlèrent seul à seul entre eux deux et puis firent venir leur barons: accordés furent à ce qu'il s'en iroient ensemble pour accomplir à leur povoir la besongne Nostre-Seigneur qu'il avoient emprise. Et assez y eut des gens l'empereur qui disrent qu'il avoient perdu ce qu'il avoient apporté pour despendre; pour ce ne povoient aller en avant. Sans faille moult les avoit espouvantés le peril de la guerre où il avoient esté et le long travail qui pas n'estoit encore finé. Si ne regardèrent oncques au pellerinaige qu'il avoient fait né à leur seigneur qu'il laissoient, ainsois s'en retournèrent en Constantinoble.

[656]Ces deux haux hommes s'esmeurent à tout leur ost et ne tindrent mie la voye où il estoit mescheu à l'empereur; ains la laissièrent à senestre et s'adrescièrent vers Aise la mineure et tindrent leur voye vers la mer. Si eschevèrent vers senestre la terre de Philadelphe; après vindrent à la cité de Smirne, d'illec entrèrent en la cité d'Ephèse, qui moult est honnorée pour ce que monseigneur saint Jehan l'évangéliste y habita, prescha et mouru; encore y appert sa sépulture.

Note 656:
Gesta Lud. jun.
, § 10.

L'empereur s'appensa lors que on le tenoit au plus haut homme du monde, et moult estoit meu honnorablement de sa terre; et ores n'avoit guères de gens avec luy; ainsois estoit au dangier[657] des François, né ne povoit rien sé par eux non: pour ce, luy fu avis qu'il luy estoit honte d'aller ainsi.

- 583 -

Aucunes aultres raisons espoir[658] y eut; mais il commanda que ses gens s'en retournassent arrière par terre; et il se mit en mer à petite compaignie et s'en vint à Constantinoble. L'empereur le receut plus honnorablement qu'il n'avoit fait devant, et fist séjourner en la cite luy et ses barons jusques au nouveau temps. Car il y avoit entre eulx acointance que on appelle affinité de par leur femmes, qui estoient filles au viel Bérenger, le conte de Lucembourc, qui estoit un grant prince au royaume d'Allemaigne. Pour ce luy fist plus belle chière. Et par la prière l'emperière, luy donna à luy et à ses barons riches joyaux.

Note 657:
Au dangier.
Sous la domination. «In subjectione.»

Note 658:
Espoir.
Peut-être.

VIII.

ANNEE: 1147.

Coment le roy de France et les François se assemblèrent aux Turs et les desconfirent.

[659]Puis que le roy de France vit que l'empereur se partoit, à ses barons prist conseil quel chemin il pourroit tenir. A la demourance de ce jour, en la cité d'Ephèse, un des barons de France qui moult estoit bon chevalier, le conte Guis de Ponty[660] accoucha malade tant qu'il y mourut; et fu enterré en une des esles de la maistre églyse. Le roy se parti de la ville à tout son ost et s'adressa vers la terre d'Orient. Quant il eurent chevauchié ne sçay quans jours, il vindrent aux gués de Menandre, où la plenté des cignes est[661]. Là se logièrent pour ce qu'il y avoit belles praries. Les François avoient moult désirré, toute celle voye, coment il pourroient trouver les Sarrasins; ce jour en trouvèrent grant plenté de l'autre part de l'eaue, si que quant il vouloient abeuvrer leurs chevaux, les Turs tiroient espesséement contre eux et leur empeschoient l'eaue. Mais nos chevaliers furent moult angoisseux de passer de l'autre part du fleuve pour avenir à leur ennemis; tant cerchièrent qu'il trouvèrent un gué que ceux de la terre mesme ne savoient pas; lors se férirent dedens à grans routes et fières. Les François en eurent le meilleur, car il en occirent

assez. Grant plenté en prisrent de vifs et le demourant s'en fouy. Ceux qui desconfis les avoient s'en vindrent par leur pavillons, trop y trouvèrent de richesses de diverses manières de draps de soye, beaux vaisseaux d'or et d'argent et pierres précieuses. Tous chargiés passèrent l'eaue. Grant joye firent celle nuyt pour la première victoire que Dieu leur avoit donnée. Le lendemain quant il fu jour, se partirent d'illec et vindrent à la Lice[662], qui est une ville de celle terre. Lors prisrent viandes tant comme il en avoit mestier, car c'estoit leur coustume, si se remisrent à la voye.

Note 659:
Gesta Lud. jun., § 11.--Guill. de Tyr, liv. XVI, § 24.

Note 660:
Guis de Ponty
ou de Ponthieu. «Guido
miles
de Pontivo.»

Note 661: «Ad vada Meandri pervenerunt, ubi copia cygnorum omni tempore reperitur. Propter quod dicitur:

«Ad vada Meandri concinit albus olor.»

Ce vers est le second de la septième Héroïde d'Ovide.

Note 662: «Ad civitatem quæ vocatur
la Liche

.» C'est *Laodicée*, sur le *Lycus*.

IX.

ANNEE: 1147.

Coment, par la mauvaise ordenance de l'ost, et par l'agait des Turs, furent François desconfis.

[663]Une montaigne moult haulte et moult droicte estoit encontre eux, par la voie où il s'estoient adresciés. La coustume de l'ost estoit que un des grans barons de la compaignie faisoit chascun jour l'avant garde et l'un des autres l'arrière garde; et leur bailloit-on assez chevaliers en leur batailles, si prenoient conseil aux autres barons en quelle place il feroient logier l'ost. Celluy jour dont je vous parle faisoit l'avant-garde l'un des plus haux hommes de Poictou, qui avoit nom Geuffroy de Rancon[664]

et portoit la bannière du roy. Devisié estoit et accordé qu'il demoureroient ce soir et tendroient lenrs pavillons au sommet du tertre.

Note 663:
Gesta Lud. jun., § 13.--*Guill. de Tyr*, liv. XVI, § 25.

Note 664: Ou de *Rancogne*. «De Ranconio.» Une bonne famille

françoise de ce nom existe encore. L'addition des *Gesta* est encore ici précieuse: «Gerebat regis banneriam quam præcedebat, prout moris est, vexillum Beati Dyonisii quod gallicè dicitur *Oriflambe*.» Voilà bien ici la mention précise de deux bannières, celle du roi et celle de Saint-Denis.

Quant celluy Geuffroy fut monté en haut, à tous les gens qu'il menoit, avis luy fu que la journée fu trop petite et qu'il y avoit encore assez du jour à venir; ceux qui le conduisoient par le pays luy firent entendant que un petit oultre avoit plus belle place et meilleur lieu, pour logier l'ost que sur le tertre. Celluy les creut et se hasta d'aller là où il disoient. L'arrière garde cuida, si comme il avoient devisé, que on se deust loger en haut et que c'estoit près, si ne se hastèrent mie, ains commencièrent à aller bellement.

Les Turs, qui tousjours estoient près et espioient nos gens pour sçavoir s'il leur pourroient mal faire, virent que ces deux grosses batailles estoient loing à loing par la voye, et entre deux, et sur la montaigne n'avoit sé gent désarmée non. Tantost cogneurent leur avantaige; en ce se fièrent moult que les voyes estoient roides et estroites: si que c'estoit griefve chose de mettre nos gens ensemble. Pour ce les Turs férirent isnellement des esperons et sourprirent le sommet du tertre, si que les derniers de l'ost n'eussent pu venir aux premiers sé non parmy eux.

Lors commencièrent à courre à nostre gent et à traire moult espesséement des arcs turcois et puis venoient jusques à eulx aux haches et aux espées. Moult trouvèrent les nos à grant meschief pour ce que l'ost estoit ainsi parti et divisié. Tant avoit de sommiers en ces voyes estroictes et d'aultres destourbiers que les preud'hommes et les bons chevaliers qui deffendre se vouloient et venir aux Turs ne povoient venir à eux. Assez y eut lors à celle venue de nos gens occis, mais au dernier se commencièrent à traire ensemble les plus preux et les plus hardis des François et s'entreadmonestoient de bien faire et bien disoient que Turs estoient mauvaises gens en bataille, et n'avoit guères que il le prouvèrent bien quant il les desconfirent légièrement en plaine terre. Lors se deffendirent vigoureusement et avec eux se rallièrent moult des autres si comme il povoient percier. Les Turs parloient en leur langaige et s'entreforçoient de bien faire et ramentevoient entre eux que il n'avoit guères qu'il avoient desconfis l'empereur en bataille, qui plus grant seigneur estoit et plus avoit gent que le roy de France.

[665]En ceste manière dura longuement la bataille fière et aspre. Les preud'hommes se tindrent et se deffendirent durement tant comme il peurent.

Assez occirent et navrèrent de leur ennemis; mais les Turs estoient si grant plenté de gens que quant les blessés et les navrés se tiroient arrière, tantost revenoient les frès en leur places. Les nostres n'avoient de quoy il peussent faire tels changes, si ne peurent plus endurer mais furent desconfis. Trop en y eut de mors, mais plus encore en emmenèrent de pris en liens. En celle place furent occis ou pris, ne sçay pas bien le quel, quatre trop bons chevaliers et trop haux hommes dont le povoir de France fu moult affoibli: le conte de Garenne, Gaucher de Monjay, Evrart de Breteuil et Ithier de Maignac. Des aultres y eut assez qui pour le service Jhésucrist moururent en ce jour honnorablement et glorieusement à Dieu. A nulluy ne doivent desplaire les choses que Nostre-Seigneur fait, car toutes ses euvres sont bonnes et droictes; mais selon le jugement des hommes ce fu merveille comme Nostre-Seigneur ce souffri que les François qui sont les gens au monde qui mieux le croient et plus l'honorent furent ainsi destruis par les ennemis de la foy.

Note 665:
Gesta Lud. jun., § 13.

X.

ANNEE: 1147.

Coment, après celle meschéance, les François s'assemblèrent au miex qu'il purent, et vindrent à Satelie. Et coment le roy se mist en mer, et vint vers la cité de Antioche.

[666] A celle desconfiture n'avoit nul esté de l'avant-garde; ainsois avoient tendus leurs pavillons et se reposoient. Voir est que quant il virent tant demourer après eux l'arrière-garde, grant souspeçon eurent et grant paour qu'il n'eussent aucun encombrier. Le roy Loys avoit esté en celle bataille. Mais quant ses gens commencièrent trop à apetisser entour luy et que les Turs les menoient à leur volenté, ne sçay quels chevaliers de France y eut qui prisent le roy par le frain de son cheval et le tirèrent hors de la presse, et sur le sommet d'un haut tertre qui estoit illec près le menèrent. Là se tindrent à moult petite compaignie jusques à tant qu'il fust anuité. Mais quant la nuyt fu noire et obscure, il dirent qu'il ne demoureroient pas là jusques atant qu'il fust jour; ainsois convenoit qu'il s'en allassent et tenissent aucune voye où qu'elle les menast. Merveilles estoit le roy à grant meschief et en périlleux estat, car ses ennemis estoient de toutes pars, et il avoit ses gens perdues, et nul qui avec luy fust ne sçavoit quelle part tourner. Toutes voies

Nostre-Seigneur envoya son conseil au preud'homme; car il n'avoient guères

avallé de la montaigne quant il virent bien près les feux que ses gens

faisoient où l'avant-garde s'estoit logiée; bien cogneurent que c'estoit

les leurs, si se tirèrent vers eux. Mais autres cronicques[667] dient que

le roy demoura tout seul sur la montaigne, si avoit assez de ses ennemis

entour luy qui forment l'assailloient et ne scavoient mie que ce fust le

roy et il se deffendoit tout à pié moult fièrement, si estoit jà ainsi

comme noire nuit. Lors se traist sous un arbre qui sur la montaigne estoit

et monta dessus et se deffendi ainsi de l'espée moult longuement et moult

fièrement. Toutesvoies les Turs se doubtèrent que secours ne venist de

l'avant-garde, et pour la nuit mesme si se départirent.

Note 666:
Guillaume de Tyr, liv. XVI, § 26.

Note 667: Celle d'Odon de Deuil, lib. VII.--La fin de cet alinéa

n'est pas dans
Guillaume de Tyr
.

[668]Quant les chevaliers de l'avant-garde virent leur seigneur venir et il

sceurent certainement la mésaventure si douloureuse qui estoit advenue, si

commencièrent à faire trop grant deul, si ne povoient recevoir nul confort.

Car il n'y avoit guères celluy qui n'eust perdu aucuns de ses amis; il estoient en grant aventure et n'entendoient sé à plourer non. Et sé les Turs l'eussent sceu, légièrement les eussent pu tous occire ou prendre. L'en ne les povoit tenir qu'il n'allassent huchant[669] l'un son père, l'autre son frère, son cousin, son oncle, chascun ce que il avoit perdu. Aucuns en recouvrèrent de ceulx qui eschappés s'en estoient et avoient quises répostailles telles comme il peurent en buissons et en caves[670], de ceux y eut moult petit envers le nombre des perdus. Ceste chose avint en l'an de l'Incarnacion Nostre-Seigneur Jhésucrist, mil cent quarante-six, au mois de janvier.

Note 668:
Gesta Lud. jun., § 14.

Note 669:
Huchant.
Le latin dit
ululantes
, et sans doute le

manuscrit original des Chroniques de Saint-Denis portoit
hulant
.

Note 670:
En buissons et en caves.
«Per dumos et latebras.»

Dès ce jour en avant commencièrent toutes viandes à faillir en cet ost si que né homme né cheval ne se scavoient de quoy soustenir, nulle manière de

marchandise ne venoit en leur ost, car il ne trouvèrent nulles gens. Le grant péril estoit encore de ce que nul qui là fust n'avoit oncques mais esté en la terre né il ne scavoient où tourner: une heure alloient à destre et l'autre heure à senestre comme gent esgarée. Au dernier si comme il pleut à Nostre-Seigneur il passèrent tant de haultes montaignes et de parfondes vallées que par grans travaux vindrent à la cité de Satelie. Oncques de Turs n'eurent assaut né encombrier dont il se merveillèrent trop.

Satelie est une cité de Griffons qui est à l'empereur de Constantinoble et siet au rivage de la mer[671]: moult y a bonne terre et plentureuse entour elle qui cultiver la pourroit; mais à ceux du pays elle ne fait nul bien, car les Turs qui sont herbergiés emprès la cité en bonnes forteresses les tiennent si de court qu'il ne peuvent entendre à gaigner ou labourer les terres. Dedens la cité treuve-l'en assez quanques mestier est, car il y a belles fontaines et beaux jardins et arbres qui portent toutes manières de fruit, et beaux lieux et délitables, et de vins y apportent assez les marchéans par la mer si que il n'y a chierté de rien. Néantmoins elle ne péust durer sé elle ne rendoit chascun an aux Turs grant treuage. Les Gregeois l'appellent Atalie, dont la montaigne qui est d'illec dure dès le mont de l'Issodonne jusques en l'isle de près Cypre, et est appellée en

Grèce Atalique; mais nos François luy misrent nom le Gouffre de Satelie[672] et ainsi la clame l'on ores communément[673]. Le roy, quant il eut séjourné une pièce laissa en la ville sa gent à pié. Ses chevaliers et ses barons prist avec luy et se mist en mer et laissèrent Ysaure et Sécille[674] à senestre, à dextre mist l'isle de Cypre. Bon vent eurent si qu'il ne demourèrent guères qu'il arrivèrent au port Saint-Syméon. C'est là où le fleuve du Far[675] qui par Antioche court, chiet en la mer, delés une ancienne cité qui a nom Seleuce près d'Antioche à dix milles.

Note 671: Satalie, autrefois
Attalée
, sur la Méditerranée et à

l'extrémité du golfe de Satalie.

Note 672: Toute celle phrase si mal rendue n'est intelligible que dans le texte latin de Guillaume de Tyr: «Hanc nostri idiomatis Græci non habentes peritiam corrupto vocabulo Sataliam appellant. Undè et totus ille maris sinus, à promontorio Lissidona usquè in insulam

Cyprum,
Attalicus
dicitur qui vulgari appellatione
Colphus

Sataliæ nuncupatur.»

Note 673:
Gesta Lud. jun., § 15.

Note 674:
Sécille. Cilicie.

Note 675:
Farci fluvius
, traduisent ridiculement les
Gesta. Fauces
Orontis
, dit très-bien le latin de
Guillaume de Tyr
.

XI.

ANNEE: 1147.

Coment le prince d'Antioche reçut le roy de France et ses gens en sa cité, moult honnorablement, et puis le voult traïr.

[676] Raimons le prince d'Antioche oï la nouvelle que le roy Loys de France estoit arrivé en sa terre et près de luy: grant joye en eut, car il avoit moult désirée sa venue. Il prist avec luy des greigneurs barons de sa terre et belle compaignie d'aultres gens et luy alla au devant: grant joye luy fist et grant honneur, dedens la cité d'Antioche le mena luy et toute sa gent. Le clergié et le peuple de la ville le receurent à procession moult honnorablement et liement. Le prince se péna de faire quanqu'il cuida qui deust plaire au roy. En France mesme quant il oï dire qu'il estoit croisié luy avoit-il envoié grans présens et riches joyaulx pour ce qu'il avoit espérance que par l'ayde des François il deust conquerre cités et chasteaux sur ses ennemis et croistre bien en loing la puissance de la cité d'Antioche, bien cuidoit estre seur que la royne de France Alienor luy deust aydier et mettre son seigneur en telle volenté; cuar ele venoit en celui pélerinage, et estoit niepce le prince, fille de son frère ainsné le conte Guillaume de Poictiers. De tous les barons de France qui avec le roy estoient venus n'en y eut oncques nul à qui le conte ne fist grant honneur; et donna grans dons à chascun selon ce qu'il estoit. Par les hostels les

alloit veoir, de parolles s'acointa à chascun moult honnorablement et débonnairement. Tant se fioit en l'ayde du roy qu'il luy fu jà advis que les cités de Halape, Césaire et les autres forteresses aux Turs qui près de luy estoient venissent légièrement en sa main. Sans faille ce peust bien estre advenu qu'il pensoit, sé le roy eust eu volenté de ce enprendre, car les Turs avoient grant paour de sa venue, si qu'il ne pensoient mie à tenir contre luy leurs forteresses, ainsois avoient certain propos de tout laissier et de fouyr s'il adressoit celle part.

Note 676:
Guill. de Tyr, liv, XVI., § 27.

Le prince qui la volenté le roy avoit essaiée par plusieurs fois privéement n'y trouvoit mie ce qu'il voulsist. Un jour vint à luy devant ses barons et luy fist les requestes au mieulx qu'il sceut. Maintes raisons luy monstra que s'il vouloit à ce entendre, moult feroit grant proffit à son ame et acquerroit la louenge du siècle, et la crestienté accroistroit de trop grant chose. Le roy se conseilla et puis luy respondi qu'il estoit voué au sépulcre, et que mesmement pour là aller s'estoit-il croisié et que depuis qu'il estoit parti de son pays il avoit eu mains encombriers, pour ce n'avoit talent de prendre nulles guerres jusques atant qu'il eust son pellerinage parfait; et après ce, il orroit volentiers parler le prince et les autres barons de la terre de Surie, et par leur conseil feroit à son pouvoir le profit de la besongne Nostre-Seigneur.

Quant le prince oï qu'il ne feroit rien vers luy de ce qu'il pensoit, trop le prist à mal. Et tant comme il put pourchassa contre le roy et de le courroucier se péna en toutes manières, si que la royne sa femme mist-il en tel point qu'elle le voulut laissier et se départir de luy. Maintes gens firent assavoir au roy que le prince luy pourchassoit mal. Tantost eut conseil à ses hommes celéement et par leur accord s'en yssi de nuit de la cité d'Antioche si que ne le sceurent pas tous; dont n'eut mie telle procession au départir comme il avoit eu à l'entrée. Assez y eut gens qui dirent par la terre[677] que le roy n'avoit pas fait son honneur de s'en partir ainsi du pays.

Note 677: L'auteur des *Gesta* ajoute: *Nec immerito*. Et Guillaume

de Tyr semble pencher pour cette opinion défavorable. Nos chroniques ont jugé convenable de passer ce que dit d'Alienor Guillaume de Tyr: «Uxorem enim in idipsum consentientem, quæ una erat de fatuis mulieribus, aut violenter, aut occultis machinationibus, ab eo rapere proposuit. Erat... mulier imprudens, et contra dignitatem regiam legem negligens maritalem, tori conjugalis fidem oblita.»
(Lib. XVI, c. 27.)

XII.

ANNEE: 1147.

Coment l'empereur d'Alemaigne s'en parti de Constantinoble, li et son ost qui remés li fu, et ala parfaire son pélerinage en la sainte cité de Jherusalem.

[678]Conrat l'empereur d'Allemaigne avoit séjourné tout l'iver en la cité de Constantinoble et l'empereur Manuel luy avoit assez fait mains compaignies et mains honneurs, si comme il afferoit à si haut homme. Quant le nouveau tems fu venu, l'empereur Conrat eut volenté de parfaire son pellerinage et d'aller en Jhérusalem. L'empereur Manuel luy fist appareiller la navie telle comme elle avoit mestier à luy et à ses gens; grant plenté de riches dons luy envoya au départir. Il entra en mer et les barons avec luy qui demourés estoient. Si eurent bon vent si que il ne demoura guères qu'il arrivèrent au port d'Acre. En la ville séjournèrent un peu, et puis montèrent ès chevaux et vindrent en Jhérusalem. Le roy Baudouin et le patriarche Foucher luy vindrent au devant à grant compaignie de chevaliers, de barons et de bourgeois. Les clercs furent revestus et le menèrent à procession dedens la cité, le peuple le receut à grant joye.

Note 678:

Gesta Lud. jun., § 16.--*Guill. de Tyr.*, *lib. XVI*, § 28.

En celle saison mesme arriva au port d'Acre un vaillant homme du royaume de

France bon crestien et de grant cuer, conte de Tholouse; Alphons avoit nom,

fils le bon conte Raymont qui fu si bon prince et fist de si grans euvres

au premier ost des barons quant il prisdrent Antioche et Jhérusalem. Moult

avoit-on cestui attendu longuement en la terre de Surie. Car il avoient

espérance qu'il leur deust tenir grant lieu contre les ennemis de la foy.

De soy estoit-il saige et de grant emprise; mais encore l'honnouroit-on

plus en la terre de Surie pour son père que pour luy. Grans biens eust fait

au pays, mais trop tost fu désavancié: car quant il vint d'Acre pour aller

en Jhérusalem pour véoir le sépulcre et les autres sains lieux, et vint en

la cité de Césaire qui siet en la marine, illecques un fils du déable, l'en

ne scet qui ce fu né pour quoy il le fist, mais il l'empoisonna de venin

qu'il mist en sa viande. Tantost fu mort le preudomme; grant deul en firent

riches et povres par toute Surie.

XIII.

ANNEE: 1147.

Coment le roy de France vint en Jhérusalem pour son voiage acomplir. Et coment il firent une assemblée en la cité de Acre, pour traitier du preu de la crestienté.

[679]En la cité de Jhérusalem vint la nouvelle que le roy de France estoit parti d'Antioche et s'en venoit tout droit vers la terre de Triple. Le roy de Jhérusalem eut conseil à ses barons et envoya contre luy le patriarche Foucher, pour luy prier et requerre que sans demourance se tirast vers la saincte cité où l'empereur d'Allemaigne et le roy Baudouin l'attendoient. Sans faille il s'attendoient et se doubtoient que le prince d'Antioche ne s'accordast à luy et le fist retourner vers la sienne terre, ou que le conte de Triple qui son cousin estoit ne le fist demourer en son pays. La terre qui oultre mer estoit que les crestiens tenoient à ce jour estoit toute partie en quatre baronnies. La première estoit devers midi, c'estoit le royaume de Jhérusalem qui commençoit d'un ruisseau qui est entre Gibelet et Barut[680]; ce sont deux cités de la terre de Fenice qui sient en la marine: et finist ès désers qui sont oultre le Daron, si comme l'en va vers Egypte. Je appelle le royaume baronnie, pour ce qu'il estoit ainsi petit. La seconde baronnie estoit devers Bise, c'estoit la conté de Triple, et

commencoit au ruisseau que je vous ay dit[681], et duroit jusques à un autre ruisseau qui est entre Marlenée[682] et Valenie, ce sont deux cités près de la marine. La tierce estoit la terre d'Antioche qui commençoit de ce dernier russel et duroit vers soleil couchant jusques à la cité de Tarse en Sécile[683]: la quarte baronnie estoit la conté de Roches qui commençoit d'une forest que l'en appelle Marris et duroit devers Orient oultre le fleuve d'Eufratte jusques en Payennie. Ces quatre princes estoient grans hommes et puissans.

Note 679:
Gesta Lud. jun.
, § 17.--
Guill. de Tyr., lib.
XVI, § 29.

Note 680: Les anciennes villes de
Biblos
et
Beryte
.

Note 681: L'ancien
Tamyras
.

Note 682:
Marlenée.
Les Gesta disent
Marnelia
, et Guillaume de

Tyr
Maraclea
; ce doit être
Margat
. L'ancienne
Marathus-Valenie
,
l'ancienne
Balanca

Note 683:
Secile.
Cilicie.--
Roches.
Edesse.

Quant il oïrent parler premièrement de la venue l'empereur d'Allemaigne et du roy de France, chascun d'eux eut grant espérance que par la venue d'eux peust bouter ses ennemis les Turs arrières, et les termes de son povoir mettre bien avant; car n'y avoit celluy d'eux tous qui n'eust en sa marche bien près de Turs et bonnes cités et fortes que désiroient moult à conquerre s'il eussent peu. Et pour ce estoient tous en grant suspens pour eux accroistre; et chascun avoit envoyé lettres et riches joyaux à ces deux grans princes et aux barons mesmes pour les attraire vers soy. Le roy Baudouin cuidoit avoir meilleur droit en ce que le roy de France venist vers luy que les autres n'avoient, car il estoit parti de son pays pour visiter les sains lieux de Jhérusalem, d'autre part l'empereur estoit jà là qui l'attendoit. Si estoit droit doncques que le roy deust plus tost aller là que demourer ailleurs pour son pellerinage parfaire, et prendre conseil entre luy et l'empereur des besongnes de la crestienté. Toutes voies pour ce qu'il se doubtoit que les autres barons ne le receussent, envoya-il à luy le patriarche, si comme je vous ay dit, qui luy monstra moult bien par maintes raisons qu'il devoit mieux aller en Jhérusalem qu'ailleurs. Le roy le creut et s'en alla sans demourance jusques en Jhérusalem. Là le receut-on à moult grant feste: tous ceux de la ville luy yssirent hors à l'encontre et mesmement les clers à toutes les processions.

Le roy et les autres barons le menèrent par les sains lieux qu'il avoit moult désiré à véoir.

Quant il eut faites ses oroisons, à son hostel le menèrent qui fu riche et habandonné. La court fu plenière et habondant de toutes choses[684]. Le lendemain prindrent conseil l'empereur, le roy de France et le roy de Surie, le patriarche et les autres qui là estoient, des affaires de la terre, coment il seroient menés. Et par la volenté de tous fu accordé que l'en prist un jour qu'il assemblassent tous en la cité d'Acre et regardassent tous en quelle manière il pourroient mieux faire le preu de la crestienté. Le jour vint, si s'assemblèrent tous les grans hommes qui venir y peurent.

Note 684:
Gesta Lud. jun.
, § 18.

XIV.

ANNEE: 1147.

Des noms de ceulx qui furent à ceste assemblée en Acre, pour faire la besoigne Nostre-Seigneur.

[685]Conrat l'empereur d'Allemaigne fu à ce parlement et messire Othes son

frère qui preux estoit et clerc, et évesque de Frisingue; Estienne évesque

de Mez en Loheraine; Henry évesque de Toul frère le conte Thierry de

Flandres; Theodins qui né estoit de Thiesche terre, évesque de Port[686],

qui par le commandement l'apostole estoit légat en l'ost l'empereur. Des

princes de l'empire y fu Henry duc d'Ostrice frère l'empereur et un autre

duc qui avoit nom Guelphes, riche homme et puissant; Ferry le duc de Souave

nepveu de l'empereur, fils de son frère ainsné qui fu empereur, et bien

gouverna l'empire par sens et par vigueur; Hernault le marquis de Véronne

et Bertous de Andes qui puis fu duc de Bavière; Guillaume le marquis de

Montferrat serouge l'empereur; le conte de Blandras qui avoit la seur au

marquis Guillaume espousée; ambeduis estoient haulx hommes de Lombardie.

Tous furent avec l'empereur, des autres y eut assez.

Note 685:
Guill. de Tyr, liv.
XVII, § 1.

Note 686:
De Port.
«Portuensis.»--
Tiesche.
Allemande.

De l'autre part fu Loys le roy de France, et Geuffroy l'évesque de Lengres, Arnoul évesque de Lisieux, Guillaume de Florence prestre cardinal de l'églyse de Rome, au titre Sainte Chrysogone, légat du pape en l'ost du roy de France; le conte Robert du Perche qui estoit frère le roy; Henry le fils du viel conte Thibaut de Champaigne, jeune homme vaillant et large et de grant cuer, et avoit à femme la contesse Marie fille le roy de France. Avec eux estoit le conte Thierry de Flandres, riche prince et puissant, serourge estoit le roy Baudouin. Si estoit là Yves de Neesle en l'éveschié de Noyon, un home biaus et saige; mains autres preudomes eut du royaume de France que

l'on ne peut mie tous nommer. De la terre d'outre mer fu le roy Baudoin et sa mère la bonne dame, saige et vigoreuse et de bonne contenance. Évesques

y avoit assez; il y fu Fouchier le patriarche de Jhérusalem, Baudouin archevesque de Césaire, Robert archevesque de Nazareth, Roger évesque d'Acre, Bernard évesque de Saiette, Guillaume évesque de Baruth, Adan évesque de Belinas[687], Girard évesque de Bethleem, Robert maistre du temple, Raymont maistre de l'ospital.

Note 687 :
Belinas.
L'ancienne *Panéas*.

Des barons y furent Manassier, le connestable le roy Baudouin, Elinans de Tabarie, Gérard de Saiette, Gaultier de Césaire, Payen sire de la terre outre le fleuve Jourdain, Hunfrois de Thoron, Guillaume de Baruth. Assez en y eut d'autres qui tous estoient assemblés dedens la cité d'Acre pour prendre conseil en quelle partie on pourroit mieux faire la besongne Nostre-Seigneur de afébloier ses ennemis et de croistre le povoir des crestiens.

XV.

ANNEE: 1147.

Coment le conseil fu pour aler assegier la cité de Damas.

[688]Maintes paroles y eut dites en ce conseil et pluseurs raisons monstrées, pour mener l'ost des crestiens en diverses parties. Mais au dernier s'accordèrent tous à une chose et fu ferme le conseil à ce que on iroit assegier la cité de Damas. Le ban fu crié que à un jour qui fu mis venissent tous appareillés, chascun selon son povoir, en la cité de Tabarie. Ce fu en l'an de l'Incarnacion Nostre-Seigneur mil cent quarante-sept, le quinzième jour de may. Ces haulx hommes qui venus estoient en pellerinage et les autres du royaume de Jhérusalem, et tous à cheval et à pié, vindrent en la cité de Tabarie[689] qui est appellée en l'évangile Césaire Phelippe. La vraye croix fu là apportée, si comme il estoit de coustume au temps de lors, car elle alloit la première ès grans besongnes. Illec parlèrent les grans hommes à ceux de la terre qui bien sçavoient l'estre du païs et mesmement la situation de la cité de Damas. Ceux donnèrent conseil aux barons que on mist peine que les jardins de Damas fussent premièrement pris, car il ataignoient une grande partie de la ville et moult y a grant forteresse où les Turs de la ville se fioient trop. Bien sembloit estre voir que sé l'en povoit les jardins prendre, la cité ne se tendroit pas longuement. Le lendemain il murent tous ensemble et

passèrent le mont de Libane qui est moult renommé en l'Escripture, et si est entre ces deux cités Belinas et Damas. Et quant il furent descendus de celle montaigne il vindrent jusques à une ville qui a nom Daire. Illec se logièrent tous ensemble. Moult fu beau l'ost à veoir, car il y avoit grant plenté de pavillons tous neufs et de maintes manières. Près estoient de la cité de Damas à quatre lieues ou à cinq, si qu'il povoient véoir tout plainement la ville. Les Turs mesmes qui dedens estoient montoient ès murs

et sur les tours, pour regarder l'ost dont il avoient trop grant paour.

Note 688:
Gesta Lud. jun.
, § 19.--
Guill. de Tyr, liv.
XVII, § 2.

Note 689: Il falloit ajouter avec le
Guill. de Tyr
latin:
Et de là
à Panéas qui est
, etc.

XVI.

ANNEE: 1147.

Coment la noble baronie des crestiens assegièrent la cité de Damas par les jardins, dont il orent moult à faire.

[690]Damas est la greigneur cité d'une terre qui a nom la Mendre Surie, qui est appellée par autre nom la Fenice de Libane, dont le prophète dit: Le chief de Surie Damas un sergent d'Abraham la fonda qui estoit appellé Damas; de luy fu elle ainsi nommée. Elle siet en un plain de quoy la terre est are[691], stérile et brehaigne, sé ce n'est tant comme les gaigneurs[692] la font fertile et plentureuse, par un fleuve qui descent de la montaigne qu'il mènent par conduis et par chaneaus, là où mestier est, devers la partie d'orient. Ès deux rives de ce fleuve croist moult grant plenté d'arbres qui portent fruit de toutes manières. Si comme il fu jour et l'ost des crestiens fu armé ainsi comme il estoit devisé, de toutes leur gens ne firent que trois batailles. Le roy d'oultre mer avoit la première, pour ce que ses gens sçavoient mieux le pays que les pellerins estranges qui y estoient venus. La seconde fist le roy de France pour secourre, sé mestier fust, à ceux qui les premiers alloient. L'arrière garde fist l'empereur et ceux qui de sa terre estoient. En celle manière s'en allèrent vers la cité, et estoit vers le soleil couchant celle part dont nos gens venoient. Les jardins estoient devers bise qui durent bien

quatre lieues ou cinq, tous plains d'arbres si grans et si espés que ce sembloit une grant forest, selon ce que chascun y a son jardin clos de murs de terre: car en ce pays n'a mie plenté de pierres. Les sentiers y sont moult estrois d'un vergier à autre; mais il y a une commune voye qui va à la cité où va à paine un homme atout son cheval chargié de fruit. De celle part est la cité trop forte pour les murs de pierres dont il y a tant et pour les ruisseaux qui cueurent par tres-tous les jardins et pour les estroictes voyes qui sont bien clouses deçà et delà. Accordé fu que par là s'en iroit tout l'ost vers la cité pour deux choses: l'une ce fu que sé les jardins estoient pris, la ville seroit ainsi comme desclose et demie prise; l'autre si fu qu'il y avoit là grant plenté du fruis tous meurs par les arbres qui grant mestier aroient en l'ost, et pour les eaues qui celle part couroient, dont l'ost avoit bien mestier et pour les hommes et pour les chevaux.

Note 690:
Gesta Ludov. jun., § 20.--
Guill. de Tyr, liv. XVII, § 3.

Note 691:
Are.
Aride.

Note 692:

Gaigneurs.
«Agricolæ.»

[693]Le roy Baudoin commanda que ses gens se missent dedens les jardins: mais trop y eut grant force à aller par là; car derrière les murs de terre, deçà et delà des sentiers, y avoit grant plenté de Turs qui ne finoient de traire par archières qu'il avoient faictes espesséement, et à ceux ne povoient avenir les nostres. Si en y avoit assez de ceux qui se mettoient appertement en la voye contre eux et leur deffendoient le pas, car tous ceux qui povoient armes porter s'estoient mis hors et deffendoient à leur povoir que nos gens ne guaignassent les jardins. Il y avoit de lieux en lieux bonnes tournelles et haultes que les riches hommes de Damas y avoient fait faire pour eux logier, sé mestier estoit, quant il faisoient cueillir leurs fruis; ycelles tours estoient lors moult bien garnies d'archiers qui grant mal faisoient à nos gens. Et quant on passoit près de ces tournelles, on gettoit sur eux de grosses pierres; moult estoient à grant meschief: souvent les feroit-on de glaives par les archières des murs de terre qui estoient deçà et delà. Assez en occirent en celle manière et hommes et chevaux, si que maintes fois se repentirent les barons de ce que il avoient empris asseoir la ville, de celle part.

Note 693:
Gesta Lud. jun.
, § 21.

XVII.

ANNEE: 1147.

Coment les nos gaignièrent les jardins et le fleuve à grant paine et chacièrent les Tiers dedens la cité.

[694]Grant despit en prist sur soy le roy Baudouin et tous les barons. Bien virent qu'il ne pourroient en telle manière passer jusques à la ville, sans trop grant dommaige. Lors se tournèrent ès costés de la voye et commencièrent à dérompre et à abattre les murs de terre. Les Turs qu'il trouvèrent dedens la closture de ces mars sourprisrent, si qu'il ne les laissèrent mie passer outre les autres murs, ainçois en occirent assez et mains en retindrent pris. Ainsi le firent les nostres ne sçay en quans lieux.

Note 694:
Guill. de Tyr, liv.
XVII, § 4.

Quant les Turs, qui estoient espandus par les jardins, virent que les nostres alloient ainsi abattant les murs et occiant la gent, trop furent espovantés; si s'en fouirent vers la ville. Les jardins laissièrent et s'en fouirent à grans routes dedens la cité. Lors allèrent les nostres tout à bandon[695] parmi les sentiers; mais les Turs s'estoient bien pensés que les nostres auroient mestier de venir au fleuve pour abeuvrer eux-mesmes et leurs chevaux: et pour ce, si tost comme il s'apperceurent que la cité seroit assiégée de celle partie, il garnirent moult bien la rive du fleuve d'archiers et d'arbalestriers. De chevaliers y misrent assez pour garder que les nostres n'approchassent du fleuve. Quant la bataille du roy Baudouin eut presque passé tous les jardins, grant talent eut de venir au fleuve qui couroit près des murs de la cité; mais quant il approchèrent, bien leur fu contredicte l'eaue et furent par force les nostres reboutés arrière. Après se rallièrent et emprisrent à gaigner l'eaue; aux Turs assemblèrent et fu l'assaut aspre et fier; mais les nostres furent reboutés arrière. Le roy de France chevauchoit après à tout sa bataille et attendoit pour secourre aux premiers quant mestier en seroit et qu'il seroient las. L'empereur, qui venoit derrière, demanda pourquoi il estoient arrestés; et l'en luy dist que la première bataille s'estoit assemblée aux Turs qu'il avoient trouvé hors de la ville.

Note 695:
A bandon.
A qui mieux mieux.

Quant les Thiois qui peu scevent de tous atiremens d'armes et sont une gens

qui rien ne peuvent souffrir[696] oïrent ce, tantost se désordonnèrent et

coururent tous à desroy; et l'empereur mesme y fu; parmi la bataille le roy de France passèrent tous sans conroy jusques à tant qu'il vindrent aux poignéis sur l'eaue. Lors descendirent tous de sus leur chevaux et misrent les escus devant eux, et tindrent les longues espées, asprement coururent sus aux Turcs, si que il ne leur peurent résister et ne demoura guères qu'il laissièrent l'eaue et se misrent dedens la ville[697]. L'empereur fist à celle venue un coup de quoy l'on doit à tousjours mais parler; car un Turc le tenoit moult de près qui estoit armé de haubert. L'empereur fu à pié et tenoit en sa main une moult bonne espée. Il féri le Turc entre le col et la senestre espaule, si que le coup descendi parmi le pis au destre costé. La pièce chéi qui emporta le col et la teste et le senestre bras. Les Turcs qui ce virent ne s'arrestèrent plus illec, ainçois s'en fouirent en la ville. Quant il racomptèrent aux autres le coup qu'il avoient veu, il n'y eut si hardi qui n'eust paour, si que tous furent désespérés qu'il ne se peussent tenir contre telles gens.

Note 696: Le traducteur transforme en reproche une observation de Guillaume de Tyr qui n'avoit pas ce caractère: «Imperator... tam ipse quam sui de equis descendentes et facti pedites (sicut mos est Theutonicis, in summis necessitatibus, bellica tractare negotia).»

Note 697:
Gesta Ludov. jun.
, § 22.

XVIII.

ANNEE: 1147.

Coment l'ost fu délogié des jardins par le conseil d'aucuns princes desloyaux et traitres de Surie qui firent entendant qu'il prendroient la cité de l'autre part, dont elle n'avoit garde de assaut.

[698]Le fleuve et les jardins eurent nos gens gaignés tout à délivre[699]. Lors tendirent leur pavillons entour la cité. Grant doutance eurent les Sarrasins en toutes manières; si montèrent sus les murs et regardèrent l'ost qui trop estoit beau, quant il fu logié. Bien se pensèrent que si grans gens avoient bien povoir de conquerre leur ville. Paour eurent moult grant qu'il ne fissent aucune saillie soudainement par quoy il entrassent dedens et les occissent tous. Pour ce prisrent conseil entre eux et fu accordé que par toutes les rues de la ville de celle partie où le siège estoit, l'en mist de bonnes barres de gros bois en plusieurs lieux. Pour ce le firent que sé les nostres se mettoient dedens, tandis comme il entendroient à copper les barres, que les Turs s'en peussent aller par les portes et mener à sauveté leur femmes et leur enfans. Bien sembloit qu'il n'eussent mie couraige de la ville deffendre moult longuement, s'il estoient à meschief, quant il s'atournoient jà à fouir[700]. Assez estoit légière chose de faire si grant fait que de prendre la cité de Damas, sé

Nostre-Seigneur y eust voulu ouvrer. Mais pour les péchés de la crestienté et pour ce, par aventure, qu'il destinast celle grant chose à faire et acomplir par autres gens en aucun temps, souffrit que la malice au déable qui cueurt tousjours et est preste à mal destourba celle haute besongne. Mains Sarrasins y avoit jà qui avoient troussé toutes les choses qu'il prétendoient à emporter quant il s'enfuiroient. Mais les plus saiges de la cité se pourpensèrent que des barons de la terre y avoit mains qui estoient de trop grant convoitise; bien cogneurent que les cuers des crestiens qui là estoient assemblés ne vaincroient-il mie par bataille, pour ce voulurent essayer à vaincre les cuers d'aucuns par avarice. Si envoyèrent à ces gens leur avoir qui est moult grant et leur promisrent et bien leur asseurèrent que ainsi le feroient comme il leur promettoient, s'il povoient tant faire que le siège se partist d'illec. Bien est voir que ces barons furent de la terre de Surie; mais leur lignaiges né leur noms né les terres que il tenoient ne nomme pas l'ystoire[701], espoir, pour ce qu'il y avoit encore de leur hoirs qui pour rien ne l'eussent souffert. Ces barons qui avoient empris le mestier Judas de pourchascier la traïson contre Nostre-Seigneur vindrent à l'empereur et au roy de France et au roy de Jhérusalem qui moult les créoient et leur disrent que ce n'avoit pas esté bon conseil d'assiéger la cité par devers les jardins, car elle y estoit plus forte à prendre que de nulle autre partie: pour ce disrent qu'il requeroient à ces grans seigneurs et leur louoient en bonne foy que avant qu'il gastassent là leurs peines et perdissent leur temps, il feroient l'ost remuer et asseoir la cité en ce costé qui estoit tout droit contre celluy qu'il avoient assis. Car, si comme il disoient, ès parties de la ville qui sont contre Orient et contre Midi n'avoit né jardin né arbre qui destourber les péust à venir là; le fleuve n'y couroit mie qui fust fort à gaigner. Les murs estoient illec bas et fèbles, si qu'il n'y convenoit jà engins à drecier, ainsois pourroit bien estre pris de venue.

Note 698:
Guillaume de Tyr, liv.
XVII, § 5.

Note 699:
A delivre.
Sans réserve aucune.

Note 700:
Gesta Lud. jun.
, § XXIII.

Note 701: C'est-à-dire: Guillaume de Tyr.

Quant les princes et les autres barons les oïrent ainsi parler, bien cuidièrent qu'il le déissent en bonne foy et en bonne entencion. Si les creurent et firent crier parmi l'ost que tous se deslogeassent et suivissent les barons qu'il leur nommèrent. Les traitres se misrent devant; tout l'ost menèrent près de la ville jusques à tant qu'il furent en la partie de quoy il scavoient de vray qu'elle n'avoit garde d'assaut et où l'ost avoit plus grant souffrete de toutes choses, si qu'il ne pourroient illec longuement demourer. Là demourèrent les barons et les princes et firent l'ost logier tout entour. Si n'eurent guères demouré en celle place qu'il s'apperceurent certainement que trahis estoient et que par grant malice les avoit-on fait illec venir: car il avoient perdu le fleuve de quoy si grant plenté de gens ne se povoient passer; et aussi les fruis des jardins dont il avoient assez aise et délit.

XIX.

ANNEE: 1147.

Coment l'ost des Crestiens, vilainement traï, laissa le siège de Damas pour la grant souffraite qu'il orent de vivres.

[702]Viande commença du tout à faillir en l'ost, si que tous en eurent grant souffrete et mesmement les pélerins des estranges terres: car il n'en povoit point venir de Surie, et ceux en estoient povrement garnis pour ce que on leur avoit fait entendant que la cité seroit prise où il en trouveroient assez. Car elle ne se pourroit tenir en nulle manière, ce disoit-on: pour ce ne se voulurent-il guères chargier de viandes. Quant il se virent en tel point que toutes choses leur failloient qui mestier leur avoient, trop furent courroucés et esbahis, né ne s'entremirent oncques d'assaillir la ville, car ce eust esté paine perdue, et aussi de retourner en la place où il se logièrent premièrement n'eust pas esté légière chose: car si tost comme il furent partis, les Turs issirent hors hastivement illec et tant y firent de barres de fors bois espès et longs, où il misrent si grant plenté d'archiers et d'arbalestriers que ce eust esté plus légière chose de prendre une fort cité que de demourer illec. Du demourer en la place sçavoient-il de voir que ce ne povoit estre, car il ne povoient avoir né à boire né à mengier. Pour ce parlèrent ensemble le roy de France et

l'empereur, et disrent que ceux de la terre en la foy desquels et en la loyauté il avoient mis leur corps et leur hommes pour la besongne Jhésucrist, les avoient trahis très desloyaument et les avoient amenés en ce lieu où il ne povoient faire le profit de crestienté né leur honneur. Pour ce s'accordèrent tous qu'il s'en retournassent d'illec el bien se gardassent désormais de traïson.

Note 702:
Gesta Lud. jun., § XXIV.--Guill. de Tyr., liv. XVII, § 6.

En telle manière s'en partirent les deux plus haulx hommes et les plus puissans de crestienté qui riens n'y firent à celle fois qui fust profitable né honnorable à Dieu né au siècle. Moult commencièrent à desplaire à ces grans hommes les besongues de la saincte terre né riens ne vouldent puis entreprendre. La menue gent de France disoient tout en appert aux Suriens que ce ne seroit bonne chose de conquerre les cités; car néis les Turs y valoient mieux qu'il ne faisoient. Jusques au temps que celle chose fust ainsi avenue demouroient volentiers les gens de France et assez légièrement au royaume de Jhérusalem et mains grans biens y avoient fais. Mais depuis ce temps ne peurent estre si d'accord à ceux du pays comme il estoient devant; et quant il venoient aucunes fois en pellerinage si s'en retournoient-il au plus tost qu'il povoient.

XX.

ANNEE: 1147.

Coment il fu enquis diligeamment par qui ceste traïson fu faite; et coment toute la baronie fu mal encoragié vers ceux de Surie, qui ceste grant félonnie avoient pourchacié.

[703]Pluseurs gens se misrent maintes fois en enqueste de demander aux saiges hommes qui avoient esté a celle besongne pour savoir certainement coment et par qui celle traïson avoit esté faicte et pourparlée. Celluy mesmes qui ceste hystoire fist[704] le demanda pluseurs fois à maintes gens du pays: diverses raisons en rendoit-on. Les uns disoient que le conte de Flandres fu plus achoisonné[705] de ceste chose que nul autre, non pas pour

ce qu'il en sceust rien né qu'il consentist la traïson, car si tost comme il vit que les jardins de Damas estoient gaingnées et le fleuve pris par force, bien luy fu avis que la cité ne se tendroit pas longuement. Lors vint à l'empereur et au roy de France et au roy Baudouin et leur pria moult doucement qu'il luy donnassent celle cité de Damas quant elle seroit prise et conquise. Ce mesme requist-il aux barons de France et d'Allemaigne qui bien s'i accordèrent, car bien leur promettoit que bien la garderoit et loyaument et bien guerroierait leur ennemis.

Note 703:
Gesta Lud. jun., § XXV.--*Guill. de Tyr.*, lib. XVII, § 7.

Note 704: C'est-à-dire: Guillaume de Tyr, dont on reproduit exactement le sommaire. «Memini me frequenter interrogasse et sæpius prudente-viros.... ut compertum historiæ mandarem præsenti, quænam tanti mali causa fuerit.... Quorumdam erat opinio quod comitis Flandrens sium factum quoddam occasionem præstiterat huic malo....»

(Will. Tyr., lib. XVII, c. 7.)

Note 705:
Achoisonné.
Inculpé, soupçonné.

Quant les barons de Surie l'oïrent dire, grans courroux en eurent et grant desdaing de ce que le haut prince qui tant de terre avoit en son pays et estoit là venu en pellerinage vouloit ores gaingner en celle manière l'un des plus nobles et riches membres du royaume de Surie. Mieux leur sembloit,

sé le roy Baudouin ne la retenoit en son demaine, que l'un d'eux la déust avoir. Car il sont tousjours en contens et en plais aux Sarrasins et, quant les autres barons retournent en leurs pays, il ne se meuvent, car il n'ont riens ailleurs. Et pour ce qu'il leur sembloit que celluy voulsist tollir le fruit de leur travail, plus bel leur estoit que les Turs la tenissent encore qu'elle fust donnée au conte de Flandres. Pour ce destourber s'accordèrent à la traïson faire. Les autres disoient que le prince Raymont d'Antioche qui trop estoit malicieux, puis que le roy de France se fu parti de luy par mal, ne cessa de pourchascier à son povoir coment luy rendroit ennui et destourbier de son honneur. Pour ce manda aux barons de Surie qui

estoient ses acointes et leur pria de cuer qu'il missent toute la paine qu'il pourroient à destourber la louenge et le pris du roy, si qu'il ne fist chose qui honnorable fust. Par sa prière avoient-il ce pourchascié.

Les tiers dient la chose ainsi comme vous oïstes premièrement, que par grant avoir que les Turs donnèrent aux barons fu celle desloyauté faicte.

[706]Grant joye eut en la cité de Damas quant virent ainsi en aller si grant gent qui contre eux estoient assemblés. Encontre ce tout le royaume de Jhérusalem en fu courroucié et desconforté. Et quant ces grans hommes s'en furent partis si fu assigné un grant parlement où assemblèrent tous les haus barons et les meneurs. Là fu dit que bonne chose seroit qu'il fissent un grant fait dont Nostre-Seigneur fust honnouré et par quoy l'en parlast d'eux à tousjours mais en bien. Illec fu ramentu que la cité d'Escalonne estoit encore au povoir des mescréans, qui séoit au milieu du royaume, si que sé l'en la vouloit assiéger, de toutes pars pourroient venir viandes en l'ost pour quoy ce seroit légère chose de prendre la ville, qui longuement ne se pourroit tenir contre si grans gens. Assez fu

parlé entre eux de celle chose. Mais rien n'en fu accordé pour ce qu'il y avoit destourbeurs qui mieux s'en amoient retourner que assiéger cités en Surie. Si n'estoit mie de merveilles sé les estranges pellerins de France et d'Allemaigne avoient perdu le talent de bien faire en la terre, quant il véoient ceux du pays mesme qui Dieu et eux-mesmes avoient trahi, et le commun proffit destourbé et empeschié, si comme il apparut devant Damas. Il

sembloit que Nostre-Seigneur ne voulsist rien faire de sa besongne par ses gens, et se départist le parlement ains que nulle riens y eut empris.

Note 706:
Gesta Lud. jun.
, § 26.

XXI.

ANNEE: 1150.

Coment l'empereur d'Allemaigne s'en parti tantost de Jhérusalem, et s'en ala en son païs; et le roy de France, quant il ot là séjourné un an, s'en vint en France.

[707]L'empereur Conrat vit que l'afaire de la terre d'oultre mer estoit en tel point que ne povoient pas bien estre les barons d'un accord de faire né d'emprendre chose qui vaulsist, si que les preud'hommes disoient que c'estoit hayne de Dieu; et il avoit assez à faire d'entendre à gouverner son empire. Pour ce fist appareiller sa navie, et prist congié de ceux qui demouroient et s'en entra ès nefs et s'en revint en son pays. Mais ne vesqui-il mie plus de deux ans ou de trois, ainsois mourut en la cité de Paembert[708] et enterré moult honnorablement en la maistre églyse de l'éveschié. Moult fu bon prince, piteux et débonnaire, grant de corps, fort et biau chevalier, bon et hardy, bien entéchié de toutes choses. Ferry son nepveu duc de Souave de qui vous oïstes dire qu'il estoit allé en ce pellerinage avec son oncle, fu empereur après luy. Jeune homme estoit, mais de trop grant manière fu saige et vigoreux.

Note 707:
Gesta Lud. jun., § 27.--Guill. de Tyr, liv. XVII, § 8.

Note 708: *Paembert.* Les *Gesta* écrivent: *Paembort*. C'est *Bamberg*, en Franconie.

[709] Le roy Loys de France quant il eut demouré en la terre un an entier et ce vint au terme que on appelle au pays le passaige de mars, si fu en Jhérusalem le jour de Pasques et sa femme et ses barons. Puis prist congié au roy Baudouin, au patriarche et aux autres de la terre[710]. Les nefs furent appareillées et il entrèrent ens, sans destourbier s'en vindrent en France. Après ce que il fu revenu ne demoura pas longuement que la royne Aliénor se délivra d'une fille qui eut nom Aalis.

Note 709: Ici, l'édition des *Historiens de France*, tome XII, p. 201, termine la lacune qu'elle a laissée dans le texte des *Chroniques de Saint-Denis*.

Note 710: A compter de là, nos chroniques quittent Guillaume de Tyr et reviennent à l'*Historia gloriosi regis Ludovici VII.--Hist. de France, t. XII*, page 127.

XXII.

ANNEE: 1150.

Coment le roy aida Henry, fils le conte d'Angiers, à conquerre Normandie, et cil li en fist hommaige; et coment il se révéla contre luy.

Après ce que le roy Loys fu repairié de la voye de la terre d'oultre mer ne demoura pas moult que Jouffroy le conte d'Anjou et Henry son fils qui depuis fu roy d'Angleterre vindrent devant le roy de France et firent leur complainte du roy Estienne d'Angleterre, et luy monstrèrent que il leur tolloit par sa force le duchié de Normandie et le royaume d'Angleterre. Et le roy qui vouloit tenir à droit tous ceux qui soubs luy estoient si comme il appartient à dignité de roy, et garder à chascun sa droicture, manda ses osts et entra en Normandie et la prist et puis la rendit à Henry le fils au conte d'Angiers et puis le receut à homme lige de celle terre mesme. Et celluy Henry, pour ceste bonté et ceste ayde que le roy luy avoit faicte, luy donna par ottroy de son père le Vouquessin Normant qui est entre Epte[711] et Andelle tout quittement. En celle terre sont ces chasteaux et forteresses: Gisors, Néauffle, Estrepagny, Dangu, Gamaches, Haracheville, Chasteauneuf, Baudemont, Bray, Tornay[712], Bucaille, Nogent sur Andelle.

Note 711: «Inter
Itam
et Andelam.» C'est bien l'Epte, et non pas

l'*Iton*, comme a traduit sans réflexion M. Guizot.

Note 712: *Tornay*. L' *Hist. glor. regis Lud.* porte *Tornucium*.

C'est donc plutôt *Tourny*, aujourd'hui village à trois lieues des Andelys, que *Gournay*, d'après la leçon préférée par dom Brial.

Par ceste manière que vous avez oï restora et rendi le roy Loys Normandie au tricheur Henry, né pas n'apperceut la tricherie et la desloyauté qu'il luy basti depuis et pourchassa. Car l'ystoire racompte qu'il se contint vers luy selon le proverbe au villain qui dit que quant plus on essauce felon et desloyal de tant plus s'enorgueillist.

En ceste manière ouvra celluy Henry vers le roy Loys son seigneur qui duc de Normandie l'avoit fait; et comme orgueilleux et rebelle refusa à faire et prendre droit en sa court. Le roy qui ceste chose prist en grief et en eut grant desdaing s'en alla à grant ost au chasteau de Vernon et le prist; puis en tolli un autre qui a nom le Neuf-Marché. Au derrenier quant celluy tricheur Henry vit qu'il ne pourvoit durer, si se tourna à mercy en la manière de tricherie de Regnart; et faignit vraye humilité affin qu'il peust recouvrer ce qu'il avoit perdu: et promettoit faulsement que jamais, jour qu'il vesquist, ne dresseroit la teste vers son seigneur. Et le roy qui tousjours fu doux et débonnaire luy monstra lors mesme sa grant débonnaireté, car il luy rendit les deux chasteaux qu'il luy avoit tolu.

XXIII.

ANNEE: 1152/1154.

Coment le roy fu desparti d'Aliénor, sa femme, pour cause de lignage, et coment il espousa une autre qui eut nom Constance, fille l'empereur d'Espagne.

Après ce avint que je ne scay quels gens du lignage le roy vindrent à luy et luy firent entendant, si comme voir estoit, qu'il y avoit lignage entre luy et la royne Aliénor et que près estoient du monstrer par serment. Et quant le roy oï ce, il respondi que contre Dieu né contre saincte églyse ne la vouloit-il pas tenir à femme. Et pour ceste chose enquerre fist le roy assembler au chasteau de Baugency le mardi devant Pasques-flouries Huon l'archevesque de Sens, et fu en celle assemblée Sances l'archevesque de Rains et Hues celluy de Rouen et celluy de Bourdeaux et plusieurs de leurs évesques et des barons de France grant partie.

Lors se tirèrent avant grant partie de ceux qui le lignage vouloient prouver, et firent le serment les cousins et les parens et dirent que le roy et la royne estoient bien prochains parens; et ainsi furent départis l'un de l'autre. Si avint après ceste séparacion que la royne Aliénor s'en alloit en sa terre en Aquitaine; si la prist à femme le duc de Normandie Henry qui depuis fu roy d'Angleterre. Et le roy Loys maria ses deux filles que il avoit eues de la royne Aliénor; l'ainsnée qui Marie avoit nom donna au conte Henry de Champaigne, et la mainsnée qui avoit nom Alaïs à son

frère le conte Thibaut de Blois.

Le roy qui selon la divine loy vouloit vivre qui commande que l'en prègne

femme selon la droicte ordonnance de saincte église et soient ambedeus une

mesme char, prist en espouse la fille l'empereur d'Espaigne, en espérance

d'avoir hoir masle qui après son décès gouvernast le royaume de France.

Celle dame qui Constance avoit nom envoya querre par Huon l'archevesque de

Sens. Quant il l'eut amenée, si l'oignit et couronna et elle et le roy en

la cité d'Orléans.

Après un peu de temps qu'il eurent esté ensemble conceupt la royne et

enfanta une belle fille qui fu appellée Marguerite, et depuis fu donnée en

mariage par l'atirement de la court de Rome à Henry le fils le roy

d'Angleterre et luy donna le roy Vouquessin le Normant que le roy Henry son

père luy avoit donné quittement, si comme l'ystoire a dessus devisé.

En ce temps donna Geuffroy de Gien une sienne fille par mariage à Estienne

de Sanserre, et ce fist-il par grant conseil, car il cuida bien qu'il le

deust deffendre du conte de Nevers, et avec la damoyselle luy donna Gien.

Et Hervieus fils de celluy Geuffroy vit que son père donnoit et mettoit en aultrui main le chasteau qui sien devoit estre par héritage: si y mist garde et deffence. Son père qui tout ce ne prisa riens, en revestit Estienne de Sanserre et le mist en saisine et possession du chasteau. Celluy Hervieus s'en alla au roy et se plaignit de son père qui ainsi le deshéritoit. Après se complaignit de Estienne de Sanserre qui contre luy et en son deshéritement avoit receu le chasteau et le tenoit contre son gré. Le roy qui tousjours ama et soustint droit et justice ne voulut pas souffrir que celluy Hervieus fust ainsi deshérité. Ses osts assembla et chevaucha vers ce chasteau que celluy Estienne avoit trop bien garni de chevaliers. Mais son corps avoit destourné[713]. Et le roy assiégea ce chasteau et le fist assaillir à ses gens; assez tost le prist et le rendit à Hervieus qui sien le disoit estre: atant s'en retourna le roy.

Note 713: «Sed selpsum absentaverat.»

XXIV.

ANNEE: 1160.

Coment la royne mourut de enfant. Et coment le roy espousa la fille le conte Thibaut de Blois.

En la royne Constance engendra le roy Loys une fille. En traveillant de cest enfant morut la dame par grant meschéance; pour la mort de laquelle le roy fu en grant tristesse. Après ce que le roy eut un peu mis son deul en oubli, luy conseillèrent les barons et les prélas qu'il se remariast, car il n'est né droit né raison que le roy soit sans compagnie de loyalle espouse. Le roy s'i accorda, car il regardoit en son cuer ce que l'Escripture dit: que mieux vaut mariage que ardoir au feu de luxure[714]. Et pour ce qu'il doubtoit sur toutes riens qu'il ne demourast sans hoir masle, il prist à femme la fille au conte Thibaut de Blois qui avoit nom Ale. Celuy noble conte Thibaut estoit jà trespassé de ce siècle, et stoient de luy demourés quatre fils et cinq filles, Henry le conte de Troyes, Thibaut le conte de Blois, Estienne le conte de Sancerre, Guillaume l'archevesque de Rains[715]; la duchesse de Bourgongne, la contesse de Bar, la femme Guillaume Gouet qui avoit esté duchesse de Puille et la contesse du Perche[716]. Et la dernière avoit nom Ale que dame Dieu essaulsa et luy donna seigneurie sur toutes les autres, qui avant avoit esté dessoubs eux[717], pour ce qu'elle estoit la plus jeune. Et elle fu telle qu'elle faisoit à louer par dessus toutes les autres: car elle estoit de trop grant sens et belle et plaisant et trop[718] bien faite de corps, et plaine de grant chasteté. Et pour ce qu'elle fu si gracieuse et plaine de tant de vertus desservi-elle estre essauciée en tel honneur. Ainsi fu ceste vaillant damoiselle jointe par mariage au roy Loys, et l'espousa[719] Hues l'archevesque de Sens le jour de la Saint-Berthélemy en l'églyse Nostre-Dame de Paris et couronna le roy ce jour avec elle.

Note 714: Saint Paul, épit. 1er aux Corinthiens, c. VII. «
*Melius est
nubere quam uri.*
»

Note 715: Le texte latin de l'
Historia gloria reg. Lud.
porte

Senonensis
; et cela, comme l'a judicieusement remarqué dom Brial,

prouve que ce morceau historique fut composé avant l'année 1176,

époque de la translation de Guillaume
aux blanches mains
au siège

de Reims.

Note 716: Les quatre filles de Thibaut-le-Grand, comte de Blois et

palatin de Champagne, furent: 1°
Marie
, femme d'Eudes II, duc de

Bourgogne; 2° Agnès, femme de Rainaud II, duc de Bar; 3° Isabelle, femme d'abord de Roger, duc de Pouille, puis de Guillaume Gouet, quatrième du nom, seigneur de Montmirail et de tout le territoire

nommé de lui et de ses ancêtres le
Perche-Gouet
; 4° Mathilde, femme

de Rotron III, comte de Perche.

Note 717: «Quæ subjecta anteà ipsis fuerat.» L'auteur latin n'ajoute pas le reste de la phrase, mais ne diroit-on pas que l'histoire de la reine Alix de Champagne a donné la première idée du charmant conte de *Cendrillon?*

Note 718:
Trop
a toujours un sens analogue à notre
extrêmement
.

Note 719: C'est-à-dire
la maria
.

Par convoitise du monde qui croist tousjours monta contens entre Névelon de

Pierrefons et Dreue de Mello qui les deux filles Dreue de Mons[720] avoient

espousées. Car Névelon de Pierrefons tollissoit à Dreue de Mello la moitié de Mons qui sienne devoit estre par le mariage de sa femme; pour ce s'en vint celluy Dreue parler au roy du tort que celluy Névelon luy faisoit et luy pria et requist comme à son seigneur qu'il luy fist amender celluy outrage. Le roy qui tousjours vouloit ceux qui soubs luy estoient fors et fèbles, povres et riches tenir à droit, oï sa prière. Ses osts assembla et chevaucha contre Mons et le prist à force; la tour et le baille fist abattre et la moitié du chasteau rendit à Dreue de Mello qui estoit de son droit héritage. Ne demoura pas moult après que celluy Névelon mourut. Le roy donna sa femme par mariage à Enguerran de Trie et l'autre partie du chasteau donna avec la dame.

Note 720: «
De Monceio.
» De
Moncy
.

XXV.

ANNEE: 1162.

Coment descort fu meu à Rome après la mort l'apostole, en eslisant un autre pape.

En ce temps sourdit en l'églyse de Rome un discort trop lait et trop villain. Il avint après le décès du pape qui lors estoit que les cardinaux s'assemblèrent d'un cuer et d'une volenté, et esleurent par bon accord Alixandre le tiers, un moult preud'homme et de haute vie. D'autre part les clers Othovien[721] tant seullement firent élection de sa personne desconvenable et contre tout droit, sans l'accord et sans le sceu des cardinaux et des évesques; car tous les cardinaux s'assentoient[722] d'un cuer et d'une volenté au pape Alixandre. Si estoit celluy Othovien plain d'orgueil et de boban et convoiteux des choses terriennes. Et bien y apparut quant il osa envahir et emprendre la dignité du siège saint Pierre, outre l'élection des cardinaux. Et pour celle discorde s'en vint en France, comme en son refuge, celluy honnorable pappe Alixandre (car plus n'a l'églyse de Rome lieu où elle puisse fouir pour avoir garentise, au temps de tribulacion). Premièrement s'en vint à Montpelier. Et quant le roy sceut sa venue si se conseilla qu'il avoit à faire; et par l'ordonnance de son conseil envoya à luy l'abbé Thibaut de Saint Germain des Prés.

Note 721: C'est-à-dire: Les clers d'Octavien.

Note 722: Le latin ajoute:
Duobus exceptis
.

Quant il eut faicte le besongne le roy pour quoy il estoit allé là, congié prist au pape et s'en retourna par Clermont. Là prist une maladie moult griesve. Jusques à l'abbaye de Vézelay s'en vint à quelque peine, si malade comme il estoit, pour ce qu'il ne devoit pas en tel point en estrange terre demourer. Et trois jours devant la feste Marie Magdalène dont l'églyse est fondée vint là. En celle églyse avoit esté nourry d'enfance et y avoit pris l'abit de religion, et là de celle maladie mourut. Après luy fu esleu Hue en abbé de Saint Germain des Prés. Ces choses avindrent en l'an de l'Incarnacion Nostre-Seigneur mil cent soixante-deux. Le devant dit pape Alixandre s'aprocha de France et le receupt le roy Loys et tout le royaume de France à seigneur et à pasteur de saincte églyse. Et par l'exemple du roy Loys et du royaume de France le receurent[723] à grant honneur, comme

maistre et pasteur de sainte églyse, mains autres princes comme l'empereur de Constantinoble et d'Espaigne, le roy de Jhérusalem, le roy d'Angleterre, le roy de Hongrie et le roy de Sécille et tous les roys crestiens, fors seullement l'empereur Ferry d'Allemaigne qui, selon l'acoustumée desloyauté, se contenoit comme forcenné. Tousjours maintint celluy Othovien

contre les canons et contre tout droit, et luy obéit comme à apostole; et plus, comme desloyaus et excommunié, mist en siège, après la mort de celluy

Othovien, damp Guy de Crémone, l'un des deus cardinaux qui à l'élection de

celluy Othovien s'estoit accordé secrètement contre droit. Par

l'ennortement de ces deux[724] s'en alla l'empereur à Rome à grant effort

de gens pour la cité gaster et destruire. Mais trop grant perte receut de

ses gens, non mie par la force des Romains mais par la vengence

Nostre-Seigneur, sans ayde de nul homme mortel.

Note 723: Ce mot doit avoir ici le sens de *recognurent*.

Note 724: Notre traducteur se néglige dans tous ces passages. Il falloit: *De celui Guy*.

Escoutez grant merveille. Il avint que Nostre-Seigneur estendi sa main sur

l'ost de ce desloyal tirant, par la corrupcion de l'air, de grans pluyes et

grans eaues qu'il espandit sur eux: par quoy trop grant multitude de

peuple, que de chevaliers que d'autres gens, du glaive de Dieu furent férus

et finirent leur chétive vie. Entre lesquels Conrat le fils l'empereur et

Regnaut archevesque de Coulongne moururent. Si fu le corps de luy despecié

et boully et sallé et puis porté et mis en sépulture en la cité de

Coulongne. L'empereur pour la paour qu'il eut de ceste mortalité laissa le siège et s'en vint fuiant jusques en Touscane: en chemin se mist parmi Lombardie, mais ceux de la terre luy firent assez de honte et le chacièrent de leur pays. Et ainsi s'en alla fuiant jusques en Frise. De là se partit à bien petite compaignie ainsi comme en larrecin et passa les mons si comme il peut. Si très-durement fu celluy desloyal espoventé et esbahy de la grant multitude de gens qu'il perdit en cest ost, que de barons que d'évesques que d'autre menu peuple, qu'il n'y osa plus arrester; mais s'en vint fuiant en Allemagne.

XXVI.

ANNEE: 1163.

Coment le roy Loys ala à ost sus le conte de Clermont et son fils et autres tyrans qui persecutoient les églyses et les povres et les pélerins; et coment le roy les desconfist et prist.

Il advint en ce tems que le conte de Clermont en Auvergne et Guillaume le conte du Puy son nepveu et le viconte de Polignac avoient acoustumé à demener leur vie en rapine et en roberies, comme ceux qui roboient les églyses et les pélerins et essilloient les povres gens. Les griefs et les maux que ces desloyaux faisoient ne peuvent plus souffrir l'évesque de Clermont en Auvergne né celluy du Puy, et pour ce qu'il ne povoient contraster à eux né à leur force eurent conseil qu'il s'en vendroient clamer au roy Loys. A luy s'en vindrent tout droit et luy prièrent pour Dieu qu'il mist conseil à amender les maux que ces tirans faisoient à Dieu et à saincte églyse.

Et le doux roy débonnaire, quant il eut oï la complainte des desloiautés que ces tirans faisoient, assembla son ost hastivement et chevaucha en ces parties tout encouragié de venger la honte et le dommage de saincte églyse. Si estoit trop griefve ceste chose de prendre guerre contre tels gens qui estoient riches et aisés et en leur pays et à merveilles bien garnis d'avoir et de gens. A eux se combati en champ et par l'aide de Dieu et de saincte églyse laquelle il deffendoit, luy avint si grant honneur lui les desconfist et prist en champ de bataille et les emmena avecques soy en chetivoison. Si les tint en prison tant qu'il luy pleut et luy jurèrent en la parfin qu'il cesseroient des maux qu'il avoient acoustumé à faire. Bons hostaiges donnèrent, atant furent délivres.

XXVII.

ANNEE: 1166.

Coment le desloyal conte Guillaume de Chalon persécuta l'églyse Saint-Père de Cligny, et en fist grant occision par les Brebançons. Et coment le roy en prist la vengence, car il deshérita le conte et fist pendre les homicides à hautes fourches.

Après ceste noble vengence avint en Bourgongne un des plus cruels fais et des plus horribles à oïr qui oncques avint en la terre des crestiens. Car le desloyal conte de Chalon osa Dieu tenter à ce qu'il prist durement à assaillir et à grever la noble églyse Saint-Père de Cligny; trop assembla grant peuple d'une manière de gent que l'en appelle Brebançons. C'est une gent qui Dieu ne croit né aime, né congnoistre veut la voye de vérité. Par la force de ces desloyalles gens alla rober la devant dicte églyse de Cligny. Le convent de léans yssit contre iceluy tirant sans lance et sans escu et sans armes fors seullement des armes de Dieu, c'est des ornemens de la saincte églyse, à tous les sanctuaries et les croix et les textes des sainctes évangiles, et avec eux estoit grant plenté du peuple de la ville et du pays d'environ.

Quant celle excommuniée tourbe de Brebançons vit les moynes venir contre eux ainsi appareilliés, si leur coururent sus et les despouillèrent tous des sains vestemens, en la manière de bestes sauvages et de loups enragiés qui cuerrent à quelque viande qu'il trouvent quant la fain les destrainct; ainsi coururent celle gent excommeniée aux barons et aux bourgeois et en occirent bien largement jusques à cinq cens ou plus. La renommée de ceste félonnie qui oncques mais n'avoit esté oïe jusques adont s'espandi par diverses contrées et vint jusques en France au roy Loys. Et tantost comme il oït, si fu tout esmeu de pitié et de compassion, pour la honte de Dieu et de saincte églyse, de prendre vengence de ceste orgueilleuse cruauté. Et tantost bani[725] ses osts et se hasta d'aller contre le cruel tirant pour le destruire.

Note 725:
Bani.
Fit crier le ban de.

Quant le desloyal sceut la venue du roy et de son ost si ne l'osa attendre, mais laissa sa terre comme fuitif. Et si comme le roy passoit par la province de la terre de Cligny à tout son ost, les femmes et les bourgeoises qui demourées estoient vefves de leurs seigneurs par celle guerre, les valetons et les fillettes qui chéus estoient orphelins luy venoient à l'encontre et luy chéoient tous aux piés plourans et crians à haux cris et luy monstroient leur perte et leur dommaige et luy prioient qu'il eust pitié et mercy d'eux et mist conseil en leur affaire qui ainsi alloit malement. Tant luy disrent illec qu'il menèrent le roy et tout son ost jusques à plourer et les encouragèrent plus de destruire celle excommeniée gent. Né ce ne fu pas merveille; car tu véisses illec les petits orphelins qui encores alaitoient et pendoient aux mamelles des mères, et véisses les pucelles orphelines et desconfortées des soulas de leur pères que ces desloyalles gens avoient occis, crier et plourer trop douloureusement. Tu n'oysses pas Dieu tonnant tant estoit l'air rempli de pleurs et de cris et de braieries de petits enfans. Que dirai-je plus? Le roy tout eschaufé d'acomplir son propos s'en entra en la terre de cest excommunié le conte de Chaalon et sans nul empeschement et sans nul destourbier prist le mont Saint-Vincent et puis Chaalons, et toute la terre à ce tirant, et en bailla la moitié au duc de Bourgongne et l'autre au conte de Nevers. Des desloyaux Brebençons fist grant justice: car autant que il en peut prendre né tenir en fist-il pendre aux fourches tout incontinent. Il en y eut un qui voulut sa vie racheter par grant avoir; mais oncques le roy ne le voult escouter, ains commanda qu'il fust pendu avec les autres en vengence de saincte églyse. Après ceste noble vengence s'en retourna le roy en France.

XXVIII.

ANNEE: 1166.

Coment le roy defendi l'abbaïe de Vezelay contre le conte de Nevers et contre les bourgeois de Vezelay, hommes de l'abbaïe qui estoient allés contre l'églyse. Et coment il ot un fils de la royne Ale sa femme, qui ot nom Phelippe Dieudonné.

Ainsi délivra l'églyse de Vezelay des bourgeois mesme de la ville qui par grant orgueil se rebellèrent contre l'abbé de léans qui est leur droit seigneur. Commune firent contre luy et le guerroièrent moult longuement, et assaillirent l'églyse et l'abbaye à armes; et s'estoient entre jurés que jamais jour de leur vie n'obeyroient à celle églyse. Et tout ce firent par le conseil au conte de Nevers qui trop estoit mal adversaire à celle églyse. L'abbé et les moines garnirent les tours du moustier pour eux défendre des grans assaux que les orgueilleux bourgeois leur faisoient et se misrent dedens, car il ne povoient à eux durer: car les bourgeois qui trop éoient leur seigneurie les assailloient trop durement et tiroient asprement contre eux d'arcs et d'arbalestres. Et si longuement les tindrent enclos par leur grant effort que le pain leur faillit et qu'il ne vivoient sé de char non. A ce furent menés que une partie des moynes faisoit le guet par nuyt et l'autre partie lassée de deffendre se dormoit tant comme elle avoit de loisir. Grant pièce furent ainsi en telle détresse. Et quant l'abbé vit que ces desloyaux bourgeois ne se refrenoient de riens de leur félonnie, ains ne faisoient sé enforcier non plus, et eux plus assaillir, si eut conseil et conduit par ses amis: en repost s'en yssi et s'en alla au roy Loys qui lors estoit à Corbie. Sa complaincte fist de ses bourgeois mesme qui conspiracion avoient faicte contre luy et assis l'avoient en sa maison mesme et luy faisoient tant de griefs comme il povoient. Quant le roy en fu certain par l'abbé et par autres, si envoya l'évesque de Lengres au conte de Nevers qui celle machinacion maintenoit. Et luy manda qu'il fist la commune despécier. Mais le duc qui estoit orgueilleux mist arrières le commandement du roy né n'en tint compte, car les bourgeois de Vezelay ne

desvoya né ne destourba de riens de leur folle emprise.

Et quant le roy vit ce, si assembla son ost, tout entalenté de vengier l'églyse et le despit que le conte faisoit de contredire son mandement. Si chevaucha par grant desdaing contre le conte. Le conte qui sceut sa venue luy manda tantost par l'évesque d'Ausseurre qu'il se contendroit à sa volenté de la commune deffaire. Après ce mandement vint encontre le roy jusques à Moret et luy jura et promist que jamais en sa vie à la commune ne s'assentiroit, ains la deffendroit à son povoir. Après la fiance et la seurté qu'il eut prise du conte, départit ses osts et s'en ala jusques à Ausseurre. Là furent mandés les bourgeois de Vezelay et jurèrent devant le roy que tousjours mais se contendroient à la volenté du roy et de l'abbé

Poinçon et ceux qui après luy seroient et qu'il despéceroient leur commune né jamais ne la restabliroient. Et pour l'amende de cest outraige donnèrent à l'abbé, par le commendement du roy, soixante mille soubs. Et ainsi fu la paix d'eux et de l'abbé faicte et réformée. Ne scay quans jours après avint que le conte Guillaume de Nevers recommença à assaillir celle églyse et à contrallier pour aucunes coustumes qu'il clamoit à tort sur celle églyse que l'abbé li nioit; pourquoy il avint que la paour de Dieu oubliée leur soustrait-il leur viande. Et quant les moynes se virent en tel point qu'il n'avoient que mengier, il s'en allèrent tous à Paris, aux piés du roy à pleurs et à larmes se gettèrent et se complaignirent des tors et des griefs que le conte leur faisoit. Et le roy pour la pitié qu'il en eut contraignit le conte par force à tenir ferme paix et seure à l'églyse de Vezelay.

Pour tels biens et euvres de miséricorde que le roy fist par plusieurs fois à celle églyse et aux autres dont il souffrit et endura mainte guerre, luy donna Dieu digne guerdon de tant de bonnes œuvres comme il avoit faictes en

ce monde.

Ce fut un biau fils qu'il engendra par la volenté de Nostre-Seigneur en la royne Ale sa femme, qui fu appellé Phelippe Dieudonné. Car par les mérites du père le donna Dieu au royaume de France[726]. Et ce fu cil Phelippe qui tant fu saige et vigoureux qu'il se deffendist de ses ennemis et conquist

Normandie, Anjou et Poictou et Auvergne, sur le roy Henry et Richart son fils et les chassa en Angleterre.

Note 726: C'est ici que s'arrête le texte du dernier continuateur d'Aimoin. Il finit en donnant le nom des trois parrains et des trois marraines du Philippe-Auguste. Les voici: Hugues, Hervée et Eudes, abbés de St-Germain, de St-Victor et de Ste-Geneviève; Constance, sœur du roi Louis, et deux veuves de Paris. «Duæ viduæ Parisienses matrinæ exstiterunt.» Ce fait m'a paru curieux.

De cestuy Phelippe parlera dès ore mais l'ystoire. Et si n'entrelaissera pas l'ystoire à parler du père jusques à ce point qu'il trespassa de ce siècle. Car puis que l'enfant Phelippe fu né, régna-il longuement jusques à tant qu'il fu couronné en la cité de Rains. Mais à son couronnement ne fu pas le père, car il estoit jà malade et féru de paralisie, si comme l'histoire dira ci-après plus plainement.

Ci fine l'istoire du roy Loys, fils au gros roy Loys.

Milton Keynes UK
Ingram Content Group UK Ltd.
UKHW041921151124
451262UK00007B/1141